序　文

本書は「宋代中國」という時代・地域を、十〜十七世紀に「中國」の內實や境域が複雜に變遷する中で、その歷史上にいかに位置づけるかを論ずる試みである。

同樣の試みとしては、日本國內では二〇〇九年に刊行された『宋代史研究會研究報告第九集『宋代中國』の相對化』が擧げられ、またより早い時期の成果としては、Morris Rossabi, ed., *China among Equals: The Middle Kingdom and Its Neighbors, 10th-14th Centuries.* や Paul Jacov Smith and Richard von Glahn, *The Song-Yuan-Ming Transition in Chinese History, Cambridge.* が存在する。これらの先行する論集は、いずれも〝「宋代中國」をその鄰人たちや後代からの視點から考察する〟という問題設定を有し、收錄する論考の大部分が遼・西夏・金・元といった、宋と併存した諸國家の社會・政治・文化と宋との外交關係、あるいは宋・元・明という脫斷代的な時間軸に主眼をおくものであった。その企圖はおおむね達成され、宋という國家と時代を、中國あるいは東アジアの歷史上に複眼的な視點から措定することに成功している。

本書の刊行意圖は、こうした研究に屋上屋を架すというものでは當然ない。むしろ、これまでの研究では意外なことにほぼ意識されてこなかった、〝宋代からの視野〟に基づき、宋代の文化や社會・政治制度といった事象が、その前後の歷史の流れの中でいかなる意義を有したのかを、「宋代中國」を中心として放射線狀に考察することにある。

ふりかえってみれば、上記の論考の著者の大部分は、實は「宋代中國」を研究對象としておらず、それらに對する

宋代史研究者からの反應もほとんどなされていない。つまり、この三十年間に行われた「宋代中國」に關する議論では、宋代史研究とその他の時代史研究の間に、對話の實績が十分に蓄積されてきたわけではなかったのである。本書は、この問題に正面から取り組む。

執筆者一覽にあるように、本書はまず宋代史研究の最前線にいる專門家が、脫斷代的な視點から、宋代からその前後の時代を俯瞰する形でそれぞれの專門に關する議論を行う。そして、かかる議論をうけて、その「宋代中國」的な問題關心が、前後の時代でいかに消化されるべきなのかを論じる。その結果は、上記の先行研究に對する、宋代史研究からの明確な回答であり、またさらなる議論の土臺を提供することになるだろう。

さて、近藤一成先生は、早稻田大學文學部においては、一九八〇年（昭和五十五）から教鞭を執られてきたが、二〇一七年（平成二十九）三月三十一日をもって定年ご退職の日をむかえられる。この三十七年間にわたり精勤された先生のもとからは、多くの門下生が巣立った。本書は早稻田大學文學學術院教授近藤一成先生に教えを受けたものを中心として、先生の學統にある研究者が寄稿したものであり、近藤先生の學問によって生み出されたもうひとつの成果ともいえる。本書の內容は、「宋代中國」と時空的に鄰接世界との對話であり、それを可能にしたのは、多樣な專門の學生を育成した先生の教學の廣がりを示している。

先生が早稻田大學に在學されていたときは、全共鬪運動が盛んなりし頃で、授業はほとんどなかったと述懷されていた。先生ご自身も社會的な關心がつよく、そのような運動に關心をもたれていたそうである。騷然たる學內の狀況の中で、早稻田大學の東洋史の學問の營みは繼承されていた。先生は、栗原朋信先生ならびに當時講師であった古賀登先生の指導のもとに研鑽を積まれ、一九七五年處女論文「宋代地主の營利活動と買撲坊場」を發表される。以後、多くの實證的かつ獨創的な御研究を學界に問い續けている。

先生の御研究は「士大夫研究」として位置づけられることが一般的であろう。文人政治家がかかわる、史學・文學・美術史・思想史に廣く目配せをし事象を多面的に分析しそこからトータルな歴史像を抽出する方法のことをいう。士大夫という政治文化の擔い手は宋代に登場する。すなわち唐宋變革期や宋代中國を研究するために、「士大夫」の存在を學問上の方法とするものなのである。宋朝の士大夫は、國子監・太學で學んだり、科學に合格した官僚は單なる政治家ではなく高い傳統的な教養をもった萬能人であった。その存在と活動を通じて、宋代中國の社會に新たな光をあてることであった。それは、マルクス主義の影響を強く受けた生産樣式の發展を歴史の進歩と捉える社會經濟史を主流とする當時の中國史研究に對する新たな立場からの挑戰であった。

「士大夫」の思想や政策や現實の政治運營に廣く關心を寄せられた先生が、論文中で研究の對象とした士大夫は數多い。范仲淹・王安石・蘇軾・范仲淹・蔡京・葉適・楊時・文天祥など。その中で特に蘇軾については、數編の連作によって、多角的に問題を絞り込み士大夫政治の實態の解明に取り組まれた。また士大夫をうみだす制度裝置である科擧制度および學校制度についての御高論も多い。これらの論考は改稿されて『宋代中國科擧社會の研究』（汲古書院として二〇〇九年に上梓された。これによって先生の學問を一望するのに便利になったと同時に、體系的な研究として參照することが可能となった。

今では一般化した士大夫研究という研究の方法論は、共同研究によって深められたものであることも指摘しておく必要があろう。一九七〇年代半ば、社會經濟史の研究狀況に限界を感じていた若手の宋代史研究者の意見交換會が先生を中心に行われるようになったが、そこに集まった人々は、歴史學だけではなく、文學、思想史、美術史など他分野の専門家であった。それぞれが士大夫研究という觀點を共有していた。やがてそれは「宋代史研究會」の設立に至り、研究報告集の第一集が、一九八二年に汲古書院から出版された。先生の手になる「發刊の辭」には關連諸學の交

流による「トータルな宋代史像」を結ぶことが目的としてうたわれている。最初は、この學會の前には「若手」ということばを冠してよぶことが斯界の習わしであったようだが、結成から三十年がたち研究報告集も節目の十集をむかえた宋代史研究會は、國際的にも日本の宋代史研究の主要なフィールドとして認められるようになった。代表幹事を長年勤められた近藤先生のご盡力があったからこそである。また中國においても先生のご研究は日本の宋代史研究の代表的なお仕事として、高く評價されている。その點については、先生の長年の盟友である王瑞來氏の跋文に詳しく觸れられているので、ご參照いただきたい。

早稻田大學文學部において長年教學に當たられた先生は、學生に對して決して色を動かさず溫厚篤實なご指導を貫かれた。初めて論文を執筆する學生の生硬な文章にも出來るだけ生かそうと努力され、學生が得心をうるまで粘り強く時間をかける論文指導のスタイルをとられた。今日に至るまで、先生を中心に正規の授業とは別枠の自主ゼミが、夕方から夜間にかけて實施されている。宋ゼミと稱されたこの夜間の時間は、ある意味で先生の教學の中心舞臺であった。その場には正規の課程の學生以外にも、先生の名聲を慕って內外から宋代史研究を志す若者が集った。本書にはこの宋ゼミに出席し、學恩を受けたがゆえに執筆者に加わったものも、少なからずいる。

本書は、指導を受けた學生らによる論文集であり、御著書とはべつの意味で先生のお仕事の集大成であるといえる。寄稿した側からしてみれば、御令名に傷をつけないか、畏れ恐れるものである。先生のご退職ならびに古稀をお祝いするため、時間の制約がある中で、我々寄稿者の到達點としての論文をあつめて編集させていただいた。そして先生ご自身の玉稿も收錄させていただいたが、そこには寄稿された論考とその執筆者への、先生の願いが込められているように思われる。したがって本書の構成は「宋ゼミ」の構造となっている。お手に取られた好學の士には、數十年にわたるわれわれの學問的な營みを想像されながら、ご寬恕・ご笑覽いただきたい次第である。

本書の上梓に際しては、多くの方のご協力をいただいた。外國文原稿の翻譯に従事したのは博士後期課程に在學中の學生諸君である。外國文題目・要旨は現在修士課程に在學中の石井遥、阮未央、鄒笛三氏に校閱をお願いした。その他、近藤ゼミ卒業生の金子泰晴・宍戸佳織・深澤貴行の諸氏にもご支援いただいた。出版にあたっては汲古書院石坂叡志前社長・三井久人社長・編集擔當の小林詔子さんに格別のお骨折りをいただいた。ここに合わせて併記し、深く感謝申し上げたい。

二〇一六年六月

『宋代史から考える』編集委員會

文責：久保田和男

凡例

・収録論文は編集委員を中心とした有志が寄稿し、相互校正を經て採録されたものである。順序を配するにあたって、第一部～第三部の時代順の區分を設け、內容に應じて論文を收めた。
・漢字は繁體字を使用し、新假名遣い表記にて統一した。
・數字については、『宋代史研究會研究報告集』の基準に準據した。卽ち、
　年號に關わる標記：平成二十六年（二〇一四）七月三十一日／二十一世紀
　數量に關わる標記：實數の場合　二十五人・一五六人（3桁以上は單位を入れない）
　　　　　　　　　　　　　　　　一萬三五八五人（5桁以上では萬を入れる）
　　　　　　　　　　　　　　　　一二頁・二〇頁（頁については單位無しとする）
　　　　　　　　：概數の場合　三百人・一萬人
　　　　　　　　：距離・重量の場合　一〇センチメートル　一・五キロメートル
　　　　　　　　　　　　　　　　二五・五キログラム　二五・五パーセント
　　　　　　　　：數値のつなぎは「～」　七～一〇頁
となる。章節番號なども準據した形式とする。
・註は文末脚註に統一したが、その中の引用形式・書誌情報等は、各執筆者の表記法に委ねており、各論文の中での統一が優先されている。
・その他、原文の引用形式、譯出形式など、本文中の表記法は、各執筆者の裁量に委ねられている。

宋代史から考える

第一部　北宋期と東アジア

宋代開封における公共空間の形成——宣德門・御街・御廊——

久保田和男

はじめに

唐長安太極宮の皇城と宮城の平面圖を、開封舊城の圖と照らし合わせてみると構造は一致する。『周禮』の「左祖右社」（太廟が東、社稷が西）という原則や、太極宮の正門（端門・承天門）の前のT字型の空間構造は、開封の舊城と同一であるかに見える。しかも唐長安皇城の正門名は朱雀門であり、北宋の舊城の門と同じである。しかし唐の「皇城」には、官衙・社稷・太廟などの政府施設・祭祀施設が集中的に配置されていたが、庶民が自由に出入りすることはできない空間だった。一方、開封の「舊城」は、官衙・社稷・太廟などの政府施設・祭祀施設と民戶が混在していた。北宋開封の大内正門（端門・宣德門）前のT字型空間は、庶民も行き交う都城の交通中心地となっていた。

都城空間を用いて行われる南郊などの國家儀禮の性格も、都城空間構造の變化に從って變化した。唐代前半まで都城で行われる王權儀禮は參加者が統治者層に限られていたが、宋代には皇帝から官人、佛教僧侶、道教道士、軍人、庶民など城内の樣々な階層・身分・職業のものが參加する、儒佛道三教をつつみこむ儀禮になった(2)。この變化は、九世紀には唐の大内が太極宮から大明宮に移ったことによる長安の空間構造の變更と軌を一にするものといえる(3)。本論の論旨に寄せれば、大赦(4)などの儀禮の舞臺が大明宮の端門（丹鳳門）となり、庶民の通行空間に露出したことの意味

時　　代	門　名	史　　料
梁初	建國	『宋會要輯稿』方域1-2・3
	咸安	同上
晉	顯德	同上
晉天福2年（937）正月	大寧宮之門	『資治通鑑』281
晉天福3年（938）10月	明德	『舊五代史』77
太平興國3年（978）7月	丹鳳	『宋會要輯稿』方域1-2・3
太平興國9年（984）7月	乾元	同上
大中祥符8年（1015）6月	正陽	同上
景祐1年（1034）	宣德	同上
政和8年（1118）10月	太極之樓	『宋會要輯稿』方域1-20
重和1年（1118）（2年〔1119年〕の誤り）1月	宣德	同上

に注目しなければならない。

翻って北宋開封を考えると、唐代中盤の大明宮への移動がもたらした都城空間の都城社會の構造變革の流れを繼承しつつ、南北中軸線と禮制上の左右對稱（左祖右社）という『周禮』に則った平面プランも實現した、と比較都城史の立場からは論述することが可能なのである。本稿は、この見通しにもとづき、宋代における端門前の空間の特徵について檢討を加える。その際に、誰もが活動を許される「公共空間」[5]としての性格を追求するという方法を用いる。この空間で發生した政治事件を通じて北宋人によって付與された意味や機能を考えてみたい。それにより唐宋間に生じた歴史的な變動の一端を、端門前の空間の比較という方法で明らかにする。さらに周邊地域の都城や後世の都城への影響を考える手がかりとする。

一　大内の正門（宣德門）と門前の空間

北宋開封は、三重の城壁で圍まれていた。宮城（大内）は皇帝の宮殿である。宮城の正南門は頻繁にその名稱を變えている。

その變遷については右表にまとめてみた。『東京夢華錄』（以下『夢華錄』）の時代を含めて宣德門と稱されていた時代が長いため、我々はこの名稱を使うことが多い。本稿でも特に斷らないかぎり宣德門を使用することとしたい。

（一）　宣德門の構造について

遼寧省博物館藏の「鹵簿鐘」（圖1）はかつては遼代の銅鐘であるといわれていたが、(6) 最近の研究では、北宋ので靖康の變に際し、金によって開封から東北地區に持ち出されたものであろうと考えられるようになった。(7) この鐘には皇帝の鹵簿（行列）の姿が一面に描かれている。先頭には象が見える。したがって南郊の鹵簿の姿を描いたものであり、鹵簿の出發點となっている門樓は宣德門である。(8) 宣德門の姿がはっきりと刻まれているが、一門五道（一つの門に五つの出入り口）の大門であり、東西方向に、闕と呼ばれる張り出しが見える。

陸游の『家世舊聞』につぎのように宣德門のことについて記されている。

先君言く：宣德門は本と汴州の鼓角門なり。梁の建都するに至り、これを建國門という。五代を歴し、制度は極めて庳陋たり。祖宗の時にいたり、始めてこれを增大す。然るに亦た三門にすぎざるのみ。蔡京は本より學術なし。輒《たや》すく曰く「天子は五門、今は三門、古に非ざるなり」と。天子の五門、皐、庫、雉、應、路という。蓋し重數をもってするも横列の五門にあらず。京は徐《しだい》に亦たその誤を知るも、而して役すでに大いに興り、未だ出づる所を知らず。その客の或ひとこれに謂いていわく「李華賦にいう「複道雙回、鳳門五開」と。これ唐も亦た五門につくる」と。京大いに喜び、因りて以て藉口するを得て、土木の工を窮極《きわ》める。門名を改め太極樓という。或ひと太極は美名にあらずと謂い、乃ち復た宣德門という。(9)

これにより、宣德門はもともと一門三道（三つの出入り口）であったが、徽宗時代に蔡京が主導して一門五道に改造

圖１　鹵簿鍾　遼寧省博物館藏　2011筆者撮影

されたことが判明する。しかも一門五道には根據がないという批判もなされている。その當否は別として、唐の宮城門も五道であったことを聞きつけた蔡京は大いによろこび、「太極」という名稱に改めた。長安城「太極宮」を意識していることは明白である。

　宣德門が徽宗時代に改築されたことは、『宋史』・『續資治通鑑長編』などには見られず、『三朝北盟會編』[10]に「政和の間、廼《はじめ》て盛んに艮嶽をたて、明堂をたて、宣德門を改作す」とあることから、政和年間（一一一一～一八）であったことが分かるものの、正確な年代は不明である。ただし、「代公相已下謝賜御製宣德樓上梁文」という文章が宣和庚子（宣和二年、一一二〇）に作られているという記錄[11]があり、宣和二年に、棟上げが行われたことがわかる。傅熹年氏は『宋會要輯稿』方域一―二〇の門名を太極樓と改めた記事が、政和八年（一一一八）十月にか

けられていることから、この年を改築竣工の年としている（翌年一月に舊名宣德樓に戻す）。[12]「鹵簿鐘」の宣德門の姿はこの時期以降のものであり、この鐘が作られた時期も限定されてくる。

さきの『家世舊聞』でも唐長安の太極宮正門（太極門）との關わりがほのめかされていたが、「代相公以下謝賜御製宣德樓上梁文表」[13]には唐長安大明宮の丹鳳門に倣った建築であるという當時の評判が記されている。[14]すでに何度か拙稿で指摘してきているが、神宗時代に始まる新法政權下、大土木工事が首都を中心に行われた。國權の强化、積極的な對外政策と、軌を一にするものといえよう。特に徽宗・蔡京の時代には、則天武后がおこなったように九鼎や明堂を建設している。宮城正門を擴大し、門道を三から五にしたということは、唐の長安の規模をその面で復活しようとする構想であったことは明白であろう。ここには、元豐三年（一〇八〇）に呂大防『長安圖』（丹鳳門も一門五道として精密に描かれている）を作成した北宋人（ことに新法時代の人々）の、唐文化に對する姿勢が關係していよう。[15]

（二）　宣德門（樓）前における祝祭的行事

〔穴澤二〇〇四〕によると、唐中宗期以降、民衆から見える街區と接した門樓で國家的祝祭（大酺や觀燈）が行われるようになったという。特に玄宗期には、興慶宮の勤政樓がその舞臺として重要な機能を帶びるようになった。その前の東西の大街は幅一二〇メートルほどあり、廣場のような樣相を呈していた。[16]これは唐朝の皇帝の權威が軍事的劣勢により低下し、民衆にみられることで一體感を釀成しようとしたものであった。[17]本稿冒頭で紹介したように、統治集團だけが參加した唐代前半までの國家儀禮とはちがう、都人諸階層との一體感を獲得するための、祝祭化した世俗化した儀禮が行われるようになったのである。[18]それを受けて、北宋開封の宣德門前では、端門肆赦や上元觀燈の祝祭行事などのハイライトの大集會が、宣德門の門樓に皇帝が臨御するなか都人を集めて行われていた。「軍民數萬、會

於宣德門[19]」という政治集會が行われた記録もある。宣德門前は二〇〇歩の寛さの御街と東西方向の大街（通衢）がT字型に交差しており、それら行事の擧行に可能な空間的な廣がりを持っていたと考えられる。[20]

王者が庶民に宴會を振る舞う行爲を「賜酺」といい、秦始皇帝が民間での宴會を禁止する代わりに庶民に振る舞ったものがはじまりとされている。[21]唐では大街に面した宮城門樓を利用して酺が下賜された。睿宗期に一度（安福門にて）、玄宗期に一度（勤政樓にて）と、都合二度實施されている。[22]

北宋太宗はこれを宮城正門前で再現・實施した。

（雍熙）元年十二月乙酉、詔す、大酺を三日賜う。二十一日丙申、丹鳳樓に御して酺を觀る。侍臣を召して飲を賜う。樓前より朱雀門に至るのところに樂を張り、耆老を召して樓下に列坐せしめ、酒食を賜う。[23]

丹鳳門（のちの宣德門）に太宗は出御し、この行事の様子を見つめる。そこから朱雀門にいたる御街を利用して、この行事は行われたのである。

その後、「賜酺」は眞宗時代においても數度實施された。これは天書降下や泰山封禪などの眞宗時代獨特の政治文化に關連しての行事であった。その後「賜酺」は行われなくなる。[24]

宣德門前の祝祭として北宋を通じて實施されたものは正月十五日前後五日間行われた上元觀燈の際の行事である。この上元觀燈はもともとは民間の行事であったものが國家の公式なものとなり、盛大に行われるようになったものである。唐代では大街に面した門樓への皇帝の出御は睿宗期にしばしば行われていた（安福門・延喜門）。[25]開封では宋初より皇帝が宣德樓に出御して盛大に擧行されている。上元だけでなく中元・下元にも行われたこともあった。[26]

開封では通常は深夜より朝まで夜間の外出が禁止されていた。舊城の門は無論閉門されたのである。ただしこの五日間は夜禁が行われず、終夜の町歩きが可能となった。宣德樓の眞向かいには開封府によってメインの山棚《やぐら》が前年の

冬至のときから築かれ、それを御廊から都人が見物したという。皇帝は宣徳門楼にお出ましになり、都人があふれかえり喧騒を極めている様を見守ったのである。

たとえば、范祖禹「進故事」(27)には、

太宗至道元年（九九五）正月望夜、乾元樓に御して觀燈す。司空致仕李昉を召し御榻の側に坐を賜いて慰撫することや久し。御樽の酒を酌みてこれに飲ましめ、自ら果餌を取りて以て賜う。上、京城の繁盛を觀て、親ら前朝の坊巷省寺の所にして、今拓げて通衢長廊となるを指して因りて曰く、「晉高祖は優柔無斷にして奸惡を稔成す。少主は昏蒙、卒に亡滅にいたる。漢朝に至るにおよび、その政いよいよ亂れ、蘇逢吉・史弘肇の輩、互相に猜貳し、李崧の族は、枉《むじつ》にして塗炭に陷いるに致る。この時京城、人情は倉惶にして殆んど生意なし。あに都邑を營繕するいとまあらんか」と。（李）昉對えて曰く、「晉漢の事、老臣はみな經《ふ》る。今陛下は恭しく治道に勤め、聽政して倦まず。ここに四海の淸晏、輦轂《しゅと》の繁盛を致す」と。上、曰く、「勤政憂民は、帝王の常事たるのみ。朕は繁華をもって樂しみと爲さず。蓋し民安を以て安と爲す」と。

とある。太宗が乾元樓（宣德門の當時の名前）で觀燈し、五代以來の長老官僚である李昉と語り合っている。李昉は太宗の政治への賛辭として、彼らの眼下にみえる都城の繁榮を擧げている。それに答えて、太宗は人民の生活の安定を第一に考える政治姿勢を強調している。

嘉祐七年（一〇六二）正月二十八日の司馬光の上奏には次のようにある。

臣竊に聞く、今月十八日、聖駕、宣德門に御し、諸色藝人を召し、おのおの技藝を進めしめ、銀絹を賜與す。内に婦人の相撲する者あり。また賞賚される、と。臣愚竊に以らく、宣德門は國家の象魏にして、憲度を垂れ號令を布する所以なり。今、上は天子の尊あり。下は萬民の衆あり。后妃旁にはべり命婦縦觀す。而して婦人をして

まえにおいて羸《はだか》の戯をさせるは、殆ど禮法をたかめ四方にしめす所以にあらず、と。(28)

この上奏により、仁宗頃には上元観燈につづく正月十八日の行事として、藝人たちの御前公演が宣德門のまえで行われていたことが分る。そこで女相撲が行われ、他の藝人と同様、賞品を賜った。宣德門のまえで行われた上元観燈につづくこの行事が、かなり盛大なものであったことが分る。仁宗皇帝が後宮の女性たちを率いて門樓に出御し、門樓の下に集う「萬民」に對している。宣德門前に公共空間としての「廣場」空間が廣がっていたことが再確認される。

司馬光は、この宣德門は「國家の象魏である」という。象は法律の義、魏とは高いことを表す。『周禮』「天官・太宰」には、正月に法律を闕に掲げて民衆に示したことが記されている。ここには宣德門の法制的な權威が示され、そこで行われた宣德門の權威にそぐわない女相撲を批判し是正を求める。司馬光の生眞面目さも注目されるが、それとともに、宣德門は司馬光ら宋人にとっては、法律という國家權力の表現とともに語られる法制的な存在として意識されていたことが確認できる。次項では、法制的な空間としての機能に注目して事例を擧げてみたい。

(二)　宣德門前空間の法制的な意義

宣德門は南郊において皇帝の鹵簿が出發・到着する場である。南郊最終日には宣德門の樓上に皇帝がお出ましになり、整列する百官六軍や周圍を取り圍む都人らを目の前にして大赦を下した（端門肆赦）。その際は樓上から大赦の詔書をくわえた金の鳳が綱を傳わって降りてきて、廣場に設えられた櫓の上までくると、それを通事舍人が宣讀し、大赦が發效する。その場に並べられた罪人がそれぞれ感謝の言葉を述べた上で釋放された。(29) その意味で直接に法を示す場であった。(30) 日常的には登聞鼓が置かれ、人々が皇帝に直訴することができる場ともなっていた。(31) この登聞鼓は宣德門の南側に置かれており、制度的空間的に身分地位の別なく皇帝へのインターフェースが提供されていた。(32) ここが唐

代とは異なる點である。(33) 唐代前半の太極宮の場合、登聞鼓は通天門の前に置かれているが、そこまでは皇城の諸門を通過する必要がある。唐初より形式的なものだったという（〔室永一九七八〕四頁）。

ところで王安石新法が神宗皇帝の支持によって實施されると、後に舊法黨と稱される官僚たちが次々と上奏文を草して反對した。その中で特に激しい議論を展開して注目されたのが鄭俠である。彼の上奏には宣德門が登場する。

願うらくは、陛下、宣德門に登り、文武百官・京城の民を召し、臣の狀を以て宣示せよ。もし衆說が臣の言を以て是と爲せば、則ち望むらくは、陛下やや左右近臣を懲戢《せいさい》し、公然と肆《ほしいまま》誕に以て萬姓を戕害《きずつけ》、社稷を危阽《あやうく》するをえざらしめよ。もし衆、臣言を以て非と爲せば、卽ち乞うらくは、臣を衆人の前において斬り、以て京師の流言が洶洶《わきたつ》の路を塞げ。(34)

宣德門に皇帝が出御し、その前に文武百官と京城の民を集めこの上奏文を讀み示し、聽衆の多くが支持した場合は近臣（この場合は新法派）を懲戒せよ、もし衆人が支持しなかった場合はかれらのまえで處刑せよ、という內容である。すなわち宣德門前の空間が皇帝・文武百官、そして「京城の民」が集まって、政策について議論・決定する場として想定されている。

この時、實際には「直接民主政」に類するような政治集會は行われてはいない。しかし、それを士大夫官僚が上奏中で言及したことは注目される。皇帝が信賴する宰相の政策を變えるため、すなわち皇帝の誤謬をただすための手段として、都人の世論に訴えることが政策決定過程の切り札として考えられていたのである。統治階層と庶民階層との一體性を追求した北宋の政治文化の特徵の一端と見えなくもない。その舞臺は觀酺や上元觀燈などで皇帝と都人が空間を共有した宣德門前だったのである。

下って靖康の變（一一二六～二七）に際しては、宣德門前の空間は皇帝と都人諸階層による政策決定の場として實際

に重要な役割を擔うことになる。靖康元年（一一二六）正月、金軍の南下に直面した政府の方針は、開封籠城か南方への巡幸かで揺れていた（第一次攻城戰）。上皇となった徽宗はすでに南方に脱出しており、欽宗も巡幸することになった。しかし、それに反對する李綱は、聲を勵まして欽宗に随從する禁兵たちに南巡を望むかどうか問いかける。家族が軍營に居住している禁軍兵士達は籠城を望んでいた。兵士達の意見を聞かされた欽宗は籠城を決斷する(35)。その後、宣徳門前に百官と禁軍兵士が集められた。欽宗は門樓に現れ将兵にねぎらいの言葉をかける。

駕、宣徳門に登り、宰執百官將士、樓前に班して起居す。上、欄干に臨むことこれ久しうす。復た歩輦を降り將士に勞問す。余（李綱）と呉敏、數十語を撰びて、金人の犯順し宗社を危《あやう》くせんと欲すに策は固守に決す、おのおの勉勵せよ、との意を敍ぶ。閤門官をして宣讀せしむるに、一句を讀むごとに將士は聲喏《かんせいをあげ》、須臾にして六軍は皆な感泣し流涕す。ここにおいて固守の議、始めて決す(36)。

欽宗の固守の決意が閤門官によって讀み上げられると、感激した禁兵たちは京師防衛を誓いあったという。このように開封籠城は、宣徳門での集會において兵士達により支持されることで確定する。

籠城戰が始まると、李邦彥ら宰相たちは領土割讓を條件とする講和を模索する。それに對し翌二月、太學生陳東は登聞鼓を打ち鳴らし宣徳門に伏して上書し、和議に反對し宰相の罷免を求めている。その際には太學生數百人が宣徳門の下に集まり、そこにさらに軍民數萬が合流し、李綱の再任用をもとめた(37)。このデモンストレーション行爲は宮城をとりかこむようにして行われた。登聞鼓が亂打され、ついには破壞されるほど激しいものだった。この様な激しい政治運動に欽宗は動かざるを得なくなり、太學生らの要求通りに對金強硬派の李綱を宰相に復歸させ、李邦彥は辭職する。李綱らの活躍によって攻めあぐねた金軍は、二月丙午に撤退する。

しかし和議は秋には破綻し、冬になると再び開封の郊外に金軍の大軍が出現し攻撃を始めた。今回は外城濠が凍結

したこともあり閏十一月丙辰に外城に金兵がよじ登ると、宋軍は總崩れとなった(38)。翌日、宋は金に降伏する。その日欽宗は宣德門前廣場に都人を集め、武裝解除を求めた。かなり騷然とした雰圍氣であったが、何とか落ち着かせ、皇帝自らが民衆に聲をかける(39)。

上、親ら軍民を諭す。上、腕を露わに欄によりて、衆に大呼して曰く、「事體はここにいたる。軍民のいかにか謀あらんと欲する者は、ここに卽きて獻陳せよ。朕は當に聽從せん。失守の罪は、一切問わず」と。よりて百姓に命じ、甲及び軍器等を前去し、それぞれ老幼を保つを請《もと》む。上、倉皇にして帽を墜すを覺ゆるにおよばず。百姓奏聞するのとき、まま你我《なんじわれ》を稱するのみ(40)。

そこで欽宗は熱辯をふるって民衆を說得しようとしている。腕を振るい帽子を落しても氣がつかなかったという。皇帝が直接民衆に呼びかけたのである。落城の罪を赦すので、武裝解除に應じ平時の暮らしに戻るよう求めた。百姓の直接の意見具申を許可し、時には「你・我」で呼び合いながら議論する狀況まで生じた。北宋の最終局面で君民は空間的に、そしてコミュニケーションのレベルでも同じ地平に立ったのである。

金は宋朝を廢止して新たに張邦昌を皇帝に擁立し、傀儡政權「楚」を樹立する。そこでも宣德門前の空間が重要な役割を果たす。靖康二年（一一二七）二月十二日に粘罕・斡離不の二元帥からの命令があり、翌日文武百官、僧道、軍民による「宣德門集議」を開催し、新皇帝の推戴を正當化することになった(41)。混亂を避けるために「百官赴祕書省。士庶赴東朶樓。軍員赴大晟府」「僧道赴宣德門外西闕亭」と諸階層を分離して集議は行われた。祕書省の門は閉鎖され、外側を兵に圍まれた中での集議であったため、わずかに太學生數名による異議があっただけだったという(42)。すなわち張邦昌の擁立という政策決定をする場として、宣德門の廣場が使用された。これは、鄭俠が主張した政治過程が奇しくも實現したものである。政治的な混亂を收拾するための手段として、都城の諸階層の集議による政策決定が、

人々の意識に共有されていた可能性がある(43)。それは「象魏」である宣德門前の空間で行われるものだったのである。

二　御街と御廊――中軸線街路の空間構造――

徽宗大観年間、「大觀與民同樂」という立て札が元宵節のときに宣德門のまえに掲げられた(44)。「與民同樂」は太平の時代を實現するための一つの政治的方法論として、孟子が述べたものである（『孟子』梁惠王下）(45)。宣德門とその門前廣場と皇帝專用通路を中心とする御街と庶民の御廊が重なっている宣德門から州橋までは、「與民同樂」を構造的に明示する都城施設だった。本節ではこの中軸線街路の北宋開封獨特の構造について檢討したい。

（一）　御街の構造について

宣德門前から開封の中心軸である御街が南に延びていた（圖2）。先引の范祖禹「進故事」（前掲一一頁）では、太宗が宣德門樓上からの御街の光景を眺めて發言しているが、それによると、「宮城正門前に廣がる「通衢長廊」は「前朝の坊巷省寺の所」を取り壞し擴幅して設けたものである。五代後晉・後漢の時代は政治が混亂しており首都でも人心は落ち着かず活氣がなかった。都城として整備するどころではなかった」という。すなわち「通衢長廊」を北宋に入ってから整備した、「都邑の營繕」（都城空間の整備）の成果を强調している。ではいったいこの「通衢長廊」とは何であろうか。『東京夢華錄』巻二には、

御街は宣德樓より一直《まっすぐ》に南に去《はし》る。およそひろさ二百餘歩なり。兩邊は乃ち御廊なり。もとは市人のその間にて買賣するを許す。政和の間より官司は禁止す。おのおの黑漆杈子を安立す。路心はまた朱漆杈子兩行を按《お》く。中

心は御道なり、人馬の行往するをえず。行人は皆な廊下と朱杈子の外にあり。杈子の裏は、磚石甃砌の御溝水、兩道あり。宣和の間ことごとく蓮荷を近岸に植う。桃李・梨杏・雑花を相い間に植う。春夏の間これを望むに繡のごとし。(46)

とある。御街が宣徳門から南に向かって伸びており、寛さは二〇〇歩あまり（約三〇〇メートル）であり、その兩側には「御廊」があったという。(47) 太宗が言及した「通衢長廊」とは『夢華錄』の御街と御廊を指していることは間違いあるまい。すなわち素直に讀めば、御街は五代には「坊巷省寺之所」だったわけで、それを撤去して廣壮な街路を整備したことになる。三〇〇メートルの幅があったとしても説得力があろう。ちなみに開封の影響を受けたと考えられている遼中京の中軸街路は、一〇〇歩（約一五〇メートル）の幅があったという。(48)

『夢華錄』には「各々黑漆杈子を安立す。路心は又た朱漆杈子を按《お》く。兩行中心は御道にして、人馬行往するを得

圖２　開封要圖（中軸線）

ず。行人は皆な廊下の朱杈子の外に在り」とあり、御街の構造が、「黒漆杈子」「朱杈子」によって御道と側道に分かれており、御道は皇帝専用であったことが示されている。

御街通行の状況については、仁宗時代の宋祁の上奏が參考になる。

臣伏して見るに、宣德門の前の御道は、南のかた天漢橋（州橋のこと）に至るに、久來《ひさしく》、梐枑《キノサク》を設け、行人を禁止す。條制を頒立し、近上の臣僚は道上において行馬するを許す。近々史臺禮院、重ねて更に定奪するを覩る。應そ出節する者を近上臣僚と爲す。竊に謂う、宣德門は比れ周の外朝、朱雀門は是れ唐の皇城たり。中に御路あり。天子馳道と號す。凡そ臣庶に在りてはまさに行を得ざるべし。漢制、皇太子も尙お敢て擅に馳道を絕《わた》るを得ず。蓋し尊君卑臣、上下體有るの故なり。今の朝廷の制度は、漢唐より簡《つつましやか》たり。京都の御路は此の一處に止まる。臣欲すらくは、今宣德門より朱雀門にいたるは外朝の地・皇城の内たり。その中街に表して、以て馳道と爲せ、應そ臣庶の車馬は並びに往來を禁じよ。惟だ乘輿に隨從するは禁の限りに在らず。議者或いは謂う、契丹の人使、すでにかつて馳道に行馬するを許す。改作し難し、と。臣謂らく、天子の制度、臣子の共に當に崇戴すべし。彼の使臣も亦た陛下の臣なり。設令《たとえ》彼に疑問あるも、則ち主客《せったい》する者をして具さに實を以てこれに對質《せつめい》せしむれば、事體の妨礙するところなからん。[49]

本史料によると「梐枑《キノサク》」によって路線が區分されていた御道は州橋までだった。「梐枑」とは、『夢華錄』では「（朱と黑漆）杈子」とされている。その構造は、『營造法式』に參考となる史料や圖がある。[50] また、宋人佚名『春游晩歸圖』（臺北故宮博物院藏）には南宋臨安の「梐枑」が描かれている。[51]

州橋はほかの橋と違い虹橋構造ではなく平橋で、御街の橋梁にふさわしい構造をしていたようだが、幅員は三〇メートルほどであり、御街の二〇〇步そのままの幅員をもったものではなかったようである。[52] 二〇〇步の幅を持っていた

のは州橋までだったのであろう。後述するように御廊もそこまでのようである。唐の長安では朱雀門は皇城の正門である。開封の朱雀門は舊城の門である。この上奏者は宣德門から朱雀門までの御街を唐のように皇城と考え、特殊な空間と見なすべきである、(53)御街の「中街」を「馳道」とし、官僚や庶民の車馬での通行をきちんと禁止せよ、と主張する。つまり、君王と臣庶の別を御街において可視化し、皇帝權威の強化を圖る構想である。

南郊の鹵簿は「中道」と「外杖」に分かれていた。(54)このうち中道を描いたのが宋人の筆になる『宋大駕鹵簿圖　中道』であり、現在は故宮博物院（北京）に所藏されている。(55)おそらくは御街の「中心の御道」（朱杈子の中）を中道鹵簿が通り、外杖はその外側を練り歩いたのであろう。鹵簿鍾も同じ光景を表現したものといえる。都人は御廊から行列を見物し、皇帝政府との空間的な一體性を感じるのである。『夢華錄』には「御路の數十里の間、起居の幕次、貴家の看棚・華綵が鱗砌し、ほぼ空閑の去處なし」(56)とある。御廊もその觀客席の主要部分として用いられたのであろう。百官六軍が參加し多數の都人が參觀する空前のイベントには、三〇〇メートルのサイズが必要だったのである。

（二）　御廊について

宣德門から望見される「通衢長廊」は、宋朝（太宗）にとっては五代の悪政を改めて善政に勤め、現在の「四海清晏、輦轂《しゅと》繁盛」を象徵した景觀だった。宋朝による計畫的な都城景觀の整備が行われたことの、少ない例のひとつといえるかもしれない。だからといって、唐代都城に見えるような坊牆で圍まれた大街を再現したものでは無かった。御街・御廊で商業活動が禁止されたわけではなく、賣買の場所としても利用できたようだ。『夢華錄』には、

兩邊は乃ち御廊なり。舊と市人の其間に買賣するを許す。政和間より官司禁止す。

とある。政和の時から商業活動が禁止された。ただし、これによって特に御廊に民間商人の固定店舗があったとは讀

めない。『夢華錄』には、

正月十五日、元宵。大内の前は、歳前の冬至の後より、開封府は山棚を絞縛し、立木して、宣德樓に正對せしむ。游人は已に御街に集る。兩廊の下、奇術、異能、歌舞、百戲、鱗鱗と相い切し、樂聲が嘈雜たること十餘里。[57]

とあり、毎年の元宵の時期には大道藝人たちのパフォーマンスの舞臺ともなった。黄河の洪水による避難民のための宿泊所として、寺院とならんで御廊が用いられたことも記錄されている。[58] すなわち御廊は公共空間であった。何者かが占有することは許されない。靖康の變において欽宗は、城外の青城（南郊の齋宮）に置かれていた金の本營に赴く。都人たちは南薫門から宣德門にかけての御街で、各々欽宗の歸還を待ち續けた。夜は「御廊」[59]で宿泊しており、公共空間としての性格が窺われる。

國營の市役務にしても「御街の東廊に叉子數十間前後を置き果實を積累」[60]していた。「叉子」とは棒材によって作られた簡單な四角い構造物である。[61] 民間と利を争っていたというから、民間商人も、固定店舗はもたず、「叉子」を置き營業していたのであろう。遼使の宿泊所である都亭驛は汴河の北側、州橋の西側にあったが、舊法黨からは、「民と利を競う「不德の象徵」である國營商店が遼使の視線に入ると、國の體面に關わる」（文彦博）という批判も出た。[62] とすると、この御廊は御街と同じように、州橋にまで伸びていたのである。南宋時代の訪問者の記錄によると、相國寺付近まで續いていたという。[63]『夢華錄』巻二では、州橋をわたると兩側が皆民家であることがことさら記述されている。これは、そこまでの御街が、東西を御廊で圍まれる特殊な空間であったからである。「御廊不知幾間」[64]とか、百七十餘間とか二百間という數字も見える。[65] 詩文には、「廊千步」と表現されていることもある。[66] 千歩は一五〇〇メートルほどになり、宣德門から州橋までの實測値にほぼ一致する（Google　Earthによる）。「間」ということは、御廊は柱廊建築であったことが想定できる。御廊が列柱にささえられた屋根を有する公共空

間であったことは明らかであろう。現代開封における考古學者の努力は、次々と開封に對する新しい知見を我々にもたらすが、御廊がどのような構造をしていたのかは明らかではない。そこで我々が注目すべきは、遼の中京についての考古成果である。宋人の見聞(67)から明らかなように、遼の中京の中軸線の街路の東西兩邊にも三〇〇間の「廊舍」があった。考古學者はその遺址を發見している（圖3）。中京は一〇〇七年（遼の統和二十五年）に建設された新たな遼の都城であり、宋使を迎えるための都城であったと言われている(68)。その平面プランは開封をモデルとしたものと考えられる。中京の「廊舍」も開封の御廊に影響をうけたものであろう。そのため我々は、中京廊舍の復元圖(69)によって開封御廊の姿を考えることが可能なのである。

とまれ民衆が活發な活動をしていることは皇帝の德治の成功を意味している。太宗が「御街御廊」に「京城繁盛」を感じ取り、「勤政憂民、帝王常事耳。朕不以繁華爲樂。蓋以民安爲安」と述べているのはその實感を言說化したものである。そしてこのような空間整備は、御街・御廊に鄰接する都亭驛に宿泊している遼の使節からの視線を、強く意識したものだったのではないか。それは舊法黨（文彦博）からの市役務商店への批判によって裏付けられる。遼の使節はこの御街の中心の御道を通行することが慣例的に許可されていたという(70)。

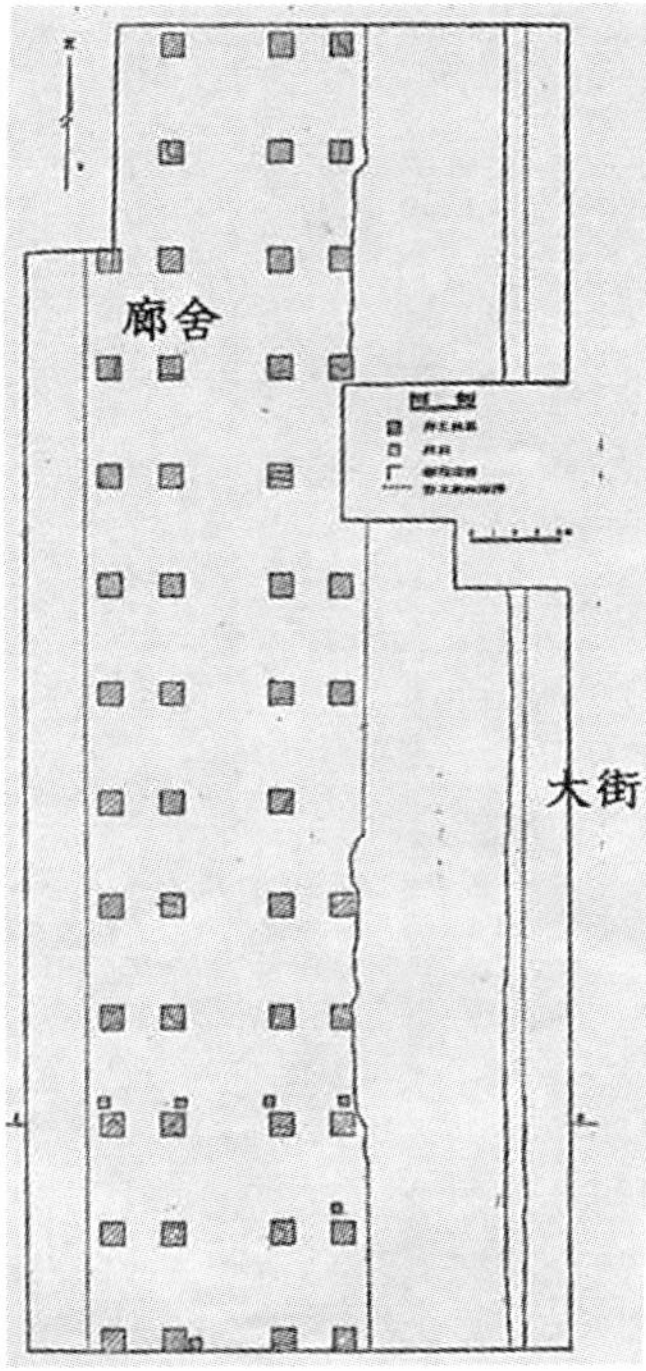

圖3　遼中京外城廊舍遺跡平面圖（遼中京發掘委員會「遼中京城趾發掘的重要收穫」『文物』1961年第9期）に加筆

北宋では庶民が繁華で文明的な生活を営んでいることを示すための舞

臺として、御街・御廊が都城にセットされていた。その空間を見渡せる位置に宣德門が佇立しており、皇帝の存在を象徵していた。このような空間構造が宋朝の盛世を代表するものであり、契丹の使節に對しそれを見せつけていた。前掲の『夢華錄』巻二によると、政和年間に、御廊での民間の賣買を禁止し、花壇を設置するなどして、さらに手を加え、景觀の整備を意識的に行っていることが分る。これは、政和年間に徽宗＝蔡京政權によって推進された、宣德門の改築や明堂建設などの土木工事による皇帝權威の强化策に通じる措置だったと思われる。

おわりに

呂大防「唐長安城圖碑題記」が隋大興城の劃期性として述べているように[71]、北朝の胡漢體制を受けた隋では、身分的・民族的な區分・管理を都城の平面プランによって物理的に實現していた。三重の城壁による段階的な空間管理も律令の規定に定められたものである[72]。武則天の時代を經て盛唐と呼ばれる時代に入ると、國家儀禮や祝祭によって「君臣同歡[73]」という理念を可視化して演出することが行われるようになる。そのため、大明宮・興慶宮という新たな大内は、端門が直接庶民の生活空間に露出していた。その前には胡漢の別を超えた都城住民が集う。このような都城プランの大改造を經て、都城空間の君／民の關係性は、胡漢國家における坊牆制による嚴格な管理を第一義とするそれから變化を始めたのである。

契丹と沙陀の對立としても理解できる五代を通じて、チャイナプロパーにおいては胡漢混住は整理され、北宋成立後は農牧の境界線をめぐる華夷の對立として二元化される。思想史的には北宋では「一君萬民」とも表現できるような政治文化が目指されたという[74]。萬民とは、胡漢が混在した階級性のある集團ではなく、君王と對になった一體的な

社會集團と理解できよう。君／民の間にあった貴族階層は消滅し、官僚は科擧を通じて萬民のなかから選ばれる。さて北宋の開封ではじめから端門（宣德門）は萬民の空間に露出していた。(75)「今、上に天子の尊あり。下に萬民の衆あり」と先引史料（一一頁）で司馬光が嘉祐七年正月十八日の宣德門前の狀況を記述している。このように「一君萬民」の理想は、皇帝が端門に出御して南面し、待ち受ける萬民と向き合う光景となって、都城空間に投影されていたのである。宣德門前のT字型空間は、君民の直接的なコミュニケーションが行われる政治空間であった。

門前では「與民同樂」という言葉に代表される祝祭が擧行され、「夷」に對して文化力を可視化する機會ともなった。その祝祭空間の範圍は御街・御廊に及んでいる。(76)唐長安では皇城の正門朱雀門から大內端門＝承天門街は皇城內であり禁地であるが、開封では、朱雀門から宣德門までの御街のうち州橋以北（約一五〇〇メートル）は二〇〇歩（約三〇〇メートル）とされるように幅廣のものとなり、士庶が通行可能であった。その中央の御道中道だけは皇帝とその鹵簿專用の禁地とされ、唐朝の皇城に比定された。兩側の一般通道との間は低い木の柵で遮られており、君／萬民とは空間的に區別された。

開封の御街の兩側には、これまでの都城には見られない、御廊（廊千步）という開放構造の列柱廊が建設された。それは私有がゆるされない公共施設であった。ギリシャ・アテネのストアに類比できるのかもしれない。この中心軸大街の兩側の列柱廊は、遼の中京大定府建設に際し模倣された。金の中都大興府でも皇城內に御廊が設けられ、(77)「千步廊」と稱されている。金では皇城地區に庶民が入ることが出來たようである。(78)元の大都の場合は、庶民が皇城內をパレードする「游皇城」という行事が每年二月八日におこなわれ、「與民同樂」を實現したものとして贊美されたという。(79)千步廊をふくむ皇城という地區を設定し、通常は民の立入を禁じているわけで、その禁地に都人が遊行するからこそ注目すべき行事なのである。ネルソン・アトキンス博物館（アメリカ合衆國カンサスシティ）に所藏されている

元畫『宮迹圖』には、元の大都の端門（崇天門）が描かれている。[80]その門の姿は、鹵簿鍾に描かれる開封宣德門と同様の一門五道の大樓門であるが、城門の前にはもう一つの門（碑樓）が配置され、空間が制限されているようである。門前には庶民の姿は見られず、空間の性格が閉鎖的であったことが示唆される。

明清の北京城の「千步廊」は、皇城からつきだしたような形態となっている。[81]それは、元の千步廊の有樣を受け繼いだものといえる。そこは庶民が通行することはできず、兩側には千步廊と稱される建造物が設けられているが、官廳として用いられており、開封のような開放的な列柱廊ではない。名稱のみが前例主義で繼承されたのである。「與民同樂」の公共空間として性格は失われたのである。[82]

もう一方の後繼都城、臨安についても考えてみたいが、すでに與えられた紙數は盡きている。とりあえず事實關係を指摘すると、臨安の端門（麗正門）前には、御廊に相當する建造物は作られなかった。また、御街とよばれる街路はあったが、北宋時代の杭州の街路を御街と呼んだもので、擴幅は行われず、開封のような幅廣いものではなかった。そもそも麗正門から設けられていない。『咸淳臨安志』所載の「皇城圖」[83]や「西湖圖」[84]には、「梐枑」「杈子」に形狀が似ている低い木柵が宮城南正門（麗正門）前に描かれているが、東西の大街をともなうT字型の構造ではないため、空間としての廣がりがない。心なしか、麗正門の直前から叉子が設けられているようにも見える。都人を集める祝祭も開封そのままに行われてはいない。

つまり、北宋の開封で都城空間の特徴は、その後の都城では名稱や形態など部分的には受け繼がれたのであるが、空間的な意味は變容していったと想定されるのである。南宋臨安のケースを中心に今後の檢討が待たれるが、皇帝と民衆との距離感が非常に接近した靖康の變における狀況を頂點として、その形態を變容させながら君民の間の距離を離した空間構成を、近世中國都城の宮城・皇城が持つようになるという見通しが得られるようである。それぞれの都

城が背景とする政治文化や都人の社會關係などを中心として、今後の都城史再編成における検討課題としたい。

註

(1) 大内正門のことを端門という。端は正と同義である。
(2) 〔梅原一九八六〕。
(3) 〔妹尾二〇〇七〕〔妹尾二〇一四〕などを參照。
(4) 『玉海』卷六七、詔令　上海書店一九八七：一二六五～一二六六頁によると、唐後半、大赦は、丹鳳門（大明宮）でも行われるようになった（太極宮・承天門で行われることもあった）。特に、南郊大赦が丹鳳門において行われていることが注目される。
(5) 公共空間の概念については、『岩波講座　都市の再生を考える〈第七巻〉「公共空間としての都市」』岩波書店二〇〇五、所收の諸論文などを參照。
(6) 〔關野一九三八〕。
(7) 〔王明琦一九九二a〕〔王明琦一九九二b〕。
(8) 〔傅熹年二〇〇四〕二四一～二四二頁。
(9) 陸游『家世舊聞』卷下、中華書局一九九三、二一九頁。
(10) 徐夢莘『三朝北盟會編』卷三二、上海古籍出版一九八七：二四二頁上段。
(11) 王應麟『玉海』卷二〇三、三七一三頁上段。
(12) 政和八年は十一月に重和と改元されたが、翌年の重和二年二月に宣和と改元されている。『宋會要輯稿』方域一―二〇、中華書局一九五七：七三二八頁では、舊名に復した記事を、重和元年正月二十五日としているが、その日付は存在していないので、重和二年の誤りであろう。
(13) 劉才卲『檆溪居士集』卷八、『文淵閣四庫全書』。

(14)丹鳳門が一門五道であったことは、考古發見によって明らかにされている〔何二〇一一〕。
(15)呂大防『長安圖』については、〔妹尾二〇一〇〕を參照。新法期、開封では唐代文化への憧憬が生じていたことが指摘されている。
(16)〔穴澤二〇〇四〕一二頁を參照。
(17)〔穴澤二〇〇四〕二九頁には、唐代の千秋節は、皇帝と官僚・民衆が、「歡を共に盡くす」一體感を獲得する儀式となっていったことが示されており、宋代の都城空間への方向性といえる。都城空間における唐宋變革論の問題點といえる。
(18)〔妹尾二〇〇七〕。
(19)『三朝北盟會編』卷三四、二五五頁。
(20)劉筠「大酺賦」(呂祖謙『宋文鑑』卷二、中華書局一九九二、二六頁)には「廣場」という表現がある。
(21)『宋史』卷一一三、禮志、觀酺、二六九九頁を參照。
(22)〔穴澤二〇〇四〕五頁からの表を參照。
(23)『玉海』卷七三、一三六五頁、雍熙丹鳳樓觀酺。
(24)『玉海』卷七三、一三六六～一三六七頁。
(25)〔穴澤二〇〇四〕五頁からの表を參照。
(26)『宋史』卷一一三、禮志、三元觀燈、二六九七～二六九八頁。
(27)『范太史集』卷二七、『文淵閣四庫全書』。
(28)司馬光『司馬溫公文集』卷三、『叢書集成新編』新文豐出版公司一九八六、六一册六〇八頁:「論上元令婦人相撲狀」。また明の張萱『疑耀』卷三『叢書集成新編』一三册二四三頁:「婦人裸撲爲戲」も同じ件を「美しからざるの俗」と批判する。
(29)孟元老『東京夢華錄』卷一〇、下赦、世界書局一九七三、二五五頁。
(30)〔梅原一九八六〕三〇五頁によると、御街の沿道が百萬市民によってほぼ埋め盡くされていたことが推測されるという。
(31)無位無官の蘇舜欽などが、登聞鼓を利用して上奏をおこなったことが知られている。李燾『續資治通鑑長編』一〇八卷、

天聖七年六月丁未の條。中華書局一九九二、二五一六頁。
(32)〔石田一九八〇〕。
(33)〔松本二〇〇八〕。
(34)鄭俠『西塘集』巻一「十一月初一日奏狀」、『文淵閣四庫全書』。
(35)李綱『靖康傳信錄』巻一、『叢書集成新編』一一七册一七三頁。
(36)『靖康傳信錄』巻一、一七三頁。
(37)『三朝北盟會編』巻三四、二五五頁には「李邦彥、堅主割地之議、遣割地使。及遣使議和、陳東發憤伏闕、上書。太學生具襴鞹、會於宣德門下者數百人。同日軍民數萬會於宣德門、同太學生伏闕乞用李綱」とある。
(38)〔久保田二〇一四〕。
(39)黃以周等『續資治通鑑長編拾補』巻五八、靖康元年閏十一月戊午の條、中華書局二〇〇四、一八二九頁。『宋史』巻三七一、王倫傳、一一五二二頁。
(40)『三朝北盟會編』巻七〇、五二八頁。
(41)『三朝北盟會編』巻八〇、六〇三頁。
(42)『三朝北盟會編』巻八〇、六〇三頁。
(43)張邦昌の擁立劇に類似の前例として、後漢から後晉への交代の一齣が擧げられる。實に、このときも宮城正門（當時は明德門）で後繼者をえらぶ集議をおこなっている。ただし集議に參加するとされているのは、「文武百寮六軍將校」だけである。（歐陽修『新五代史』巻一一、周太祖本紀、後漢乾祐元年十一月戊子、中華書局一九七四、一一一頁）。
(44)蔡絛『鐵圍山叢談』巻一、中華書局一九八三、一七頁。
(45)〔乙坂二〇〇八〕は元朝における都城での、游京城という行事を紹介する。この行事は、選ばれた都人が、皇城を見學する行事である。この行事には、多民族國家である元朝においては、「與民同樂」「混一華夷」の理想政治の實現として元人が記錄していることに注目している。

(46)『夢華録』巻二、五二頁。
(47)〔侯仁之　呉良鏞一九七七〕と〔李合群・尹家琦二〇〇九〕が、開封の御街・御廊の空間構造について、『夢華録』の記述に基づいて検討している。本論では、この研究の物理的な検討に對して、政治文化の面から再検討をしたものと位置づけられよう。
(48)路振『乘軺録』、賈敬顔編『五代宋金元人邊疆行記十三種疏證稿』中華書局二〇〇四、六〇頁。實測では六四メートルである〔遼中京發掘委員會一九六一〕。
(49)『景文集』巻四三、馳道議、『叢書集成新編』六〇册三九九頁。
(50)李誡『營造法式』巻八、小木作制度三、拒馬叉子、人民出版社二〇〇六、五七頁によると、「一曰梐枑」とある。〔竹島一九七二〕四〇五頁、同四〇八頁「拒馬叉子圖」を參照。伊永文編『東京夢華錄箋注』、中華書局二〇〇六、八〇頁。
(51)〔傅伯星二〇一一〕八頁。
(52)〔丘剛一九九九〕一五六頁。
(53)〔妹尾二〇一〇〕には新法期、開封では唐代文化への憧憬が生じていたことが指摘されている。この上奏にもそのような意識がみられる。
(54)〔梅原一九八六〕。
(55)巻首に「大駕鹵簿圖書」六字が書かれ、その下に「中道」二字が注記されている。〔陳鵬程一九九六〕を參照。
(56)『夢華録』巻一〇、郊畢駕回、二五四頁。
(57)『夢華録』巻六、元宵、一七三〜一七四頁。
(58)脱脱『宋史』巻九三、河渠志、黄河下、元祐八年十月丁酉、中華書局一九七五、二三〇七頁には、「然是時東流堤防未及繕固。瀕河多被水患。流民入京師、往往泊御廊及僧舍」とある。
(59)『靖康要録』巻一四、『叢書集成新編』一一六册七七三頁、靖康元年十二月一日。
(60)『文潞公文集』巻二〇―三、嘉靖五年高陵呂氏刊本（東京大學　東洋文化研究所藏）、「言市易」。

(61)『營造法式』卷八、小木作制度三、叉子、五七頁。〔竹島一九七二〕四一〇頁以降に解説がある。同四一三頁には、「叉子圖」があり參考になる。

(62)『文潞公文集』卷二〇―三、「言市易」（熙寧四年）臣近因赴相國寺行香、見市易於御街東廊、置叉子數十間前後、積累果實、逐日差官就彼監賣、分取牙利。且果瓜之微錐刀、是競竭澤。專利所得無幾。徒損大國之體、祇斂小民之怨、遺秉滯穗、寡婦何資。况密邇都亭虜使所館、豈無覘國之者、將爲外人所輕。

(63)范成大『攬轡錄』乾道六年八月丁卯（『范成大筆記六種』、中華書局二〇〇二）一二頁。

(64)樓鑰『北行日錄』上、乾道五年十二月九日の條、『叢書集成新編』九三册七一〇頁。

(65)『攬轡錄』乾道六年八月庚午の條、一三頁。

(66)歐陽修の「早朝」『歐陽文忠公集』卷一一　律詩、『國學基本叢書』臺灣商務印書館一九六七年、一〇五頁。劉筠「大酺賦」『宋文鑑』卷二、二六頁。

(67)『乘軺錄』六〇頁：自朱夏門入、街道闊百餘歩、東西有廊舍約三百間、居民列廛肆廡下……。

(68)〔高橋二〇一三〕。

(69)〔遼中京發掘委員會一九六一〕三九頁。

(70)宋祁『景文集』卷四三、馳道議。

(71)〔妹尾二〇〇九〕一八九～一九四頁を參照。

(72)〔妹尾二〇一四〕二八頁、圖四「營禁律の空間構造」による。

(73)〔穴澤二〇〇四〕二九頁。おわりに。

(74)〔溝口一九八七〕二四八頁によると、北宋の時代思潮において『周禮』に基づく「一君萬民體制の確立」が第一義とされて課題とされていたという。

(75)比較都城史の視點から述べると、このような空間のあり方は朝鮮王朝時代のソウルの王宮（景福宮）のあり方に酷似している。景福宮は開封並に小規模であり、同じく正門を出れば人々の行き交う通りに面していた。このような空間構成の中で、

〔原一九九六〕五一頁によると、王は臣下を媒介せずに、直接的に民衆の意見を受け付けることを政治的なスタイルとして尊重していた。原武史氏は「一君萬民」という言葉でこの政治スタイルを表現しており、朝鮮王朝の獨自に生まれた政治思想であるとする。

(76)〔李合群二〇〇八〕も、「君民同樂」を演出する舞臺として宣德門前空間の役割を指摘する。本稿は同樣の問題を論ずるが、御街もふくめての公共空間として論じそこでの政治集會について検討するなど李論文にない論點をもつ。李論文は地元の利を生かし考古學的な觀點から宣德門を論じている。特に宣德門の位置の問題についての見解は參考になる。〔徐伯勇二〇一一〕もある。

(77)〔于傑　于光度　一九八九〕五頁・一四頁によると、天德三年（一一五一）に海陵王が中都に遷都した際、北宋開封のプランを用いて宮城を建造したという。

(78)〔于傑　于光度　一九八九〕七四～七五頁は、登聞鼓が、皇城內宮城外に置かれていることから、民間人もそこに至って上奏可能であるため、皇城には、立ち入ることが可能であったと推論する。

(79)〔乙坂二〇〇八〕。

(80)〔傅熹年一九九九〕八八～九二頁：「元人『宦迹圖』卷（舊題『趙濾南平夷圖』卷）」。

(81)〔侯仁之　吳良鏞一九七七〕では、金の中都では千步廊は、皇城內部に置かれており、元朝では皇城外部にそれを出したということが强調されている。

(82)〔侯仁之　吳良鏞一九七七〕によると千步廊は明の南京・中都にも設置されている。

(83)〔傅伯星二〇一二〕一八頁。

(84)〔闞維民二〇〇〇〕二三三頁以下を參照。

【參考論文】

穴澤　彰子　二〇〇四「唐代皇帝生誕節の場についての一考察――門樓から寺院へ――」『都市文化研究』三號

石田　肇　一九八〇「北宋の登聞鼓院と登聞檢院」『中嶋敏先生古稀記念論集　上卷』汲古書院
梅原　郁　一九八六「皇帝・祭祀・國都」中村賢二郎編『歷史の中の都市』ミネルヴァ書房
乙坂　智子　二〇〇八「元大都の游皇城――「與民同樂」の都市祭典」今谷明編『王權と都市』思文閣
何　歳　利　二〇一一「唐長安大明宮發掘の成果と課題：考古學の新成果と興安門遺跡の發掘と研究」『アジアの歷史と文化』一五
久保田和男　二〇〇七a『宋代開封の研究』汲古書院
久保田和男　二〇〇七b「宋代の「畋獵」をめぐって」『古代東アジアの社會と文化』汲古書院
久保田和男　二〇一四「開封廢都と臨安定都をめぐって」新宮學編『近世東アジア比較都城史の諸相』白帝社
陣内　秀信　一九九六「中國北京における都市空間の構成原理と近代の變容過程に關する研究（一）（二）」住宅總合研究財團
妹尾　達彦　二〇〇四「首都と國民廣場――北京における天安門廣場の建築」關根康正編『「都市的なるもの」の現在』東京大學出版會
妹尾　達彦　二〇〇七「都の建築――中國大陸を事例に――」『人文研紀要』六一
妹尾　達彦　二〇〇九「中國都城の沿革と中國都市圖の變遷――呂大防「唐長安城圖碑」の分析を中心として――」舘野和己『古代都城のかたち』同成社
妹尾　達彦　二〇一〇「都城圖中描繪的唐代長安的城市空間――以呂大防『長安圖』殘石拓片圖的分析爲中心」『張廣達先生八十華誕祝壽論文集』新文豐出版股份有限公司
妹尾　達彦　二〇一四「太極宮から大明宮へ」新宮學編『近世東アジア比較都城史の諸相』白帝社
關野　貞　一九三八『支那の建築と藝術』遼代の銅鐘　岩波書店
高橋　學而　二〇一三「遼中京大定府の成立」『アジア遊學160　契丹（遼）と一〇～一二世紀の東部ユーラシア』勉誠出版
竹島　卓一　一九七一『營造法式の研究　二』中央公論美術出版
原　武史　一九九六『直訴と王權――朝鮮・日本の「一君萬民」思想史』朝日新聞社
原　武史　二〇〇三『皇居前廣場』光文社

松本　保宣　二〇〇八「唐代の閤門の様相について――唐代宮城における情報傳達の一齣（その二）」『立命館文學』六〇八號
溝口　雄三　一九八七「第六章　新體制の模索と新儒學の胎動」戸川芳郎編『世界宗教史叢書一〇　儒教史』山川出版社
室永　芳三　一九七八「唐代における詔獄の存在様態（下）」『長崎大學教育學部社會科學論叢』二七
陳　鵬程　一九九六「舊題「大駕鹵簿圖書・中道」研究――〝延祐鹵簿〟年代考」『故宮博物院院刊』一九九六年〇二期
傅　伯星　二〇一一『圖說南宋京城臨安』西泠印社出版社
傅　熹年　一九九九『傅熹年書畫鑑定集』河南美術出版社
傅　熹年　二〇〇四「宋趙佶『瑞鶴圖』和它所表現的北宋汴梁宮城正門宣德門」『中國古代建築十論』復旦大學出版社
侯仁之・吳良鏞　一九七七「天安門廣場禮贊――從宮廷廣場到人民廣場的演變和改造」『文物』一九七七―九
李　合　群　二〇〇八「北宋東京皇城宣德門考」『中原文物』二〇〇八年第二期
李合群・尹家琦　二〇〇九「試析北宋東京南北御街道景觀」『開封大學學報』第二三卷第一期
遼中京發掘委員會　一九六一「遼中京城址發掘的重要收獲」『文物』一九六一年九期
丘　　剛　一九九九「北宋東京城御街遺址探析」『中州學刊』一九九九年第六期
闕　維　民　二〇〇〇『杭州城池暨西湖歷史圖說』浙江人民出版
王　明　琦　一九九二a「鹵簿鐘的年代研究」『遼海文物學刊』一九九二―二
王　明　琦　一九九二b「存世大鐘的形制與時代特征」『瀋陽文物』一九九二年一期
徐　伯　勇　二〇一一「北宋東京宣德樓及御街建置布局考說」『中國古都研究』第五・六合輯北京古籍出版社刊
于傑・于光度　一九八九『金中都』北京出版社

【附記】本稿は、二〇一五年度日本學術振興會の科學研究費補助金（基盤研究（C））による研究成果の一部である。なお「鹵簿鐘」の調査に當っては、遼寧省博物館の皆様に格別の御便宜を頂戴した。厚く御禮申し上げる。

宋代比附劄記

川村　康

はじめに

前近代中國における比附は、滋賀秀三氏の「法に明文のない事犯について、性質の類似する他の條項を量刑の尺度として借用する操作」(1)という定義により、既存の罰條がない、罪名・刑名ともに不定の行爲に刑名を擬定する具體的事案處理上の技法として理解されてきた。淸代の刑案の比附事例を分析した中村茂夫氏はさらに「比附が事柄の重大性の較量に立って、情理に叶った相應の刑罰を求めて行われた」(2)ことを指摘し、既存の罰條があり、罪名・刑名ともに既定であるが、その刑名が妥當性を缺く行爲に妥當な刑名を擬定する具體的事案處理上の技法としても理解できることを明らかにした。中村茂夫氏による研究に律疏の事例分析を加えても、具體的事例分析を主題とする實證的研究は多くはない(3)。本稿の課題は、仁井田陞氏が若干の事例を指摘した(4)宋代の比附について、通則的規定上の比附、具體的事案處理上の比附、ならびに各則的規定上の比附の分析を行い、その理解を深めることにある。

一　通則的規定上の比附

唐律は通則的規定上に比附の位置づけを設けないが[5]、雜律六二條疏

雜犯の輕罪は觸類尤多にして、金科玉條も包羅して盡し難し。其れ律に在り令に在りて正條あるなきものあり。若し輕重相い明かならず、文の以て比附すべきなきものは、時に臨みて處斷するに、情を量りて罪と爲せば、遺闕を補うに庶し。

は、擧輕明重・擧重明輕[6]という補充的解釋の技法、不應爲條[7]という包括的處罰規定とともに、律令に罰條がない行爲に刑名を擬定する具體的事案處理上の技法として位置づけた。賊盜律一三條問答「金科に節制なしと雖も、亦た惟れ比附して刑を論ず。豈に律に在りて條なきが爲に、遂に獨り僥倖を爲さしめんや」、戶婚律四二條疏「律に文なしと雖も、卽ち須く比例して科斷すべし」なども同様の位置づけを示している。

比附がこのような具體的事案處理上の技法として通則的規定上の位置づけを得たのは、五代後唐に至ってからである[8]。後唐長興二年（九三一）八月十一日敕節文（『宋刑統』卷三〇、斷獄律一八條附載）

今後凡そ刑獄あれば、宜く犯す所の罪名に據るべく、須く具さに律令格式の色を逐い正文ありやなしやを引くべし。然る後に後敕を檢詳し、是れ名目・條件の同じきを須ち、卽ち後敕を以て罪を定む。後敕內に正條なければ、卽ち格文を以て罪を定む。格內に又た正條なければ、卽ち律文を以て罪を定む。律格及び後敕內に並に正條なければ、卽ち比附して刑を定むるも、亦た先ず後敕より比を爲す。事、實にして疑いなければ、方めて罪を定むるを得。慮りて中らざるを恐るれば、錄奏して裁を取る。

は、律・格・格後敕に既存の罰條がない行爲に刑名を擬定する具體的事案處理上の技法として、比附を明記した。これは『宋刑統』に收載され、宋代にも通用する。紹興六年（一一三六）八月十八日刑部員外郎周三畏言（『宋會要輯稿』一六四冊、刑法一之三七）

刑部員外郎周三畏言えらく。國家昨に承平日び久しく、事に因て增裲するを以て、遂に一司一路一州一縣、海行の敕令格式ありて、律法刑統と兼行す。已に是れ詳盡たるも、又た或は法の載せざる所は、則ち律に擧明議罪の文ありて、敕に比附定刑の制あり。纖悉にして備さに具わると謂うべし。乞うらくは、今より朝廷の事に因て修立せる一時の指揮を除くの外、自餘の一切は悉く見行の成憲に遵わんことを、と。之に從う。

は、紹興敕（紹興二年・一一三二）までには比附が敕條に規定され、既存の罰條がない行爲に刑名を擬定する具體的事案處理上の技法として、律條の擧輕明重・擧重明輕と併存したことを示す。慶元斷獄敕[9]（『慶元條法事類』巻七三、刑獄門三、檢斷）

諸そ罪を斷ずるに正條なき者は比附して刑を定む。中らざることを慮る者は奏裁。

に確認されるその條項は「比附の原則を基本法のなかに明示していた[10]」。後唐長興二年敕節文と慶元斷獄敕により、宋代の通則的規定上における、既存の罰條がない行爲に刑名を擬定する具體的事案處理上の技法としての比附の位置づけが確認できる。

二　具體的事案處理上の比附

【事例①】『名公書判淸明集』巻一二、懲悪門、誘略、誘人婢妾雇賣

梁自然、卓清夫の女使の碧雲を和誘し、藏匿して家に在り。五日を經隔し、其の妻の阿陳、碧雲の髻を將て剪下し、誘去して雇賣す。卓清夫の詞あるを致し、屢しば追するも出でず。卻て府を經て入詞して「本縣、祖母を將て繃吊せり」と稱し、以て其の人の奴婢を誘したるの罪を掩わんとす。使府の專人もて縣に押下して對し訖り申したるに準るに、責據したる梁自然の供招は分明たり。梁自然、既に人家の女使を和誘し、後に其の髻を剪り、又た縣吏を誣訴す。二罪倶に發したるに係り、合に重きに從うべし。照得すらく。法に在りては「髮を髡りたれば徒一年半」と。剪髻の罪を將て上條に比附して等を減じ、徒一年の上に於て〔於はもと放に作る〕定斷せんと欲するも、或は輕きに從い杖一百に勘せんか、本縣は未だ敢て專らにせず。輙ち府に申し、行下せる使府の判を取自せん。察推、看詳すらく。建陽縣の申し到れるに據るに、卓清夫の「梁自然、女使の碧雲を將て誘去して髻を剪り藏匿す」と論訴したる事は、知縣の書擬は梁自然を將て法に照して比附し徒一年たらんと欲し、或は輕きに從い杖一百に勘せんとす。某に送られて看詳し呈すらく。照得すらく。梁自然、卓清夫の女使を引誘したるは、供招に已に明かなり。但だ剪髻の一節は、其の妻の阿陳の下手したりと供稱す。阿陳は既に官に出でざれば、合に梁自然を將て收罪すべし。若し徒罪に從て科斷すれば、便ち其の妻の坐す罪を合するなり。但だ梁自然の既に供通したる引誘し匿したる情節は分明たるに、又た復た府を經て妄詞誣執し、以て其の罪を掩わんとするは、自から合に科斷すべし。知縣の書擬に照して行下し、梁自然を將て杖一百に勘し、仍お縣界に押下して、坐するに髡髮の罪を以てせんと欲す。更に合に台旨を取自すべし。判府の台判を奉ず。從い行え。

梁自然は卓清夫の女使（女性の使用人）の碧雲を合意のうえで誘い出し自家に藏匿した[11]。五日後、梁自然の妻の阿陳は碧雲の髻を剪り落として女使として轉雇した。建陽縣は、和誘轉雇に杖一百を當て、剪髻に徒一年を比附定刑し、名例律四五條「諸そ二罪以上倶に發したれば、重き者を以て論ず」により重き一罪である徒一年に處斷した。頭髮へ

の傷害の罰條は鬪訟律一條「髮を拔くこと方寸以上たれば杖八十」と鬪訟律二條「髮を髡りたる者は徒一年半」であり、鬪訟律一條疏は「其れ髮を拔きて方寸に滿たざる者は止だ毆の法に從う。其れ鬢を拔くことあるも、亦た髮に准じて坐と爲す」、鬪訟律二條疏は「其れ髮を髡りて盡さず、仍お髻を爲すに堪う者は、止だ髮を拔くこと方寸以上に當て、杖八十」と記す。髮を髡り盡くさないが髻を爲すには堪えなくする剪髻は、髡髮に近似して一段階輕い行爲であるため、髡髮の徒一年半に比附し一等を減じて徒一年と擬定した。建寧府の觀察推官は、阿陳による剪髻との併斷を避けて和誘轉雇の杖一百のみに勘斷し、剪髻の一件は建陽縣に差し戻し髡髮として斷罪することとし、知府はこれを是認した。

【事例②】紹熙二年（一一九一）六月十二日臣僚言（『宋會要輯稿』一六六册、刑法二之一二五）

臣僚言えらく。沿邊の無賴の民、淮を渡りて行刼し、殺人放火し、蹤跡敗露すれば、則ち復た淮南に竄る。有司は究治するに、乃て「亡叛して本所に歸す」に比附し、二等を減じて之を坐す。今、淮北に作刼して復た淮南に歸るは、正に淮の南を以て窠穴と作すのみ。乞うらくは、有司に明詔して申嚴行下し、沿邊の州郡は榜を出し曉諭して、一季の後に作過したる徒伴の供通贓證の分明たる者は、並に現行の條法に照さんことを。罪、死を致さざれば、合に寬貸に從い、亦た乞うらくは、已降の指揮に照應し、屯駐の軍に分配して施行せんことを、と。之に從う。

淮河を渡り金領に侵入し、强盜殺人や放火などを行って歸還した刼賊について、死刑から二等を減じて徒三年に擬定する淮南沿邊の州郡の比附定刑を批判した臣僚の言は、既定の刑名が死刑である場合の不減等と、死刑に至らない場合の配軍を求めて裁可された。刼賊への適用が想定される强盜、强盜殺人、放火盜、放火殺人などの罰條[12]の刑名は死刑であり、自首減免の適用外である[13]。刼賊を金から宋への歸順者とみて死刑に處斷することは重きに失すると判斷

した淮南沿邊の州郡は、淮北からの歸還と、逃亡あるいは叛[14]からの歸還との近似性を根據に、名例律三七條「亡・叛して自首したる者は、罪二等を減じて之を坐す。即し亡・叛したる者、自首せざると雖も、能く本所に還歸したる者は、亦た同じ」に比附して、死刑からの二等減を行ったのである。

【事例①】は既存の罰條がない行爲に刑名を擬定する比附の事例であるが、律疏には見られない、比附先の罰條の刑名からの減等がなされている。【事例②】は既存の罰條の刑名が妥當性を缺く行爲に妥當な刑名を擬定する比附の事例であるが、名例律という通則的規定への比附を介して刑名の擬定が導かれている點で、戴炎輝氏のいう「通例の比附[15]」に相當する。これらの事例から、宋代の具體的事案處理上の比附として、既存の罰條がない行爲に刑名を擬定するものとともに、既存の罰條の刑名が妥當性を缺く行爲に妥當な刑名を擬定するものも行われていたことが確認される。

三　各則的規定上の比附

【事例③】紹興二十三年（一一五三）六月庚午（十二日）詔（『建炎以來繫年要錄』卷一六四）
　詔すらく。民戶、田地を典賣するに、佃戶の姓名を以て、私に關約を爲り、契に隨て分付するを得ず。業を得たる者も、亦た勒して耕佃せしむるを得ず。如し違いたれば、越訴を許し、「有利の債負に因り虛りて人力の雇契を立つ」の敕に比附して科罪す、と。言者の請あるを以て、戶部より立法したるなり。

田地を典賣する際、佃戶に無斷で典買者との耕佃契約を作成して典買者のもとでの耕佃を強制する事實上の佃戶の賣買について、利息附債務辨濟のための人力（肉體勞働に從事する被庸者）雇傭契約の作成を禁ずる紹興敕への比附定

刑を規定する詔である。契約を僞裝する不當な人身支配關係の設定という點での近似性を根據に、既存の罰條がない僞裝耕佃契約を、既存の僞裝人力雇傭契約の罰條へと比附して刑名を擬定することを定めている。

【事例④】開禧元年（一二〇五）六月二十五日夔州路運判范蓀言（『宋會要輯稿』一六一册、食貨六九之六八）

夔州路運判范蓀言えらく。本路の施・黔等州は、界分荒遠にして、綿めんとして山谷に亙り、地曠くして人稀なり。其れ占田の多き者は人の耕墾を須ち、富豪の家は地客を爭い、客戶を誘說し、或は徒衆を帶領し、室を擧げて般徙す。乞うらくは、皇祐の官莊客戶逃移の法を將て、稍や校定を加えんことを。諸凡そ客戶と爲りたる者は、其の身を役するを許すも、其の家屬婦女に及ぼし、皆な役作に充てるを得ず。凡そ田宅を典賣すれば、其の條に從り業を離れるを聽し、租に就きて以て客戶に充てるを許さず。租に就くに非ざると雖も、亦た業人を以て役使に充てるを得ることなし。凡そ錢物を借りたる者は、止だ文約に憑りて交還し、抑勒して以て地客と爲すを許さず。凡そ客戶の身故したるが爲に、其の妻、改嫁を願いたる者は、其の自便するを聽す。凡そ客戶の女は、其の自ら聘嫁を行うを聽す。庶くは、深山窮谷の民をして、生理に安んずるを得さしめ、彊有力者の侵欺する所と爲るに至らざれば、實に一道生靈の幸たらん、と。刑部看詳すらく。皇祐敕に「夔州路の諸州の官莊の客戶の逃移したる者は、並に勒して舊處に歸さしむ」と。又た敕に「施・黔州の諸縣の、主戶の壯丁、寨將の子弟、旁下の客戶、逃移して外界に入りたるは、縣司に委ね、時を畫して所屬の州縣に會して追回し、舊業に着かしめ、同に助けて邊界を把托せん」と。皇祐の舊法は、其の逃移を禁ぜんと欲す。後來、淳熙間の兩次の指揮に「應そ客戶移徙したれば、立ちに遣還を與う。或は違戾して彊般したるの家は、略人の法に比附す」「客丁を般誘し、只だ本身を還すに、其の父母妻男を拘えたる者は、他人の部曲を和誘したるの法に比附す」「如し請佃・賣田を以て詐りて戶を立てたる者は、詭名挾戶の法に比附す」「其の財物を匿したる者は、財物を欺詐したるの法に比附す」

と。則ち是れ皇祐の法を衝改し、別に比附の説を爲し、輕重不同あるを致す。今、看詳すらく。皇祐の舊條は輕重適當、是を以て之を行えば、以て久しきを經るべし。焉んぞ畧人の法を以て比附して之を痛繩すべけんや。且つ略人の法は最も嚴重たり。蓋し「人を畧して奴婢と爲したる者は絞。部曲と爲したる者は流三千里。妻妾及び子孫と爲したる者は徒三年」と。使し其れ果して畧人の罪を犯したれば、則ち畧人の正條を以て之を治すれば可なり。何ぞ比附を以て爲さんや。既に比附と曰いたれば、則ち畧人に非ざるは明かなり。夫れ法意明白たれば、務めて遵守せしむ。加うるに比附を以てすれば、滋いよ紊煩を致さん。欲すらくは、今後、應そ官莊の客戸を理訴したれば、並に皇祐の舊法を用て定斷せんことを。ある所の淳熙續降比附斷罪の指揮は、乞うらくは施行せざらんことを。仍お本路に行下して一路の專法と作し、嚴切に遵守せん、と。之に從う。

范蓀の言は、富豪地主が開墾地での耕作者を求めて、他の地主のもとから客戸を勸誘あるいは強制して移住させる行爲の罰條の強化を求めた。客戸の逃亡の禁絶を趣旨とする皇祐四年（一〇五二）敕は、逃亡客戸の元地主への送還、ならびに域外への逃亡客戸などの州縣による逮捕と元地主への送還を定めていた。淳熙年間（一一七四〜八九）の二道の指揮[16]は逃亡移住客戸の即時送還の方針のもと、客戸を強制的に移住させた地主を「略人の法」すなわち賊盜律四五條「諸そ人を略し、人を略賣して、奴婢と爲したる者は絞。部曲と爲したる者は流三千里。妻妾子孫と爲したる者は徒三年。和誘したる者は各おの一等を減ず。……即し他人の部曲を略し、和誘し……たる者は、各おの良人より一等を減ず」の部曲の略取に比附して徒三年、客戸本人を送還して家族を手元に留めた地主を「他人の部曲を和誘したるの法」すなわち賊盜律四五條の部曲の和誘に比附して徒二年半、誘致した客戸の名義で官有地の耕佃の申請や田地の賣買を詐って戸名を立てさせた地主を「詭名挾戸の法」すなわち慶元詐僞敕[17]（『慶元條法事類』巻四七、賦役門一、匿免税租）「諸そ詐匿して等第或は科配を減免したる者は〈財産を以て隱寄し、或は戸名を假借し、或は官戸を詐稱し、及び詭名

挾戸を立てたるの類を謂う〉、違制を以て論ず。如し州縣の人吏〈吏はもと之に作る〉・鄉書手に係れば、各おの貳等を加う。命官は仍お奏裁。未だ減免を經ざる者は、各おの參等を減ず。人の告するを許す〈官戸の官職任を轉ずるに隨い戸籍を分立したる者は、此に準ず〉。卽し情を知りて詐匿したる財產を受寄したる者は、杖壹伯〈正犯人、未だ減免を經ざる者は、亦た參等を減ず〉」に比附して職制律二二條「諸そ制書を被り、施行する所ありて違いたる者は徒二年」の違制を以て論じて徒二年、客戸の財物を隱匿した地主を「財物を欺詐したるの法」すなわち詐僞律一二條「諸そ官私を詐欺して以て財物を取りたる者は、盜に準じて論ず」に比附して、一般的には慶元賊盜敕（『慶元條法事類』卷七、職制門四、監司巡歷、旁照法ほか）「諸そ竊盜、財を得たれば杖六十。四伯文は杖七十。四伯文ごとに壹等を加う。貳貫は徒壹年。貳貫ごとに壹等を加う。徒參年を過ぎれば、參貫ごとに壹等を加う。貳拾貫は本州に配す」の竊盜に準じて論じて得られた刑名に、それぞれ擬定する。刑部の看詳は、客戸の强制的移住の「略人の法」への比附定刑を例に、略人であれば略人の法で處斷すればよく、比附をするからには略人ではないとして、既存の罰條で處斷できる行爲に比附定刑を定める淳熙指揮を指彈し、皇祐敕への回歸を提言して裁可された。

【事例⑤】雍熙三年（九八六）十月二十二日有司言（『宋會要輯稿』一六七册、刑法三之四九）

有司言えらく。太平興國六年五月の詔書に準ずるに「諸道の刑獄は、大事は四十日を限りとす。中事は二十日。小事は十」と。違いたる者は〔違者は意を以て補う〕「一日は笞十下。三日ごとに一等を加う。罪は杖八十に止む」と。自來、諸道の刑獄の限を出づること三十日以下の者は、官文書稽程に比して定罪す。故らに日限に違うこと稍や多き者は、卽ち上件の詔書を引き、違制に從て定罪す。今請うらくは、別に條制を立て、凡そ違うこと四十日以下の者は、官文書に比附して定斷し、罪は杖八十に止め、四十日以上は奏して取旨せんことを。如し事に關連ありて、須く移牒刺問して稽緩を致すに至るべき者は、具に事を以て聞奏せんことを、と。

刑獄案件の處理期限を大事四十日、中事二十日、小事十日とする「三限の制」と呼ばれる太平興國六年（七八二）五月詔[18]への違反は、徒過日數三十日以內の場合は「官文書稽程」すなわち職制律二一條「其れ官文書もて稽程したる者は、一日は笞十。三日ごとに一等を加う。罪は杖八十に止む」に比附し、三十日を超える場合は「違制」すなわち職制律二二條（本稿【事例④】解説文所掲）を適用して處斷されていた。徒過日數一日から違制に處斷しては重きにすぎるため、稽程すなわち處理期限の徒過という點での近似性を根據とする輕い刑名への比附定刑であり[19]、既存の罰條の刑名が妥當性を缺く行爲に妥當な刑名を擬定する具體的事案處理上の比附の事例に加えられる。雍熙三年の有司の言は、この比附の適用範圍を擴大し、徒過日數四十日以內の場合は職制律二一條への比附定刑を定め、四十日を超える場合は奏裁とする、新規に立法された各則的規定である。

【事例⑥】宣和元年（一一一九）八月二十五日成都府路提刑司奏乞（『宋會要輯稿』一六四冊、刑法一之三一）

成都府路提刑司奏し乞うらく。今後、昊天玉皇上帝、諸州の天慶觀・聖祖殿、及び神霄玉清萬壽宮殿內の供獻の物を盜むものありたれば、未だ專一に斷罪する條法あらず、と。刑部・大理寺は、今、下項を具したり。「諸そ大祀神御の物を盜みたる者は流二千五百里〔二千五百はもと三千三百に作る〕〈神御に供したるものを謂う。凡そ其の餘の儀仗も亦た同じ〉。其れ神御に供するに擬したるもの〈營造して未だ成らざる者を謂う〉、及び供して廢闋したるもの〔闋はもと闕に作る〕、若くは饗薦の具の已に饌呈したる者は、徒二年〈饗薦とは幣牲牢の屬を謂う。饌呈したるとは已に所に入りて祀官の省視を經たるを謂う〉。未だ饌呈せざる者は徒一年半。已に闋りたる者は杖一百〈已に闋りたるとは神御に接したる所なり〉。若し釜甑刀匕の屬を盜みたれば、並に常の盜の法に従う」。勘會すらく。昊天玉皇上帝、及び聖祖殿內の供獻の物を盜みたれば、自から合に「大祀神御の物を盜みたる」を引用して斷罪すべきの外、神霄玉清萬壽宮內の供獻の物は、未だ明文あらざると雖も、理に當に前項の條令に比附して斷罪すべし。欲

すらくは、申明して行下せんことを、と。之に従う。

既存の罰條が存在しない、昊天玉皇上帝、天慶觀・聖祖殿の供獻の物の盗取に賊盜律二三條「諸そ大祀神御の物を盗みたる者は流二千五百里。其れ神御に供するに擬したるもの、及び供して廢闋したるもの、若くは饗薦の具の已に饌呈したる者は、徒二年。未だ饌呈せざる者は徒一年半。已に闋りたる者は杖一百。若し釜甑刀匕の屬を盜みたれば、並に常の盜の法に從う」の直接適用を、神霄玉清萬壽宮殿の供獻の物の盗取に同條への比附定刑を求めて裁可された奏乞である。徽宗の崇道政策[20]の一環として、これらの祭祀は大祀と同等の扱いがなされ、それらへの供獻の物の盗取も大祀への供獻の物の盗取と同等に處斷されるべきであるとして立法された各則的規定であり、具體的事案處理が前提として存在していたとは考え難い。

【事例⑦】慶元戶婚隨敕申明（『慶元條法事類』卷七七、服制門、喪葬）

淳熙拾年陸月貳拾壹日敕。今後、人戶の有分の祖の墓田內、或は祖來の衆共に係る山地、若くは衆議の安葬を許さざるに、如し敢て盜葬したれば、比附して「他人の墓田に盜葬したる」の法に從い杖陸拾、仍お移葬せしむ。若し强葬したれば、不應爲重に從い、杖捌拾にて科斷し、亦た合に移葬すべし。本所看詳すらく。上件の指揮は、人戶の有分の祖の墓田に、如し敢て盜葬したれば、合に「佗人の墓田に盜葬したる」の法に比附して杖陸拾たるべく、强いてしたる者は杖捌拾たるを除くの外、是れ祖來の衆共したる所の山地、若くは衆議の安葬を許さざるに、盜葬し、及び强いてしたる者は、之を「佗人の墓田に盜葬したる」に比すも、事體稍や輕ければ、卽ち合に上條に比附し、各おの壹等を減じて科罪すべし。今聲說して照用す。

淳熙十年（一一八四）敕は、有分の祖の墓田、祖傳の共有の山地、もしくは宗族の議が埋葬を許さない土地に、ひそかに埋葬した者を「他人の墓田に盜葬したる」の法すなわち戶婚律一九條「卽し他人の田に盜葬したる者は笞五十。

墓田は一等を加う」に比附して杖六十に擬定し、强いて埋葬した者を「不應爲重」すなわち雜律六二條「諸そ應に爲すを得べからずして之を爲し……事理重き者は杖八十」により杖八十に處斷する。淳熙十年敕が扱う墓田や山地は「他人の墓田」ではないが、「盜葬」という點で近似性をもつ戶婚律一九條への比附を定めた。淳熙十年敕を「上件の指揮」として引用する敕令所看詳は、盜葬については戶婚律一九條に比附して一等を減じた笞五十に擬定し、强葬については不應爲重から一等を減じた杖七十に處斷するとした。

【事例⑧】紹興二年（一一三二）七月十五日刑部言（『宋會要輯稿』一七〇册、刑法六之六二）

刑部言えらく。臣僚の奏請に據るに「縣囚、禁に在りて病む者は、流罪以下は情款已に定まれば、皆な在京一司法の如く、責保知在を許されんことを」と。卽ち是れ縣に在りては別に流徒罪の情款已に定まる禁囚なきの外、在京法を看詳するに「病囚、困重にして兇惡に非ざる者は、責保在外を許し、損える日に追斷す」と謂うに係る。紹興法は、杖以下の囚、禁に在りて病む者は、止だ「病勢を量り家人の入侍するを聽す」に係り、卽ち「困重の者は責保在外を許す」の文を該載するなし。今、若し臣僚の乞う所に依れば、諸州の病囚の困重の者は、徒流を問わず、並に在京法に依らん。緣りて在京の病囚は、法に依るに「卽時に所屬幷に刑部・御史臺に申し、日びに醫治加減の文狀を具す。困重の者は所屬に申し、干礙せざる官を差して醫に押して他故ありやなしやを看驗し、及び囚に病を得たる所由を責して連報す。徒流罪を犯すと雖も情款已に定まり兇惡に非ざる者は、方ち責保在外を許し、損える日に追斷す」と。其れ在外の州軍は卽ち別に所屬に關申して檢察する去處なし。若し官に委ねて看驗せざれば、又た別に姦弊を生ずるを慮る。今、欲し乞うらく。諸州の病囚は在京法に比附し、卽時に知通に申し、監司ある處は監司に申し、各おの常に檢察を行い、日びに醫治加減の文狀を具す。困重の者は仍お卽時に州に申し、干礙せざる官を差

して醫に押して他故ありやなしやを驗し、及び囚〔囚はもと困に作る〕に病を得たる所由を責して連報す。徒流罪を犯すと雖も情款已に定まり兇悪に非ざる者は卽ちに責保知在を行い、州は元差に委ねて醫に押して三日ごとに一次看驗す。如し委實に病損えれば、卽時に所屬に申し、卻て勾追赴獄を行い、斷遣を候つを聽す、と。之に從う。

在京中央官廳に通用する在京一司法は罪狀凶悪でない重病囚に保證人を立てて保釋する責保在外を許すが、在外に通用する紹興斷獄令[21]は杖罪以下の病囚に家人の入獄看病を許すのみであった。在京一司法はまた、病囚の所屬・刑部・御史臺への卽時報告、療養狀態の連日報告、重病囚の所屬への報告、病因の解明と報告、情狀明確な罪狀凶悪でない徒流病囚の責保在外の許可と治癒日における召喚・處斷を定めていた。刑部の言は、在外の病囚の措置について在京一司法への比附を行い、州獄の病囚の知州・通判あるいは監司への報告・醫療と、重病囚の責保知在を求めて裁可された[22]。

【事例⑨】紹興四年（一一三四）正月二十三日臣僚言（『宋會要輯稿』一六八册、刑法四之四四）

臣僚言えらく。車駕の駐蹕したる臨安府は、卽ち開封府と事體異なるなし。若し盜を犯して合に本府に配すべきの人あれば、理として本府に止配し難し。今、欲すらくは、權に在京法を引用するを行い、並に本府に近き州軍に配せんことを。ある所の臨安府の四至の州軍に、罪を犯して合に本府に配すべきの人あれば、亦た乞うらくは、「罪人は編配して京に入るを得ず」の條に比附し、臨安府に配するは、車駕の回鑾する日を候ちて舊に依らんことを、と。之に從う。

北宋末南宋初の戰亂により國都開封府を失った宋朝は杭州を臨時の國都である臨安府とした。臨安府は四京には數えられないが[23]、實質的な國都という點で開封府と近似する。臣僚の言は、本城に配すべき臨安府の盜犯に在京法を直

接適用して近鄰の州軍に配し、四周の州軍から臨安府への配軍は京師への編配を禁じた既存の規定に比附して停止することを求めて裁可された(24)。

【事例⑩】靖康元年（一一二六）二月二十七日知建州王賓言（『宋會要輯稿』一七一册、刑法七之二八）

知建州王賓言えらく。軍興以來、諸處の敢勇〔敢勇はもと敢用勇に作る〕・效用・保甲・弓箭社等、隨身の器甲を帶し、經過の州縣の城内に安泊し、往往にして過ちを作すも、未だ明文の禁止あらず。檢准すらく。政和軍防令に「諸そ全將差發し、所由の州縣、報を承ければ、兵馬の摽占する驛鋪・官私の邸舍を量り、各おの部分を以て區處取定し、仍お期に一日を前んじて圖を以て本將に報ず」と。又た賦役令に「諸そ丁夫の經過するは、縣鎭城市の三里外に下寨宿止し、食店酒肆に入るを得ず。須する所の物あれば、火頭收買す」と。竊かに法意を原ぬれば、全將の兵は、久しく訓練を經たれば、故に州縣を經て合に驛鋪・邸舍に摽撥を行うべし。丁夫に至りては則ち然らず、本と皆な愚民たれば、教督するに閑まあらず、若し器杖を持して城邑に入らしむれば、千百、羣を爲し、耳目の欲、其の求めに勝えず、必ず爭亂を致さん。今來、諸處に起つ所の人兵は皆な新招烏合の衆、部押の兵官は素より統轄に非ず。縱え紀律に循わざるあるも、未だ敢て軍法を以て從事せず。是を以て經由の州縣、例多た分擾す。乞うらくは丁夫の法に比附し、並に城外に下寨せんことを。仍お部押の官をして期に前んじて過ぐ所の州縣に報じ、合に請くべき錢粮を備えしめ、倉庫に就きて請領せしめ、或は官を城外に差して支散すれば、平民をして以て居に安んずるを得さしめるに庶し、と。之に從う。

北宋末、敢勇、效用、保甲、弓箭社などの自衛的武裝集團(25)を紀律する規定は存在しなかった。これら統轄教練を積まない武裝集團の軍法による紀律は不適當である。政和軍防令（政和三年・一一一三）が兵員の州縣城郭内の驛傳施設や公私の建物への宿營を規定するのは、統轄教練を積んだ正規軍だからである。賦役令は、統轄教練を經ずに勞役に

あたる丁夫が寨から出動する際には縣鎮の城郭から三里以上を隔てた地點に宿營すると規定する。王賓の言は、自衛的武裝集團と丁夫との間の統轄教練を積まないという近似性を根據に、丁夫の宿營を律する賦役令への比附を求めて裁可された。

【事例⑪】建隆二年（九六一）九月詔（『宋會要輯稿』一六八册、刑法四之九三）

詔すらく。幕職州縣官、引問・檢法に因り雪活し人命を得て酬奬を乞う者は、自今、躬親ら覆推するを須ち、方めて敍して功勞と爲すを得。餘は唐長興四年・晉開運二年の敕に准じて施行す。若し引問・檢法して雪活したれば、敍勞の限に在らず。自後、凡そ雪活したる者は、元推勘官の枉死、已に結案するを須ち、知州の繫書官、本職の雪活を爲さざるを駁正したるを除くの外、若し檢法官或は轉運の但そ他司の經歷官、擧駁して別勘し、此に因り駁議して死より生を得たれば、卽ち理して雪活と爲す。若し初めより止だ疑似と作し、事狀を指せず、或は罪人の飜異に因り別勘して雪活したる者は、卽ち覆推官は理して雪活と爲し、仍お元推官の一案を勘して斷遣せよ。或は赦に逢うも、亦た須く罪狀を招すべし。其れ雪活して人を得たる者は、替罷する日に刑部より優牒を給與し、非時參選を許す。若し一人を雪活したる者は、幕職は循一資。州縣官・幕職の二人以上は、章服を加う。已に章服あれば檢校官を加う。檢校の五品以上に至るもの、及び合に章服を賜うべきもの、幷に京朝官の雪活したるものは、並に比附して奏裁するを許す。或は覆推官の妄に變移を欲し、酬奬を希冀し、卻て元推勘官の爲に衆憑を對えたる者は、其れ元駁議及び覆推官は、各おの出入人罪を以て論ず。

死罪囚を雪冤した幕職州縣官・檢法官の酬奬に關する詔である。檢校官で五品以上の者および章服を賜うべき者、(26)ならびに京朝官を對象としないが、官員による雪活という近似性を媒介として比附奏裁を許容している。

【事例③】の詔、【事例④】の二道の淳熙指揮、【事例⑦】の淳熙十年敕は具體的事案處理を機緣とする可能性があ

り、中村茂夫氏が清代について指摘する「比附を機縁として皇帝の裁斷により、新たな條例の立法がなされる」[27]という過程に似たものが見られる。しかし【事例⑤】の有司言や【事例⑦】の敕令所看詳はそれまでの比附定刑を修正する新たな比附定刑文言を定め、【事例⑥】は具體的事案處理を前提とせずに比附定刑を規定する。これらの各則的規定には、既存の罰條がない行爲の刑名の擬定に際し、具體的刑名あるいは「準某罪論」「以某罪論」[28]など既存の罰條の罪名を引據する唐律由來の文言などに代えて、既存の罰條への比附定刑を直接に意味する文言が明記され、あるいはそれらが併記される。比附定刑文言は單行の詔敕や指揮にとどまらず、申明にも見出される。なお仁井田陞氏は【事例③】【事例④】をもとに、舊來の罰條が想定しない地主—佃戸關係という新たな社會的身分關係を律する場面での比附の顯著さを指摘する[30]が、比附定刑を意味する文言を有する各則的規定がそのような場面に限定されないことは【事例⑤】以下が示すとおりである。

【事例③】から【事例⑦】までは、既存の罰條がない行爲に刑名を擬定し、あるいは既存の罰條の刑名が妥當性を缺く行爲に妥當な刑名を擬定するための比附定刑を定める各則的規定であるが、【事例⑧】以下の各則的規定に記された比附は刑名擬定のためのものではない。【事例⑧】は病囚という點での近似性を根據に、在外の病囚の措置を在京法の規定に比附し、その處遇の改善をはかるために立法された各則的規定である。【事例⑨】の比附はすでに刑名の定まった配軍受刑者の配所の措定のためのものである。【事例⑩】の比附は自衞的武裝集團の宿營という直接には刑事手續に關係しない事項についてのものである[31]。【事例⑪】の詔は、雪寃という刑事手續に關する事項であるとはいえ、刑名とは正反對の性格をもつ酬賞の擬定の手續に際して比附がなされていたことを明文規定として示しているのである。

おわりに

筆者はかつて律疏の比附事例についての整理分析を試み、比附は既存の罰條がない行爲に刑名を擬定する技法、ならびに既存の罰條の刑名が妥當性を缺く行爲に妥當な刑名を擬定する技法にとどまらず、刑名の擬定に限定されない法律效果を補充または改良する技法であるとの見通しを得た(32)。本稿に掲げた宋代の事例は、比附が具體的事案處理の際になされるだけでなく各則的規定にも明記されるものであること、刑名の擬定にとどまらず刑事手續から報賞手續におよぶ廣い法領域に關わるものであることを明かにした。これは比附を刑名擬定のための具體的事案處理上の技法としてきた從來の見解に對して、さらなる見直しを迫るものである。他の時代についても事例の收集と分析の手をひろげ、比附の意味内容を檢討しなおしてゆく必要がある。

【凡例】引用文中の〈　〉内および（　）内は原註、〔　〕内は筆者註を示す。唐律および律疏は『宋刑統』による。

註

（1）滋賀秀三譯註［一九七九］三〇四頁。

（2）中村茂夫［一九六八］一七六頁。

（3）律疏の比附事例の分析は、仁井田陞［一九五九］二六七～二六九頁、戴炎輝［一九六四］一四～一八頁、小林宏［一九九一］一〇二～一〇九頁、川村康［二〇一四］などを參照。近年では陶安［二〇〇五］、滋賀秀三［二〇〇六］などが一般的に比附を論じ、鈴木秀光［二〇〇六］七頁、寺田浩明［二〇〇六］二七一～二七二、二七六～二七八頁などが清代の比附を扱

うが、比附事例の分析を主題とはしない。

（4）仁井田陞［一九五九］二六九～二七〇頁、二八四～二八五頁註（27）（28）。本稿【事例③】【事例④】および淳熙十一年（一一八四）六月二十七日戶部言（本稿註（16）所掲）は、仁井田陞氏によって指摘されたものである。

（5）斷獄律二〇條「卽し赦書、罪名を定め、合に輕きに從うべき者は、又た律を引き、比附して重きに入るるを得ず。違いたる者は、各おの故失を以て論ず」に規定された比附の意義については、川村康［二〇一四］を參照。

（6）名例律五〇條「諸そ罪を斷ずるにして正條なく、其の應に罪を出すべき者は、則ち重きを擧げて以て輕きを明かにす。其の應に罪に入るべき者は、則ち輕きを擧げて以て重きを明かにす」。

（7）雜律六二條「諸そ應に爲すを得べからざるして之を爲したる者は笞四十。事理重き者は杖八十」。

（8）開成格（開成四年・八三九。『宋刑統』卷三〇、斷獄律一八條附載）「大理寺の獄を斷じ、及び刑部の詳覆するに、其の疑似ありて比附するも決する能わざる者は、卽ち須く程限の內に於て並に事理を具し、都省に牒送す。大理寺の本と斷じたる習官、刑部の本と覆したる郎官は、各おの法直を將い、都省に就きて十日內に辯定し斷結す。其れ引證分明にして、典則と爲すに堪う者あれば、便ち錄して奏聞し、編して常式と爲す」は、比附による刑名の擬定もできない疑似案件の處理手續規定である。

（9）『慶元條法事類』卷七三、刑獄門三、檢斷は本條を一箇條目とする五箇條を「斷獄令」として揭げ、仁井田陞氏も本條を「斷獄令」とする（仁井田陞［一九五九］二六九頁、二八三頁註（25））が、本條を含む五箇條は「斷獄敕」である（戴建國點校［二〇〇二］七六二頁校勘記〔一〕）。

（10）仁井田陞［一九五九］二六九頁。

（11）女使を良人または客女に比すれば和誘轉雇の刑名は賊盜律四五條（本稿【事例④】解說文所揭）により徒二年半であるが、剪髻を比附定刑した徒一年が倶發二罪中の重き一罪であるなら、女使の和誘轉雇の刑名は杖一百以下のはずである。女使を婢に比すれば和誘轉雇は賊盜律四六條「諸そ奴婢を略したる者は强盜を以て論ず。和誘したる者は竊盜を以て論ず。各おの罪は流三千里に止む」により竊盜を以て論じられ、慶元賊盜敕（本稿【事例④】解說文所揭）により、價額が一貫六〇〇文

以上二貫未滿であれば刑名は杖一百となる。

(12) 强盗および强盗殺人の罰條は景祐二年（一〇三五）八月壬子朔（一日）詔（『續資治通鑑長編』卷一一七、仁宗）「詔して强盗法を改む。仗を持さずして財を得ざれば徒二年。財を得て錢萬たり、及び人を傷つけたる者は死。仗を持して財を得ざれば流三千里。財を得て錢五千たる者は死。人を傷つけたる者は殊死。仗を持さずして財を得て錢六千たり、若くは仗を持して、罪、死に至らざる者は、仍お千里外の牢城に刺配す」に相當する規定である。放火盗は賊盗律三七條「諸そ故らに人の舎屋及び積聚の物を焼いて盗みたる者は、焼く所の減價を計り、併贓して强盗を以て論ず」により、盗贓と焼失した財物の價額を合算し、强盗を以て論じられる。放火および放火殺人の罰條は慶元雜敕（『慶元條法事類』卷八〇、雜門、焼舎宅財物）「諸そ故らに人の居止するあるの室を焼きたる者は絞。人の居止するなき舎宅、若くは積聚の財物は〈蠶簇は積聚と同じ〉、私家の舎宅・財物を焼くの律に依る。死罪の從、及び首たりて、罪、死に至らざれば、各おの阡里に配す。從たる者は鄰州に配す。積聚に非ざる財物、及び積聚の草木の類は、贓を計り盗に准じて論じ貳等を加う。積聚に非ざる草木の類は、贓を計り盗に准じて論ず。已に焼くも未だ然えざる者は、各おの壹等を減ず。即し延焼を致すに到りたる者は、各おの故らに焼くの法に依る〈故らに舎宅に非ざるものを焼きて、人の居止するあるの室に延焼したる者は、止だ〔止はもと正に作る〕人の居止するなき舎宅の法に依る。下條の延焼は此に准ず〉。死罪の、人を殺したるに非ざる者は奏裁。應に阡里に配すべき者は伍伯里に配す。應に鄰州に配すべき者は本州に配す。以上、人を殺傷したる者は〔傷は意を以て補う〕、故殺傷を以て論ず〈下條の人を殺傷したるは此に准ず〉」に相當する規定である。故殺傷の罰條は鬭訟律五條「故らに人を殺したる者は斬。……鬭に因らず、故らに人を毆傷したる者は、鬭毆傷の罪に一等を加う」である。

(13) 名例律三七條「其れ人に於て損傷し、物に於て備償すべからざる……者は、並に自首の例に在らず」。

(14) 逃亡の一般的罰條は捕亡律一一條「諸そ丁夫・雜匠の役に在りて、及び工樂雜戸の亡げたる者は、一日は笞三十。十日ごとに一等を加う。罪は徒三年に止む。……即し人、課役ありて、全戸亡げたる者も、亦た之の如し。……其の人、課役なく、及び全戸亡げたるに非ざる者は、二等を減ず。即し女戸の亡げたる者は、又た三等を減ず」、叛の罰條は賊盗律四條「諸そ叛を謀りたる者は絞。已に上道したる者は皆な斬」である。

（15）　戴炎輝［一九六四］一五頁。

（16）　うち一道は淳熙十一年（一一八四）六月二十七日戶部言（『宋會要輯稿』一六一册、食貨六九之六六）「戶部言えらく。夔州路轉運司奉檢すらく。皇祐四年敕に準ずるに「夔州路の諸州、官莊の客戶の逃移したる者は、並に卻て勒して舊處に歸し、他處は居停するを得ず」と。又た敕に「施・黔州の諸縣、主戶の壯丁、寨將の子弟等、旁下の客戶、逃移して外界に入りたれば、縣司に委ね、時を晝して人を差し、所屬の州縣に計會して追回し、舊業に着かしめ、同に祗應を助け、邊界に把托せん」と。本司、今措置し乞うらくは、本路及び施・黔州の見行の專法に遵照し、夔・施・黔・忠・萬・歸・浹・澧等州に行下せんことを。此を詳するに、如し今後、人戶、地客を偸般せられたるを陳訴したれば、卽ち仰せて上項の專法に照應して施行せん。如し今來措置するに、已前に逃移したる客戶、他鄕に移徙し、三年以下の者は、並に骨肉と同に一併して舊主に追歸せしめ、牓を逐州に出し、兩月を限りて歸業せしめん。般移したるの家は、輙く欠負を以て妄りに拘占を行うを得ず。移して三年以上に及び、各おの是れ生に安んじ、歸還するを願わざれば、卽ち便に從うを聽す。如し今後、般移せられたるの家は、仍お三年の限に拘らず、官司は並に追還を與う。其れ或は違戾して佃客を强般したるの人は、畧人の條法に從り、比類して斷罪せん、と。之に從う」である。

（17）　『名公書判淸明集』巻五、戶婚門、爭業下、受人隱寄財產自輙出賣にも引用される。詭名挾戶は「假空の戶名を立てて財產をかくす」こと（梅原郁譯注［一九八六］二〇〇頁）。

（18）　『續資治通鑑長編』巻二二、太宗、太平興國六年（九八一）三月己未（二十二日）は「詔すらく。諸州の大獄は、長吏、親決せず、胥吏、旁緣して姦を爲し、證左を逮捕するも、滋蔓して年を踰ゆとも獄、未だ具さず。自今、長吏は五日ごとに一たび慮囚し、情得たる者は卽ちに之を決せよ、と。上、天下に滯獄あるを欲さず、乃ち三限の制を建つ。大事は四十日。中事は二十日。小事は十日。追捕を須たずして易く決する者は、三日を過ぎるなし」とし、「三限は、別本の實錄は之を五月丙辰（二十日）に繋ぐも、今は本志に從う」と註記する。

（19）　中村茂夫氏が清代について指摘する「明らかに該當する正條が律にあるにもかかわらず、それに依らず、ほかの重罰規定に比照して處斷した」加重方向での比附（中村茂夫［一九六八］一七三頁）とは逆の、減輕方向での比附である。

（20）昊天玉皇上帝は道教神である昊天大帝の徽宗朝における別稱。天慶觀は眞宗の崇道政策の一環として全國の州府軍監關縣に建置され、聖祖殿は全國の天慶觀に增置された（『續資治通鑑長編』卷七二、眞宗、大中祥符二年（一〇〇九）十月甲午（十三日）、卷七九、眞宗、大中祥符五年（一〇一二）閏十月癸酉（九日））。神霄玉清萬壽宮は徽宗の崇道政策の一環として全國に設置された（『宋史』卷二一、徽宗紀三、政和七年（一一一七）二月辛未（十三日）、『資治通鑑長編紀事本末』卷一二七、徽宗皇帝、道學、政和七年二月辛未）。眞宗と徽宗の崇道政策の關係については、松本浩一［二〇〇二］二六九～二七六頁を參照。

（21）天聖獄官令宋五二條（『天聖令校證』下册四一九頁）「諸そ獄囚、疾病ある者は、主司、陳牒し、長官、親ら驗して實を知れば、醫藥を給して救療す。病重き者は、枷鎖杻を脫去し、仍お家內の一人に禁に入りて看侍するを聽す〈若し職事・散官二品以上たれば、婦女子孫內の二人に入侍するを聽す〉。其れ死することありたる者は、亦た卽ちに同檢し、若し它故あれば、狀に隨て推科す」と類似の規定であろう。

（22）慶元斷獄令（『慶元條法事類』卷七四、刑獄門四、病囚）「諸そ囚、禁に在りて病む者は、卽時に州に申し〈外縣は申さず〉、官を差して視驗す。杖以下は〈品官は流以下〉情款已に定まれば責保知在す。餘は牢を別ちて醫治し、官より藥物を給し、日びに加減を申す〈州に在りては、仍お職員を差して監醫す。其れ取會するに未だ圓たらず、責して官司に送り知管する者は、此に准ず〉。輕き者は取問するを妨げず。稍や重き者は、枷鎖杻を去り、仍お病勢を量り、家人壹名に入侍するを聽す〈肆品以上の官、若くは婦人の官品封邑ある者は、婦女子孫貳人に入侍するを聽す〉。其れ困重の者は、州より干礙せざる官を差して醫に押し、佗故ありやなしやを看驗し、及び囚に病を得たるの因を責して州に申す。徒流罪を犯したると雖も、兇惡に非ずして情款已に定まる者は、亦た責保知在を聽す。元差の官は參日ごとに壹次看驗し、病損える日に勾追して結絕す」は、紹興二年刑部言の趣旨を反映している。

（23）『宋史』卷八五、地理志一の篇首は、東京（開封府）、西京（河南府・洛陽）、南京（應天府・宋城）、北京（大名府・元城）の四京のあとに、臨安府を「行在所」として記す。

（24）臣僚言は慶元斷獄隨敕申明「紹興肆年正月貳拾參日敕。臨安府と開封府とは事體異なるなし。若し合に本府に配すべきの

人あれば、權に本府に近き州軍に配す。ある所の四至の州に、合に本府に配すべきの人あれば、亦た「編配して京に入るを得ず」の條に比附し、回鑾の日を候ちて舊に依る」に相當し、二箇條の在京法は「諸そ編配の地里を計る者は、住家の所を以てし、諸軍は住營の所を以てし、各おの里數より參伯里を過ぎるを得ず〈參伯里内に州なき者は、以次の最近の州に配す〉。應に本州及び本城に配すべき者は、在京は近京の州に配す。應に鄰州に配すべき者は、緣邊・次邊は近裏の州に配す。即し再犯したる者は、仍お元住或は見住の所を計り、壹遠に從て編配す」および「諸そ罪人は、編配して京に入り、及び三路、緣邊、川峡路、若くは邕・宜・欽・廉・融州に往くを得ず。情理兇惡或は强盜は、辰・沅・靖州に配するを得ず〈兇惡・强盜は、亦た全州・武岡軍に配さず〉」の二箇條の慶元斷獄令に相當する（『慶元條法事類』巻七五、刑獄門五、編配流役）。

(25) 弓箭社は熙寧三年（一〇七〇）に河北に、敢勇と效用は熙寧六年（一〇七三）頃に河東・陝西に、公認の武裝集團として組織化され、保甲は熙寧三年に王安石改革の一環として設置された（『宋史』巻一九〇、兵志四、鄉兵一、巻一九二、兵志六、鄉兵三）。

(26) 幕職州縣官は藩鎭の幕職官と舊來の州縣官を合體して形成された官階で、九品官階をなす京朝官の下に置かれた（梅原郁［一九八五］一二一～一三頁參照）。檢校官は「武臣に與うるに文官を檢校するの榮譽を以てして、これを寵する趣旨から出た」空名の稱號（宮崎市定［一九六三］三〇四頁）。「章服を賜う」とは、五品官以上が着する章服の着用を六品官以下に許すこと。

(27) 中村茂夫［一九六八］一七九頁。

(28) 「準某罪論」は「準據となる本罪について定まる主刑だけを取來って當該犯罪に對する刑とすることを意味」し「當該犯罪と本罪とを同視する意味をもたない」が、「以某罪論」は「科刑上完全に眞犯と同視する意味であり、附加刑その他すべての法的効果において本罪と同等とする」（滋賀秀三譯註［一九七九］三一七～三一八頁）。

(29) 指揮は「立法手續を經て整理刪修されることで永續的效力を有する法律となった詔敕」、申明は「朝廷の立法機構が何らかの法律についてなした解釋で、法を補充・修正する功能を有する」（戴建國［二〇一〇］九一、九五～九六頁）。

(30) 「宋代法の場合、比附の著しかったのは農奴（佃戶）の法であった。當時、新たに展開をみせた農奴制度については、舊來

の法のままではとうてい處理し得べくもなかった。それだけとくに比附援引を働かせる必要があるものとされていたのである。農奴は、自由人つまり人と、奴隷つまり奴婢（下級賤民）との中間身分層であるが、農奴については自由人の法が《ママ》、また場合によっては人と奴婢の中間身分の部曲（上級賤民）の法を類推適用した」（仁井田陞［一九五九］二六九～二七〇頁）。

（31）賦役令に反する宿營がなされた場合、軍法による處斷ではなく、違令（雜律六一條「諸そ令に違いたる者は笞五十」）として斷罪されるという効果は生じる。

（32）「比附とは、ある事實に對して既存の規定が豫定する（處罰不能を含む）効果を、その事實と近似性をもつ別の事實に關する既存の規定を應用して、より適當なものに改める技法である」（川村康［二〇一四］一〇一～一〇二頁）。

【文獻】

『天聖令校證』＝天一閣博物館・中國社會科學院歷史研究所天聖令整理課題組校證『天一閣藏明鈔本天聖令校證 附唐令復原研究』中華書局、二〇〇六

梅原　郁　一九八五『宋代官僚制度研究』同朋舍出版

梅原郁譯注　一九八六『名公書判清明集』同朋舍出版

川村　康　二〇一四「律疏比附劄記——斷獄律二〇條の比附は特殊か——」中村正人研究代表『唐代を中心とする中國裁判制度の基礎的研究』平成二十二年度～平成二十五年度科學研究費補助金（基盤研究（C）一般）研究成果報告書

小林　宏　一九九一「因准ノ文ヲ以テ折中ノ理ヲ案ズベシ——明法家の法解釋理論——」『國學院法學』二八巻四號（『日本における立法と法解釋の史的研究　第一巻　古代・中世』汲古書院、二〇〇九による）

滋賀　秀三　二〇〇六「比附と類推」『東洋法制史研究會通信』一五號

滋賀秀三譯註　一九七九「名例」律令研究會編『譯註日本律令五　唐律疏議譯註篇一』東京堂出版

鈴木　秀光　二〇〇六「「請旨卽行正法」考——清代乾隆・嘉慶期における死刑裁判制度の一考察——」『專修法學論集』九八號

戴　炎　輝　一九六四『唐律通論』國立編譯館

戴　建　國　二〇一〇『唐宋變革時期的法律與社會』上海古籍出版社

戴建國點校　二〇〇二『慶元條法事類』楊一凡・田濤主編『中國珍稀法律典籍續編　第一册』黑龍江人民出版社

寺田　浩明　二〇〇六「清代刑事裁判における律例の役割・再考——實定法の「非ルール的」なあり方について——」大島立子編『宋—清代の法と地域社會』東洋文庫

陶　　安　二〇〇五「〝比附〟與〝類推〟——超越沈家本的時代約束——」〝沈家本與中國法律文化國際學術研討會〟組委會編『沈家本與中國法律文化國際學術研討會論文集（下册）』中國法制出版社

中村　茂夫　一九六八「中國舊律における比附の機能」『法政理論』一巻一號（「比附の機能」『清代刑法研究』東京大學出版會、一九七三による）

仁井田　陞　一九五九「宋代以後における刑法上の基本問題——法の類推解釋と遡及處罰——」『中國法制史研究　刑法』東京大學出版會（補訂版、一九八〇による）

松本　浩一　二〇〇二「徽宗の宗教政策について」野口鐵郎先生古稀記念論集刊行委員會編『中華世界の歷史的展開』汲古書院（『宋代の道教と民間信仰』汲古書院、二〇〇六による）

宮崎　市定　一九六三「宋代官制序說——宋史職官志を如何に讀むべきか——」佐伯富編『宋史職官志索引』東洋史研究會（『宮崎市定全集　一〇　宋』岩波書店、一九九二による）

家族史の構築：宋朝士人階層の求めた精神的故鄉
——相州韓琦の一族を例として——

游　彪
（河野峰生・小二田章　譯）

今日に至るまで、相州韓氏一族に關する研究成果の多くは、政治史及びその家族史に集中しているが[1]、ほぼ例外なく、それら現在の研究成果は、韓琦の文集中に敍述された相州韓氏一族の系譜を、眞實で信頼できるものであると考えている。しかし、その中に含まれた多くの疑問點や說得力に缺ける點については、きちんと整理される必要がある。典型的・代表的な士大夫の一族として、相州韓氏一族は科擧によって立身出世したが、その段階は韓琦が高官に登った時に最高潮に達した。南宋以降も連綿と續き絕えることなく、宰相として權力をふるった韓侂胄の出現を生んだ。しかるに、韓氏が祖先を探訪した道のりには長い曲折があり、韓琦は本人が探し出した先祖の墓地の來歷を詳細に記述し、更に系統立てられた相州韓氏一族の系譜を構築した。疑いなく、これらの貴重な記錄は、後世の研究者にとって大變有用なものであり、韓氏一族の研究のみならず、宋代史の研究に對しても計り知れないほど重要な役割を果たしている。しかしながら、韓琦の敍述した一族の歷史についての文章を眞劍に解讀して歷史の原狀を復元することが必要であるにも關わらず、その試みは管見の限り存在しない。

一　相州韓氏一族のルーツ探索

韓琦本人の記述によれば、「琦の五代の祖庶子より上は世よ博野縣蠡吾鄕の北原に葬らる」(2)とある。つまり、彼の五代前の祖である韓乂賓(3)より前の祖宗は皆な河北の博野縣蠡吾鄕に葬られた、ということであるが、ただその具體的な狀況は十分明らかではない。そもそも韓琦の時代に、この鄕がどれほどの規模であったかは、恐らく具體的な史實による確證を得ることが難しい。しかし、常識的に考えて、唐代以來の縣はいくつかの鄕によって構成されており、鄕の面積も大體は想像できる。韓琦は元々、その祖先の消息についてあまり知らず、五代以上の遠い祖先についてはほとんど歷史的記憶がない狀態であり、そのため、その祖先の足跡を探す機會も少なかったのである。天聖年間（一〇二三～三二）(4)に、韓琦の兄・韓琚が曹利用の推擧のもと、群牧判官を擔當したことで、相州韓氏一族の祖先の所在地について、比較的はっきりとした情報が示された。卽ち「鄕貢進士の韓可なる者、博野より擧に赴きて京師に來たり、司封の兄と相い過從し、且つ宗派を敍ぶる有り」とある。韓可はまず京城である汴梁に赴いて、科擧に參加して當地の解試を突破しており、學業が比較的優秀であって、博野ではすこぶる名聲のあった士人であった、と考えられる。この後、韓可は禮部試に參加するものの、韓琦の後の記述を見る限り、韓可はその試驗を通過しておらず、落第擧士となったようだ。彼は如何なる功名も獲得できなかったのだから、當然、宋朝の官僚階層には入らなかっただろう。韓琚は何らかの機緣によって博野から來た韓可を知り、何度かの交際を經て、互いに同族の好を論じ始めた。韓琚には、韓氏一族に代々の傳えられたものを通じ、相州の韓氏が博野縣より移住してきたという狀況についての多少の理解はあったはずである。しかしながら、在職の官員である韓琚と、功名を爲そうとして必死であった韓可との間

の關係はよく分からないことが多く、二人が河北にいた間にどのような事があったのか、彼らの間にどのような付き合いがあったのかについて、韓琦は明確な説明をしていない。このように韓琚及びその家人は、先祖及びその後裔たちの現状について、特に意識してはいなかったようである。一つ重要なことは、彼は韓家の祖先の埋葬地が分かっても、祖先を敬奉する如何なる行動もとらなかったということである。おおよそ解釋できることは、韓氏の一族には、その遠い祖先の事情を處置するための時間と精力がなかったか、或いは韓可の見解について十分信用しておらず、あえて輕率に表立って祖先の遺骸を収めようとしなかったか、或いは更に複雑な別の原因が存在したのかもしれない。

慶暦八年（一〇四八）に至り、韓琚がすでに世を去って八年過ぎていた。韓琦は定州（河北定州市）の知州となっており、相應に地位がある地方官となっていたが、「而して（韓）可の子弁、亦た來たりて見ゆるを請い、従侄と稱す。其の祖系相承の次第を問うに、悉する能わざるなり。而して可の父子は復た未だ嘗て一語として先塋の所在に及ばず」(5)とする。このことから、韓可の子である韓弁が、韓琦が職についている所在地にやって來て、彼に對して親族關係をもって取り入ろうと試み、韓琦を堂叔であると稱し、また自らを韓琦の堂侄と稱したことが分かる。ただ、韓可、韓弁の父子は自身につながる祖先の系譜について何も知らなかったのであり、たとえ相州韓氏との間に宗族關係が存在したとしても、このようなことでは人に理解させるのは難しかったであろう。

更に重要なのは、韓可父子がこの後、再び韓琦の一族に對して、相州韓氏の一族の墓地の具體的な位置について話すことがなかったということである。嘉祐三年（一〇五八）に至って、「會ま故吏の國子博士劉觀通判永寧たるに、遂に茲れを以て托す。已にして覩の書を得るに、言えらく、弁の嘗て舊塋を補葺し、二志文を得るに、一つは諱文操たりと。幷びに墳圖を以て來示す。二志載す所の三代を詳らかにせば、則ち皆な庶子の親弟なり」(6)という状況となった。この時に至るまでちょうど十年の時が過ぎていたが、おりよく韓琦の故吏である劉覩が永寧軍の通判、すなわち、祖

先の墓地が有った博野縣の行政官員となったため、韓琦は劉覲との間の特殊な關係を利用し、劉覲を代理として當地の祖先の墓地の所在を探索させたのである。劉覲は、當地の行政長官の一人であったため、探索を行わせるには自然で最も便利な人間であり、この探索作業はわずかな骨折りでしかなかっただろう。劉覲は着任した後、韓琦に手紙を送り、韓弁が以前舊墳を修繕して、墓の中から二篇の墓誌の文章を得たが、その中に韓氏三代の事跡が記述されていたことを述べ、韓琦はこのことから、これら二篇の墓誌が五代前の祖先である韓乂賓の二人の弟のものであると斷定した。しかし、その中には韓乂賓に關する如何なる文字記錄も存在せず、大きな不明點が殘っていた。

嘉祐八年（一〇六三）に至り、さらに確證を深めるため、韓琦はその子、韓忠彥を派遣し、「蠡吾に走り以て之を詳辯せしめ」た。ここから、先に劉覲が韓琦の先祖の墳墓の具體的な位置について告げたが、韓琦はまだ完全には信用しておらず、家人を派遣して實際に調査を行わせたことが分かる。韓琦は劉覲の話を大まかには信用していたが、祖先の墓の信憑性については愼重な態度であったことを示しており、そうでなければ、五年隔てた後にもう一度、劉覲の書簡の眞實性を「詳辯」しようとはしないだろう。韓忠彥が蠡吾に至った後、「一墳の諸墳の西北に處して最大にして高きを見」、ここにおいて、「祭りて壙を開く」と、「其の志石を得、之を視るに果たして然り」としている(7)。しかしながら、この記載では單に墓誌の石碑が出現したのみであり、韓琦の遠祖・韓乂賓の墳墓であると確定することは非常に難しい。對して、韓弁が舊墳を修繕する過程で、どのように墓誌銘の文章及びその他の關連の深いものを發見したのかは、韓琦の記述が乏しいため、今ではすでに究明する術がない。しかし、いずれにしても韓琦の一族はその五代の祖の韓乂賓についてある程度解明したようであり、これに基づいて相州韓家の家系を確立した。六代の祖の名は韓全であり、七代の祖の名は韓沛、八代の祖の名は韓胐であり、相州韓氏の宗族の脈絡も明確になった。しかし、博野縣蠡吾鄕に位置する家族墓地について、韓琦が述べた樣々な故事に關しては、はじめから深い霧に包まれており、

それぞれ記述に矛盾が多い。その中で最も明らかな矛盾は韓乂賓に何人の子供がいたのかに關してである。韓琦は韓定辭、韓昌辭の二人だけであると主張していたが、尹洙が韓琦の父のために撰した墓誌銘の文中には異説が書かれており、「庶子四子を生じ、韞辭、愼辭、定辭、昌辭皆な才名を以てするなり」[8]としている。この墓誌銘は韓琦本人が尹洙に委託して書かせたものであり、文集中には、「敍先考令公事與尹龍圖集」という文章がある。この文は慶曆四年（一〇四四）に撰されたもので、その中では、「惟だ先君の官氏次敍、從りて政迹に曁ぶのみ、則ち司封兄（韓琚）、先に行狀を著し及び國史の記する所有らば、敢て復た述べず」[9]とある。これによれば、尹洙は韓琦の父、韓國華のために書いた墓誌銘が、韓琦の兄、韓琚の作った行狀、及び宋朝の國史に依って撰されたものであるとしている。同じく韓國華の子であるのに、韓琚の記述した內容は明らかに別の內容のものであった。つまり、韓氏一族の五代の祖、韓乂賓の跡繼ぎに關しては、尹洙自身が編纂する術はなく、韓琚の文章と宋朝の國史の內容を參照したものであった。さらにいえば、韓琚が父のために撰した行狀は、その父である韓國華の口述、或いは他の過程で得た資料に依據しており、從って韓琚と韓琦の兄弟の、祖先關連の事實に對する理解と認知の程度は、完全に同じではないことがわかるのである。

ここで說明しておかなければならないのは、この時、韓琦は祖先の墳墓を發見していなかったということである。彼の尹洙への書簡の中では、韓國華の高祖である韓乂賓、及びその二子である韓定辭と韓昌辭（韓昌辭は卽ち韓琦の父、韓國華の曾祖である）について言及しているだけである。しかし、相州韓氏一族のこの系譜は、事實上、韓琦兄弟が尹洙に提出したものであり、尹洙が韓國華のために撰した墓誌銘に對しては如何なる異議も述べていない。こうした狀況は、韓琦が少なくとも、その記述內容と同じアイデンティティを持っていたことを示している。そうでなければ、このような大きなズレが生じる場合、先祖の配列等といった重大な問題に、韓琦が無關心であるはずがない。それは

自己の祖先に對する不敬であり、また、儒家の倫理や道德に全く符合しないからである。さらに、韓琚が沒した後、彼の墓誌銘は尹洙によって書かれており、尹洙は韓琚との間に極めて特殊な關係を持っていたようである。[10] 尹洙と韓琚兄弟の間には深い交際關係があり、記述された韓國華の生前の事跡は、結局何かの資料に依ったものだったと言えよう。確かに、尹洙の墓誌銘制作における主要な仕事は、ただその名聲と文才で潤色を行うことであり、韓國華一族の系譜及びその傳承といったものをねつ造することではなかった。

さらに興味深いことは、尹洙が韓國華、韓琚父子のために撰した墓誌銘の中で、韓國華の父の名は韓禎であると明確に指し示していることである。この記述は明らかに韓氏父子の提供した資料に依據して書かれたものでありながら、韓琦の述べる祖父名「韓構」とは全く異なる。この種の相互矛盾は、はっきりと解釋するのが難しいものであるが、もし韓琦が仁宗・趙禎の諱を避け、祖父の名を改名したならば、韓琦とほぼ同時代の人である尹洙は當然同樣に避諱するのが道理であろう。しかし、尹洙が韓國華のために撰した墓誌銘中では、韓琦が三代前までの祖父母に對して官職・誥命夫人を追贈したことを次のように記述している。「慶曆三年、樞密の三代に追荣し、贈すらく、公に太傅、妣の羅氏に追封して仁壽郡夫人たり。大父太子少傅を贈し、妣の李氏趙郡太夫人に封じ、曾大父太子少保を贈し、妣の張氏清河郡夫人に封ず」[11] とある。これは、韓琦が樞密副使に昇進した後、朝廷が制作した封贈についての決定であり、その眞實性に疑いを挾む餘地はない。嘉祐八年（一〇六三）、韓琦は富弼に父韓國華のために神道碑を撰することを依賴したが、この時、尹洙が墓誌銘を撰してからすでに十九年が經っていた。封贈についての內容は、富弼と尹洙の間には差異が存在する。「丞相貴くして、公と祖に累ねて尙書を贈し、曾祖永濟の三代は太師、中書令兼尙書令を併せしむ。又た魏、燕、冀（齊？）三國を啓くに、皆な公妣羅氏、祖妣李氏、曾妣史氏をして追封せしめ、亦た魏、燕、齊三國を以て追封し太夫人たらしむ」[12]。ここからわかることは、この時の韓琦の官職はすでに樞密副使から昇進

して丞相となっており、祖先三代への贈官・誥命夫人の位階は當然それに従って變化している。しかし、その中の韓琦の曾祖母の姓氏は完全に違っており、前者は「張氏」としているのに對し、後者は「史氏」としている。兩者の間では封號のみならず姓氏も一致しない。このような状況は何とも想像し難いものであり、當時の道德觀にも反している。

その他に重要な差異として、尹洙の墓誌銘では韓國華を「卽ち康州の第四子」[13]、すなわち韓禎（構？）の第四子としている。しかし、韓琦が尹洙に書いた書簡の中では、明らかに韓國華を「卽ち其の第三子なり」と書いているのである。この後、富弼が韓國華の神道碑を撰して、その中で韓禎（構？）は「子四人有り、公次いで第三たり」[14]としている。これは明らかに韓琦の説に從い、韓琚の撰じた行狀の記述に依據しないものである。ここから、韓琚と韓琦の兄弟にはその父の基本的な情報の認識についてそれぞれ異なった考えがあることがわかる。とはいえ、尹洙はもちろん、富弼もまた、勝手に韓琦の曾祖母の姓氏を改變することは不可能である。彼等の撰した墓誌銘、神道碑は、おおよそ韓琦一族の提供したもと記錄に依據しており、ほぼ確實なのは、韓氏一族はその手持ちの資料を根據とし、その祖先に關わる情況についていくつかの調整を行っていた、ということである。このような矛盾した史實について説明を行うことで、相州韓氏一族の系譜は時が經つにつれて明確に變化していった。こうした状況は、韓氏の先祖に關する情報が、實際には完全に確定に至らず、時が經つにつれて推移し變化したことをかなり明確に示している。ここから、韓琦は父である韓國華より前の各代の祖先について、多くのことを明らかにすることが出來ず、自説に疑わしい點を殘したままであったことがわかる。

他にも、韓琦は以前、趙州贊皇縣北馬村において、四代の祖先、韓昌辭の墓誌を發見していたが、その中に記述された韓氏の先祖の情況には、明らかな問題があった。「『鼓城志文』曾祖登州錄事參軍たりて當さに「諱沛」と云うべ

し、而るに書するに高祖沂州司戸府君の名を以てす。當時の塡諱誤るか」[15]。明らかに韓琦はその四代の祖、韓昌辭の墓誌銘文中に、實際の狀況と符合しないひどい誤りが存在することを發見すべきであったのだが、彼はむしろ、轉寫する際の誤りであると辯明しており、この理解及び修正は信じがたいものである。ここから、韓琦の先祖の墓地に關係する言說自體が、說得力を持ちえない部分を多く含むと言えよう。

相州韓氏一族の博野の墓が發見されたという、この言說の鍵となる人物は、韓可、韓弁の父子である。韓可は最も早く韓琦の異母兄弟である韓琚に親族として取り入った人物であるが、韓琚は韓可が韓氏の博野の先祖の墓を發見した狀況について、その父のために行狀を撰した時におおよそ韓可が提供した種々の資料を利用していたことから見ても、疑いなく納得していたと思われる。とはいえ、韓琚は人を派遣して墓を尋ねさせたり、或いは祭祀を行ったり、或いは後の韓琦のように鳴り物入りでその祖先の墓園を修復するといったことをしておらず、祖宗に對する態度は積極的ではなかったが、何か原因が存在したのかはよくわからない。その後、韓可の子、韓弁が定州にて、知州であった韓琦を堂叔としたことで、この一宗族の關係は命脈を繫ぎえた。先に述べたように、韓弁は親戚關係を賴りとしてきたものの、自身の祖先に關わる狀況は一つも知るところがなかった。更に疑わしいことに、韓弁がこの期間に「舊墳を補葺」したとされているが、その目的が結局何だったのか、今では解明しがたい。極めてあり得る狀況としては、この墓地がすなわち韓可の祖先の墳墓であったと言うことである。彼ら父子の不斷の努力により、韓琦の一族といわゆる同族の好を繫ぎ、さらには相州韓氏のアイデンティティを得られたのである。これと對應して、韓琦の一族の勢力が擴大するに伴い、彼等は自ずと祖先の庇護・恩惠に答えようとして、韓氏一族の成員が備える孝道の傳統を表現することに全力を盡くしたのである。更に重要なのは、韓琦の家族と共通の祖先についての記憶の中で、相州韓氏の祖先は深州の博野に由來するとしたことである。既に韓可父子が博野で韓姓の墓地を發見し、それに加えて朝廷內外

において勢力を日に日に増していた韓琦の家族に取り入ることで、二つのほとんど血縁のない別の一族が一つとなったのである。結局、相州韓氏は博野を離れて多くの場所を轉々としており、その後裔は博野の祖先の墳墓についてはっきりと把握していると言い難かったものの、ただ韓可父子が宗族關係にすがりついたことによって、韓琦一族は最終的に自身の祖先の元に歸屬できたのである。

韓琦本人の記述を見てみると、その五代の祖、韓乂賓は二子を育てたが、その中の韓昌辭こそが韓琦の五世の祖先であり、かつて眞定府鼓城縣の縣令をしていたとする。韓琦は、「家集」を讀んだときに眞定主簿であった張度が韓昌辭の爲に書いた墓誌銘を發見し、またその中には「曾祖令公の晉天福中に府君を趙州贊皇縣太平鄉の北馬村に葬るを知る」[16]と書かれていたとする。つまり、韓琦の曾祖である韓璆は、かつてその父母を趙州贊皇縣に埋葬していた旨を述べているのである。しかしながら、韓琦は彼の高祖が曾祖とこの場所で生活したのか、沒した際に北馬村に葬られたのか、或いは依然として高祖は鄉里の深州博野に葬られたのかについては、説明していない。ただ間違いないのは唐末五代の戰亂により、韓昌辭の子韓璆は相州への移住をせまられたということである。韓氏一族は韓琦に至るまでに、相州での生活が非常に長い期間に及び、趙州からは遙かに遠く、加えて長い間墓掃除に訪れることも出來なかったので、韓琦ら韓昌辭の末裔は韓昌辭の墓地の具體的な位置を知らなかったのである。

最もこの狀況を明らかにするのは、韓琦の兄韓琚がかつて趙州の通判を擔當して[17]、ちょうど趙州での任期を終えて京城に戻る途中、博野から來た韓可との交際を開始したが、「天聖中、三兄群牧判官に任ぜらる。鄉貢進士の韓可なる者、司封兄とともに博野より擧に赴き京師に來たり、司封兄と相い過從し、且つ宗派を敍ぶる有り[18]」としていることである。極めてありえることとして、韓琚は趙州で官職にあった時に韓可と知り合っていたが、まだ贊皇縣で祖先の墳墓を探してはいなかったのである。こうした狀況は人情にもとり常識から外れているが、ともかく韓琚は實際に

はその曾祖の墓地の所在を知らなかったといえよう。尹洙による韓琚の墓誌銘には、「初め、公趙州に在り、曹韓公利用、其の郷里公の政を善とするを以て、郡（群?）牧判官の缺に及び、奏して公もて其の任を補わしむ[19]」とする。ここから、韓琚の趙州における政治實績は突出し、當地の人民も認める所であったこと、さらに重要なことには、彼は曹利用の推薦を受け、趙州通判から群牧判官に昇進したことがわかる。韓琦の記述と合わせると、韓琚は韓可と共に京師に赴き科擧に參加して、二人の間には「宗派を敍ぶ」が開始されていたが、彼等が知り合いになる過程は、今では考察することが出來ない。韓琚が沒してから十八年後、ようやく韓琦が人を派遣してその高祖韓昌辭の墓地を發見したのである。ただ、その博野の遠い祖先とは異なり、韓氏一族はその四代の祖、韓昌辭の墓地の所在がおおよそどこであるか了解しており、「幸いにして其の州縣郷里の名を知る」として比較的探しやすかったのであろう。

嘉祐三年（一〇五八）、「偶たま故吏の鄭嗣宗なる者あり、東川の宰より行服して趙に歸らんとし、都を過ぐるに見ゆるを請う[20]」た。このことからわかるのは、鄭嗣宗は韓琦の「故吏」であり、彼は本來、可能な限り早急に郷里に歸り、喪に服すべきであったが、郷里に歸る途中、京師に赴いて韓琦に面會してご機嫌うかがいをしており、韓琦が自らの「私第」において接待しているなど、彼等の關係は特殊なものであった。鄭嗣宗はまさに趙州贊皇縣の人であり、そこで韓琦は彼に彼の四代の祖の墳墓がある北馬村について尋ねた。意外にも、鄭嗣宗の故郷は北馬村の鄰村であったため、韓琦は彼に賴んでその祖宗の墓地を探させたのである。その後すぐに、鄭嗣宗は再び韓家を訪れ、「且つ言えらく、是の村韓評事の墓在る有り、請うらく家人をして親驗せしめんと[21]」としたため、狀況を知った韓琦は「乃ち男忠彥と指使李延慶を遣わし同往して之を視さしめ[22]」た。

確かに鄭嗣宗は韓氏の墓地を發見したが、ただ韓琦には依然として躊躇があった。それは當時、韓琦が全くその四代祖先の墓地の位置を知らなかったことを表しており、そうでなければ、彼が自身の子供と腹心を現地に派遣しよう

とはしないはずである。韓琦の子、韓忠彥は墓地に着いた後に必要な祭祀を行い、日を選んで墓を開いた。當時韓琦は朝廷の高位にあり、棺を開く日には、贊皇の現地の行政官と幾千人もの民衆が、盛大で嚴かな墓を開く樣子を目撃した。「令、尉偕に至り、夫の近村の老幼婦女とともに環して視る者數千人。才く墓に及ぶに則ち張度爲す所の志石在り。外より之を窺うに、壙中一に皆な安然として動く所無く、壁の丹雘は尙お新たに塗繪するが若き者なり」(23)。相州韓氏の家中には、四代祖の韓昌辭の資料がいくばくかあり、かつ贊皇にて發見された祖先の墓の中には、張度が韓昌辭のために撰した墓誌銘もあった。このことによっておおよそ確定されたのは、韓氏の四代祖の墓地は信じられるものであるが、五代以上前の祖先の狀況については疑問點が多く、少なくともいま有る史料からは、確定した解答を導き出せない。博野の韓氏墓地は、相州韓氏の先祖墓である可能性があるが、より可能性があるのは別の系統の韓氏の墓ということである。

ここで述べておくべきは、相州韓氏一族によるルーツ搜しの過程は、傳奇的な色彩を帶び、祖先の名聲を上げるために、韓琦を代表とする相州韓氏の子孫は心を盡くした。韓琦が自ら見た所では、相州韓氏は祖宗以來名望の有る一族であり、「唐より以來、家は世よ衣冠たりて、河朔に著名」(24)であったという。つまり、韓氏は七、八代の祖以來、河朔地區の名家であり、その一族は、ほぼ代々官僚の家系であったという。證據をもとめ、この理想的な家系を構築するため、韓琦はその文集中において比較的詳細に、彼と家人が祖先を探索した際の樣々な故事と機緣について記述している。確かなことは、彼のたゆまぬ努力を通じ、相州韓氏の系譜が北宋中期に整った形で現れたと言うことである。しかし、韓琦の記述には明らかに、不明瞭な部分、甚だしくは相互矛盾した部分が存在し、そのため、博野の韓氏一族の墓地が相州韓氏の源であるのかは斷定しがたい。先行研究の多くは、およそ疑うこともなく韓琦が記述した樣々な故事を信じ、そのため確證のない「家族史」を眞實の歷史としてしまっているのである。

事實、相州韓氏の系譜が改めて確立されたことは、ほとんど韓琦に歸すべきである。北宋中期の著名な高官となり、朝廷內外の名望と地位が日增しに登りつめていくに伴い、自然と韓琦は手を盡くしてルーツを探し、それによって自身の一族の以前有した赫々たる地位を證明しようとした。もちろん、相州韓氏の宋朝において初めて立身出世した人物は、實際のところ韓琦の父である韓國華であり、彼は宋の太宗の時に進士となり、宋朝の官僚に加わった。その子らである韓球、韓瑄、韓琉らは彼の蔭位によって官員となるものの、彼等の官僚としての生涯はみな父韓國華には及ばず、しかも多くは中年にして亡くなっている。ただ、いずれにしても、相州韓氏は科擧を通じて一族の命運を改變し、官僚の家系となったことで、ようやく博野の韓可父子が京師に來て親戚關係を繫げようとし、さらには相州韓氏が祖先の遺跡を探索する切實な心情が現實の努力となり、最終的には目的達成につながったのである。從って、もし韓國華が官僚となることがなかったならば、恐らくその後のエピソードが現れることはなかったであろう。しかしながら、相州韓氏及びその子孫は少なからず一族に關係する様々な情況についてあてにならない噂を流しており、韓國華の子孫は生きている間、相州韓氏の淵源をはっきりさせる能力と條件を全く備えていなかったかのようである。博野より京師に赴いた韓可は、韓琦の兄である韓琚、相州韓氏と交際しており、また互いに親族であると認めていた。常識的に考えれば、韓國華父子は當然、祖先を祀って靈園を修繕する方策をとるべきであったが、韓琦の記述から見るに、相州韓氏の末裔はそうしていなかった。その理由については更に進んだ考察が待たれる。

確かなことは、宋代における相州韓氏の發展過程において、高い地位と權力を持っていた韓琦は、事態を決める重要な位置にあった。韓國華の末子であった韓琦の官歷の進展は非常に順調で、三十數歲以後は常に要職にあった。こうした狀況の下、朝廷內外の多くの官員は當然、彼に對して力添えを求めるようになったのである。まさにこのことによって、韓琦は自身の公的な、或いは私的な政治資源を動かし、祖先の墓地の場所を追求し、最終的には彼の願望

を實現する能力を得たのである。

二　韓氏一族の墓園の修繕

相州韓氏一族は何度も移動しているため、各種のルートを通じて、深州博野と趙州贊皇の祖宗の墓地を發見したものの、結局、距離が離れていることから、相州の韓氏の子弟が自らこの墓園を維持・管理することは難しかった。嘉祐三年（一〇五八）、韓氏が四代の祖、韓昌辭の墓を發見した後、韓琦はその子、韓忠彥を派遣して確認させ、韓忠彥は「日を擇んで開隧」し、その後、また改めて埋葬し直した。「墳旁の地繚らすに垣墻を以てし、樹うるに松柏を以てし、嗣宗の甥彭昂なる者を得て之を主守せしむ(25)」とあることから、韓氏の祖先の墳墓に初歩的な修繕がなされ、松柏の類いの樹木を植えたほか、墳墓の周圍に墻を建造したことがうかがえる。更に重要なことは、韓氏の祖先の墓は鄭嗣宗の甥に日常的に維持、修繕する責任を擔わせたが、これは鄭嗣宗本人が韓琦の「故吏」であり、彼がその外甥に依賴して韓氏一族の墓地を管理させたということである。嘉祐八年（一〇六三）七月一日に至り、韓琦は再びその子、韓孝彥を博野に派遣し、「告ぐるに、壙を啓き、下は甓を以て實とするより、上は沮洳を絕たしめて止む。衣衾棺柩、易えて之を新しくす。然る後塞隧廣封し、以て萬世の固と爲さしむ。遠祖の諸塋に逮びては、率ね治葺を加えしむ。其の荊棘を剪ち、易うるに嘉木を以てし、其の垣墉を繚らし、其の高閎なるを表せしめよと」していることから、五年後、韓琦は再び人を派遣し、五代以上前の祖先の墓を開いて改修し、新しい棺に替えたことがわかる。同時に、韓孝彥は墓地の面積を大幅に擴大し、新たに周圍に墻を建築し、あわせて墓地の前に高大な樓門を建立した。ここからわかることは、韓氏の先祖の墓地は長い間忘れ去られてすでにひどく荒廢し、相州韓氏が祖先を見つけて本家

としたことで、二度の大規模な改修を經てようやく完全な墓園へと生まれ變わったのである。こうしたあらゆる一切のことは韓琦の計畫のもと進行された。實際、相州韓氏はすでに博野の墓地を知っており、韓琦の父韓國華及びその三人の兄はともに宋朝において様々な品級の官員になっていたが、彼等はみな韓琦ほどの努力を行わず、祖先の墓の修復を重視していなかった。無論、このことで彼等が祖先を敬っていなかったと斷定は出來ず、恐らく、その他の理由があって祖先の墓を改修することが出來なかったのであろう。

相州韓氏の四代の祖の墓地は趙州贊皇縣に位置し、當初、韓氏もあまり重視していなかった。韓琦自身でさえこのことを認め、「先君亡きより、諸子幼にして孤たり。長じては薄宦にして、四方に奔走し、故に但だ能く時に豐安の祀を奉ずるのみ。其の北馬、鑫吾の塋、則ち力能く及ぶ莫し(26)」としている。このことから、相州韓氏は相州の故郷に埋葬した祖先の墓を弔い祀る以外では、このほかの二箇所の墓地で祭祀を營んだことはなく、それどころか、祖先の墓地の具體的な位置すら完全にわかっておらず、「祖先の葬百餘年、數世にして、已に其の所在を忘る(27)」という有様であった。嘉祐三年（一〇五八）に至るまで、相州韓氏一族の三代の人々はすでにこの土地で百年前後生活しており、その間、一度もこの二箇所の墓を訪ねることはしなかったのである。この地には、韓琦の曾祖、韓璆の墓のみが有り、現地の人は「韓評事の墓」と稱していたが、そのため、確認し得た後、韓琦は贊皇縣北馬村にもまた一座の墓園を建設したのである。もちろん、墓園の規模は大きなものではなかったが、十分な保護と修繕を得ていただろう。

韓琦の曾祖が趙州贊皇縣太平鄉北馬村に葬られていたことは、韓氏の末裔がその後趙州を離れて相州に至ったことの説明となる。韓琦の記述によれば、相州韓氏の新しい墓園は父である韓國華が建立したもので、「先君令公、始め永濟と夫人史氏、暨び琦の祖たる太子中允知康州諱構と夫人李氏を相州安楊縣の豐安村に葬る(28)」とする。韓國華がかつて祖父母の墓地を相州豐安村にうつしたことがうかがえる。これについては、史書に明確な記載がなく、韓琦もま

た彼の父が曾祖の墓を移動した具體的な過程については明らかにしていない。おそらく、韓國華は北馬村の祖先の墓地を完全に豊安村に移すつもりはなく、相應の位牌を設け、衣冠塚に似た一基の簡易な墓を建設するに留まったのであろう。でなければ、韓琦が大變な手間をかけて趙州に息子を派遣し、墓地の所在地を確認させる必要はなかったはずである。しかも、韓琦の祖父韓禎（構?）は、宋の初年に康州（廣東德慶縣）の知州であり、その在任中にこの世を去っている。韓國華はいかにして遠路はるばる父の遺體を迎え母李氏と一緒に葬ったのかなど、韓琦の記述はみな極めて簡潔にしか述べていない。事實、韓琦は韓國華の第二夫人によって育てられ、韓國華が宋眞宗の大中祥符四年（一〇一一）にこの世を去った際、韓琦はわずか三歳の子供であって、全く世事に通じておらず、そもそも父親の状況を正確に理解することが難しく、ひらたく言えば、父の容貌すらはっきりとした記憶がないものと思われる。「小子の罪舋至重にして、幼くして所天を失い、尚お顏面の彷彿を記す能わず。治行の美、蓋し十に其の一二を得ず。又た先君の章疏、文集、先に河陽法掾兄の掌る所と爲る。物故に及び、嫂の辛氏盡く攜えて以て其の家に歸し、後に之を失って復た得ず(29)」とする。つまり、韓琦は父の印象すらほとんどないまま、幼くして父を失っている。韓琦が父から韓氏一族に關わる状況について理解を得られる可能性は低く、ましてや、韓國華の殘したあらゆる文章が、兄嫁の辛氏の保管が周到でなかったことから完全に失われていた。韓國華の第四子である韓琉がわずか二十七歳にしてこの世を去ったことで、彼の夫人の辛氏は韓氏の遺產をもって實家に歸り、結果として舅の遺品を紛失してしまったのである。韓氏一族にとっては、論ずるまでもなく重大な損失であった。

韓琦の經歷が輝かしいものになり、業績が積み重なっていくにつれ、彼の朝廷における地位もまた非常に崇高なものになっていった。年わずか三十八歲にして、彼は宋における軍事の最高機關である樞密院の副長官となり、執政の一員に加わり、朝廷の政策決定に關わる重要な官員の一人となっていた。彼は深く皇帝の信任を受けた官員であり、

官員として順調に出世を重ねていた。こうして比類の無い榮達を重ねていく過程で、韓琦は機會をとらえて父母の遺體を相州の故鄕に葬った。

しかし、韓國華は建州（福建建陽）にて病死したが、彼の遺體はどのように相州に運ばれたのだろうか。このことについて韓琦は明確な説明をしていない。宋仁宗の慶曆五年（一〇四五）、韓琦は先に風水に長けた僧侶、保聰を見つけたが、すぐさま、「地を安陽縣新安村の水野に得るは吉と爲す」[30]という結果を得た。實際のところ、既に述べたように、韓國華はかつて韓琦の曾祖父、祖父を安陽縣豐安村に葬ったものの、極めて簡素な墓を建てただけであった。韓國華の祖父と父の墓を徹底的に移動させたわけではないとはいえ、ただ博野と贊皇のほか、韓氏一族の第三の墓地となったことは疑いのないことである。しかし、保聰が選擇した吉地は相州韓氏の元々の墓ではなく、全く新たな場所を選び、韓氏一族の墓地を建て直したのである。尹洙が韓國華のために撰した墓誌銘によれば、「樞密公、夫人の喪を奉り、相州安陽縣の新安村に歸葬し、祖塋に距つこと三十里」[31]としている。ここから、樞密副使であった韓琦がもとの一族の墓地を捨て、三十里離れた新安村に「東西に二塋を作り、塋は各おの三穴」を建設した。そこに韓國華夫妻及び亡くなった韓氏の構成員を埋葬したが、その具體的な墓地の位置は、西面の三穴を分けて韓琦の父母、長兄、三兄の墓地とし、東面の三穴は韓琦の二兄と四兄、五兄と彼の長兄の子、韓公彥のものとした。そのうち、二兄韓瑄と四兄韓琥の墓を合わせて埋葬し、一方で侄子の韓公彥は單獨の墓であったが、こうした形式は本來、道理に反するものである。韓瑄は蔭位によって官僚となった後、正式に實職を任せられることはなかったが、ただ父韓國華が世を去った後、一族の事務管理を擔當したことにより、深く韓國華の第一夫人の信任を得ていた。實母の「久しく京師に寓居し、家を許に徙さんと欲し」ていたことを顧みて、韓瑄を「其の事を住營する」ために派遣したが[32]、途中洪水に遭って許田縣のある石橋のほとりで溺れ、二十七歲で亡くなったのである。おおよそ、韓國華の妻子が京師を離れな

ければならない理由として、韓國華が沒した後、彼女は韓琦の生母胡氏と折り合いが悪かった可能性が高い。韓琦の二人の母に對する記述は一目瞭然であり、彼はその生母のために深い情を込めて墓誌銘を撰しているが、對して義母に對する記述は少なく、父のための文章中にまで遡っても韓國華の第一夫人には言及していない。韓琉もまた早逝し、その妻辛氏は彼の遺品を持って實家に歸り、あるいは再婚したことなどによって韓氏一族との關係は次第に斷絕した。このように、韓琦と二兄、四兄の間の兄弟の情は冷淡であったように見え、韓琦をして氣に病ましめ、墓を建設する時に特殊な處理が實施されたものと思われる。わかることは、韓琦が一族の墓を手配した時、輩行或いは尊卑といった傳統觀念に完全に依據しておらず、自身との關係性の遠近をより考慮していたと思われる。韓琦は、「慶曆五年二月二十二日を以て掩壙し、諸塋各おの銘志有り(33)」としている。實際、韓琦は非常に多くの家人に墓誌銘を撰しているが、ただ分量が一樣でなく、二兄、四兄に書き贈った銘文が最も簡便なもので、その意圖はいうまでもない。以降、相州韓氏の新たな一族墓地は順調に建造されていった。

韓琦が既存の一族の墓を使用することを諦めた理由は、風水の要素のほか、恐らくその他に重要な原因があるだろう。その中で注目すべきは、韓國華本人の遺體がとうに存在していなかったことであり、尹洙の撰じた墓誌銘の文章からは、非常に重要な消息が判明する。韓國華が沒した後、「泉人の知有る者相い與に建陽に趨き拜奠し、朝夕哭し、浮圖に詣り營齋し、公德に報ぜんと(34)」した。つまり、韓國華は泉州での在職中に沒して、知人が佛教式の葬儀を手配しており、福建路の建州は京師、或いは故鄉の相州と遙か遠く離れていたのである。これによりほぼ確定なのは、韓國華は茶毘に付され、ただ遺骨だけ殘ったのであり、家人がいつこの遺骨を得たのかは知り得なかった。こうした狀況の下、韓氏一族が韓國華の遺骨を極めて草々に葬ったのか、あるいは、相應の墓を建立したのかはわからない。この時、韓氏一族の地位は輝かしいものではなく、むしろ、道半ばにして家運衰落の狀況が現れていた。年少の韓琦に

とっては、彼は自身の一族がこのように過酷な運命にさらされていたことを知るよしもなかった。しかし、韓琦の地位がどんどん上昇していくにつれ、韓氏の一族がこの地における聲望と地位を盛り返すことは、彼にとって必ず達成しなければならない重要な任務であったことは間違いない。韓琦は、後に彼の父が祖父を相州豐安村に葬ったと記述しており、ただ確かに非常に簡易な墓であって、いずれにしても韓琦の身分と地位に釣り合わないものであった。まさにこのことから、韓琦は改めてかなり大きな規模の墓園を建設したのである。

しかし、韓琦本人が沒した後は、卻って父母を中心とした墓園に入らず、その相州の祖先の家からそう遠くない祖先の墓地付近に埋葬された。二〇〇八年以後、河南省安陽市の文物考古所は、安陽の西北一〇キロメートル前後の皇甫屯村の西において「韓琦及びその二人の夫人の墓地」を發掘した。その中から出土した三つの墓誌銘は、「宋故司徒兼侍中、贈尙書令魏國忠獻韓公墓志銘」、「宋安國夫人崔氏墓銘」、「宋故普安郡太君崔氏墓志銘」であった(35)。安國夫人崔氏は、韓琦の第一夫人で、嘉祐七年（一〇六二）に沒し、その墓誌銘の作者は韓琦のものと同じく、陳荐である。墓誌銘の記述によれば、崔氏は「其の年十一月二十九日を用て相州安陽縣豐安村相塋の次に歸葬せらる(36)」とされる。先に述べた通り、韓氏は相州の二つの祖先の墓を再建したが、その二つはそれぞれ三十里もの距離があった。韓琦自身もまた、「今取十一月二十九日、相州安陽縣豐安村祖塋の次に葬る(37)」と記述しており、崔氏は韓琦が新たに建設した墓園には葬られておらず、韓氏一族のもともと使用していた墓地に埋葬されたことがみてとれる。あきらかにわかることは、この葬送の位置は崔氏が決定したものではなく、間違いなく韓琦本人の意志であったと言うことである。普安郡太君は韓琦の第二夫人となり、徽宗の大觀二年（一一〇八）に沒しているが、その墓誌銘は、彼女の子、韓粹彥が「大觀三年十一月を以て夫人を豐安村の忠獻公の墓の側に擧葬す」と記載している。ここから、韓琦は事實上、父母とともに埋葬されておらず、古い祖先の墓地に葬られたことがわかる。元朝の人、葛邏祿乃賢の實地調査によれ

ば、「安陽縣の西北五十里、水治村、魏國韓諫議の墓在り。諫議、丞相忠獻公の父なり」(38)とある。このことは、韓國華の墓地と韓琦の墓地との間の距離は比較的遠く、安陽市文物考古研究所が二〇〇八年に發掘したものではないということである。從って、ここはただ韓琦一族の墓の一つとすべきであり、別の場所に六つの墓穴があるはずだが、今後より一層の考古學的調査の進展が待たれる。

以上、韓琦のたゆまぬ努力を通じ、續々と三つの祖先の墓園が新たに建設されたことを述べてきた。さしあたって韓琦が何度もその子や甥を派遣して祖先の墓との往復にかかる各種の費用については觸れないが、このような大規模な墓地を建築するためには、さらに大量の人や物資が必要であった。韓琦の高い政治的な地位、或いはこの地方の政府の官員の大きな助力がなければ、間違いなく目的を達成することは難しかったであろう。韓忠彦が趙州贊皇縣に赴いて祖先の墓を調べた時、現地の「令、尉偕に至る」という狀態であった。つまり、縣令、縣尉はみな自身の仕事を放り出し、縣の全域の官僚が、品級を問わず全ての官吏を率い、わざわざ相州韓氏の墓地を訪問したのである。彼等がこうまでした目的は單純ではないが、その中に含まれた政治的な意味は、間違いなく非常に濃厚なものであった。つまり、韓琦の朝廷內外における政治勢力は非常に強大であり、地方官はこの得がたい機會を利用して、韓氏一族と交際し、自身の將來の官歷により頑丈な基礎を打ち立てないわけにはいかなかったのである。このような現象は宋代の官場にあって非常に一般的なものであることは間違いなく、當時の政治の實情を大いに反映しており、贊皇縣の上下の官員の行動は、宋代における低級な官員の絕對多數が、手を盡くして朝廷要職を丸め込もうとする縮圖であった。まさにこうした地方官の協力は、相州韓氏が當地において一族の墓園を建てる上で、非常に有利な條件を與え、更にこの墓園が後世に續く力強い保護によって支え續けられることにも繫ったのである。

おおまかにいえば、韓琦の行動は宋代士大夫の集團中にあって典型的な性格を有し、鄉土を離れて職に就いた官について言えば、彼等は故鄉に對して特殊な地位を有していた。中國の傳統文化の中で、後代の禍福の運命は祖先と密接な關係を持ち、そのため、出仕して官となる士大夫は祖先の恩に報いるため、當然、その祖先の墓園を細心を拂って維持し、自身の大本を忘れていないことを示した。一方で、儒家思想は強く孝道を說き、亡くなった親族への哀悼を示すために、古より墓地を建造するということは最も重要な表現方法であった。普通の庶民とは異なり、韓琦が墓地を建設するために心をくだいたのは、ある程度、誠心誠意儀禮を行い、慰める意を示すほか、內心では彼の崇高な地位と家族の榮華を示し、さらに後世の子孫が彼の功德を誇るようにしたのは、このことによって日增しに沒落する相州韓氏家族を振興しようとしたからである。それと同時に、祖先の靈を崇拜する背後には、實際には祖宗が在世中の子孫を加護すること願うほか、韓琦が強大な地位と權力を有していたとしても、結局は普通の人であり、彼の心の底では、自己と一族が祖先の靈の保護の下に、更に一段階を登ることを願っていたであろう。このため、韓琦はその同時代の人々と同樣、一族の墓地の建設を重視したのである。

三　結　論

宋朝は中國の古代の氏族の發展史の中で、前代を繼承し、後世をひらく時代であり、多くの士大夫のたゆまぬ努力を經て、理論上では傳統社會の一族理念を豐富に發展させたほか、宋代の特徵的な宗族系統の論述を形成した。しかも、多くの士大夫が身をもって努力し、現實の社會の中にあってこの宗族理論を實踐しつつ、改善していった。宋代以降、中國古代社會に新たな宗族の樣式が出現し、中國社會に對して非常に強い影響をもたらした。可能な限り、一

族の系譜を整理することは、宋代の士大夫、科擧出身者の巨大な影響の下、次第に社會の上から下まで展開し、民間で家譜を編む行爲が普遍的に現れるようになったのである。しかし、巨大な自然災害と戰亂といった様々な状況により、人口が移動する規模は次第に大きくなり、違う系統の宗族の間の雜居融合が回避できない現實となっていった。こうした状況の下、代々傳わってきた祖先の記憶は宗族の構成員の間において最も重要な血縁的紐帶となり、實際にどこに住んでいるかにかかわらず、また貧富の差も關係なく、みな同一の祖宗の子孫とされた。まさにこのようにして、祖先を探求することが、非常に重要な鍵となったのである。

相州韓氏一族の歴史の形成過程は、事實上、宋代士大夫が宋代の新たな宗族理論を實踐した典型的な代表例であり、多くの移動を經た後、韓氏は安陽に定住し、韓氏宗族を維持するために、高官であった韓琦を代表的な一族の構成員として、様々なルートから共通の祖先を探し、祖先の墓地を建立していくことによって、これら外在的な形式は、彼等にとって重要な精神的故郷となったのである。

註

（1）王曾瑜「宋朝相州韓氏一族」（『新史學』八卷四期、一九九七年）、陶晉生「宰相之家――韓琦一族」（同『北宋士族――一族・婚姻・生活』、台北：中央研究院史語所、二〇〇一年）、張彥霞「人際網羅與士人仕宦――北宋名相韓琦的主要社會關係及其政治影響」（河北大學修士論文、二〇〇四年）。

（2）『安陽集』卷四六「錄戴五代祖庶子幷其二弟墓志序」。

（3）墓誌銘、神道碑では「韓乂賓」とされる。

（4）韓琦がその兄韓琚のために撰した墓誌銘によると、韓琚が趙州通判であったのはおよそ天聖元年（一〇四一）ごろであり、その後群牧判官に轉じたとされる。

（5）註（2）に同じ。
（6）同右。
（7）同右。
（8）『河南集』巻一六「故太中大夫、右諫議大夫、上柱國、南陽縣開國男、食邑三百戶、賜紫金魚袋、贈太傅韓公墓誌銘幷序」。
（9）『安陽集』巻四六。
（10）『河南集』巻一六「故兩浙轉運使、朝奉郎、尙書司封員外郎、護軍、賜紫金魚袋韓公墓志銘幷序」。
（11）註（8）に同じ。
（12）『金石萃編』巻一三五「大宋故太中大夫、行右諫議大夫、上柱國、南陽縣開國男、食邑三百戶、賜紫金魚袋、贈開府儀同三司、太師、中書令兼尙書令魏國公韓公神道碑銘幷序」。
（13）註（8）に同じ。
（14）註（12）に同じ。
（15）註（2）に同じ。
（16）『安陽集』巻四六「錄附鼓城府君墓志石本序」。
（17）『安陽集』巻四六「三兄司封行狀」。
（18）註（2）に同じ。
（19）註（10）に同じ。
（20）註（16）に同じ。
（21）『安陽集』巻四二「祭告四代祖鼓城府君文」。
（22）註（16）に同じ。
（23）同右。
（24）註（17）に同じ。

(25) 註（16）に同じ。
(26) 『安陽集』巻四六「重修五代祖塋域記」。
(27) 註（16）に同じ。
(28) 註（26）に同じ。
(29) 『安陽集』巻四六「敘先考令公遺事與伊龍圖書」。
(30) 『安陽集』巻四六「志石蓋記」。
(31) 註（8）に同じ。
(32) 『安陽集』巻四六「二兄監簿以下墓志銘」。
(33) 註（30）に同じ。
(34) 註（8）に同じ。
(35) 安陽市文物考古研究所「河南安陽市宋代韓琦家族墓地」（『考古』二〇一二年六期）。
(36) 安陽市文物考古研究所「河南安陽市宋代韓琦家族墓地」（『考古』二〇一二年六期）の碑文圖版・錄文を參照。
(37) 『安陽集』巻四六「錄夫人崔氏事迹與崔殿丞請爲行狀」。
(38) 『河朔訪古記』巻中。

北宋における武將の婚姻

尤　東進

はじめに

筆者は、北宋軍政史を專門とし、これまでいくつかの論考を行ってきたが[1]、その過程で、北宋期の武將と國內の政治・社會の接點について關心を持った。北宋以降の中國社會はいわゆる「科擧社會」であり[2]、北宋はその形成期と言われる。このような「科擧社會」において、武將の社會的地位や役割は、一般に低く見られがちである。しかし、王朝の形成期に武將が重要な地位を占め、いわゆる「杯酒釋兵權」の逸話や南宋初期の岳飛の處遇のように、王朝政府がその處置に苦慮するありさまを見ると、そのような見方を再檢討する必要があるだろう。

本稿では、武將の最も基礎的な接點として、婚姻を考えてみる。武將の婚姻については管見の限り、專門研究はない[3]。しかし、宋代の士人、士大夫およびその家族、宗族の婚姻については、數多くの研究業績が蓄積されてきている[4]。それらの成果を參照しつつ、本稿は、北宋における武將の婚姻とその社會關係、武將の社會的地位や役割について考察を試みるものである。

一　北宋における婚姻の一般的な特徴

北宋社會の婚姻に關しては、その特徴をもっとも表現しているものとして、鄭樵『通志』巻二十五「氏族略一」所收の、次の文章がよく引用される。

自隋唐而上、官有簿狀、家有譜系、官之選擧必由於簿狀、家之婚姻必由於譜系。（中略）自五季以來、取士不問家世、婚姻不問閥閲、故其書散佚而其學不傳。

「閥閲」とは、歴史的に形成された家柄をいい、最も血縁を重視する。五代を經て、魏晉南北朝以降の門閥制度及び門閥社會は破壞され、北宋は新しい官僚士大夫社會を樹立することに成功した(5)。「婚姻不問閥閲」は、北宋社會の婚姻の一般的な特徴となったのである(6)。しかしながら、北宋における新興層、特に代々にわたって科擧試驗に合格し、高級官僚を輩出した官僚世家は、婚姻に際して、相手の家族の門第を非常に重んじていた(7)。この「門第」とは、「閥閲」とは違い、現實政治社會において維持している地位などを指している。

また、朱彧『萍州可談』巻一には

本朝貴人家選壻於科場年、擇過省士人、不問陰陽吉凶及家世、謂之榜下捉壻。亦有緡錢謂之繫捉錢、蓋與壻爲京索之費。近歳富商庸俗與厚藏者嫁女、亦於榜下捉壻、厚捉錢以餌士人、使之俯就。

とある。この記事が示すように、北宋では科擧が盛行し、科擧出身でなければ官途に昇進できず、また重要なポストはほとんど彼らによって占められた。それゆえ、北宋社會において、特に科擧世家は娘を嫁がせ、婿を選ぶ時、相手の文才を最も重視し、合格したばかりの進士を争い取ったのである(8)。このような風潮は士大夫階層のみならず、そこ

に參入したい富裕な商人にも及んでいた。

また、當時商品經濟が發展し、財力がものを言ったので、婚姻を結ぶ際、互いに財産を確かめ合ったのである。この風潮に激しく反對する聲があったことは、それが相當廣がっていたことを意味しよう。司馬光『書儀』巻三「婚儀上」に、

凡議婚姻、當先察其壻與婦之性行及家法何如、勿苟慕其富貴。壻苟賢矣、今雖貧賤、安知異時不富貴乎。苟爲不肖、今雖富盛、安知異時不貧賤乎。

とあるのはその證據である。

一般に、有力官僚の間では、幾世代にわたる「世婚」が多く存在し、そのうち、「中表婚」[9]が最も多かった。[10]またやはり、ほかの王朝と同じように、婚姻に對して、階層或いは身分の制限が存在し、例えば、「良」「賤」は通婚できず、「士」「庶」も通婚できなかったのである。[11]

二　武將の婚姻について

武將或いはその家族の婚姻については、その相手が、皇室、武將同士、士人・士大夫、庶民とさまざまであったので、それぞれのケースに分けて檢討したい。

(一)　皇室との通婚

中國史上、特に王朝の創建當初、建國功臣の武將は皇室と通婚することが一般的であった。例えば、後漢の場合、

功臣武將であった竇融の長男竇穆は光武帝の娘内黃公主を娶り、また竇融の甥竇固は光武帝の娘涅陽公主を娶っている[12]。ほかにも、例えば唐代では、「安史の亂」を平定することにおいて大きな功勞があった郭子儀の子郭曖は、代宗の娘升平公主を娶っている。

北宋でも、武將對策の大きな柱の一つとして、武將と皇室との婚姻關係の樹立が長期にわたり繰り返し行われていた。その傳統は太祖の治世に遡ることができる。

邵伯溫『邵氏聞見錄』卷一は、

忠正軍節度使王審琦與太祖皇帝有舊、爲殿前都指揮使、禁中火、審琦不待召、領兵入救。臺諫官有言、罷歸壽州本鎭。朝辭、太祖諭之曰、汝不待召、以兵入衞、忠也。臺臣有言不可不行、第歸鎭。吾當以女嫁汝子承衍者。召承衍至、則已有婦樂氏、辭。帝曰、汝爲吾壻、吾將更嫁樂氏。以御龍直四人控御馬載承衍歸、遂尙秦國大長公主[13]。樂氏厚資嫁之。帝謂承衍曰、汝父可以安矣。（中略）嗚呼、太祖駕御英雄、聽納言諫、聖矣哉。

と述べる。また、『長編』卷二建隆二年（九六一）七月戊辰條には、

時石守信、王審琦等皆上故人、各典禁衞。（趙）普數言於上、請授以他職、上不許。（中略）上曰、「人生如白駒之過隙、所爲好富貴者、不過欲多積金錢、厚自娛樂、使子孫無貧乏耳。（中略）我且與爾曹約爲婚姻、君臣之間、兩無猜疑、上下相安、不亦善乎。」

とある。また、『宋史』卷二五七「李崇矩附子繼昌傳」は、

建隆三年（九六二）、補西頭供奉官。太祖欲選尙公主、崇矩謙讓不敢當。繼昌亦自言不願、崇矩亟爲繼昌聘婦。太祖聞之頗不悅。

と述べる。これらから、北宋政權創立の際、太祖は禁軍中の地位の高い武將を籠絡するために、様々な措置を行ったこ

とがうかがえる。經濟的な優遇を與えたことはもちろん、婚姻關係を結ぶ相手を彼らに定めたのは、政權の安定化を狙ったからであるが、それは趙宋政權が確立していなかったことを意味している。そのため、武將にとって皇室との通婚は、必ずしも歡迎されたわけではなく、武將及びその家族によっては、その婚姻を避ける動きも見られた。最初の記事をみると、殿前都指揮使王審琦の子である王承衍は既に結婚しており、樂氏という妻がいた。王承衍本人は、公主を娶ることを欲してはいなかったが、太祖がこの夫婦を離婚させ、樂氏を他人と再婚させ、自分の娘秦國大長公主を娶らせたのである。これは、もともと禁軍の統帥權を握っていたが、當時その權力を奪われていた宿將王審琦に對する慰撫策であった。この婚姻は全く政治的なものであり、當事者同士の個人的な感情は全く無視されたものであった。

三つ目の記事によれば、太祖は李崇矩の子である李繼昌を自分の婿にしようと考えていたが、李崇矩は、自ら李繼昌の妻を選び、急遽結婚させてしまった。太祖は王承衍の先例に鑑みて、これを聞き怒ったが、やむを得ず認めざるを得なかった。今回は、力ずくで離婚させることはできなかったのである。李氏が太祖との婚姻を望まなかったのは、この時期、趙宋政權がいまだ不穩であり、盲目的に婚姻を結ぶと、後に政爭に卷き込まれることを恐れたためと考えられる。ところが、太宗の治世になると、李崇矩の孫李遵勖は太宗の娘萬壽公主と結婚することになった。この時、北宋政權が二代目に入って既に政權が固められており、皇室と通婚するのは自分の家族の地位、發展を維持する手段であるとみなされたのである。したがって、皇室との婚姻の締結は、單なる男女關係ではなく、非常に濃い政治的な色彩を帶びたものであった。しかし、時代の移り變わりとともに、その意味も少しずつ變わっていった。

ところで、上掲の『長編』の記事で、「杯酒釋兵權」について觸れていることに注意したい。これによれば、武將と婚姻を結ぶことは、兵權を解除した武將への對策であり、彼らに外戚という名義的な政治地位を與え、それに滿足させて反抗心を抑えたのである。この武將籠絡策は太宗以下、後の世代も踏襲し、「祖宗家法」となっていった。(14)

以下、幾つかの區分を設けて検討する。

（Ａ）皇室への嫁入り

ここでは、皇室に嫁いだ女性の政治的身分・地位により、以下の類型に分けたい。

1、皇后

『宋史』卷二四二「后妃傳上」と同書卷二四三「后妃傳下」により、北宋時代の皇后を整理すると、表1になる。北宋時代には合わせて十八名の皇后があり、眞宗の劉皇后、神宗の向皇后、哲宗の劉皇后及び徽宗の鄭皇后を除き、他はすべてが武將の家族を背景に持っていた。武將家族の出身者から皇后に選ばれる割合が非常に高いのである。

2、后妃

皇后以外で、普通の后妃になった事例もある。『宋史』卷二四二「后妃傳上」によると、次の二つの例が擧げられる。

（太宗）李賢妃、眞定人、乾州防禦使（李）英之女也。

（眞宗）楊淑妃、益州郫人、祖瑫、父（楊）知儼。知儼弟知信、隸禁軍爲天武副指揮使。

3、宗室の夫人

皇后或いは后妃以外に、宗室に嫁ぎ、その夫人になった事例は非常に多い。まず、『宋史』卷二四五「宗室傳二」には、

雍熙二年（九八五）、元佐被疾、以元僖爲開封尹兼侍中、改今名、進封許王、加中書令。上爲娶隰州團練使李謙溥女爲夫人、因謂宰相曰、「朕嘗語諸子、今姻偶皆將相大臣之家、六禮具備、得不自重乎。」

とあり、また『隆平集』卷十六「武臣傳」の「李謙溥傳附子李允正傳」は、

表１　北宋皇后一覧表

皇帝	皇后	皇后の出身	備注
太祖	孝惠賀皇后	右千牛衛率府率賀景思の長女	追册
	孝明王皇后	彰德軍節度使王饒の三女	
	孝章宋皇后	左衞上將軍宋偓の長女	
太宗	淑德尹皇后	滁州刺史尹廷勳の女	追册
	懿德符皇后	魏王符彥卿の六女	追册
	明德李皇后	淄州刺史李處耘の次女	
眞宗	章懷潘皇后	忠武軍節度使潘美の八女	追册
	章穆郭皇后	宣徽南院使郭守文の次女	
	章獻明肅劉皇后	虎捷都指揮使、嘉州刺史劉通の次女	出身僞造
仁宗	郭皇后	平盧軍節度使郭崇の孫女	廢除
	慈聖光獻曹皇后	樞密使、周武惠王曹彬の孫女	
英宗	宣仁聖烈高皇后	節度使高繼勳の孫女	
神宗	欽聖憲肅向皇后	故宰相向敏中の曾孫女	
哲宗	昭慈聖獻孟皇后	眉州防禦使、馬軍都虞侯孟元の孫女	廢除
	昭懷劉皇后	不明	
徽宗	顯恭王皇后	德州刺史王藻の女	
	鄭皇后	鄭紳の女	
欽宗	朱皇后	武康軍節度使朱伯材の女	

（李）允正、字修己。（中略）允正常質其居、太宗召謂曰、「汝父二十年守邊、止有一第、何故質之。」曰、「妹適陳王、貧無以具禮耳。」

と述べる。この兩記事によって隰州團練使李謙溥の娘、卽ち李允正、李允則の妹は太宗の息子である陳王趙元僖に嫁いだことが分かる。

さらに「左監門衛大將軍妻長安縣君蔚氏墓誌銘（元祐九年〔一〇九四〕二月）」[15]には、

君蔚氏。曾祖興、四廂都虞候、贈太師。祖昭敏、殿前都指揮使、贈太師、中書令。考保用、東染院副使、贈左領軍上將軍。君幼喪父、母萬年縣君李氏攜之改嫁宋氏。既笄、歸監門大將軍、贈懷州防禦使、河内侯仲謙、封長安縣君。

とある。これによれば殿前都指揮使蔚昭敏の孫女は宗室趙仲謙と結婚したことが分かる。

また、「左武衛大將軍貴州刺史妻渤海縣君高氏墓誌銘（元祐九年二月）」[16]には、

夫人高氏。曾祖瓊、贈太師、尙書令、中書令、韓武烈王。祖繼和、贈左金吾衛上將軍。父遵武、文思副使。母李氏。夫人以元祐八年（一〇九三）八月歸宗室右武衛大將軍、貴州刺史子騫。

とある。これにより、高瓊の曾孫女は宗室趙子騫と結婚したことが分かる。

また、「右監門衛大將軍贈蘄州防禦使蘄春侯妻長壽縣君杜氏墓誌銘（元祐九年二月）」[17]には、

夫人杜氏。曾祖彦鈞、贈安化軍節度使。祖贊、皇城使。父宗旦。歸宗室故蘄春侯子賈、封長壽縣君。

とある。これによれば、杜彦鈞の曾孫女は宗室趙子賈と結婚したことが分かる。

また、「右監門衛大將軍貴州刺史妻永興縣君程氏墓誌銘（元祐九年二月）」[18]には、

君程氏、開封人。曾祖懷亮、左藏庫副使。祖勳。父祥、供備庫副使。歸宗室右監門衛大將軍、貴州刺史令話。

とある。これによれば、供備庫副使程祥の娘程氏は宗室趙令話と結婚したことが分かる。

また、「右屯衛大將軍妻吉安縣君楊氏墓誌銘（元祐九年二月）」[19]には、

君楊氏、開封人。曾祖全美、贈太師、中書令兼尚書令、邢國公。祖崇勳、贈太師、中書令兼尚書令、齊國公。考宗識、贈左衛大將軍。母福昌縣太君趙氏。君幼端重、容止有法、柔靜寡言。長適右屯衛大將軍仲參。

とある。この記事によると、楊崇勳の孫女は宗室趙仲參と結婚したことが分かる。

また、「皇侄康州團練使夫人呂氏墓誌銘」[20]には、

其第四子天水郡公允誠生稟粹和、（中略）始娶贈邠州觀察使潘惟正女、不幸早亡。

とある。これによれば、邠州観察使潘惟正の娘、卽ち潘美の孫女は宗室趙允誠と結婚したことが分かる。

前述事例から見て、宗室と結婚して彼らの夫人になったのは殆ど宋初の名高い将軍の末裔である。北宋中後期、すでに衰えた家族の地位を維持、回復するという婚姻の目的が見てとれる。また、それらの家系と改めて婚姻をする宋朝宗室の意圖も、今後検討されねばならない。

（B）　皇室よりの降嫁

この場合、皇室から娶った嫁の地位によって、以下のように分類する。

1、公主と結婚し、駙馬都尉となったもの

『宋史』巻二四八「公主傳」と『宋會要輯稿』「帝系八」の「駙馬都尉雜錄」により、北宋皇帝の駙馬都尉を整理すれば、以下の表2になる。

北宋の公主においては、女尼、道士になったもの、また、夭折したものを除き、二十九人が結婚した。その駙馬都

表２　北宋駙馬一覧表

皇帝	公　　主	駙　　馬	備　　注
太祖	秦國大長公主	忠武軍節度使高懷德	太祖の妹
	魯國大長公主	鄆州牙内指揮使石保吉	故鎭安軍節度使、中書令石守信の子
	魏國大長公主	内殿供奉官都知王承衍	忠武軍節度使、同中書門下平章事王審琦の子
	陳國大長公主	東頭供奉官魏咸信	尙書右僕射魏仁浦の子
太宗	徐國大長公主	吳元扆	故永興軍節度使吳廷祚の子
	揚國大長公主	鎭寧軍都指揮使柴宗慶	鎭寧軍節度使柴禹錫の孫
	雍國大長公主	王貽永	故太師王溥の孫
	荊國大長公主	李遵勖	故右千牛衞上將軍李崇矩の孫
仁宗	周、陳國大長公主	東頭供奉官李瑋	彰信軍節度使、兼侍中李用和の子
	秦、魯國大長公主	錢景臻	崇信軍節度使錢惟演の孫（吳越忠懿王錢俶の曾孫）
	兗國大長公主	曹詩	侍衞親軍馬軍都指揮使、定國軍觀察留後曹琮の孫（曹彬の曾孫）
	燕、舒國大長公主	郭獻卿	贈司徒郭崇仁の曾孫（郭守文の玄孫）
英宗	魏、楚國大長公主	王師約	屯田員外郎王克臣の子（王審琦の玄孫）
	魏國大長公主	右侍禁王詵	武勝軍節度觀察留後、侍衞親軍馬軍都指揮使王愷の孫（王全斌の五世孫）
	韓、魏國大長公主	張敦禮	故屯田郎中張宗雅の子
神宗	唐國長公主	宣義郎韓嘉彥	故司徒、兼侍中韓琦の子
	潭國長公主	王遇	通直郎王師古の子
	徐國長公主	潘意	供備庫使潘孝嚴の子（潘美の曾孫）
哲宗	陳國公主	石端禮	西京左藏庫副使石澈の子

	秦國長公主	潘正夫（進士）	右侍禁潘綷の子
徽宗	嘉德帝姫	曾夤（進士）	故相曾公亮四世孫侄
	榮德帝姫	曹晟	光祿卿曹調の子（曹彬の玄孫）
	安德帝姫	宋邦光	故西頭供奉官宋景の孫
	茂德帝姫	蔡鞗	太師、魯國公蔡京の子
	崇德帝姫	曹湜	曹誘の孫（曹彬の五世孫）
	成德帝姫	向子房	向敏中の玄孫
	洵德帝姫	田丕	
	顯德帝姫	劉文彥	
	順德帝姫	向子扆	向敏中の玄孫

尉になった二十九人のうち、武将の出身者が十五人、文官家族の出身者或いは進士が八人、外戚出身者が四人、出身不明者が二人である。また、複数の駙馬都尉を出した武将一族もあり、曹彬一族と王審琦一族がそれに當たる。いかに武将出身者が多く、しかも武将かつ外戚という二重身分を持つに至ったことが分かるであろう。ただ、さらに表2を考えると、神宗朝以降は公主が文官家族の出身者或いは進士と通婚する傾向が強くなったと言える。

2、宗室の女との結婚

武将或いは武将家族出身者が一般の宗室の娘を娶ることも少なくない。『宋史』巻二五八「曹琮傳」は、

（曹）琮、字寶章。兄瑊、娶秦王女興平郡主。

と述べる。また、『長編』巻四十五咸平二年（九九九）十一月丙申條は、

内園使曹瑊坐闌門不肅、責授均州團練副使。瑊、彬子、秦王女壻也。

と述べる。さらに、李宗諤が撰した「曹武惠王彬行狀[21]」には、

子璨、瑊、瑋、玹、玘、珣、琮。瑊娶秦王女興平公主、至

昭宣使、恩州團練使。

とある。これらの記事によれば、宋初の名将である曹彬の子曹翊は太祖、太宗の弟である秦王趙廷美の娘興平郡主と結婚したことが分かる。

また、『宋史』巻二五〇「韓重贇附子崇訓崇業傳」には、

崇業、字繼源、以蔭補供奉官、選尚秦王廷美女雲陽公主、授左監門衞將軍、駙馬都尉。

とある。これによれば、韓重贇の子韓崇業は秦王趙廷美の女雲陽公主を娶っている。

また、『宋史』巻二五八「潘美傳」には、

子惟德、至宮苑使。惟固、西上閤門使。惟正、西京作坊使。惟清、崇儀使。惟熙、娶秦王女、平州刺史。

とある。これによれば、潘美の子潘惟熙は秦王趙廷美の娘を娶っている。

また、『長編』巻三十四淳化四年（九九三）三月壬子條は、

成德節度使田重進改授永興軍節度使。（中略）上嘉其質直、故終始委遇、又以涪王女長壽縣主適其子守信焉。

とする。田重進の子田守信は涪王（秦王趙廷美）の女長壽縣主と結婚している。

以上をまとめると、秦王趙廷美の娘らはそれぞれ曹彬の子曹翊、韓重贇の子韓崇業、潘美の子潘惟熙、田重進の子田守信と結婚した。彼らは皆武將或いは武將家族出身者である。北宋の創立期、太祖、太宗、秦王という兄弟三人の關係は良好であり、互いに支持する關係にあって、新しい皇族という社會的地位を固めようと努めていた。そのため、三人の系統の區別があまりなく、秦王の娘も公主と呼ばれていた。秦王趙廷美の娘らが武將或いは武將家族出身者と結婚したのは、宋初特有の武將籠絡策の表れと言えよう。

表3　潞州上黨李處耘一族と皇室との「世婚」表[23]

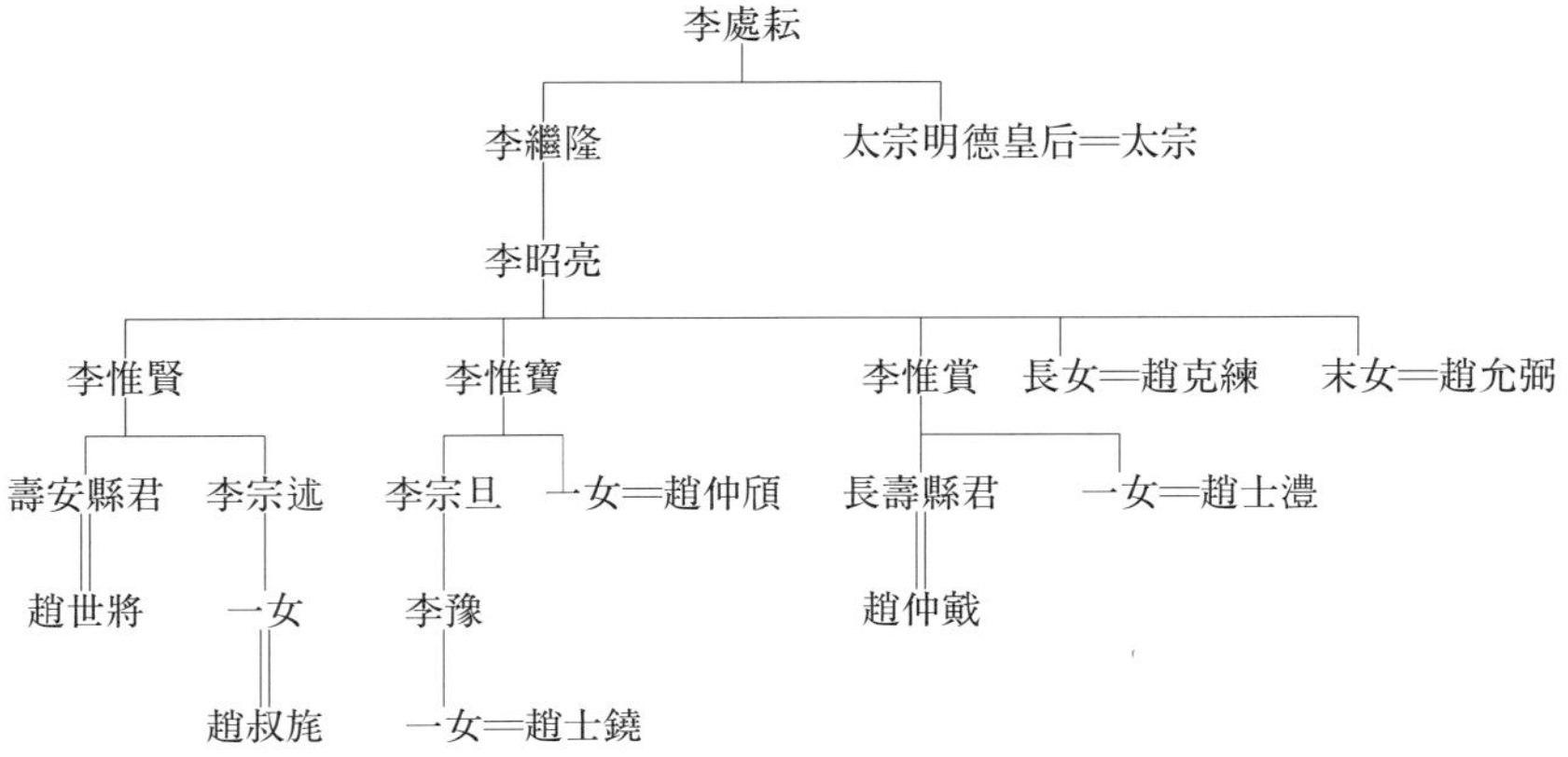

（附註：＝ は結婚である。）

（C）　皇室との多重婚姻、卽ち「世婚」

袁采『袁世家範』「因親結親尤當盡禮」には、

　人之議親多要因親及親、以示不相忘、此最風俗好處。

とある。この記事にあるように、宋代（北宋を含む）には「中表婚」、ないし「世婚」という結婚があった。蘇軾も「交朋之分、重以世婚」[22]と述べている。北宋には、皇室と多重に婚姻關係を結び、また數世代にわたって「世婚」する武將の家系が少なくなかったのである。前文で示したように、皇后と駙馬都尉をともに出した武將家系として、王審琦、潘美、曹彬、郭守文ら四人の一族がいた。さらに、皇室と「世婚」する武將の家系には、李處耘一族、李崇矩一族、高瓊一族などが擧げられる。以下、潞州上黨の李處耘一族を例として、「世婚」のありかたを明らかにしたい。

　前述のように、李處耘の一人の娘は太宗の皇后、卽ち明德李皇后である。また、李處耘の二人の曾孫女、卽ち李繼隆の孫女はそれぞれ宗室趙克練、趙允弼に嫁入りした。さらに、李處耘の玄孫女の四人が宗室と結婚し、彼女らの夫はそれぞれ宗室趙世將、趙仲頎、趙仲戭、趙士澧である。そして、李處耘の五世孫は一人が宗室に嫁入りし、その夫は趙叔旄であり、李處耘の六世孫は一人が宗室に嫁入

りし、その夫は趙士鐃であった。

このように、李處耘一族は世代にわたって、皇室と「世婚」していたが、普通の宗室と通婚したものが多く、かつすべてが嫁入りであった。上述した李處耘一族と皇室との「世婚」をまとめたものが表3である。

（二）　武將同士の結婚

一般に考えられるように、自らの身分、社會的歸屬などがそろうよう、武將同士の間に婚姻を結ぶものも多い。『宋史』卷二四二「后妃傳上」は、

英宗宣仁聖烈高皇后、亳州蒙城人。曾祖瓊、祖繼勳、皆有勳王室、至節度使。母曹氏、慈聖光獻妃姊也。

と述べる。これによれば、英宗宣仁高皇后の母は仁宗慈聖曹皇后の姉であった。武將かつ外戚同士である亳州蒙城高氏と眞定曹氏が通婚していたのが分かる。

また、『宋史』卷二五八「曹琮傳」には、

琮字寶章。（中略）及（曹）彬領鎭海軍節度使、補衙內都指揮使。彬卒時、遷西頭供奉官、閤門祇侯、勾當騏驥院群牧估馬司、市馬課有羨、再遷西上閤門副使、與曹利用連姻。

とある。これにより、曹彬の子曹琮は曹利用と婚姻關係を結んでおり、曹琮の子供と曹利用の子供が結婚したことが分かる。

また、『長編』卷一〇七天聖七年（一〇二九）二月甲子條には、

同州觀察使、知陳州李士衡爲左龍武大將軍。建州觀察使、知衞州康繼英爲右羽林大將軍、並分司西京。士衡、曹利用妻父。繼英、亦利用姻家也。

とある。これによれば、曹利用は李士衡の娘を娶った。また、曹利用は康繼英と婚姻關係を結び、二人の子供が結婚したのである。

また、「宋故同州觀察使李公（士衡）神道碑銘[24]」には、

娶太原王氏、封平晉縣君、早亡。（中略）女三人、長適益州郫縣主簿宋肩遠、次適曹襄悼公利用、次適定國軍節度觀察留後曹琮。

とある。これにより、李士衡の二人の娘はそれぞれ曹彬の子である定國軍節度觀察留後曹琮、及び曹利用と結婚した。

また、前文で示したように、曹琮の子供と曹利用の子供は結婚した。この婚姻は「中表婚」であることが推測できる。

また、楊億の「大宋故棣州防禦使光祿大夫檢校□□持節棣州諸軍事行棣州刺史兼御史大夫上柱國西平郡開國公食邑三千四百戶食實封二百戶贈貝州觀察使石公（保興）神道碑銘[25]」には、

夫人郇故保大軍節度使廷璋之□女、□□□德、儀于通門、先公而亡、（中略）五女。長適西頭供奉官、閤門祇候程繼忠、故□州團練使□元之子。次適侍禁□永崇、故鎭□將軍、節度使廷□之子[26]。次適□□子□□□政。□適供奉官曹伸、今殿前都指揮使宿肺□之子。次在室。

とある。これにより、宋初の宿將石守信の子石保興は保大軍節度使楊廷璋の娘を娶ったことが分かる。また、彼の娘らは、西頭供奉官・閤門祇候程繼忠、劉廷讓の子侍禁劉永崇、供奉官曹伸などに嫁いだ。

また、李宗諤が書いた「大宋故推忠保節同德守正翊戴功臣鎭安軍節□陳州管內觀察□□□使開府儀同三司檢校太師同中書門下平章事使持節陳州諸軍事行□□刺史兼管內勸農使上柱國駙馬都尉西平郡開國公食邑一萬三千九百戶（中闕）石保吉神道碑（大中祥符三年四月）[27]」には、

恭惟□□賢（下闕）太祖皇帝第二女也。（中略）女十有二人。長適內園副使王承德。次適右侍禁符承祐、次適左侍

禁・閤門祇候薛貽廓。次衣道士服、法名玄通。次幼女五人。自王氏長女而下、凡九人並早亡。次適西頭供奉官呉守嚴、次二人在室。

とある。この記事により、石保吉の娘、即ち石守信の孫女らは、王審琦の子内園副使王承德[28]、右侍禁符承祐[29]、左侍禁・閤門祇候薛貽廓、太宗の駙馬呉元扆の子・呉廷祚の孫西頭供奉官呉守嚴[30]と結婚したのが分かる。

また、「彰武軍節度使侍中曹穆公（瑋）行狀[31]」には、

始娶潘氏、馮翊郡夫人、忠武軍節度使、同中書門下平章事韓國公美之子。後娶沈氏、安國太夫人、故相左僕射倫之孫、光祿少卿繼宗之子。（中略）一女子、適四方館使、榮州刺史王德基。

とある。これにより、曹彬の子曹瑋の最初の妻は忠武軍節度使、同中書門下平章事韓國公潘美の娘であることが分かる。また、彼の娘は王超の子、王德用の弟である四方館使、榮州刺史王德基[32]と結婚した。

以上の事例をまとめると、武將同士が通婚するケースは非常に多かった。中でも、外戚武將家族同士が通婚するケースが少なくない。例えば、眞定曹彬一族は亳州蒙城高瓊一族、大名潘美一族と婚姻を結んだ。石守信一族は王審琦一族、呉廷祚一族と通婚した。また、これらの間に「中表婚」が見て取れる。但し、多數の世代にわたって「世婚」することは見られない。これは政治的な配慮によって、意識的に避けたからであろう。

（三）　士人或いは士大夫及びその家族との結婚

まず、太祖治世の逸話を引きたい。『東都事略』巻二十五「李崇矩傳」には、

乾德二年（九六四）拜樞密使、趙普爲相、與崇矩分秉國政、以女妻普子承宗、太祖頗不悅。

とある。また、『宋史』巻二五七「李崇矩傳」には、

時趙普爲相、崇矩以女妻普子承宗、相厚善、帝聞之不悅。

とある。また、『長編』巻十三開寶五年（九七二）九月庚午條には、

樞密使李崇矩與宰相趙普厚相交結、以其女妻普子承宗、上聞之不喜。先是、樞密使・宰相候對長春殿、同止廬中、上始令分異之。

とある。これらの記事によれば、樞密使李崇矩は宰相趙普と懇意であり、互いに結託し、また李崇矩は自分の娘を趙普の子趙承宗に嫁がせた。既にみたように、李崇矩は最初に太祖と通婚することを避けたのだが、今回宰相趙普と通婚したのである。太祖はこれを聞き、喜ばず、それまで同じ謁見の待機場所であった樞密使と、宰相を別の場所に待機させるようにし、さらに、關連史料によると、李崇矩の樞密使を解任するに至った。ここからは、武將を籠絡するために、皇室と通婚することを勸める一方、文臣と互いに結託することを防止するため、文臣、特にその筆頭である宰相との通婚を監視、警戒したことが分かる。特に、王朝の草創期は非常に敏感であった。一言で言えば、「將」と「相」とが婚姻を結ぶことは忌まれたのである。

また、『隆平集』巻十九「武臣傳」の「安俊傳」には、

安俊、字智周、其先太原人。以儒家子得給事資善堂。仁宗卽位補殿直、累擢至步軍都虞候、陵州防禦使。（中略）家藏書數千卷、婚姻多擇士人、常曰、「吾家集坐、有文士過半、平生足矣。」

とある。これによれば、武將安俊が文士に羨望し、また通婚の相手には多く士人の出身者を選擇したのである。時代の推移とともに、北宋において安俊のように士人或いは士大夫と通婚したものが少なくない。『宋史』巻二八五「陳執中傳」には、

曹利用婿盧士倫除福建運使、憚遠不行、利用爲請、乃改京東、執中嘗劾奏之。

とある。また、『長編』巻一〇三天聖三年（一〇二五）二月乙卯條は、

太常博士臨河陳炎知夏津縣、河北轉運使盧士倫、曹利用女壻也、怙勢、聽獄不以直、訟者不已、付炎評決、炎直之。御史知雜事韓億聞其事、奏爲監察御史。

と述べる。河北轉運使盧士倫は曹利用の娘を娶ったことが分かる。

また、『長編』巻一〇七天聖七年（一〇二九）二月甲戌條は、

通判許州、陽翟祕書丞程勘、（曹）利用女壻也、亦坐降、通判蘄州。

と述べ、程勘は曹利用の娘と結婚したことが分かる。

また、『隆平集』巻十九「武臣傳」の「李溥傳」には、

（李）溥既久顓利權、內侍丁謂爲之助、又林特爲其姻家、故贓汚不法以及於罪。

とある。これにより、李溥の子供と林特の子供が結婚したことが分かる。

また、前述した「彰武軍節度使侍中曹穆公（瑋）行狀」には、

始娶潘氏、馮翊郡夫人、忠武軍節度使、同中書門下平章事韓國公美之子。後娶沈氏、安國太夫人、故相左僕射倫之孫、光祿少卿繼宗之子。

とある。これにより、曹彬の子である曹瑋の再婚した妻は元宰相左僕射沈倫（沈義倫）の孫、光祿少卿沈繼宗の娘であることが分かる。

北宋には、そもそも武將家族の出身で、後に科擧試験に合格し、進士となったものもある。さらに、武將或いはその家族の娘が進士に嫁ぐ事例が見える。

『宋史』巻四六四「外戚中」の「李遵勗傳」には、

　李遵勗字公武、崇矩孫、繼昌子也。（中略）及長、好爲文詞、擧進士。

とある。太宗の駙馬である李遵勗が科擧に從事したことが分かる。

また、『宋史』巻二五四「侯仁矩傳」には、

　子延廣、延之、咸平二年（九九九）進士及第。

とある。これをみると、侯仁矩の子侯延廣、侯延之は科擧に合格し進士になっている。

また、『宋史』巻二五五「楊廷璋傳」には、

　廷璋子坦、塤皆進士及第。坦至屯田員外郎、鹽鐵副使・判官。塤爲都官郎中。

とある。楊廷璋の子楊坦、楊塤は科擧に合格し進士になり、文官に轉じたことが分かる。

さらに、武將の墓誌銘などを調べると、かれらの娘が士人或いは士大夫に嫁いだ事例がある。例えば、「檢校司空左武衞上將軍郭公（逵）墓誌銘[34]」には、

　女八人、通直郎夏大定、大理評事錢堯、承務郎胡士修、宣義郎呂昭問、內殿承制石舜賓、承務郎王秉文、廣濟主簿范埴皆其婿也、一早卒。

とある。これによれば、郭逵の娘は士人或いは士大夫である通直郎夏大定、大理評事錢堯、承務郎胡士修、宣義郎呂昭問、承務郎王秉文、廣濟主簿范埴らに嫁いでいる。

また、「左藏庫使知宣州黨君（光嗣）墓誌銘[35]」には、

　初室曹氏、蓬萊縣君。繼崔氏、長安縣君。（中略）五女、嫁進士曹錞、數月錞死、今歸在室。餘未笄。

とある。左藏庫使黨光嗣の娘は進士[36]曹錞と結婚したことが分かる。

また、「神龍衞四廂都指揮使寧州刺史賈公（嵒）墓誌銘（建中靖國元年（一一〇一））[37]」には、

女六人、長適右班殿直邊公綽、次適進士高建一、次適進士折可畏、次適右班殿直彭鑑、次適進士李孝純、次許嫁三班借職袁思永。

とある。これをみると、神龍衛四廂都指揮使、寧州刺史賈嵓の娘らは進士高建一、折可畏、李孝純と結婚したことが分かる。

また、「内殿承制閤門祇候衞君（希道）墓表（熙寧八年〔一〇七五〕）」[38]には、

娶張氏、先君幾年而卒。再娶張氏、封永安縣君。（中略）女三人、長適進士王加、次適供奉官梁康叟、次適進士司可及。（中略）孫女七人、長適進士黃好古。

とある。これにより、内殿承制、閤門祇候衞希道の娘らは進士王加、司可及と結婚したことが分かる。また、彼の一人の孫女は進士黃好古と結婚している。

北宋は五代の武人主導である節度使體制を轉換させるため、様々な措置を施した。最も顯著な施策は、科擧を行い、多くの進士を登用し、中央と地方との政府機關に配分したこと、つまり文人士大夫官僚政治を目指したことである。それは「今世用人、大率以文詞進。大臣、文士也。近侍之臣、文士也。錢穀之司、文士也。邊防大帥、文士也。天下轉運使、文士也。知州、文士也[39]」という表現に象徴される。一方で、進士の社會的地位の向上、昇進しやすい構造は、北宋中後期における武將の娘の進士との婚姻を促進した。

（四）庶民との結婚

北宋武將の墓誌銘、神道碑などには、「某氏、封某夫人（縣君）」という固定の書き方が見られる。この書き方は、封號を與えた武將の妻のそもそもの出身が庶民であるためと考えられる。彼女らは夫或いは子供の富貴によって、名

表４　北宋武将、庶民出身の夫人一覧

武将	夫人	夫人の封號	文獻の依據
李繼隆	繼室閻氏	涼國夫人	「李繼隆墓誌銘」
郭守文	梁氏	安定郡夫人	「郭守文墓誌銘」
翟守素	張氏	清河郡君	「翟守素墓誌銘」
秦某	陳氏	潁川縣君	「右衞將軍秦公墓誌銘」
曹彬	高氏	韓國夫人	「曹武惠王彬行狀」
高繼嵩	史氏	河南縣君	「高繼嵩神道碑銘」
高繼勳	康氏	唐國夫人	「高繼勳神道碑銘」
	郭氏	陳國夫人	
	王氏	周國夫人	
狄青	魏氏	定國夫人	「狄武襄公神道碑銘」 「宋故狄令公墓銘」
黨光嗣	曹氏	蓬萊縣君	「左藏庫使知宣州黨君墓誌銘」
	崔氏	長安縣君	
楊崇勳	王氏	なし	「楊太尉墓誌銘」
	姚氏	芮城郡君	
	田氏	京兆郡夫人	
馬知節	丁氏	某郡君	「檢校太尉贈侍中正惠馬公神道碑」
	沈氏	某郡夫人	
馮守信	劉氏	玉城縣君	「馮守信神道碑」
	張氏	清河郡夫人	
李興	朱氏	錢塘、仙遊、永安縣太君	「故贈左屯衞大將軍李公神道碑銘」
高瓊	李氏	追封魏國夫人	「高瓊神道碑銘」
	李氏	追封楚國夫人	
姚寶	杜氏	なし	「隴干姚將軍神道碑銘」
賈嵒	席氏	普安郡君	「賈嵒墓誌銘」
李士衡	王氏	平晉縣君	「宋故同州觀察使李公神道碑銘」
田紹方	李氏	福昌郡君	「太子右衞率府率田公墓誌銘」
种世衡	劉氏	萬年縣君	「東染院使种君墓誌銘」
林廣	曹氏	德陽縣君	「侍衞親軍馬軍都虞候林侯墓誌銘」
衞希道	張氏	なし	「内殿承制閤門祗候衞君墓表」
	張氏	永安縣君	

義として封號を與えられたのである。管見の限り、これらの事例を簡單にまとめると、表4になる。

これらの事例をみると、武將、特に家を興した初代の武將の結婚相手は庶民の出身者が多い。高瓊、狄靑、楊崇勳など、名將の妻が庶民の出身であった場合も見られる。そのほか、武將、特に中下級の武將に關する記載は少なく、事實を知る術はないが、大部分の武將の結婚相手は庶民の出身者であったと推測される。

三　武將對策の變遷及びその婚姻の意義——結びにかえて——

以上、武將或いはその家族の婚姻について檢討を行った。その姿は様々な形態を呈してはいるが、武將の在り方を示すものであり、その背後に宋朝の武將對策があったことは言うまでもない。最後にその對策の變遷について觸れ、合わせて小論の總括としたい。

太祖の武將對策をよく示す文章として、章如愚『山堂先生群書考索』後集卷二十一「張演論」がある。卽ち、

宋朝之待武臣也、厚其祿而薄其禮。（中略）自遙郡而上、本俸皆厚。其使臣本祿雖稍薄、而添支給券皆優。

とあり、また『長編』卷一三八慶曆二年（一〇四二）十月戊辰條にも、

御史中丞賈昌朝上疏言、「太祖初有天下、鑒唐宋五代方鎭、武臣士兵牙校之盛、盡收其權、當時以爲萬世之利。（中略）近歲恩倖子弟、飾廚傳、沽名譽、不由勳效、坐取武爵者多矣。其志不過利轉遷之速、俸賜之厚爾。禦侮平患、何望於茲。（下略）」

とある。これら二つの史料は、北宋の武將は階官において昇級が速く、また俸給も非常に厚かったということを述べたものである。實は、これが太祖から一貫した、武將に對する政策であったのである。このような經濟的な優遇政策

は言うまでもなく、政治的な意圖に基づいている。言い換えれば優遇の背後には、武將の籠絡を狙った政治的な手段が隱されていたのである。その一つが通婚であった。

宋太祖の武將對策は對象によって違っていた。新政權に從わず、抵抗した武將に對しては、斷固たる處置を行った。李筠、李重進に對するものがそれである。五代の藩鎭である宿將は、北宋政權を建てる過程で重要な役割を果たしたが、それに對しては經濟的な優遇を與える一方、彼らの兵權を解除し、地方に居住させ、皇室との通婚を彼らに迫ったのである。王審琦、石守信に對する處置がそれである。また、同時に、キャリアが豐富でない若い武將らを登用した。これは曹彬、潘美のケースである。(40) 唐後半期からの大きな時代の變動のもと、武將節度使の跋扈を抑制し、皇帝の權威を改めて樹立しなければならないという根本的方針があり、武將に對して監視・警戒の目が嚴しくなるのは避けられなかったのである。それゆえ、太祖の武將對策は多樣であり、その基本は、彼ら一族に社會的地位とともに、外戚という政治的身分を與えて籠絡するということであった。太宗の治世もその對策は續けられた。その後も、この政策は大體が踏襲されたのである。卽ち、皇族が武將或いは武將家族と通婚するという政策は、北宋の「祖宗家法」の重要な部分であったといえよう。

旣に述べたように、北宋では、科擧制度がよく整備され、「科擧社會」が形成された。先行硏究によれば、士大夫官僚世家は通婚相手を選ぶこと、ないし「世婚」することによって、婚姻圈を築きあげていた。彼らはそれによって、經濟的、或いは政治的に互いに支援し合い、一族の政治地位、社會地位を維持したのである。

その一方、北宋には、武將世家、卽ち「將門」も少なからず存在していた。かれらの一、二代目の武將はおおむね軍功によって家業を作り上げ、後に、皇室と通婚し、特に公主を娶り、或いは娘を皇室に嫁がせ、皇后にまでさせた。彼らは外戚となり、その政治的身分に付隨する特權を活用し、自分の一族の社會地位を維持したのである。さらに、

李心傳が「祖宗盛時、率用外戚典兵馬」[41]というように、朝廷も禁軍を管理、統帥する任をかれらの子孫に任せ、武将という身分を維持させたのである。皇室と「世婚」する者もあらわれた。眞定曹彬一族、潞州李處耘一族、潞州李崇矩一族、亳州高瓊一族、太原王審琦一族がそうである。そこでは、「將門」という資格を堅固にし、維持したのである。そのほか、外戚武將同士の間で通婚したものも少なくない。例えば、眞定曹彬一族と亳州高瓊一族はその事例である。つまり、皇室と外戚武將の間に婚姻圈もある程度存在し、互いに支え合う役割を果たしていた。

もちろん、北宋には特殊な「將門」もいた。例えば麟州楊氏、府州折氏である。府州折氏は地方の豪族で、この政治的地位は世襲され、代々武將を出した。麟州楊氏はもともと地元の豪族で、後に北宋に登用され、數世代にわたって地方において統帥官になったものである。そのほか、數世代にわたり、文官から武官に換わった「將門」も存在し、种世衡一族はその代表である[42]。种氏一族は西夏に對抗する前線である陝西において活躍した。これらの將門は、北宋創立の功績家とは別に、實際に對外戰爭に從事する家のように見られる。麟州楊氏、府州折氏は地元の豪族であり、對遼・夏の前線で活躍し、一定の自立性をも持っていた。种氏一族は前線では普通の統帥官であり、安撫使のもとで動いていた。つまり、彼らは北宋の對外、邊境政策によって生れた「將門」であった。それゆえ、これらの「將門」は地方での活躍にとどまり、中央政治などにはあまり影響しなかった。また、管見の限り、かれらは皇室と結婚してはいなかった。一言で言えば、外戚「將門」と比べ、彼らにとって婚姻の役割は薄かったのである。逆に、軍功は非常に重要であった。このような「將門」を除き、一般的な武將家族は概ね衰退した。巨大な軍功を建て、一代名將になった狄靑、賈逵もその例外ではない。狄靑の場合について言えば、二代目の子孫がやや世に知られたが、三代目以降はすべて世にうずもれた。

以上から、婚姻が、武將或いはその家族に大きな影響を與え、特に皇室との通婚が彼らの地位を保つ重要な手段で

あったことが分かる。ただ恩蔭のみによるばかりでは、武將或いはその家族の政治的な地位を維持することは不可能であった。

何冠環は、潞州上黨李處耘一族という外戚武將に關して考察し、「富貴は三代を乘り越えない」という[43]。前文で述べてきたように、李處耘一族は、確かに皇室と「世婚」しているが、普通の宗室との結婚が極めて多い。皇帝が交代すると、新しい外戚が生まれ、そのために前世代の外戚の地位は低下せざるを得ない。また、時代が下ると、皇室の規模が極めて膨大になり、普通の宗室は皇帝の家族（皇族）と疎遠になっていくのは避けられない。それゆえ、彼らは結婚相手を重視しないのである。

一方で、北宋は、外戚に對して、様々な身分上の制限があり、外戚武將もその例外ではなかった。基本的には、經濟などの優遇を與える一方、警戒を怠らなかったということである[44]。婚姻について言えば、「將」と「相」が通婚することを警戒し、また、武將と武將の間に、「世婚」することも睨まれたのである。ゆえに、外戚武將であっても、衰える運命は避けられない。皇室と「世婚」し、特に皇后、主婿を出す武將家族のみ、その地位を長い間維持できたのである。

さらに、科擧社會の下、家族の地位の不安定を感じ、文人官僚への轉換に成功した「將門」があり、太原王審琦一族はその代表である。『宋史』卷二五〇「王審琦附克臣傳」は、「克臣、字子難、祖承衍、尙秦國賢穆公主。克臣第景祐進士」とある。これによれば、王審琦の曾孫王克臣は進士及第であった。また、『宋史』卷二五〇「王審琦附師約傳」には、「師約、字君授、少習進士業。英宗欲求儒生爲主婿、（中略）選爲駙馬都尉、尙徐國公主、授左衞將軍、面賜玉帶、又賜九經、筆硯、勉之進學」とある。王審琦の玄孫王師約が科擧の勉强に從事し、文才が優れ、かつ外戚の身分を有したので、公主を娶ったのである。言い換えれば、これは、潘美の家と同樣、かつての名族が科擧でも成績

をあげたために駙馬としたものであり、外戚の家という効用が強く働いたのである。また、南宋初めには、王審琦一族から王綸という人物が出て、參知政事となった。[45] 科擧社會の下、文人士大夫官僚政治が形成され、武將とその家族とが衰える運命を避けえないのであれば、社會的地位を維持するための文官への轉換は非常に有效な手段の一つであっただろう。

以上、武將の婚姻について樣々な面を考察してきた。ここで陳峰と何冠環の研究に觸れておきたい。北宋の武將集團には重要な構成メンバーがあり、卽ちそれは外戚武將集團であったという。[46] 言い換えれば、數多くの武將の家族が皇族と通婚し、特殊な政治軍事集團を形成していた。この側面から見れば、「科擧社會」である北宋においても、武將の社會的地位が從來考えられてきたほど低くはないと言える。北宋政權は自分の通婚對象である武將に對して、輕視し、抑制したわけではない。やはり籠絡と警戒という兩政策を同時に採用し、「武」を有效に活用しようとしたのである。したがって、北宋の「輕武」「抑武」說に對しては再考が必要であると言えよう。

註

（1）尤東進「北宋禁軍における『異族兵』について」（早稻田大學東洋史懇話會『史滴』第三十四號、二〇一二年）、「『宋史』兵志の評價とその「史源」」（『早稻田大學大學院文學研究科紀要』第五十九輯、二〇一三年）を參照。

（2）近藤一成「宋代士大夫政治の特色」（『岩波講座世界歷史九、中華の分裂と再生』、岩波書店、一九九九年）、同「シンポジウム「科擧からみた東アジア——科擧社會と科擧文化」企畫趣旨」（『中國—社會と文化』二十二號、二〇〇七年）、同『宋代中國科擧社會の研究』（汲古書院、二〇〇九年）「序論」を參照。

（3）陳峰「北宋皇室與『將門』通婚現象探析」（『文史哲』二〇〇四年第三期、また同氏著『宋代軍政研究』に收錄、中國社會科學出版社、二〇一〇年、一〇一～一一〇頁）は皇室と武將と通婚することを論じ、またこの原因を分析しているが、全面

的な研究とは言えない。

（4）代表的な論著は、青山定雄「宋代における華北官僚の婚姻關係」（布施欽吾編『中央大學八十周年記念論文集（文學部）』、中央大學出版部、一九六五年）と「宋代における江西出身の高官の婚姻關係」（『聖心女子大學論叢』二十九集、一九六七年）、張邦煒『婚姻與社會：宋代』（四川人民出版社、一九八九年）、王善軍『宋代宗族與宗族制度研究』（河北教育出版社、一九九九年）、陶晉生『北宋士族――家族、婚姻、生活』（中央研究院歷史語言研究所、二〇〇一年）などが擧げられる。また、近年の研究で、漢民族の集中住居する地域において、女婿を選ぶ時に進士を重んじること、嫁入りと嫁とりする時に相手の財力を重視するという特徵があった、或いは婚姻が人脈のネットワークを構築し、家族の持續發展を維持することにおいて積極的な役割を果たしたとの指摘がある。朱瑞熙ほか『遼宋西夏金社會生活史』第八章「婚姻（上）、宋轄漢族居住區」（中國社會科學出版社、一九九八年、一三五～一四八頁）、黃寬重『宋代的家族與社會』第二篇「四明家族群像」第二章「千絲萬縷――樓氏家族的婚姻圈與鄉曲義莊的推動」（臺北、東大圖書股份有限公司、二〇〇六年、一〇三～一三六頁）を參照。

（5）Nicolas Tackett, *The Destruction of the Medieval Chinese Aristocracy*, Harvard University Press,Cambridge: MA,2014 を參照。

（6）詳しくは、張邦煒「試論宋代『婚姻不問閥閱』」（『歷史研究』一九八五年第六期、同氏著『宋代婚姻家族史論』に收錄、人民出版社、二〇〇三年、三九～六一頁）を參照。

（7）任立輕、范喜茹「宋代河內向氏家族姻婚對象考論」（『西華大學學報』二〇〇五年第五期）、馬斗成「宋代眉山蘇氏婚姻圈試探」（『天津社會科學』二〇〇二年第二期）、何新所「宋代昭德晁氏家族婚姻研究」（『河南教育學院學報』二〇〇五年第六期）、馬玉臣、楊高凡「宋代畢氏家族論略――以世系、仕宦與婚姻爲中心」（『河南大學學報』二〇〇六年第四期）などを參照。

（8）張邦煒「宋代的『榜下擇婿』之風」（『未定稿』一九八七年第四期、前揭『宋代婚姻家族史論』に收錄、六二～九〇頁）を參照。

（9）「中表婚」とは、異姓である從兄弟同士の間に通婚することを指す。

（10）張邦煒「宋代婚姻制度的種々特色」（『社會科學研究』一九八九年第三期、前揭『宋代婚姻家族史論』に收錄、九一～一一

五頁）を參照。
(11) 張邦煒「中國封建婚姻制度的不平等性」（前掲『婚姻與社會：宋代』、また前掲『宋代婚姻家族史論』に收錄、一〜三八頁）を參照。
(12) 范曄『後漢書』卷二十三「竇融傳」を參照。
(13) 『宋史』卷二四八「公主傳」によれば、王承衍と結婚したのは魏國大長公主であり、『邵氏聞見錄』の記載は誤っている。
(14) 前掲陳峰「北宋皇室與『將門』通婚現象探析」（前掲『宋代軍政研究』に收錄、一〇五頁）を參照。
(15) 范祖禹『范太史集』卷四十五に載せる。また、『全宋文』卷二一五六「范祖禹四十二」に收錄。
(16) 范祖禹『范太史集』卷四十九に載せる。また、『全宋文』卷二一六〇「范祖禹四十六」に收錄。
(17) 范祖禹『范太史集』卷四十九に載せる。また、『全宋文』卷二一六〇「范祖禹四十六」に收錄。
(18) 范祖禹『范太史集』卷五十一に載せる。また、『全宋文』卷二一六二「范祖禹四十八」に收錄。
(19) 范祖禹『范太史集』卷五十一に載せる。また、『全宋文』卷二一六二「范祖禹四十八」に收錄。
(20) 夏竦『文莊集』卷二十九に載せる。また、『全宋文』卷三五六「夏竦二十四」に收錄。
(21) 杜大珪編『名臣碑傳琬琰之集』中集卷四十三に載せる。また、『全宋文』卷一九八「李宗諤一」に收錄。
(22) 『蘇軾文集』卷四十七「與邁求婚啓」參照。
(23) 何冠環『攀龍附鳳——北宋潞州上黨李氏外戚將門研究』（香港、中華書局、二〇一三年）附錄二「北宋潞州上黨李氏外戚將門世系表」により作成した。
(24) 范仲淹『范文正公集』卷十一に載せる。また、『名臣碑傳琬琰之集』上集卷十八に收錄。また、『全宋文』卷三八八「范仲淹二十二」に收錄。
(25) 王袒『金石萃編』卷一二九に收錄。また、『全宋文』卷二九九「楊億十八」に收錄。
(26) 『宋史』卷二五九「劉廷讓傳」などによれば、ここは劉永崇と劉廷讓とするべきである。
(27) 『金石萃編』卷一二九に載せる。また、『全宋文』卷一九九「李宗諤二」に收錄。

(28)『宋史』卷二五〇「王審琦傳」による。
(29)『宋史』卷二五一「符彥卿傳」によると、彼の孫は皆「承」という文字が持っている。それゆえ、ここの「符承祐」は符彥卿の孫である可能性が高い。
(30)『宋史』卷二五七「吳廷祚附吳元扆傳」による。
(31)王安石『臨川先生文集』卷九十に載せる。また、『名臣碑傳琬琰之集』中集卷四十三に收錄。また、『全宋文』卷一四〇九「王安石四十七」に收錄。
(32)『長編』卷一一一明道元年（一〇三二）八月壬子條と「西上閤門使王公（超）墓誌銘（元祐四年〔一〇八九〕八月）」による。
(33)『宋史』卷三二三「安俊傳」は「將家子」とする。詳しくは、王瑞來校證『隆平集校證（下）』卷十九「安俊傳」（中華書局、二〇一二年、五六〇頁）を參照。
(34)范祖禹『范太史集』卷四十に載せる。また、『名臣碑傳琬琰之集』中集卷十三に收錄。また、『全宋文』卷二一五一「范祖禹三十七」に收錄。
(35)黃庭堅『山谷全書』「正集」卷三十に載せる。また、『全宋文』卷二三三四「黃庭堅五十七」に收錄。
(36)一般的に言えば、墓誌銘に記された「進士」は科擧の勉强をして進士科を目指すもの、或いは科擧に既に合格していまだ「銓選」を經ていないもの、卽ち守選人を指す。
(37)鄒浩『道鄉集』卷三十四に載せる。また、『全宋文』卷二八四五「鄒浩二十一」に收錄。以下、「賈嵒墓誌銘」と略稱。
(38)范純仁『范忠宣公集』卷十五に載せる。また、『全宋文』卷一五五九「范純仁十五」に收錄。
(39)蔡襄『端明集』卷二十二「國論要目」參照。
(40)何冠環「宋太祖朝的外戚武將」（詹福瑞ほか『漆俠先生紀念文集』、河北大學出版社、二〇〇二年、三〇九～三一九頁、また同『北宋武將研究』に收錄、香港、中華書局、二〇〇三年、六三～八五頁）を參照。
(41)李心傳撰、徐規點校『建炎以來朝野雜記』卷十「外戚典樞密」（中華書局、二〇〇〇年、二〇四頁）を參照。

（42）曾瑞龍『北宋种氏將門之形成』（香港、中華書局、二〇一〇年）を參照。

（43）前揭何冠環『攀龍附鳳——北宋潞州上黨李氏外戚將門研究』を參照。

（44）管見の限り、武將とその婚姻相手、特に外戚武將については、少なからず北宋初期から中期にかけて（澶淵の盟以前の）政爭に關わる人物が見える。王朝政府が「武將家の政治關與」という問題を警戒していたことは明らかだが、それら武將家がどの程度政治に關與できたのかについては後の課題としたい。また、何冠環「論宋太祖朝武將之黨爭」、同「宋太祖朝的外戚武將」、同「論宋太宗朝武將之黨爭」（前揭『北宋武將研究』、一一五〜一三五頁）を參照。

（45）「資政殿大學士左光祿大夫王公墓誌銘」（張守『毘陵集』卷十三）を參照。

（46）陳峰『北宋武將群體與相關問題研究』（中華書局、二〇〇四年）、前揭何冠環『北宋武將研究』および前揭同『攀龍附鳳——北宋潞州上黨李氏外戚將門研究』を參照。

宋代東アジア帝王生日小考

金　成　奎
（洪　性　珉　譯）

はじめに

中國で皇帝の生日を祝う慣習は、唐より始まって以來五代を經て宋代に特に盛んになった。宋代の皇帝の生辰（誕生日）は、正旦（新年祝賀）と共に王朝の最大の慶祝日を構成する。また、この慣習は近鄰の遼・金は勿論、高麗でも流行した。特に宋と遼・金王朝は、生辰使（皇帝の生日を祝うために遣わされた使者）を定期的に交わす新たな形の外交方式を始め(1)、ここに彼らと深く關わった高麗及び西夏の使節を同席させることで、生辰使の交換は東アジア外交史で新たな領域として登場、定着した。生辰を祝う席に外國使を同席させることで、君主の王權を高揚させようとしたことは、當時の東アジア王朝で共通する事項であった。

これを反映して、十〜十三世紀の東アジア各國の文獻には、生辰使の派遣と到着を知らせる記録が數多く見られる。宋─遼の外交關係を集大成した聶崇岐と傅樂煥の交聘表(2)、そして宋─金の主要交流を纏めた歴代正史の中で唯一の『金史』「交聘表」(3)等から見ても生辰使の往來は、内容上最も代表的な交流をなす。

小論は、以上のような生辰使問題の基礎となる各國君主たちの生日、それ自體に焦點を合わせた初歩的な考察であ

る。筆者は最近、宋と遼の間で存在する生辰使交換現象について論稿を發表したが、[4] この問題と直結する各國帝王の生日が果たしていつなのか、また生辰使が如何なる原則にしたがって相手國に派遣されたのかなどについても整理する必要があるにもかかわらず、關連研究は傅樂煥の一部先驅的な言及（後述）以外には充分ではなかった。

また、本稿では特に宋・遼・金等の中國王朝の外に、高麗君主の生日問題を併せて検討する。これは、たんに分析の範圍を廣げるだけではなく、中國史の內部に視野を固定した場合に理解しがたい中國王朝側の生日問題が、また逆に高麗側だけで考えると解けない高麗國王の生日問題が、各々相手の立場を併せて考えることで解明の絲口を得られるところがあるからである。

一　各國での節日制定とその狀況

（一）　宋の場合

史上初めて玄宗が自分の生日（八月五日）を「千秋節」（後に「天長節」と改稱）と稱し慶祝日となして以來、唐では皇帝誕辰日に對する祝いが年中行事として定着した。[5] それ以後、唐代と五代は過渡期と見られ、王朝全體の全ての皇帝が自分の生日に特定の名稱を付けて節日となしたのは、宋代になってからである。[6] これによって、祝賀方式も體系化された。皇帝の萬壽無疆を祈る「上壽」という概念と皇帝の誕辰日を意味する「聖節」という單語も、宋代になって頻出する。特に皇帝（皇太后も含む）を對象とする「上壽儀」が整備され、嘉禮の一つの項目（『宋史』卷一一二、禮志一五、嘉禮三、聖節）を占めるなど、皇帝の權威を飾る象徵體系としての意義は、宋代にはじめて確立されたといえる。

宋皇帝の生日は、『宋史』の本紀と同書卷一一二「禮志一五、嘉禮三、聖節」を參照すれば、大體容易に把握でき

表１　宋皇帝生日關連表

皇帝	本名	在位期間	生日			
			出生日	名稱	制定日	典據（『宋史』／『宋會要』／其他）
太祖	趙匡胤	960年1月～976年10月	927年2月16日	長春節	建隆1年1月己未	本紀1,4／嘉禮3　聖節／禮57　誕聖節
太宗	趙匡義	976年10月～997年3月	939年10月7日	乾明節→壽寧節	興國2年5月甲戌→淳化1年1月戊寅朔	本紀4,5／嘉禮3　聖節／禮57　誕聖節
眞宗	趙恆	997年3月～1022年2月	968年12月2日	承天節	至道3年8月庚子	本紀6,8／嘉禮3　聖節／禮57　誕聖節
仁宗	趙禎	1022年2月～1063年3月	1010年4月14日	乾元節	乾興1年2月乙丑	本紀9,12／嘉禮3　聖節／禮57　誕聖節
英宗	趙曙	1063年3月～1067年1月	1032年1月3日	壽聖節	嘉祐8年8月癸巳	本紀13／嘉禮3　聖節／禮57　誕聖節
神宗	趙頊	1067年1月～1085年3月	1048年4月10日	同天節	治平4年2月庚寅	本紀14,16／嘉禮3　聖節／禮57　誕聖節
哲宗	趙煦	1085年3月～1100年1月	1076年12月7日	興龍節	元豐8年5月丁酉	本紀17,18／嘉禮3　聖節／禮57　誕聖節
徽宗	趙佶	1100年１月～1125年12月	1082年10月10日	天寧節	元符3年4月丁未	本紀19,22／嘉禮3　聖節／禮57　誕聖節
欽宗	趙桓	1125年12月～1127年1月	1100年4月13日	乾龍節	靖康1年4月13日	本紀23／嘉禮3　聖節／禮57　誕聖節
高宗	趙構	1127年4月～1162年6月（讓位）	1107年5月20日	天申節	建炎1年5月乙未	本紀24,32／嘉禮3　聖節／禮57　誕聖節／朝野雜記　甲集　卷1
孝宗	趙眘	1162年6月～1189年2月（讓位）	1128年10月22日	會慶節	紹興32年8月庚寅	本紀33,35／嘉禮3　聖節／禮57　誕聖節／朝野雜記　甲集　卷1
光宗	趙惇	1189年2月～1194年7月（讓位）	1147年9月4日	重明節	淳熙16年2月辛巳	本紀36／嘉禮3　聖節／禮57　誕聖節／朝野雜記　甲集　卷1
寧宗	趙擴	1194年7月～1224年閏8月	1168年10月18～20日	天祐節→瑞慶節	紹熙5年8月丁酉→紹熙5年9月甲戌	本紀37,40／嘉禮3　聖節／禮57　誕聖節／朝野雜記　甲集　卷1
理宗	趙昀	1224年閏8月～1264年10月	1205年1月5日	天基節	嘉定17年11月己丑	本紀41,45／嘉禮3　聖節／禮57　誕聖節
度宗	趙禥	1264年10月～1274年7月	1240年4月9日	乾會節	景定5年12月甲辰	本紀46／嘉禮3　聖節／禮57　誕聖節
嬴國公	趙㬎	1274年7月～1276年5月	1271年9月28日	天瑞節	咸淳10年7月丙戌	本紀47／嘉禮3　聖節／禮57　誕聖節

る。それを纏めた〈表1〉によると、宋朝では太祖趙匡胤が自分の生日を長春節と定めて以來、南宋の瀛國公（恭宗）に至るまで、十六帝が全てその記念日の日付と名稱を指定していることが分かる。皇帝たちは、ほとんどが卽位した當月中に、遲くても一ヶ月乃至二ヶ月が過ぎないうちに節日（ここでは誕生日を祝うために定められた日を指す）を定めて宣布した。また、これはほとんど先帝の葬事を行う前に當たる。太祖を暗殺して卽位したと疑われている太宗のみが太祖の葬禮後、卽位してから七ヶ月後に生日を指定したのは例外である。このように、宋朝が皇帝の節日を急いで制定したのは、それが次第に宮中行事としての比重を增していた外に、特に祝賀使交換のために、遼や金の近鄰國家にその事實を知らせておく必要があったからだと考えられる(7)。

ただし、寧宗の生日のみは特定しがたい事情がある。それを記している三種の記錄が全て日付を異にしているからである。すなわち、『宋史』巻三七、寧宗本紀一には、彼が「乾道四年（一一六八）十月丙午（十八）に王邸で生まれた」とするが、同書巻一一二、嘉禮三、聖節には「十月十九日（丁未）を天祐節とした」とし、一日遲い日に記しており、また『建炎以來朝野雜記』甲集一、上德には「乾道四年十月二十日（戊申）に恭王府で生まれた」とし、また一日遲くなっている。そのため、寧宗の生日の日付は、その他の史料から類推すべきだが、そのほとんどが金使の祝賀に關わる內容であり、その祝賀の日付はほとんど十七日になっている。十八〜二十日より一日早いこの日付は、金使が宋朝に着いたこと、或いは彼らが別途に生日を祝ったことを記したものであり、寧宗の生日の日付それ自體とは看做し難いであろう。筆者はそのため、卽位した（一一九四年）直後、寧宗が朱熹の請を受け入れて臣下たちの賀表を退けたことがある十月丙午、すなわち十九日を彼の生日として推定してみた(8)。

ところで、哲宗と高宗の場合は、實際の出生日と節日が正確に對應しないことにも注意すべきである。哲宗は、本來十二月七日生まれであるが、その日がちょうど僖祖（趙匡胤の高祖）の忌日であったため、その節日を一日遲らし

て十二月八日としたことがそれに當たる。[9] 高宗も實際の出生日は、一一〇七年五月二十日（乙巳）であるが、群臣の奏請によってその翌日（二十一日）を天申節とした。特に高宗は二十日の夜に生まれたことが確認されるが、[10] 恐らくそのためにその翌日を節日と指定したと見られる。

實は、寧宗の生日も十八日の夜であったという説明があり、[11] よって筆者が推定したように十九日が彼の節日（天祐節→瑞慶節）であるとすれば、これも高宗の場合のごとく一日を遲らせた可能性がある。實際に、先に紹介した寧宗の生日を傳える記事の中で、『宋史』巻三七、寧宗本紀一が「乾道四年十月丙午（十八）に王邸で生まれた」とする反面、同書巻一一二に聖節は「十月十九日（丁未）を天祐節とした」とするが、實は前者は出生日を、後者はその節日を表したものであるため、嚴密には同じ敍述方式ではない。これを含むと、宋朝では出生時點が先祖の忌日か遲い夜である場合は記念日を變える例が三例存在することになる。

その外に宋朝では、原因は定かではないが節日の名稱を變えた事例が二件見られる。太宗が乾明節から壽寧節に、そして寧宗が天祐節を瑞慶節に各々變えたことがそれである。また、宋では皇帝のみならず皇太后に對してもその誕生日を公式に記念した事例があった。全部で四件が見出され、その中で特に眞宗の皇后である章獻太后劉氏の長寧節（正月八日）、そして英宗の皇后である宣仁太后高氏の坤成節（七月十六日）が有名で、その外に壽慶節（五月十六日）と壽崇節（未詳）がある。[12] 宋朝での皇太后の誕生記念は、後述する遼のそれに對比されるものと看做せるであろう。

（二）　遼・金の場合

遼の皇帝生日については、既に傅樂煥の詳しい考證がある。〈表2〉は、彼の研究に基づいて筆者が必要に應じて少し加筆して新たに作成したものである。『宋史』と異なって『遼史』では、皇帝の生日を該當する本紀に記さず、

表2　遼皇帝生日關連表

皇帝	本名（漢名/契丹名）	在位期間	生日			
			年月日	名稱	制定日	典據（『遼史』）
太祖	億/阿保机	907年1月～926年7月	872年	なし	なし	本紀1
太宗	德光/堯骨	926年11月～947年4月	902年10月23日	天授節	天顯3年9月癸巳	本紀3/本紀4
世宗	阮/兀欲	947年4月～951年9月	919年12月25日	なし	なし	本紀1/本紀5
穆宗	璟/述律	951年9月～969年2月	931年8月5日	なし	なし	本紀3/本紀6/本紀7
景宗	賢/明扆	969年2月～982年9月	948年7月25日	天清節	應曆19年5月丙申朔	本紀5/本紀8
聖宗	隆緒/文殊奴	982年9月～1031年6月	971年12月27日	千齡節	統和元年9月辛未	本紀8/本紀10等
興宗	宗眞/只骨	1031年6月～1055年8月	1016年2月23日	永壽節	景福元年閏10月辛亥	本紀15/本紀18
道宗	洪基/查剌	1055年8月～1101年1月	1032年8月7日	天安節	淸寧元年10月丁亥	本紀18/本紀21
天祚帝	延禧/阿果	1101年2月～1125年2月	1075年閏4月19日	天興節	乾統2年11月壬寅	本紀23/本紀27

先帝の本紀で彼が皇子として生まれた時點で記している。

太祖耶律阿保機の出生については、出生年のみが傳わっており、月日は不明で節日を作ったという事實も見當たらない。恐らく建國草創の奔忙さを反映したと見られる。

彼の次子太宗が天授節を制定したのが遼では生日として初めての國慶日である。父親の遺志を受け繼いでモンゴリア一帶に境域を擴げた太宗は、後晉から燕雲十六州を得た（九三六年）のみならず、やがて後晉を滅ぼし、中原の覇者を目指した。卽位してから約二年後（九二八年）に彼が中原王朝の方式に基づいて、自分の生日を節日に制定したことは、後に國號を「大遼」に改めて、年號も「大同」と改元したことと呼應して當時の契丹の氣概を反映している。また、太宗の節日制定は時期的には五代王朝の影響を受けたもので、宋朝に先んじている點も、以後の宋朝との競爭關係を理解する際、參考になるだろう。天授節に太宗は、國內の群臣だけでなく諸國の使者からも祝賀を受けて、世界の中心を標榜した[13]。

太宗を繼いだ世宗と穆宗の時期は、政治的な混亂で遼史では「中衰期」と評價される[14]。この時期に皇帝の節日が見られ

ないことも、このような事情を反映した可能性がある。

したがって、遼で皇帝の生日を節日として指定することが慣例となったのは、景宗以後である。この時期は、まだ政情に不安要因を殘しているものの、一方で宋の侵攻を擊破するなど、その國力は明らかに回復傾向にあって、以後、聖宗・興宗・道宗の時期を通して、遼は全盛期を迎える。これを反映して遼にも皇帝の節日が、宋朝のように皇帝の卽位と共に制定されることが一般化されたと考えられる。

その結果、遼は宋と生辰使を定期的に交換するという中國史上最初の外交關係を結ぶことになった。九七六年から始まるこの關係は、三年間續いた後、對立と衝突による空白期を經て「澶淵の盟」（一〇〇四年）が結ばれた一〇〇五年から再開されて以後、一年も缺かさないばかりでなく、金・高麗などの王朝にも外交の慣例として影響を與えた。

金朝では、皇帝生日に對する節日制定が早くから確立されていた。さすがに、太祖（阿骨打）だけはその暇がなかったようだが、以後の歷代皇帝たちは、末帝である哀帝を除けば、全てが節日を持っていたことが確認される。特に、遼を意識していた金は、その國制を模倣した點が多く、皇帝の生日を國慶日に指定することも既に學んでいたと考えられる。

金皇帝の生日については、從來纏まった説明がなかったので、そこで筆者が作成したのが〈表3〉である。ただし、生年月日は、太祖、章宗そして哀宗の日付だけが『金史』の本紀で確認でき、[15]他は年度が見られるだけである。したがって、この場合は同書卷六〇～六二の「交聘表」上・中・下によって宋・西夏・高麗の祝賀使が「來賀」した日にその生日を推定した。すなわち、三國の使節たちは、一部例外があるものの、ほとんどが〈表3〉の「年月日（推定）」に「來賀」したこととなっており、ここからその生日を推定することができるのである。

海陵王の節日については特記すべき點がある。從來、中國史側では彼の節日が長い間未詳のままとなっており、

表3　金皇帝生日關連表

皇帝	本名（漢名/女眞名）	在位	生日			
			年月日(推定を含む)	名稱	制定日	典據（『金史』）
太祖	旻/阿骨打	1114～1123	1068年7月1日	なし	なし	本紀2
太宗	晟/吳乞買	1123～1135	1075年10月15日	天清節	未詳	本紀3/巻60　交聘表上
熙宗	亶/合剌	1135～1149	1119年1月17日	萬壽節	未詳	本紀4/巻60　交聘表上
海陵王	亮/迪古乃	1149～1161	1122年1月16日	龍興節	未詳	本紀5/高麗史/巻60交聘表上
世宗	雍/烏祿	1161～1189	1123年3月1日	萬春節	未詳	本紀6/巻61　交聘表中
章宗	璟/麻達葛	1189～1208	1168年7月27日	天壽節	大定29年3月己酉	本紀9/
衛紹王	允濟/永濟/興勝	1208～1213	?年8月?日	萬秋節	未詳	本紀13/巻62　交聘表下
宣宗	珣/吾睹補	1213～1223	1163年3月13日	長春節	未詳	本紀14/巻62　交聘表下
哀宗	守禮/守緒/寧甲速	1224～1234	1198年8月23日	未詳	未詳	本紀17

『金史』にもその節日の名稱が確認されなかった。しかし、〈表3〉のように彼の節日が龍興節であることは『高麗史』から容易に確認され、これは筆者が本稿で公式に初めて確認したことになる。後述するとおり、高麗は金の皇帝節日にほぼ毎年祝賀使を遣わし、その中で海陵王の在位中である一一五〇年～五七年にあわせて七回に及び龍興節のための使者が遣わされていることが確認される。(16)『金史』は言うまでもなく、中國史全體で「興龍節」という名稱が消されたのは、彼が稀代の暴君とされている背景が作用した結果だと推測されるが、彼の消された節日が『高麗史』から確認される點は、當時の中國史或いは韓國史が、單なる一國史の範疇にとどまらない側面があることを良く見せてくれる。

（三）　高麗の場合

高麗國王の生日も、從來さほど注目されなかった。高麗の場合は『高麗史』と『高麗史節要』から容易に確認でき、その検討のための準備として整理すれば、〈表4〉のようになる。

表 4　高麗國王生日關連表（末期の一部の王については、明らかではない點があってこれを省略した。）

王	本名	在位期間	出生年月日	西曆	名稱（制定日）	典據（『高麗史』/『高麗史節要』）
太祖	王建	918～943.5	憲康王正月14日	875		世家1/卷1
惠宗	王武	943.5～945.9	後梁乾化2年壬申	912		世家2/卷2
定宗	王堯	945.9～949.3	太祖6年癸未	923		世家2/卷2
光宗	王昭	949.3～975.5	太祖8年乙酉	925		世家2/卷2
景宗	王伷	975.5～981.7	光宗6年9月丁巳	955		世家2/卷2
成宗	王治	981.7～997.10	光宗11年12月辛卯	960	千春節（元年6月）→千秋節（2年12月）	世家3/卷2
穆宗	王誦	997.10～1009.2	景宗5年5月壬戌	980	長寧節（元年4月）	世家3/卷2
顯宗	王詢	1009.2～1031.5	成宗11年7月壬辰	992	未制定	世家4/卷3
德宗	王欽	1031.5～1034.9	顯宗7年5月乙巳	1016	仁壽節→應天節（元年1月己丑）	世家5/卷4
靖宗	王亨	1034.9～1046.5	顯宗9年7月戊寅	1018	長齡節（元年7月）	世家6/卷4
文宗	王徽	1046.5～1083.7	顯宗10年12月癸未	1019	成平節	世家7/卷4
順宗	王勳	1083.7～1083.10	文宗1年12月己酉	1047	未制定?	世家9
宣宗	王運	1083.10～1094.5	文宗3年9月庚子	1049	天元節（元年8月）	世家10/卷6
獻宗	王昱	1094.5～1095.10	宣宗1年6月乙未	1084	未詳	世家10/卷6
肅宗	王顒	1095.10～1105.10	文宗8年7月己丑	1054	未詳	世家11/卷6
睿宗	王俁	1105.10～1122.4	文宗33年1月丁丑	1079	咸寧節（元年1月）	世家12/卷7
仁宗	王楷	1122.4～1146.3	睿宗4年10月己亥	1109	安貞節→慶龍節（卽位年9月甲子）	世家15/卷9
毅宗	王晛	1146.3～1170.9	仁宗5年4月庚午	1127	河淸節（卽位年4月）	世家17/卷11
明宗	王晧	1170.9～1197.9	仁宗9年10月庚辰	1131	乾興節（元年10月丁巳）	世家19/卷12
神宗	王晫	1197.9～1204.1	仁宗22年7月庚申	1144	咸成節（元年7月丁未）	世家21/卷14
熙宗	王韺	1204.1～1211.12	明宗11年5月癸未	1181	壽祺節→壽成節（卽位年5月庚午）	世家21/卷14
康宗	王祦	1211.12～1213.8	毅宗6年4月乙巳	1152	光天節（元年4月辛巳）	世家21/卷14
高宗	王皞	1213.8～1259.6	明宗22年正月壬戌	1192	慶雲節（元年正月）	世家22/卷14
元宗	王倎	1259.6～1274.6	高宗6年3月乙酉	1219	未詳	世家25/卷18
忠烈王	王昛	1274.8～1308.7	高宗23年2月癸丑	1236	壽元節（元年2月戊辰）	世家28/卷19
忠宣王	王璋	1308.8～1313.3	忠烈王1年9月丁酉	1275		世家33/卷23
忠肅王	王燾	1313.3～1330.2	忠烈王20年7月乙卯	1294		世家34/卷24
忠惠王	王禎		忠肅王2年正月丁卯	1315		世家36/卷25
忠穆王	王昕	1344.4～1348.12	忠肅王6年4月乙酉	1319		世家37/卷25
忠定王	王眡	1348.12～1351.12	忠肅王7年	1320		世家37/卷26
恭愍王	王顓	1351.12～1374.9	忠肅王17年5月生	1330		世家38/卷26
恭讓王	王瑤	1389.11～1392.7	忠穆王元年2月5日	1345		世家45/卷34

高麗でも當時の中國王朝の如く、國王の生日のほぼ全てが節日に制定されたことが分かる。成宗元年（九八二）六月、彼が自分の生日を千春節と定めたことが、高麗での「節日之名」の始まりであり、[17]これは勿論同時代の宋や遼より遲れていることなので、その影響を受けていると考えられる。中國の制度と文物受容に積極的であった成宗は、君主生日の國慶日制定にも關心を見せたのである。「聖上節日」と稱せられた國王の生日は、以後元正・冬至・八關會と共に四大節日に位置づけられた。[18]さらに、高麗では權臣李資謙が自分の生日を「仁壽節」としようとしたが、金富軾から「これまでに人臣として節を稱した者がいたことは聞いていない」と反對された逸話があって興味深い。[19]

成宗から忠烈王代まで、ほぼ全ての王が自分の生日を節日として制定したが、幾つかの例外が見られる。まず、顯宗のそれが見えないことは、彼がその制定を辭讓した結果であった。當時の高麗は、遼の侵略が續いている苦難の時期に當たり、顯宗はその中で自重して自分の生日祝賀を避けた。[20]

一方、卽位直後に死亡した順宗は節日を制定する暇がなかったようである。しかし、宣宗を經て憲宗と肅宗代まで節日名が見當たらない。在位期間が短かった憲宗は、最初から制定されなかった可能性があるが、肅宗の場合は祝賀行事があったと見られるため、[21]その節日名もあったと推定される。元宗もまた節日名があった可能性が大きい。その息子（忠烈王）の生日さえ「壽元節」と制定しているのに、[22]本人の節日がなかったことは考えられないからである。

ところで、忠烈王を最後に『高麗史』には、以後の王たちの生日の名稱が確認されない。これが單に記錄の不備ではない以上、忠宣王からは以前とは異なり節日名を特に定めていなかったと考えられ、そうするとそこには如何なる事情があったのかが問題になるであろう。忠烈王代は、高麗がモンゴルの事實上の「屬邦」に轉落する出發點となる時期であり、官制がその地位にあわせて格下げされる中で、諸種の呼稱もまた變えざるをえない狀況になっていた。

實は、『高麗史』卷六七、禮志九、嘉禮、忠烈王三十三年（一三〇七）六月丙午に

以壽元天聖節、似涉僭擬、改以誕日稱之。

と見え、この時から「壽元天聖節」という用語も使われなくなり、單に「誕日」と稱せられたことが分かる。すなわち、これは節日名の廢止を意味し、〈表4〉のように忠宣王以後、高麗王にはそれが見えなくなる直接的な理由となった。『高麗史』の凡例に

凡稱宗、稱陛下太后太子節日制詔之類、雖涉僭踰、今從當時所稱、書之、以存其實。

とあるように、高麗では「節日」が制定・祝賀されてきたが、忠烈王末年にその慣例は基本的に消滅したと見られる。この點について、既に引用した金富軾の「これまでに人臣として節を稱した者がいたことは聞いていない（未聞人臣有稱節者）」という指摘は示唆するところがある。これによると、高麗が成宗以後「節日」を制定したのは、高麗が中國の「人臣（臣下國）」ではないことを力說する爲であったが、忠烈王の節日廢止以後は、「人臣」になったことを意味したのである。忠烈王の後、高麗國王の中國滯留などが長くなった點も、節日行事を中止する效果を齎したと考えられる。(23)

一方、高麗においても國王の節日制定は、比較的速やかに行われた。毅宗の場合が卽位翌月と最も早く、熙宗は四ヶ月後に、仁宗は五ヶ月後にそれが制定される反面、その他は卽位翌年（該當國王の元年）、特に自分の生日のある月か、その間際に節日を「公定」したことが、〈表4〉から分かる。文宗のみ制定時期が見られない。

さらに注目されるのは、國王の節日名稱がしばしば變わる點である。成宗・德宗・仁宗・熙宗がそれに當たり、これは全體十五個の事例中で約四分の一に達する。(24)ところで、成宗と德宗はその改稱が卽位年ではなく、その翌年に行われて比較的時差があるが、仁宗と熙宗の場合は卽位年中に既に制定されたものを再び變えた事例に當たる。〈表4〉によると、仁宗は四月に卽位した後、その時期は分からないものの、節日を安貞節と定めた後に再び同年九月に慶龍

節と改稱し、熙宗も一月に卽位して壽祺節という節日を創った後に、同年五月に壽成節に名稱を改めたのである。卽位五ヶ月ぶりに名稱を變えたこれらの事例は、他のものと比較しても相當異例なことである。

このような頻繁な節日變更の理由は定かではないが、これについて注目されるのが忠烈王の場合である。既に指摘したとおり、彼は「壽元節」という名稱の節日を持っていた高麗最後の王であるが、實は太子の時から「壽元節」の名で祝われたことが確認される。(25) それならば、仁宗と熙宗の場合も卽位前から既に持っていた節日の名を、王になってから改稱した可能性が浮上するが、果たしてそうであったのかは斷言し難い。

二　東アジアにおける「改期受賀」の流行

（一）　北方王朝での「改期受賀」の由來と傳統

生辰使の派遣による宋代東アジア國家間の外交で注目すべきことは、使節が派遣される時點と祝われる側の君主の實際の生日との間に存在する時間差の問題である。たとえば、ある帝王の實際生日が五月であるにもかかわらず、近鄰王朝からの祝賀使の來訪は十二月とあり、その間に異常な程の大きな時差がある事例が少なくない。外國使による生日祝賀の日付を意圖的に變えて擧行するこの現象、所謂「改期受賀」は、宋朝には見られず、遼と金のような北方王朝で見出され、特に筆者はそれが高麗にもあったことを確認した。漢族王朝である宋では、尊嚴たる皇帝の生日を變える行爲を受け入れ難かったと思われるが、遼と金はある種の原因でこれを推進し、高麗もその影響を受けたと考えられる。

これを最初に指摘したのは契丹史家の傅樂煥であり、彼はこの問題に疑問を抱きながら、そのヒントを金代の史料

から見つけ、結局それが金王朝の意圖的な變更に依るものであることを明らかにした。彼は、またこのような慣例が遼にもあったことを詳論し、金の「改期受賀」は遼の傳統に從うものだとした(26)。

傅樂煥の先驅的な指摘を始めとし、最近では李輝が、金の「改期受賀」の實態についてその大綱を把握した(27)。彼は、金ではこのような慣行が少なくとも熙宗と章宗代には確かに存在し、前者は七月七日から一月十七日に、後者は七月二十七日から九月一日に移したとし、その理由として、前者は熙宗の父親（景宗、すなわち太祖の第二子）の忌日を避けるために、後者は雨期を避けて外國使に便宜を提供するためであると見た。また、重要な事實として、熙宗代の「改期受賀」が一月に移されたことは、生辰を正旦と繫げることで沿途の供應と首都滯留の間の接待などの手間を一回で濟ませようとする配慮のためであることも確認した。中原王朝と高麗でも勿論であるが、特に北方王朝において使節の應接は大きな負擔であったことが分かる。また、このような遼・金の「改期受賀」は彼等の期日觀念が嚴格ではなかった特性とも關係すると考えられる(28)。

傅樂煥と李輝によって把握された遼・金の「改期受賀」は、當時の東アジアの外交實態を理解するに大變重要な一面を成している。ただし、この問題の考察が主に『遼史』と『金史』に基づいて、遼―宋と金―宋の關係の中でのみ扱われたことは、多少新たな分析の餘地を殘していると考えられる。すなわち、當時の遼と金に對して生辰使を定期的に遣わしたのは、宋だけではなく西夏と高麗も同じであったため、彼等の動向を合わせ

表5　遼帝生辰及受賀日期表（傅樂煥製作）

遼帝	生辰	受賀日期	改或改期
聖宗	12月27日	12月27日	未改
興宗	2月23日	正月?	改期
道宗	8月7日	12月7日	改期
天祚帝	4月19日 或 29日	12月?	改期

表6　金帝生日と受賀日期表（李輝論文を基に筆者が製作）

皇帝	生日	受賀日期	節名	改期受賀與否
太祖	7月1日	?	?	
太宗	未詳	10月15日	天清節	
熙宗	7月7日	1月17日	萬壽節	確實
海陵	未詳	1月16日	未詳	
世宗	未詳	3月1日	萬春節	
章宗	7月27日	9月1日	天壽節	確實
衞紹王	未詳	8月	萬秋節	
宣宗	未詳	3月13日	長春節	

て考慮すれば、「改期受賀」の實態把握は一層明らかになるからである。その際、現存する史料が不足している西夏より高麗側の「改期受賀」が、今のところ『高麗史』を通じてもっとも接近し易い。

（二）金の「改期受賀」

金太宗の節日である天清節の段階では、まだ金朝の對外關係が安定していない狀況を反映して、外國使の參與原則が確立されていなかった。西夏が初めて金に生辰使を遣わして（一一二四年）以後、高麗が間もなく加わり（一一二六年）、宋は金と紹興和議（皇統講和）を結んだ直後の一一四三年から祝賀使を遣わし始めた。ただし、天清節は十月十五日が記念日であるものの、太宗の實生日は分からないため、これが「改期受賀」に當たるのかは定かではない。

一方、宋が金に初めて生辰使を遣わした時點、すなわち熙宗半ば以後になると、金では宋・高麗・西夏の三國の使者が、同時に一ヶ所に集まる、前例のない場面が演出される。『金史』の「交聘表」によると、これら三國の使節はほとんど同じ日に金皇帝の生日を祝賀したことが分かる。「交聘表」には、これらについて大體「（某日）賀……節」と記している。熙宗が父親の忌日を避けるために節日を七月七日から一月十七日に移したことは前述の通りであるが、例えば三國の中で高麗は、それに合わせて十一月下旬頃に使節を最も多く遣わしたことが、『高麗史』に見える。これらは、明年初に當たる熙宗生日直前に金に入國し、一月十七日には宋及び西夏の使節と共に賀禮したことになる。これら三國が同日同所で一緒に金帝に向かって賀禮したことは、『金史』の禮志に明瞭に確認される。(29)

金朝でのこのような賀禮方式は、遼朝のそれとは次元を異にするものであり、これは特に金の國際的地位と自尊心を露骨に反映させて、新たに考案したことだと理解される。そのことは遼側の禮書に、宋使が高麗等その他の外國使と一緒に遼帝に向かって賀禮する場面は見られず、少なくとも使節が國家毎に時差を置いて賀禮したことに現れてい

る。これは、宋朝でも同じであった。[30]すなわち、遼朝と宋朝では、皇帝が自分の生日に國格の異なる諸外國の使節から同時に受賀せず、彼らを分けて個別的に受ける慣例であったが、これに對して金は、「臣下國」に地位を失墜された宋を、高麗・西夏等の使節と共に同時に賀禮させるパフォーマンスを演出することで、特に遼より一層高い程度の覇權意識を禮制の中で誇示したと考えられる。

續いて、海陵王と世宗（萬春節）も、このような方式で受賀したと考えられる。ただし、各々一月十六日と三月一日となっているこれらの節日が實生日に立脚したものか、そうでなければ「期を改めた」ものなのかは定かではない。海陵王の場合は、『金史』等にその節日の名稱すら殘っていないものの、これが『高麗史』に「龍興節」として確認されることは、既に指摘した通りである。また、世宗代には海陵王の南宋攻撃の餘波で初期の三年間は生辰使の交換がなかったものの、以後は二十三年間にわたり違えず三月一日に外國使の參與が確認される。一一七五年と一一八五年が例外であり、その中で前者の理由は分からないが、後者は

詔以上京天寒地遠、宋正旦、生日、高麗、夏國生日、並不須遣使、令有司報諭。（『金史』巻八、世宗本紀下、大定二十四年〔一一八四〕十一月甲午）

と見え、その理由が「天寒」であることが確認される。また、この記事は當時宋朝から金朝に生辰使と共に正旦使がセットで派遣されていたことを知らせる。これは、西夏と高麗でも同じであったと解釋すべきだが、同記事に高麗と西夏に對して「正旦」が見られず、「生日」のみが免除されたように見えるのは『高麗史』と對照してみると誤りであることが明らかである。[31]

一方、章宗が生日（七月二十七日）を九月一日に「改期受賀」したことは、既に説明した通りである。これについて『金史』巻九、章宗本紀一、大定二十九年六月乙卯には、

勅有司移報宋・高麗・夏、天壽節於九月一日來賀。

と見え、章宗即位年に天壽節の日付を周邊三國に公知したことが確認される。金朝は新たな皇帝が即位するたびに必要によって節日を改期したり、または生日そのままに確定してこれを宋、高麗、西夏に通知したことが分かる。宋等三國は、このような金の要求に合わせて祝賀使を遣わしているため、金との間で「主從關係」があったことをそのまま反映している。

ところで、『金史』には「交聘表」以外に「本紀」にも生辰使についての記録が見られるが、そこには生辰使が祝う時點が異なっていて、注意を要する。すなわち、「本紀」には全て天壽節（九月一日）に「來賀」したと記録していることに對して、「交聘表」には例外もあるが、ほとんどそれより二～四日早い八月二十七～二十九日の間に「賀」したとされている。これは、「交聘表」の記録が使節の金朝廷到着時點を基準にしているためだと考えられ、したがって外國使は節日前の三日前後には金の國都に到着すべきであったと理解される。

續いて、章宗時期には二十回に達する節日に對する賀禮（天壽節）が全て九月一日に行われた中で、一二〇八年（泰和八）だけ唯一、十月に行われた。その理由は、

詔移天壽節於十月十五日。（『金史』巻一二、章宗本紀一二、泰和八年五月癸亥）

とあるように、「改期受賀」をもう一度行ったからである。在位最後の年の措置であり、その理由が明らかではないが、特記すべき事例に屬する。

（三）　高麗における「改期受賀」

「改期受賀」が高麗にもあることは、とても興味深い。これが遼・金の影響を受けたことは明らかである。ところ

で、既に検討したとおり、この慣行は遼と金が生辰使を受け入れる立場で接待の煩わしさを減らすために、生辰の日付を正旦から遠くないところに移すものであった。しかし、これに對して高麗では、遼と金から生辰使のみ訪ねてきて、賀正使は來ないことが原則であったため、本來なら「改期受賀」の必要性がないのが自然であるが、にもかかわらず、それがあることは注意を引く。この現象が高麗側の必要によって遼・金に要請して實現されたことなのか、あるいは派遣する立場であった遼・金が自分の便宜のために高麗に貫徹させたことなのか、當時の事例を検討してみる必要がある。

遼が高麗に遣わした生辰使は、『高麗史』に一〇二三年から現れ、一一一六年まで全て七十三回の事例が見られる(32)。この間、關係悪化による中絶があったものの、生辰使は遼が高麗に遣わしたほぼ唯一の定期使節であった。以下、紙面の制約で該當の事例をいちいち提示することはできないが、『高麗史』によると顯宗代（一〇〇九～三一年）には、一〇二三年以後一〇二九年まで七年連續で遼の使者が派遣されてきて、これらは全て七月の朔日に「來賀」しているが、顯宗の實生日が七月であるため、「改期受賀」ではない。靖宗時期（一〇三四～四六年）は、遼との對立が終わる一〇三九年から一〇四五年まで七回連續で派遣されてきて、これも全て靖宗の實生日のある七月中の「來賀生辰」であった。續いて在位期間が長かった文宗時期（一〇四六～八三年）も、一〇四八年から一〇八二年までの間で、一〇五四年と一〇六二年の例外を除いて三十三回も派遣されてきて、これもまた全て十二月初に「來賀生辰」したため、實生日と同じ月となっている。また、宣宗時期（一〇八三～九四年）にも九回にかけて見られる「來賀生辰」が全て九月のことで、「改期受賀」には該當しない。

ところで、以上とは異なって肅宗時代（一〇九五～一一〇五年在位）になると、王の實生日がある月と遼使が「來賀生辰」する月が一致しなくなる。すなわち、一〇九八年から一一〇四年まで七回連續する遼使者の高麗訪問は全て十

二月中の事であり、その實生日（七月）とは遠く離れている。これは、高麗が遼と關係を結んだ時期全體から見ても唯一の例外に屬する。何故、この時期にこのような現象が現れたのかについてその事情は確かめ難いが、これが北方王朝で流行っていた「改期受賀」が高麗にも既に遼との關係の中で現れ始めたことを見せてくれる實例であることは明らかである。

遼との關係ではありふれていなかった高麗の「改期受賀」は、金との關係の中で本格化し一般化して行く。すなわち、高麗で金とを相對した仁宗から熙宗に至る時期の間で金の生辰使は全て國王の實生日と無關係な月に來訪している。金の末期に當たる高麗の康宗と高宗代に生辰使の來訪はもはやないものの、それに先行する時期に「改期受賀」が一貫していることは特記すべきである。

金は、一一二七年に初めて高麗に生辰使を遣わして以來、一二一一年まで八五年間、約七十二回派遣した。これは、遼が九四年間七十三回を遣わしたことと比べてほぼ同じ頻度である。仁宗時期（一一二二～四六年）には、兩國が國交を結んだ直後（一一二七年）から仁宗末年までの二十年間一度も缺かさず生辰使が訪れた。ところで、この時の「來賀」時點は、仁宗の實生日である十月ではなく全てが年が改まった正月、それも正月七日に統一されていることが『高麗史』から確認される。高麗は、金との關係で初期から元日より遠くない時點に「改期受賀」したのである。

毅宗代（一一四六～七〇年）にも即位翌年から一一六九年まで二十一回が確認され、前代に續いて金の生辰使派遣が變わりなく續いた。この時の使節は、ほとんど十一月十七日に「來賀」しているので、やはり「改期受賀」（毅宗の實生日は四月）であることが分かる。

また明宗代（一一七〇～九七年）には、一一七四年を初めとし、途中の三度が缺けたのを除いて一一九七年まで、總二十一回派遣された。この時も明宗の生日が十月であるにもかかわらず、ほとんどは一月十七日に到着した。

高麗でもこのように常例化された「改期受賀」は、神宗（一一九七～一二〇四年）が即位しても變わらなかった。ところで、この時は次のような情況が『高麗史』に傳わっている。

金遣禮部侍郎劉公憲來、賀生辰。咸成節本在七月、依前朝大定甲午年例、以十二月初一日爲節、遂爲常例。（巻二一、神宗三年十一月辛巳）

これは、金が初めて遣わした神宗生辰使の高麗到着と關連して、その生日である咸成節を七月から十二月一日に變えて祝うことになったことを特記したものである。この時の金使派遣が事前協議によることが間違いないことは、次のような史料を參照しても分かる。

金移牒、問王生日。（『高麗史』巻一九、明宗二年十二月壬寅）

金は、高麗の明宗に初めて生辰使を遣わす二年前（すなわち一一七二年）にその生日がいつなのかを問い合わせたことが分かる。したがって、これは金側が明宗の實生日を確認した後に高麗と協議して「改期受賀」の日を定めたことを意味し、その後の神宗代にもこのような方式にしたがって「改期受賀」したと理解される。その文中に見える「大定甲午年」は、金世宗の大定十四年で西紀一一七四年に當たり、これは神宗代にもその例のごとく「改期受賀」をするものの、その時點までの「一月十七日」に從うのではなく、この時は十二月一日に定められたのである。

このような方式で神宗代に四回連續、金の生辰使が訪れた後、熙宗代（一二〇四～一一年）にもほぼ連續して「來賀」記事が見られる。この時期は、前代とは異なり明瞭な記事が比較的に少なく、筆者は六回に推定しているが、その後康宗と高宗時期には記事が一切見られなくなる。

節日の名稱から見た模倣と回避——むすびに代えて——

宋・遼・金及び高麗王朝で使われた總五十個に近い節日の名稱を吟味してみると、そこには各王朝の個性を反映した傾向が讀み取れる。また、節日の名稱が年號のように全て吉稱であるため、その選定に愼重であったことは言うまでもない。

この際、宋は最も愼重な姿勢を維持した王朝だったと考えられる。ただし、唐五代には節日自體がさほど多くなかったため、これらと重なる可能性がもとより少なかった。また、太宗と寧宗だけが節日の名稱を一回變えた理由は定かではないものの、元の名稱が各々北齊と唐等の年號と重なる點で、恐らくこれを避けようとする意圖があったかもしれない。これを除けば、宋の節日名が以前の王朝の年號と重なるものは仁宗の乾元節（唐肅宗の年號〔七五八～七六〇年〕）の一例に過ぎない。池田溫は、中國王朝で年號の重複回避現象が特に宋の建國される十世紀後半以後に顯著となったと指摘しているが(33)、このような意識が宋では節日の名稱を定める際にも當然あてはまるはずである。

一方、池田溫は「先例がある年號を避けようとする意識が遼の朝廷でも支配的であったと見られる」と指摘した（上同）。しかし、これとは異なって節日の場合を見ると、遼と金では先例を避けようとする意志が相對的に薄かったことは明らかである。例えば、遼の永壽節（興宗）と天清節（景宗）は、各々後周の太祖と世宗の節日名と同一であるが、前者は九五一年に後周の太祖が制定して使用した名稱を、その後ちょうど八十年が過ぎた時點（一〇三一年）で再び利用した事例であり、後者は後周の世宗が制定した年（九五四年）から僅か十八年後に再使用した事例である(34)。このような動きが單純に偶然であるか、そうではなければ意識的な繼承かは分からないが、前者なら遼朝が節日名を

選ぶに當たって中原王朝の先例を深く検討しなかったことになり、後者なら他王朝の節日名稱が重なることを快く受け入れたことになる。この二つの例を除いて、遼の他の節日もほとんどが中國前代王朝の年號と重なり、遼皇帝六人の中で既存の節日または年號と直接重なっていないものは、聖宗の千齢節のみである(35)。

金では、年號の名稱を節日名として借用した例は見えないものの、天淸節（太宗）・天壽節（章宗）・長春節（宣宗）等の名稱をそのまま使用した點は、この王朝もやはり他王朝の節日をそのまま繼承することに抵抗がなかったのは遼と異ならないことを示している。天淸節は、既に指摘したとおり後周の世宗が初めて使用したのを遼の景宗も再使用したものであったが、金の太宗も更にこれを踏襲した。遼が金の敵國であった點と天淸節が金の最初の節日であった點をあわせて考えると、金は節日の名稱の重複を少しも問題視していなかったと思われる。これに後周の恭帝が既に使用された章宗の天壽節と宋太祖の節日として利用された宣宗の長春節の例も含めると、金では全七つの節日のうち三つが前代または近鄰王朝が既に使用したものを踏襲したことになる。以上の如く、遼と金では中原王朝で既に使用した節日名や年號名と重なるものが多く、そこにはむしろ意識的な承襲という傾向さえ讀み取れるようである。形式に拘らない大らかな北方王朝の氣質を反映する一面だと考えられる。

高麗でも宋のように節日の名稱選定に愼重だったと見られる。中國王朝の名稱と重なることがほとんど見られないからである。ただし、その代わりに高麗の節日名は、相當數が中國王朝の年號と重なる。十九個（改稱された四例を含む）の節日の中で、德宗の仁壽節（隋文帝）と應天節（唐中宗の尊號）・睿宗の咸寧節（西晉武帝）・毅宗の河淸節（北齊武成帝）・明宗の乾興節（宋眞宗）・康宗の光天節（十國前蜀の高祖、南漢殤帝）など、六例がそれに當たる。その外に宣宗の天元節（北周宣帝の尊號）と熙宗の壽成節（宋孝宗皇后の尊號）も、中國で既に使用された前例がある。これが高麗の意識的な踏襲かどうかは分からないが、中國であれ高麗であれ、年號と節日を合わせて總じて約一〇〇〇個を超え

る名稱を全て避けながら完全に新たな佳稱を作り出すことは、決して容易ではなかったはずである。

【附記】

小論は、筆者が韓國の雜誌『歷史教育』（第一二六輯、二〇一三年）に發表した舊稿を本書の規模に合わせて縮約・補正したものである。舊稿では、本文中には參照となる資料や表などをより多く提示しているが、ここでは紙面の制約でそれができなかったことを附記しておく。

註

（1）金成奎「契丹의 ʻ國母ʼ와 宋의 ʻ皇太后ʼ——賀慶使의 교환으로 보는 宋・遼의 外交史」（『史林』五〇、二〇一四）。

（2）聶崇岐「宋遼交聘考」附「生辰國信使副表」（『宋史叢考』下、華世出版社、一九八六）、傅樂煥「宋遼聘使表稿」附「宋遼聘使表」（『遼史叢考』、中華書局、一九八四）。

（3）『金史』卷六〇、表二、交聘表上、同書卷六一、表三、交聘表中、同書卷六二、表四、交聘表下。

（4）註（1）を參照。

（5）池田溫「天長節管見」（『東アジアの文化交流史』、吉川弘文館、二〇〇二）。

（6）『日知錄』卷一三、生日には、「生日之禮、古人所無、……逮唐宋以後、自天子至于庶人、無不崇飾」とあり、生日を祝う習慣が唐宋時期にはじめて流行り、それ以前にはなかったことを指摘している。

（7）『金史』には、「敕有司移報宋・高麗・夏、天壽節於九月一日來賀」（卷九、章宗本紀一、大定二十九年六月乙卯）と見られる（後述參照）。『高麗史』には、遼—高麗の間でこのような内容がたまに見られる。

（8）『宋史』卷三七、寧宗本紀一、紹熙五年十月丙午に「復以朱熹奏請、郤瑞慶節賀表」とある。

（9）『宋史』卷一一二、嘉禮三、聖節に「哲宗卽位、……宰臣請以十二月八日爲興龍節。哲宗本七日生、以避僖祖忌、故後一日」とあり、『宋會要』禮五七、誕聖節にもほぼ同文が見られる。

（10）『建炎以來朝野雜記』甲集卷一、上德に「高宗、……徽宗第九子、母曰韋太后、大觀元年五月二十夜生於宮中、以其日爲天

申節」とある。
(11)『宋會要』禮四九、尊號一三に「乾道四年戊子歳十月十八日夜分、於恭王府。其日爲瑞慶節」とある。
(12)宋代皇太后の生日については、『宋史』巻一一二、嘉禮三、聖節、『宋會要』禮五七、誕聖節などを參照。
(13)『遼史』巻三、太宗本紀一、天顯三年に、「天授節、上御五鸞殿受羣臣及諸國使賀」と見られ、同書巻四、太宗本紀二、會同七年十月壬戌にも「天授節、諸國進賀、惟晉不至」とある。
(14)聶崇岐前掲書、一九八六、一八三頁、島田正郎『契丹國』(東方書店、一九九三)、一八頁を參照。
(15)巻二、太祖本紀二に、「太祖……諱旻、本諱阿骨打、世祖第二子也。……咸雍四年戊申、七月一日、太祖生」とあり、巻九、章宗本紀一に、「諱璟、小字麻達葛、顯宗嫡子也。……大定八年、世宗幸金蓮川、秋七月丙戌、次冰井、上生」とあり、巻一七、哀宗本紀上に、「哀宗諱守緒、初諱守禮、又諱寧甲速、宣宗第三子。……承安三年八月二十三日生於翼邸、仁聖無子、養爲己子」とある。
(16)『高麗史』巻一七、世家一七、毅宗四年から同書巻一八、世家一八、毅宗十一年の間の記事を參照。
(17)同書巻三、世家三、成宗元年六月に「以王生日爲千春節、節日之名、始此」とある。
(18)金庠基『新編高麗時代史』(ソウル大學校出版部、一九九六)、七九八頁。
(19)『高麗史』巻九八、列傳一一、諸臣、金富軾に「昇中欲號資謙生日爲仁壽節、富軾言、生日稱節、自古所無。唐玄宗時、始稱皇帝生日、爲千秋節、未聞人臣有稱節者。平章事金若溫曰、侍郎議善」とある。金富軾の指摘によると、當時の高麗でも皇帝の生日を「節」と稱していることが、唐の玄宗の「千秋節」からであると周知されていたことが分かる。
(20)『高麗史』巻四、世家四、顯宗三年六月癸丑を參照。
(21)『高麗史』巻一一、世家一一、肅宗元年二月甲子を參照。
(22)『高麗史』巻二五、世家二五、元宗二年正月癸亥朔に、「放朝賀。以太子生日爲壽元節」とある。その外に、高麗では睿宗がその太子の生日を「永貞節」に定め、また太后に對してもその生日を「至元節」と制定するなどの事例が見られる。『高麗史』巻六七、禮志九、嘉禮、睿宗十年十月庚子に、「禮司請以太子生日爲永貞節、令宮官僚屬進賀、兩界・三京・八牧・三都

護府上箋、以爲恆式」とあり、同書、巻八八、列傳一、后妃に、「睿宗卽位、尊爲王太后、殿曰天和、府曰崇明、生辰曰至元節。三年正月、冊曰、『臣聞、冊后之制、歷代相因。稱皇太者、秦漢之通規、以子貴者、……』」と見られる。
(23) 桑野英治「高麗末期の儀禮と國際環境」(『久留米大學文學部紀要(國際文化學科)』二一、二〇〇四)。
(24) このような例は、遼と金には見られず、宋朝で二例(太宗と寧宗)が見られるだけである。
(25) 『高麗史』巻二五、世家二五、元宗二年正月癸亥朔に「放朝賀。以太子生日、爲壽元節」と見られる。
(26) 傅樂煥前揭論文。
(27) 李輝『宋金交聘制度研究』(復旦大學博士學位論文、二〇〇五)。
(28) 李輝前揭論文。
(29) 『金史』巻三八、禮一一、「外國使入見儀」を參照。また、この問題に關しては、金成奎「金朝의 禮制覇權主義에 대하여」(『中國史研究』八六、二〇一三)を參照。
(30) 『遼史』巻五一、禮四と『宋史』巻一一九、禮二二などを參照。
(31) 『高麗史』巻二〇、世家二〇、明宗十四年(一一八四)十月癸未には、「金主以謁貞義皇后寢宮于東京、詔停明年賀正、及賀萬春節等使」とし、「賀正」と「萬春節」が全部見られる。さらにこの記事の日付に依ると、金側の議事決定が逆に高麗側に先に傳わっていたように見られるが、これは『高麗史』の編纂者がその編年の比定を高麗が傳達された時點ではなく、金側の政策決定に合わせた結果だと考えられる。
(32) 成宗死亡直後、彼の千秋節のために遣わされた使節とその後先王の生辰使の二回がさらに見られる。
(33) 池田溫「東亞年號管見」(『東方學』八二、一九九一)。
(34) 以上については、『舊五代史』巻一一四、周書五、世宗一、顯德元年七月壬辰、同書巻一一一、周書二、太祖二、廣順元年六月甲午、『遼史』巻一八、興宗本紀一、景福元年閏十月辛亥、同書巻八、景宗本紀一、保寧元年などを參照。
(35) その外にも、遼では應天太后の節日名稱である永寧節が後漢と西晉で使用された年號であり、齊天太后の順天節も唐中宗の皇后の尊號に該當する。また、遼法天太后の應聖節は後唐明宗のそれと名稱が同じである。

士と吏の間――五代・遼・金の中央吏職――

高井康典行

はじめに

金朝の官僚であった劉祁は『歸潛志』巻七において、金代の尙書省の吏職について次のように回顧している。

省吏は前朝（北宋）の時代にはただ胥吏だけを用い、堂後官と號した。金朝の大定年間の初めに張太師浩が國制を制定した際に（皇族の）袒免親・宰相の子を試驗により採用する外に、進士出身者も用いた。登第後に三任を經て縣令に至ると、順次（省吏に）補任し、一考三十ヶ月勤めると六品の州の次官に轉じる。兩考六十ヶ月勤めた場合は五品の節度副使・留守判官あるいは選に赴き知除・知案に轉じる。そこから順次、都事（正七品）、左右司員外郎（正六品）、郎中（正五品）へと昇進する。それ故、官途に就く者はこの昇進經路（省吏に就任すること）を出世の捷徑としたものである。

劉祁は北宋代と比較して、尙書令史をはじめとした中央官廳の上級吏職には進士出身者が多く任用され、また昇進の捷徑と目されたことを金制の特徴としてとらえている。(1) しかし、金制を考える場合、比較對象は宋制の他に遼制も念頭におく必要がある。金の吏職に關していえば、關樹東氏が金の吏人出職制度は多く遼制を繼承したものであると指摘しており、(2) 進士の省吏補任もただちに金制の特徴とせずに遼制との比較が求められる。また、遼制は唐後半期か

ら五代の制度を多く繼承している。とすれば、吏職の問題もこの繼承關係を考慮しておく必要がある。

以上のような問題設定にもとづき、本稿では士人の吏職への任用の問題を中心に、五代から遼代を經て金代に至る中央吏職の變遷過程及び制度の繼承關係の如何について（唐制・宋制も視野に入れつつ）解明していきたい。

一　金代の尙書令史と遼代の中書省・樞密院の吏職

（一）　金代の中央吏職の概況

金代の中央吏職である尙書令史の選任について、『金史』巻五二選擧志二、文武遷の條は次のように記している。


金代の尙書令史の選抜方法には四つある、文資、女直進士、右職、宰執子である。その出仕の制度はそれぞれ異なる。文資は元來、左司官からの採用のみを認めていたが、熙宗の皇統八年に省臣が「もし舊例に因循して採用するだけであれば、長い年月を經ると善惡を分別することができなくなり、僥倖によって採用される者が多くなるでしょう」と意見したので、上奏により制度を定め、天眷二年の及第者の中から、上位より順次年齢が五十以上で官資が承直郎（從六品）から奉德大夫（從五品）までの公罪・私罪の無い者から充當し、一つの官闕につき二人の候補を擧げて試験を行い、査定基準を満たした者を補任し、もし二人とも基準を満たした場合は（一人を）名簿に登錄してもとの職に戻して待機させることとした。官が承直郎以上の者は一考で正七品以上、從六品以下の職事官に任じ、兩考で六品以上、從五品以下（の職事官）に任じる。奉直大夫（從六品）以上の者は、一考で從六品以上、從五品以下（の職事官）に任じ、兩考で從五品以上、正五品以下、節運同（の職事官）に任じる。

この規定は、時期によって變化していくが、大定年間末の規定では、進士および文資令史の銓選は表1のようにま

表1　大定26年、27年格による金代の進士、文資令史の銓選規定（『金史』巻52選擧志2文武選による）

	第一任	第二任	第三任	第四任	第五任	第六任	第七任	第八任	第九任	第十任
上甲	錄事・防判（正八品）	中令（正七品）	上令（從六品）	上令	上令					
中甲	中簿（正九品）	下令（從七品）	中令	上令	上令					
策試上甲	錄事・防判	上令	上令	上令	上令					
策試次甲	上簿（正九品）	中令	上令	上令	上令					
策試三甲	中簿	下令	中令	上令	上令					
策試下甲	下簿（正九品）	下令	中令	上令	上令					
令史一考	—	—	—	令史（無品）	六品	正七品	六品	從五品		
令史兩考	—	—	—	令史	令史	從五品	六品	從五品	從五品	正五品

とめられる。

表1の規定と『歸潜志』の記述から文資令史の昇進のモデルケースは縣主簿（正九品）→中縣令（正七品）→上縣令（從六品）→令史（無品）→同知防御使事（正六品）→尚書左右司都事（正七品）→尚書左右司員外郎（正六品）→諸司郎中（從五品）または、縣主簿（正九品）→中縣令（正七品）→上縣令（從六品）→令史（無品）→令史（無品）→節度副使（從五品）→尚書左右司員外郎（正六品）→諸司郎中（從五品）→尚書左右司郎中（正五品）となろう。ここで注目しておくべきは、文資令史は五品官以上への昇進が制度的に保證されていることである。また、先行研究ですでに指摘されているように、金代の宰執の多くが令史經由で昇進しており、前引の『歸潜志』の記すごとく、出世の捷徑でもあったことが確認される。[3] また、冒頭に掲げた『金史』選擧志の史料にも見られるように、令史經由の昇遷は文資のほかに女眞進士・宰執子・宗室子出身者に對する規定も設けられており、『金史』の列傳にはこのルートで宰執に昇進する女眞人や契丹人の事例も多く見られ、令史が單に漢人士人のみならず女眞人などにとっても出世の捷徑と目されるものであったということができよう。

（二）　遼代の進士と吏職

次に、遼金間における中央吏職の比較をしておこう。遼制と金制では中央官廳の構成が幾分異なるので、はじめに遼代の中央吏職を概観する。

遼代史料において、吏職の存在を明確にあとづけられるのは、樞密院[4]と中書省である。考證が煩瑣になるので詳細は先行研究に讓るが、金制の尙書省と遼制の樞密院・中書省が中央行政機構としてほぼ同様の機能を果たす[5]。兩官廳の吏職について、『遼史』巻四七百官志三、南面京官、漢人樞密院の條には吏房承旨・兵刑房承旨・戶房主事・廳房主事の諸官が、同書同巻中書省の條には堂後官・主事・守當官・令史の諸官が列記されている[6]。その他、石刻史料などから、書令史、樞密院令史、樞密院孔目官、樞密院契丹令史[7]などの吏職の存在が確認される。以下、これらの官職の任官狀況について検討していこう。

すでに、關樹東・蔣金玲兩氏が指摘しているように、遼代においても金代と同様に進士出身者が中書省・樞密院の吏職を經て宰相クラスまで出世する事例が確認される[8]。その事例を擧げると、以下のようになる（事例中、□は中央吏職とみなされる官、傍線は位階を示す官を表す）。

①王澤　開泰七年（一〇一八）進士　祕書省校書郎、營州軍事判官、樞密院令史、吏房令史・權主事、武定軍節度判官、都官員外郎を經て奉陵軍節度使に至る。（「王澤墓誌」【北志下：一四三】【遼石：二五九―二六四】）

※墓誌には「進士隷院職、自父之始也」とあり、王澤が進士出身者の樞密院吏職への補任の嚆矢であったことに注目しておく必要があろう。

②陳顗　重熙中進士　輔樞掾屬、樞密都承旨を經て三司使・太子太保に至る。（「陳顗妻曹氏墓誌（甲）」【遼續：一一九―

一二〇】、「陳顗妻曹氏墓誌（乙）」【遼續：二〇〇】「陳顗妻劉氏墓誌」【遼續：二〇三】）

③賈師訓　重熙五年（一〇三六）進士　祕書省著作佐郎・恩州軍事判官、東京麴院使、奉玄縣令、永樂縣令、大理寺丞、太子洗馬・中京留守推官、樞密使掾史、知大理寺正・祕書丞、同知永州軍州事、鴻臚少卿・知觀察事、太常少卿・樞密都承旨を經て尚書左僕射・同中書門下平章事・中京留守に至る。（「賈師訓墓誌」【遼博・八一】【遼石：四七八—四八三】）

④呂士安　重熙五年進士　祕書省校書郎、燕京留守祇應官、錦州永樂縣令、樞密院書令史、兵房令史、積慶、彰愍宮都部署判官、興中府推官、太子中舍を經て奉陵軍節度使に至る。（「呂士安墓誌[9]」）

⑤鄧仲舉　進士　丞相掾、廳房主書、吏房承旨を經て保安軍節度使に至る。（「鄧仲舉墓誌」【內蒙：四七一—四八一】【遼石：四八八—四九〇】）

⑥梁穎　重熙二十四年（一〇五五）進士　樞密院書令史、樞密院令史、廳房戶□□□、兵刑吏三房承旨、樞密副都承旨を經て、門下侍郎・同中書門下平章事・知樞密院事・監修國史、尚書左僕射・知中京留守に至る。（「梁穎墓誌[10]」）

⑦尚暐　清寧五年（一〇五九）進士　樞密院令史、金部郎中・知度支戶部判官を經て太常少卿、知大定府少尹に至る。（「尚暐墓誌」【內蒙：四九四—五〇二】【遼石：四九八—五〇〇】）

⑧梁援　清寧五年（一〇五九）進士甲科（狀元？）右拾遺・直史館、左補闕・史館修撰、起居郎、將作少監、祕書少監、兵刑房承旨・少府監・知制誥、吏房承旨・衞尉卿・乾文閣直學士・知制誥を經て中書侍郎・同中書門下平章事・監修國史・知樞密院事に至る。（「梁援墓誌」【遼博・八六】【遼石：五一九—五二五】）

⑨寧鑑　進士　著作佐郎・順州軍事判官、大理評事・中京內省判官、祕書郎・泰州樂康令、平州掌書記、樞密院試驗、朔州觀察判官、殿中丞・西京留守推官、樞密院令史、戶房主事・左司郎中、兵房承旨・少府少監を經て忠

順軍節度副使に至る。（「寗鑑墓誌」【北圖：四五—一三四】【遼石：六〇六—六〇八】）

⑩王師儒　咸雍元年（一〇六五）進士丙科　樞密院令史・祕書省校書郎、太子洗馬、直史館、祕書丞・應奉閣下文字、比部員外郎・史館修撰、職方郎中、將作少監・知尚書吏部銓、堂後官、祕書少監を經て諸行宮都部署・尚書左僕射・同中書門下平章事に至る。（「王師儒墓誌」【北圖：一四二】【遼石：六四五—六五〇】）

⑪杜悆　咸雍十年（一〇七四）進士　樞密院令史・某官、殿中丞、廳房主事・尚書工部郎中、戶房主事・尚書左司郎中、兵刑房承旨・少府少監、堂後官・少府少監、祕書少監、樞密副都承旨・太常少卿、少府監、樞密都承旨・衞尉卿・昭文館直學士を經て戶部尙書・樞密副使に至る。（「杜悆墓誌」【北志上：二七九】【遼續：三〇四—三〇七】）

⑫耶律儼　咸雍中進士　中書令史を經て知樞密院事に至る。（『遼史』卷九八耶律儼傳）

⑬曹勇義　進士　樞密院令史、樞密副都承旨を經て三司使・宣政殿大學士に至る。（『金史』卷七五曹勇義傳）

⑭時立愛　大康九年（一〇八三）進士　吏房副都承旨、都承旨を經て遼末遼興軍節度使に至る。（『金史』卷七八時立愛傳、「時立愛墓誌」【金刻：四五—四七】）

これらの事例で得られた情報をもとに、遼代の中央吏職の位置づけを確認するため、その位階を明らかにしていこう。この問題について、樞密院の吏職に關してはすでに楊軍氏が考察を加えているので、[11]まずその結論を起點として考察する。楊軍氏は遼代史料に見える官職名を官（位階を示す官名。以下、階官と稱す）と職（實際の職事をともなう官。以下、差遣と稱す）に辨別し、樞密院の吏職の差遣について、下のような階官との對應關係があったとしている（遼代の階官と對應する官品の目安については表2を參照。ただし、遼代の階官と官品の對應を明記した史料は現狀では殘されておらず、これはあくまでも各階官のおおよその上下關係を示すものとして提示したものである）。

樞密都承旨—衞尉卿（正五品上）　樞密副都承旨—某寺少卿（從五品下）　吏房承旨—殿中少監（正六品上）　兵刑房

表２　遼代官品表（楊軍2013にもとづく。一部、筆者により加筆修正）

品級	階	文資	武資
從一品	開府儀同三司	三師、三公	節度使兼政事令
正二品	特進	尚書左右僕射、六部尚書	節度使同中書門下平章事
從二品	崇祿大夫	尚書左右丞、宣政殿學士	諸衛上將軍
正三品	金紫崇祿大夫	觀書殿學士、左右散騎常侍	節度使
從三品	銀青崇祿大夫	六部侍郎、太子賓客	諸衛大將軍
正四品上	正議大夫	國子祭酒	節度留後
正四品下	通議大夫	給事中、中書（政事）舍人	觀察使
從四品上	大中大夫	左右諫議大夫	觀察留後
從四品下	中大夫	乾文殿、昭文館直學士	遙郡防御使
正五品上	中散大夫	衞尉卿	遙郡團練使
正五品下	朝議大夫	諸監	刺史
從五品上	朝請大夫	諸寺大卿	東上閤門使、西上閤門使
從五品下	朝散大夫	諸寺少卿	
正六品上	朝議郎	祕書少監、殿中少監	客省使
正六品下	承議郎	將作少監	引進使
從六品上	奉議郎	少府少監	諸司使
從六品下	通直郎	尚書左右司郎中	奉宸、諸衛將軍、諸衛小將軍
正七品上	朝請郎	尚書諸司郎中	諸司副使
正七品下	宣德郎	尚書諸司員外郎、起居郎	率府率
從七品上	朝散郎	太常丞	閤門通事舍人
從七品下	宣議郎	殿中丞	率府副率
正八品上	給事郎	祕書丞	御院通進
正八品下	徵事郎	太子洗馬、太子中允	太子左右翊衞校尉
從八品上	承奉郎	大理司直	東西頭供奉官
從八品下	承務郎	大理寺丞、右補闕、左補闕	左右承制
正九品上	儒林郎	祕書郎、右拾遺、左拾遺、太子中舍	左右班殿直、閤門祗候
正九品下	登仕郎	大理評事	東西班小底
從九品上	文林郎	祕書省著作佐郎、（令錄）	三六班奉職
從九品下	將仕郎	祕書省校書郎、太子校書郎、（判司簿尉）	在班祗候

承旨―少府少監（從六品上）　戶部主事―尙書左司郎中（從六品下）　廳房主事―某部郎中（正七品上）、起居郎（正七品下）　令史―太子洗馬（正八品下）　某房令史―祕書郎（正九品上）　樞密院書令史―太子中舍（正九品上）

楊軍氏の議論の中心が樞密院の職であったため論じていないが、中書に關しても⑩王師儒・⑪杜悆の事例から、「堂後官―少監（從六品上〜正六品上）」の對應關係がうかがえる。

これらの中央吏職の官位を金代のそれと比較しておこう。まず、樞密院諸房主事は正七品〜從六品に相當する尙書諸曹郎中の階官を帶し、これは從七品官に充當される金制の尙書六部主事と近似する。[12]令史については、轉出後の官が金制では正七品から從五品相當の官である（つまり、令史はこれらの官品より下位の品階とみなされていたと考えられる）のに對して、遼制では上記の寧鑑や杜悆のように諸曹郎中（正七品〜從六品）を帶する事例が多く、兩者はほぼ一致している。

楊軍氏は官（階官）と職（差遣）の對應關係が明確な史料から上記の結論を導き出したが、もう一歩進めた檢討が可能である。楊軍氏が樞密令史と太子洗馬の對應關係の根據とした「杜悆墓誌」には「七年、□室充樞密院令史。九年加太子洗馬」とあり、太子洗馬に昇進する以前に樞密院令史となっている。太子洗馬に遷る以前に樞密の令史を授かる事例として、この他に「王師儒墓誌」の下の史料が擧げられる。

二十六歲で進士となったが丙科での合格であった。特に將仕郎・守祕書省校書郎を授かった。執政たちは公が州縣官で徒に才をすり減らすのを惜しみ、樞密院令史に拔擢した。（咸雍）六年夏、太子洗馬を加えられた。朝廷は樞密の補佐に任じたものの、未だ十分にその才能を發揮していないと考えた。その年の冬、にわかに儒林郎・直史館に遷った。

ここでは、祕書省校書郎で起家した後、初任として樞密院令史に充てられている。王師儒の他にも、初任から二任

程度で令史に任じられた事例が散見される。

・初任令史の事例

登咸雍進士第、守著作佐郎、補中書省令史(『遼史』巻九八耶律儼傳)

清寧五年及第、當年勾充樞密院令史(「尙暐墓誌」)

・第二任令史の事例

少擧進士中第、調倅營州軍州事。未及考、召補丞相掾(「鄧仲擧墓誌」)

第進士、除長春令、樞府辟令史(『金史』巻七五曹勇義傳)

職自薊州軍州事、樞密院書令史(「梁穎墓誌」)

以開泰七年、登進士第。釋褐、授祕書省校書郎。次除營州軍事判官。□□倅理、宥地試難。宣充樞密院令史(「王澤墓誌」)

遼制では進士及第後、成績上位の者以外は祕書省校書郎で起家するのが通例である。したがって、中書・樞密の令史は資歷の淺い校書郎程度の低位の階官をもつ進士出身者でも充當される職であったということができる。これは書令史も同樣であろう。

一方、金制において尙書省令史は正七品下(承直郎)以上の官が補任される規定なので、任用時の官位は遼制の方が若干下位となる。これは表1に見えるように、金制では進士出身者の尙書省令史への補任は最低でも四任かかるので[13]、これが兩者の任用時の官位の相違につながると考えられる。

（三）　進士出身者以外の中央吏職就任者

遼代の中央吏職には進士出身者以外の任官事例もみられる。

①李熙　會同（九三八〜九四七）中？樞密院令史となり、主事、副都承旨・殿中少監、都承旨・左衛將軍、都峰銀冶副都部署、などを經て營州刺史に至る。

曾祖父は行左散騎常侍、祖父は守沙河□□、父は盧龍軍節度押衙（「李熙墓誌」【北文・四六】）

②宋匡世　統和十六年（九九八）北院樞密使耶律斜軫の辟により都孔目官で起家。將仕郎・北安州興化縣令、大定府都市令を經て北面都孔目官、儒林郎・前北安州興化縣令・晉國公主中京提轄使に至る。

父は楡州刺史、兄は長慶軍節度使、弟は前宜州弘政縣令（「宋匡世墓誌」【遼博・六八】【遼石：一八〇―一八二】）

③劉文用　太平年間（一〇二一〜三一）に堂下緋衣吏となり、京都掾曹縣封主籍を經て崇祿寺丞に至る。

父は寄班祗候から中京市買都監（「劉文用墓誌」【遼續：二五〇―二五一】）

④蔡志順　郡吏より清寧六年（一〇六〇）皇弟耶律和魯斡の推擧により樞密院契丹令史となる。通事、左承制、などを經て天城軍節度使に至る。

先世については不詳（「蔡志順墓誌」【上京・三六】【遼續：二六一―二六二】）

⑤張行願　樞密院令史となり、右班殿直に遷る。乾統六年（一一〇六）に卒す。

曾祖父は禮賓使、祖父は金吾衛上將軍、父は南海軍節度使（「張行願墓誌」【金刻：七八】）

いずれの事例も入流以前に吏職に就任し、その後、出職（吏から官に轉じること）して官資を得ている（ただし、出職時の階官は左承制〈八品〉、右班殿直〈正九品上〉など、進士のそれに較べると低くなっていることには留意しておく必要がある）。

このうち、宋匡世と張行願の事例はともに父が刺史や節度使といった高級武階をもつことから見て、恩蔭による補任である可能性が高い。金制において省令史には宰執子の、樞密院令史・部令史などは三品以下の子孫の承蔭の規定が見られ、(14)遼・金ともに恩蔭による吏職への補任が行われているのがうかがえる。なお、李熙と宋匡世の事例は、進士の中央吏職補任の嚆矢とされる王澤に先行することにも注意すべきであるが、これについては後述する。

（四）契丹人と中央吏職

金制では女眞人や契丹人が尙書令史經由で昇遷するルートの規定が存在していたが、遼制においても同様と考えられるであろうか。參照可能な史料がわずかながら殘されているので、若干の檢討を試みておきたい。

現在確認される史料では、管見の限り契丹人が令史や堂後官に任じられた事例は見いだせないが、樞密院の承旨への契丹人の就任については、既に島田正郎氏や林鵠氏によって下記の事例が指摘されている。(15)

①蕭高八　楮特部人。南府宰相を世選する家系。(16)開泰初、北院承旨となり、右夷離畢を經て南府宰相に轉じる。（『遼史』巻九六蕭惟信傳）

②耶律庶成　橫帳季父房。重熙初、牌印郎君に補せられ、重熙七年（一〇三八）時點で北院承旨に在任、のち樞密直學士を經て重熙十一年（一〇四二）時點で林牙・河西節度使に在任、都林牙に至る。（『遼史』巻一八興宗紀二、重熙七年四月己巳の條、同書巻八九耶律庶成傳、『續資治通鑑長編』巻一三八、慶曆二年〈一〇四二＝重熙十一年〉十二月乙丑の條）

③蕭素颯　五院部人。重熙の間に出仕、累遷して北院承旨、彰愍宮使となり、淸寧初、左皮室詳穩、右夷離畢に轉じる。（『遼史』巻九五蕭素颯傳）

④蕭普達　出自不明。統和初、南院承旨となる。開泰六年（一〇一七）烏古部節度使に轉じ、西南面招討使で卒す。

（『遼史』巻九二蕭普達傳）

⑤蕭朴　國舅少父房の族。開泰初、牌印郎君に補せられ、南院承旨、權知轉運事、南面林牙、興國軍節度使、北府宰相、北院樞密使などを經て南院樞密使に至る。

①の蕭高八は累代にわたり南府宰相を出す、所謂「世官之家」であり、②の耶律庶成は太祖の兄弟の子孫である横帳季父房、⑤の蕭朴は后族である國舅少父房の出身と、いずれも身分の高い家系の出身であることが注目される。これは、樞密承旨が吏職を源流とする官職であるにもかかわらず、有力家系出身者の任官が忌避されなかったことを暗示する。また、北院承旨の位階については上掲の史料からは明確な記載がなく不明瞭な點が多いが、耶律庶成の事例から類推が可能である。『續資治通鑑長編』巻一三八、慶曆二年十二月乙丑の條に、契丹國母が宋に派遣した賀正旦使として耶律庶成の名が見え、その時の肩書は林牙・河西節度使であった。ただし、外交使節として派遣される際には實際の使節の格式を調えるために實際の官位・官職より高い官を假授する場合もあるので、この記事からは一〇四二年時點で節度使（正三品相當）かそれより若干低い階官を有していたことが確認できるのみである。そこで、その直前の官職である樞密直學士について見てみると、就任者の在職時の階官が給事中（正四品下相當）である事例が大半を占めており[17]、耶律庶成も同程度の階官を有していたと見ることが許されよう。ここから類推すれば、北院承旨在任時の階官は正四～正五品程度と考えることができる。これは前述した漢人の樞密都承旨在任者と比較した場合、契丹人の承旨は同等か若干上位に位置づけられていたことになる。ただし、北院承旨に關して注意しておくべきは、島田正郎氏が指摘しているように、契丹人の任官事例が重熙年間以降見られないことである[18]。つまり、金における令史のような漢人・契丹人に共通する中央吏職經由の昇遷經路が遼代を通じて存在したか否かは、現存の史料からは判斷

しかねるといわざるをえない。

ところで、契丹固有の制度に由來する官制の部分においても「吏」と目される役職が存在していたことが、『遼史』の記述に散見される。

①耶律解里　突呂不部人。家は小吏を世選。早くから太宗の麾下に隷し、軍校となる。のち、御史大夫、守太子太傅を加えられ、應曆初、突呂不部令穩となり、その職の世選にあずかる。（『遼史』卷七六耶律解里傳）

②蕭護思　家は北院吏を世選。累遷して御史中丞となり群牧部籍を總典す。のち北院樞密使に至る。（『遼史』卷七八蕭護思傳）

③耶律八哥　五院部人。統和中、世業なるを以て本部の吏となり、閘撒狘、樞密院侍御に轉ず。上京留守、北院樞密副使、東京留守を經て西北路都監に終る。（『遼史』卷八〇耶律八哥）

④蕭合卓　突呂不部人。本部の吏となり、統和初、南院侍郎〔御〕に補せらる。のち、中丞、北院樞密副使、左夷離畢を經て北院樞密使に至る。（『遼史』卷八一蕭合卓傳）

⑤耶律阿息保　五院部人。祖父の代より西北路招討司の吏を世選。十六歳のとき內史に補せらる。天慶初、樞密院侍御に轉じ、のち適烈皮室詳穩に終る。（『遼史』卷一〇一耶律阿息保傳）

⑥耶律乙辛　五院部人。「家貧」。重熙中、文班吏となり、のち宮中に入り筆硯吏に捕せらる。のち護衞太保、同知點檢司事、北院同知、樞密副使を經て淸寧五年（一〇五九）南院樞密使に進む。（『遼史』卷一一〇姦臣傳、耶律乙辛）

『遼史』のような漢語史料に「吏」とあるからといって、契丹人が漢人と同様の吏職觀を共有していたとすることはできないが、少なくとも漢人の記錄者から見て「吏」とみなしうる存在が契丹固有の制度の中に存在していたとい

うことはできる。上記の史料からこれらの「吏職」について次の諸點が指摘しうる。まず、「吏職」出身であっても樞密使などの宰相クラスの官に昇進しうること。これは、當時の契丹人にとって「官」と「吏」の間に越え難い格差がなかったことを示唆する。つぎに、かかる「吏職」就任者の事例中に宗室・皇族をはじめとする「世官之家」のような國家レベルの有力家系出身者が見られないこと。これは逆にいえば、これらの「吏職」は有力家系出身者が就くべきものではない「卑官」なればこそ史料の記錄者から「吏」とみなされたと考えることが可能である。かかる契丹人にとっての「吏」の在り方は、中國的官制における官と吏の區分をある程度受容する一方で、吏職を經由することが官僚の昇遷において決定的な不利にならない狀況を出現させる一つの契機となったと見ることが可能である。

以上、墓誌銘などの傳記史料からみると、位階について若干異なる點もあるが、「進士からの補任→宰執への昇進」あるいは「恩蔭による高級官僚の子弟からの補任」などの共通性をあわせて考えれば、少なくとも漢人官僚の昇遷に關するかぎり金制はほぼ遼制の繼承とみることができよう。これは別の史料からも確認できる。洪皓『鄱陽集』巻四、又跋金國文具錄劄子に「都事・令史の多くは進士登第者が任ぜられ、選任された者について人びとは榮譽なことだとみなす」という記事が見える。洪皓は宋の使者として金に赴き十五年間金に抑留され、一一四二年（南宋・紹興十二年、金・皇統二年）に歸國しているので、この記事は金初の狀況を示している。金獨自の官制がほぼ整備されたのは天眷元年（一一三七）のことであり、このときに進士の中央吏職への任用がはじまったとしたならば、わずか數年で「預其選者人以爲榮」という事態が發生するとは考えがたい。ここから、金制が遼制を受けており、遼制の影響下にあった人々が、前代からの中央吏職に對する認識を繼承していたとみなすことが可能であり、金制が遼制の繼承であることを裏づけよう。

二　唐・五代の吏職と遼の吏職

次に、五代の吏職と遼の吏職の關係について検討していこう。後梁から後晉にかけて中央吏職を歴任した張仁嗣という人物の墓誌（「張仁嗣及妻郭氏合葬墓誌」【邙洛・二八八】【五代・二〇九】）の以下の記述は、五代の中央吏職の在り方を考察する上で、貴重な史料を提供してくれる。

天子が……し、四海を家とするにあたり、股肱の輔弼たる宰相を頼らなければ、諸事を康安に行うことはできず、人の常に守るべき道も破れてしまう。程よく取り計らって眞を盡くして君主を輔弼することは、宰相をたのみとし、天子は負扆凝旒して、成功を輔弼たる宰相にもとめるのである。輔弼たる宰相の宗廟・社稷の基を固め、陰陽を整え、萬機をたばね、百揆を統べるには、またその補佐役の助けが必要である。宰相が天子の代行を行うように、丞相府には堂後の職があり、これがその（宰相の補佐の）任である。或いは州司馬・別駕を兼任し、環衛官・諸寺少卿を同正し、或いは縣令を墨授され、丞相府の任から轉出すれば官員の名簿に名を連ね、その人を得ればこれを授け、才能がなければその地位にいることはできない。

この史料では、州司馬、州別駕、同正の環衛官、諸寺少卿を帯するという、五代における中書門下の堂後官の加官についての規定を示している。[19]この規定が實際に機能していたことは、他の石刻史料からも確認できる。

①張仁嗣（貞明〈九一五～九二〇〉初）「職於文昌南宮」（中書門下の令史?）となり、將仕郎・守密州司戸參軍、寧州司馬、深州別駕、堂後官・深州別駕、晉州別駕、邠州別駕、朝請大夫・左千牛衞將軍同正、左監門衞將軍同正、左領衞將軍同正と轉じる。（「張仁嗣及妻郭氏合葬墓誌」）

②劉祕（後晉の時）鄴都左教練使・都孔目官となり、留守張従恩の移鎭に従う（天平軍、晉州、潞州）、堂後官・左千牛衞將軍同正に轉ず。（「劉祕墓誌」【河洛・四八六】【五代・一九八】）

③劉琪（後梁の時）大名府に出仕し戸曹掾を假され、樞密院令史・將仕郎・州司馬、銀靑光祿大夫・同州長史・兼御史大夫・上柱國、靑州別駕、檢校工部尙書、朝議大夫・檢校尙書工部郎中・行開封府考城縣令・兼侍御史、檢校工部郎中、樞密副都承旨・銀靑光祿大夫・檢校兵部尙書・兼御史大夫・上柱國に轉ず。（「劉琪及妻楊氏合葬墓誌」【洛陽・一五一七二】【五代・一八二】）

※劉琪の事例で注目すべきは、途中から檢校官の昇進の記述が中心となることである。誌文の內容から行開封府考城縣令は實際に赴任したと考えられ、[20]この時點で吏から官へ轉じた（つまり出職した）とみられる。その際、散官が銀靑光祿大夫（唐制では從三品）から朝議大夫（唐制では正五品下）に、檢校官が檢校工部尙書から檢校工部郎中にそれぞれ格下げされた形となっている。これは、唐末・五代期に武官（ここには中央・地方の吏職・衙官もふくまれる）に對する文散官・檢校官のバラマキがおこなわれ、またこれらの官が官資としての機能をほとんどもたなかったことにより、これらの官がインフレーション狀態にあり、一方、文官に授けられる檢校官は官資として一定の機能を保持していたので、武官のように資歷の淺い者が高位の檢校官を帶することはなく、兩者の間に差が生じていたためである。[21]また、この事例から出職時の樞密院令史は諸曹郎中の下程度の官資（おそらく員外郎）に相當するとみなされた可能性を指摘できる。

④龐令圖（後梁の時？）攝磁州糾曹に辟召され、忠武軍錄事參軍、監察御史、殿中侍御史、朝議郎・尙書虞部（員外）郎・中山節判、尙書工部員外郎、銀靑光祿大夫・（檢校）工部尙書・左威衞將軍・樞密副承旨、（檢校）刑部尙書・汶陽節判、司農少卿、（檢校）戸部尙書、（檢校）兵部尙書、鴻臚少卿・金紫光祿大夫・檢校兵部尙書・

兼御史大夫・上柱國に轉じる。（「龐令圖墓誌」【洛陽：一五―一六七】【五代：一五七】）

※節判（節度判官）などに就いていることから考えると、龐令圖は士人とみなしうる。樞密院の吏職と目される樞密副承旨の時だけ、左威衛將軍を帶していることが注目される。

⑤魏仁輔　後晉末に樞密院の小史となり、兵房主事、樞密副（都）承旨、右羽林將軍・樞密（都）承旨、右監門衛大將軍・樞密副使、檢校太保・樞密使、加檢校太傅、中書侍郎・平章事・集賢殿大學士兼樞密使、刑部尙書、を經て右僕射に至る。（『宋史』巻二五〇魏仁輔傳）

※魏仁輔は吏職出身で宰相にまで昇進した人物として知られる。官歷の詳細は不明な點があるが、樞密都承旨の時、右羽林將軍を帶していることが確認できる。

諸寺少卿を帶する事例はいまのところ検出できないが、以上の事例から「張仁嗣墓誌」に記された中央吏職の帶官規定が五代を通じて確認できる。また、劉琪や龐令圖の事例のように吏と官の境界が曖昧になっている狀態が見られることにも注意しておく必要がある。かかる五代の狀況は唐後半期まで遡ることができる。唐後半期以降における吏と官の境界の曖昧化については既に李錦綉氏の指摘があるが、ここではそれを敷延しつつ唐代と五代の吏職の帶官規定の關係について概觀しておこう。

李錦綉氏は唐後半期の史料に見える「勒留官」について、それが外任官などを帶しながら舊職に留まるときにしばしば用いられることを指摘し、これが專門性の高い官職（史館や財務の事務官）を重任する場合や俸給面で優遇するために用いられ、寄祿階に近い存在であったとする。そして、これが吏職に用いられる傾向があり、唐後半期における士と吏の地位の接近を促す一因となるものであったと論じる。[22] 唐代史料における吏職の勒留官の事例には次のものが擧げられる。

①楊嶧　大理獄丞（従九品下）から金州司倉參軍（従七品下）・「権臣に留められ」兵部主事（従八品下）、太僕寺丞（従六品上）・中書主書（従七品上）を歴任し「秩を進められて」衛尉寺丞（従六品上）に至り、元和十四年（八一九）七十二歳で没す。（「楊嶧妻梁氏合祔墓誌」【陝西二：一二四】）

※楊嶧が歴任した大理獄丞・兵部主事・中書主書はいずれも流外出身者が補任される官。(23) 外任の金州司倉參軍以外に太僕寺丞、衛尉寺丞などの官を帯していることが注目される。これは流外入流者用の官（いずれも令によって官品が規定されていることに注意）に對し士人用の官の肩書きを與えることを意味しており、李錦綉氏の指摘した士と吏の接近現象を端的にあらわすものということができる。

②邵才志　建中年間（七八〇〜七八三）から元和年間末（八〇六〜八二〇）まで堂後官を九任、官は冀王府右親事典軍（正五品上）に至る。（「唐故元従奉天定難功臣遊撃将軍守冀王府右親事典軍上柱國勒留堂頭高平郡邵公墓誌銘幷序」【北圖：二九―一四七】【彙・元和一三五】）

③郭某　咸通十四年（八七三）に宣州別駕（従四品下）・「勒留中書」。（「唐故吉州長史郭公墓誌銘幷序」【陝西二：一一七】【唐續・咸通〇九二】）。

④唐思禮　①〜③以外にも、直接「勒留」の語を用いていないが唐思禮の事例も勒留官の事例に加えることができる。唐思禮は、宣宗末年から懿宗初年に宰相の任にあった蔣伸の吏としてその異動に従い紫微署主書（堂後官と考えられる）、東觀直書（史館の胥吏か）から河中節度押衙兼後院將兵馬使、汴州節度親事兵馬使と吏職・衙職を歴任している。その間、京兆府錄事參軍、遂州都督府司馬、杭州長史の官を得ているがこれは實際の職事には就いてはおらず、これらの官が勒留官ないしはそれに近似する性格の官であったとみることができる。(24)

唐代の事例をみると、中央吏職就任者が州司馬・別駕を帯する事例はあるが、大少卿監や環衛官といった比較的高

位の官を帯する事例は管見の限り検出できなかった。このことから唐代の段階では五代における中央吏職の帯官規定は完全には整備されていなかった可能性が指摘できる。とはいえ、唐後半期には、五代以降の中央吏職の帯官規定の原型が整備されつつあったとみてよかろう。

以上の唐・五代の中央吏職事例と遼のそれとを比較すると、いくつかの點で異同がみられる。まず類似點から擧げると、遼制における堂後官や樞密承旨などの中書・樞密の上級吏職の階官が五代のそれと同様に、諸寺諸監の少卿少監を帯しているのが注目される。

一方、相違點についていえば、五代の事例では進士出身者の吏職への補任は見られない。ただし、五代においても進士出身者とまではいかないものの、龎令圖の事例にみられるように、士人とみなし得る人物を補任する事例が出現していることは注目に値しよう。また、吏職出身者でも宰相にまで昇進できる可能性があったことは、遼制を考える上で重要な意味を持つ。これは既に指摘したように吏と士の境界が曖昧になっていることを示し、この状況が継續すれば進士出身の吏職就任の可能性も開かれていたとみることができる。つまり、遼における進士出身者の吏職就任は五代の狀況の延長線上にあるという假説を立てることができるのである。ただし、王澤の事例で確認したように、遼において進士出身者が吏職に就任したのは開泰七年（一〇一八）が最初であり、五代との直接的な繼承とただちに判斷することはできない。

吏職について五代と遼の關係を考える上で、前掲の李熙の事例が重要な手がかりを與えてくれる。「李熙墓誌」はその官歷について下のように記している。

公の諱は熙、字は昭儉、隴西の人である。（中略）（樞）密院令史にはじまり、主事を經て、官は副都承旨、都承

旨、都峯銀冶副都部署、燕京軍巡使、平欒營等州鹽鐵制置使、大同軍節度副使、涿州板築使、平州錢帛都監、新興鐵冶都部署（を歴任した）。檢校（官）は國子祭酒より、太子賓客、工部尙書、尙書右僕射、司空、司徒を歴任して、太保に至った。正官は殿中少監から、左威衞將軍、右驍衞大將軍に轉じ、營州刺史に至った。階は崇祿大夫に至った。勳は上柱國に至った。爵は開國子に至った。食邑は五百戶に至った。統和六年十二月二十四日に疾により燕京通闤坊の私第で亡くなった。享年六十八であった。（中略）入仕から亡くなるまで、その間約五十年であった。

誌文からは職と官の對應關係が判然としないが「官は副都承旨……」「正官は殿中少監より……」という筆致からすると「（樞密）副都承旨―殿中少監」「（樞密）都承旨―左威衞將軍」となると考えられる。前者は前節でみた遼後半期における進士出身者の樞密副都承旨就任者の階官とほぼ一致し、後者は五代における吏職の帶官規定の影響を受けているとみることができる。

李熙は統和六年（九八九）に六十八歳で沒しており、その活躍年代は後晉から北宋初期に重なるので、李熙の昇進コースは五代の制度をそのまま導入したものと考えられる。なお、李熙が入仕したのは會同年間（九三八～九四七）はじめ頃となるが、この會同年間の大半の時期において趙延壽が樞密使であった。(25) 趙延壽は遼の樞密使の嚆矢であり、かつ遼に降る以前は後唐の樞密使でもあったので、この時期の樞密院は基本的に五代の樞密院の制度を流用した可能性が高い。李熙の事例はかかる狀況の反映とみることができよう。ただし、五代の樞密院令史や堂後官が帶していた司馬・別駕などの官が見られない點は、遼制と五代の制の相違とみることができるかもしれない。しかし五代においても前述の劉琪の官歷にみられるように、司馬などの代わりに檢校官を帶する事例もあるので、遼における制度の變化とただちに判斷するのは躊躇される。あるいは、司馬・別駕などの記述を省略した可能性も考えられる。この問題

については、後考を俟ちたい。

以上の考察から、當初、遼制は五代の吏職の帶官の規定をそのまま導入し、後に進士出身者を補任するにあたり、エリート文官の官資にはそぐわない諸衞將軍や州佐の代わり諸曹郎中などを帶するように變更したとすることができよう。

三　宋制との比較

宋の中央吏職については既に宮崎市定氏、梅原郁氏等による研究があるが、ここでは五代の制度との繼承關係と遼制との比較の觀點から改めて檢討する。

梅原郁氏が既に指摘しているように、宋初において中央吏職への士人の任用が試みられる。(26) 堂後官については『宋會要輯稿』職官三―二二、五房五院隷中書省、開寶六年（九七三）四月の條にみえる、開寶六年四月の詔「堂後官十五人は從來替換してこなかった。吏部流内銓に命じて、前資・見任の令・錄・判司・簿・尉内から選拔することにして、公事に行跡があり遺漏のない者を考査し、姓名を上奏させ、議して補任させよ。なお三年に一度交替させる。もし交替の時に至り、問題の無い者は、令・錄は朝官に昇進させ、判司・簿・尉は上縣に敍任する」。五月七日、前武德縣尉晏宣義を眉州司馬とし、成州錄事參軍畢任能を梓州別駕とし、郫縣令夏德崇を嘉州長史とし、三原縣尉孔榮照を榮州司馬として、みな堂後官に充てた。

という規定がその嚆矢である。ここで注目すべきは、堂後官の帶官が州の司馬や別駕とされていることである。これ

は前節でみた唐五代の規定が繼承されたものといえる。[27]また、遼との異同でいえば、遼制とは異なり、令、錄・判司・簿・尉といった選人からの補任となっている。その後、雍熙元年には京朝官からの補任がそれぞれはじまっている。[28]これに關連して注目すべきは『宋會要輯稿』職官二―一三、五房五院隷中書省、淳化五（九九四）年七月の條の以下の記事である。

殿中丞丁顧言を本官を帶したままふたたび堂後官に充てる。堂吏は唐から五代に至るまで、おおむね京百司から補任し、もし官を授けたとしても、ただ祿を賦すのみであった。年功を積めばあるいは同正將軍を授けた。國初において趙普が中書に在職していたとき、始めて檢校諸曹郎中を奏し、その後しばしば吏職の貪を懲《いま》しめた。故に士人を參用し、科擧に合格して外官を歴任した者をこれに補任するようになり、朝官からもまた任ぜられるようにしたのは、その弊害を矯正するものである。

「趙普が中書に在職していたとき、始めて（堂後官の吏人に）檢校諸曹郎中を（授けるように）奏し」た、とある個所は、これだけ讀むと趙普の創建によるものととれるが、前節の劉琪の事例にみられるように、實際には五代以來の狀況をふまえたものである。また、樞密院の吏職である樞密都承旨・副承旨も『石林燕語』卷九に「樞密都承旨と副承旨は祖宗の時代はみな士人を用いた」とあるように、士人が用いられている。ただし、堂後官が文階の京朝官の階官を帶しているのに對し、樞密院吏職に任用された士人は諸司使といった高位の武階を帶している。[29]前節で示した五代の龐令圖の事例において樞密副承旨就任に際してのみ左威衞將軍という武官の肩書を帶していることから考えると、樞密院が軍事にかかわる官職のためか、吏職も武階を帶するのが通例となっており、またこの狀況が宋初にまで繼續していたとみられる。また、前述のように龐令圖は士人であった可能性が高く、樞密院の吏職への士人任用は五代からの傾向を繼承したものとみることができる。制度の展開からいえば、宋初における中央吏職の選任は五代の吏職の

帯官規定に修正を加えながら士人の任用を推進するという、遼におけるそれと相似の状況にあったといえる。

ただし、従來の研究でも既に指摘されるように、國初の試みにもかかわらず、眞宗朝以降になると中央吏職への士人の任用は十全には機能しなくなっていく。(30)『燕翼詒謀錄』巻一、堂吏用士人の條には、

　堂吏は元來士人を用いていたのに、呂夷簡が吏人を用いるように改めたと傳えられているが、これは誤りである。太祖皇帝は堂吏が中書の權を擅にして奸贓を爲していたので、開寶六年四月癸巳に流内銓に詔を下して前任の令・錄・判司・簿・尉の中から公事に通曉しているもの十五人を選び堂吏に補任し、三年ごとに交替させ、（離任後は）令・錄は昇朝官に、その他は上縣令に昇進させることにした。五月庚辰に姜寅亮・任能・夏德崇・孔崇煦を堂吏に任じた。これは太祖の開基立國の偉大な典範である。（中略）しかし、制度改革の初めにおいて（胥吏の奸惡を）一掃することができず、士と吏がともに任じられることとなったため、士大夫が吏と職をともにすることを恥とした。また、三年間在任する士人に固い志もなく、古くからの吏は子々孫々世襲の職務となっているので、少數の士人では多數の吏の干擾を抑えることはできなかった。太祖皇帝の素晴らしい意圖は、數世の後に聞こえることはなくなってしまった。遺憾なことである。

として、宋初以來の堂後官への士人任用について概觀しているが、士人が吏職に就くことを恥として忌避したことから、次第に士人任用が廢れていった様子がうかがえる。その後、王安石新法期の吏士合一策により吏と士の接近が再度試みられたが、樞密承旨などの一部の官職を除き定着せず、宋において士・吏の差が明確化・固定化していくことになる。(31)宋においては、唐後半期以來進行しつつあった士と吏の地位の接近が頓挫したといえよう。

以上見たように、宋は遼と同様に五代の制度を繼承し、士人の中央吏職への任用を試みたが、その後の展開は相違

がみられ、南北間において大きな制度の差異が生じている。ここで注意しておくべきは、士人（特に進士）の中央吏職への任用は遼が一〇一八年であるのに對し北宋が九七三年と、北宋が先行していることである。この點から考えると遼制は宋制を參照した可能性は考慮しておく必要があるかもしれない。ただし、遼が進士の中央吏職への任用を開始した時點で、北宋では進士出身者が吏職への就任を恥として忌避するようになり、その制度が機能しなくなっているという狀況を考慮すると、中央吏職を進士の昇遷經路に組み込んだのは五代の制度の遼における內在的展開の結果とみるべきであろう。また、この導入年次の差は直接的には兩者の科擧制度の整備の時期に起因すると考えられる。北宋においては前代以來、科擧は連綿と繼續されていたのに對し、遼において科擧が恆常的に實施されるようになるのは統和六年（九八八）以降のことであり、さらに進士出身者が官界において數的に一定の勢力を示すようになるのは開泰年間を俟たなければならなかった[32]。つまり、進士の吏職への任用がはじまった開泰年間は、增加する科擧出身官僚に對する任官規定や銓選規定の制定が求められる時期であり、かかる狀況において吏職經由の銓選ルートが創設されたと考えることができよう。宋においては前代以來、科擧が繼續的に行われ、唐五代において形成された科擧合格者の昇遷經路の强い影響下にあった（これは吏職に就任することを恥としたという士人たちのエリート意識に象徵される）のに較べて、一度は科擧による取士が途絕した遼においては昇遷經路を新たに設定しやすい狀況であり、それが進士出身者の吏職經由の銓選ルートの形成と定着に影響を與えた可能性がある。

また、遼制と宋制の差異を考える場合に考慮すべきは、遼制においては中央機構の中心が樞密院であったことである。『宋會要輯稿』職官二―二四、太中祥符六年（一〇一三）二月の條に、堂後官劉明恕らが大禮や慶節の時に堂後官も樞密副承旨などと同樣に禮に預かることを要求したが、宰相の王旦は堂後官のような輩が宴席に連なるのは不便が生じるとして卻下した、という記事が見られる。この記錄から、同じ中央吏職ではあるが中書門下の堂後官よりも樞

密院の吏の方が官に近い存在としてみなされていたことがうかがえる。北宋後半期から南宋にかけて樞密都承旨や副承旨が清望官へと轉化していくのもその延長上にあると考えられる。遼においても樞密都承旨・副承旨の地位は宋のそれと同樣にみなされていた可能性は高い。前述の契丹人の「世官之家」出身者が樞密承旨に任じられたこと、あるいは前節で見た「李熙墓誌」において「官は（樞密）副都承旨、都承旨……」としてこれらの吏職は「官」としてとらえられていることなどは、これを裏づけるものといえよう。かかる認識があったとすれば、樞密院の吏職經由の進士の銓選ルートは遼の士人たちにとって比較的受け入れやすいものであったと考えることができる。

おわりに

本稿での考察をまとめると以下のようになる。唐後半期における廣汎な勒留官の出現は中央吏職における官と吏の境界を曖昧にし、中央吏職への士人任用の道を開いた。この傾向は五代から遼へ繼承され、遼中期以降、中書・樞密院の吏職は進士出身者の昇進經路を形成することになる。一方、北宋においても同樣に中央吏職への士人任用が試みられたが、結局定着することはなく、士と吏の分化が再び明確化していく。また、金制は遼制を繼承して中央吏職への進士の任用が行われ、その地位も高いものであった。

このような制度の推移にあたっていくつか指摘しておくべき點がある。ひとつは唐後半期以來、吏職が「寄祿官」として流內官の肩書を持つようになったことである。當初はあくまでも給與の基準としての「寄祿官」で官資として機能していないといっても、士人と見かけ上は同じ肩書を持つことは、兩者の境界を曖昧なものとしてしまう。さらに、五代期に士人が吏職へ任用されるようになると、官資としての階官と「寄祿官」の差は更に曖昧なものとなって

いく。「寄祿官」の出現こそが、吏職への士人（更にいえば進士出身者）任用の發端といえる。

次に指摘しておくべきは、制度の推移は決して直線的に進行したのではなく、いくつかの複合的な要因によりその方向性が左右されたことである。遼と宋はともに五代の傾向を受けて中央吏職への士人任用を行ったが、その後の展開は兩者で異にしている。これは科擧制度導入時期や中央機構の構成の相違、さらには遼・金が北族王朝で、吏に對する認識が漢人の士人とは異なっていたことなどに起因するものと考えられ[33]、これらのいずれかが缺ければ遼制で進士の吏職經由の銓選ルートが形成されることもなく、金において尙書令史が出世の捷徑とはならず、宋制のように士と官の分化が明確となったのではなかろうか。

註

（1）金代の中央吏職の地位と遷轉の問題については孟繁清「金代令史制度」（『宋遼金史論叢（二）』中華書局一九九一）、林煌達「從金代主事一職看邊疆民族對中國官僚體系的影響」（張希清・田浩・黃寛重・于建設主編『一〇―一三世紀中國文化的碰撞與融合』上海人民出版社、二〇〇六年）、陳昭揚「金代漢族進士的官職遷轉」（前揭『一〇―一三世紀中國文化的碰撞與融合』）、孫孝偉「金朝流外出職制度研究」（『黑龍江教育學院學報』二〇〇七―四、二〇〇七年）、王雷『金代吏員研究』（吉林大學博士論文、二〇一〇）、飯山知保「金代地方吏員の中央昇轉について」（『金元代の華北社會と科擧制度――もう一つの士人層』早稻田大學出版部、二〇一一年。初出二〇〇七年）等の研究がある。

（2）關樹東「遼朝的選官制度與社會結構」（前揭『一〇―一三世紀中國文化的碰撞與融合』）四一六頁を參照。

（3）前揭孟繁清「金代令史制度」、前揭陳昭揚「金代漢族進士的官職遷轉」を參照。

（4）樞密院は周知のごとく南北二院に別れるが、吏職については史料上では單に「樞密院某官」と表記されものが壓倒的多數を占めており、ほとんどの場合で北院・南院のいずれの屬官かを辨別することは困難である。南・北兩樞密院で吏職に何ら

かの差異が見られるか否かについては今後の課題としたい。

（5）遼代の樞密院・中書省については若城久治郎「遼の樞密院に就いて」（『滿蒙史論叢』二、一九三九年）、島田正郎「三省」（『遼朝官制の研究』創文社、一九七八年。初出、一九六八年）、武田和哉「契丹國（遼朝）の北・南院樞密使制度と南北二重官制について」（『立命館東洋史學』二二、二〇〇一）、武玉環「北・南樞密院」（『遼制研究』吉林大學出版社、二〇〇二年）、何天明「樞密院制度」（『遼代政權機構史稿』內蒙古大學出版社、二〇〇四）、同「宰相制度」（前掲『遼代政權機構史稿』）、金代の尙書省および遼・宋制からの中央官廳の變遷については三上次男『金史研究（三）金代政治制度の研究』（中央公論美術出版、一九七〇年）、程妮娜「金代一省制度述論」（『北方文物』一九九八—二、一九九八年）、同「論金代三省制度」（『社會科學輯刊』一九九八—六、一九九八年）などを參照。

（6）『遼史』巻四七百官志三、南面京官、漢人樞密院の條

漢人樞密院

（中略）

樞密都承旨。聖宗開泰九年見樞密都承旨韓紹芳。

樞密副承旨。楊遵勗重熙中爲樞密副承旨。

吏房承旨

兵刑房承旨

戶房主事

廳房主事郎工部

中書省

堂後官。太平二年見堂後官張克恭。

主事

守當官。並見耶律儼建官制度。

令史。耶律儼道宗咸雍三年爲中書省令史。

(7) 樞密院契丹令史については毛利英介「契丹令史蔡志順」(『關西大學東西學術研究所紀要』四七、二〇一四年)が検討を加えている。

(8) 前掲關樹東「遼朝的選官制度與社會結構」四五五頁、蔣金玲「遼代進士仕宦問題考述」(『中國邊疆史地研究』二〇一二―一、二〇一二年)二〇～二三頁を參照。ただし、兩者ともに進士の中央吏職への補任を「進士の政治的地位の上昇」と評價するが、吏を卑賤の職とみなす傾向にある傳統的な漢人士大夫の意識を考えると、直ちにこのような評價をするのは躊躇される。この問題については後述する。

(9) 北京市文物研究所編著『魯谷金代呂氏家族墓葬發掘報告』(科學出版社、二〇一〇年)。

(10) 楊衛東「遼朝梁穎墓誌銘考釋」(『文史』二〇一一―一、二〇一一年)。

(11) 楊軍「遼朝南面官研究――以碑刻資料爲中心」(『史學集刊』二〇一三―三、二〇一三年)を參照。

(12) 六部主事は唐制では九品～八品、宋制では八品とされる。なお、唐・宋制では品官ではあるものの吏職とみなされる。金代になると當初は吏職とみなされたものの、のちに士人の就く官とされるようになっていった。このような士大夫の主事に對する意識の變化については、林煌達「從金代主事一職看邊疆民族對中國官僚體系的影響」五四七～五四八頁、五五六～五六一頁を參照。

(13) 前引『歸潛志』卷七、前掲孟繁清「金代令史制度」、前掲陳昭揚「金代漢族進士的官職遷轉」を參照。

(14) 『金史』卷五二選擧志二、文武選、宰執子弟省令史の條、同書卷五三選擧志三、右職吏員雜選、樞密院令史・譯史の條を參照。

(15) 島田正郎「中丞司と御史臺」(『遼朝官制の研究』創文社、一九七八年。初出、一九六五年)二三六頁、林鵠「遼史百官志考訂」(中華書局、二〇一五年)六頁・一九九頁を參照。本文中にあげた事例では「北院承旨」「南院承旨」とのみ記されているが、島田・林兩氏はいずれもこれが『遼史』卷四五百官志一、北面朝官、北院樞密院の條にみえる「北院都承旨」「北院副承旨」であろうと指摘している。

（16）蕭高八・蕭惟信の家系については武田和哉「蕭孝恭墓誌よりみた契丹國（遼朝）の姓と婚姻」（『内陸アジア史研究』二〇、二〇〇五年）等を參照。

（17）樞密直學士就任者で階官が確認できる事例は下記の通りである。「以樞密直學士、給事中鄭瑕爲儒州刺史」（『遼史』巻一〇聖宗紀一、統和二年〈九八四〉十一月壬子の條）、「天授帝龍飛、公授密直學士、轉給事、除朔州順義軍節度使、檢校太保」（「張正嵩墓誌」【遼石：六八～六九】）【遼博：一六六】、「開泰元年、遷政事舍人、知樞密直學士。二年、正授樞密直學士、同修國史。三年、加尙書工部侍郎、知制誥」（「張儉墓誌」【遼石：二六五～二七二】【北志下：一四六～一四七】）。いずれも給事中・政事舍人という四品下相當の階官を帶していることが確認できよう。

（18）前掲島田正郎「中丞司と御史臺」二三七頁を參照。

（19）ただし、『宋會要輯稿』職官三―二三、淳化五年七月の條には「以殿中丞丁顧言守本官復充堂後官。堂吏自唐至五代率從京百司抽補、縱授以官、但賦祿而已、年深或授同正將軍」とあり、唐・五代の制では堂後官に官を授けたとしても、あくまで祿を授ける基準とするだけであって、官資としての機能を持たせなかったことがうかがえる。

（20）「劉祕墓誌」には行開封府考城縣令に轉じたことについて、

俄轉朝議大夫、檢校尙書工部郎中、行開封府考城縣令兼侍御史、臥錦仙曹、調絃帝甸、慘舒是任、寬猛相資。勸一方遊墮之民、咸勤耕稼、招四境逋亡之衆、盡復鄉閭。政績有聞、旌酬旋□、轉檢校尙書兵部郎中。

と記している。傍線部の内容が事實を記したものであるとすれば、實際に縣令の職務にあったとみることができる。

（21）唐末・五代から遼における檢校官については、拙稿「遼の武臣の昇遷」（『史滴』二四、二〇〇二年）で初歩的な考察を行っているが、詳細については別稿で更に檢討する豫定である。

（22）李錦綉「唐代的勒留官」（『唐代制度史略論稿』、中國政法大學出版社、一九九八年）、同「關於唐後期官與吏界限的幾個思考」（黃正建主編『中晚唐社會與政治研究』中國社會科學出版社、二〇〇六年。初出、二〇〇五年）を參照。

（23）『大唐六典』一八大理寺、大理獄丞の條、同書巻九中書省、中書主書の條を參照。

（24）「唐思禮墓誌」【陝西四：一二四】【唐續・咸通〇七八】

公諱思禮、字子敬、魯國人。（中略）年十四方將苦節儒書、或有諷爲吏進者、遂入官途。嘗遇名卿大夫、群宴聚坐、目公之敬愿者□有忠恪立身之道。武宗五年、從官自桂林回。未幾、今致政司徒相公自司刑郎出刺鄱水。公滓心勵行、乞在吏中。丞相既熟素聞、遂得其日。居勿貳之地、兢修畏立、日愼一日、殆今卅年、不聞有纎失。其揣觸至如此者。年卅六釋褐、授錄事京兆府。歲滿日、我主人方斡運玄化、燮贊瑤圖。奏授主書紫微署。一來年、遷遂州都督府司馬、直書東觀。又來年、隨相將於蒲人武幕中、權第一右職、仍提兵務。又二年、於汴遷親事都頭兵馬使。以功奏、拜兼監察御史。又四年、遷杭州長史。（中略）以咸通十二年辛卯六月七日亡於上都修行里、享年五十二。

なお、『新唐書』巻一三二蔣伸傳には、

伸字大直、第進士。大中二年、以右補闕爲史館脩撰、轉駕部郎中、知制誥。白敏中領邠寧節度、表伸自副、加右庶子。入知戸部侍郎。九年、爲翰林學士、進承旨。十年、改兵部侍郎、判戸部。（中略）未幾、以本官同中書門下平章事。踰四月、解戸部、加中書侍郎。懿宗卽位、兼刑部尙書、監脩國史。咸通二年、出爲河中節度使、同中書門下平章事、徙宣武。俄以太子少保分司東都。七年、用爲華州刺史。再遷太子太傅、表乞骸骨、以本官致仕。卒、贈太尉。

とあり、同中書門下平章事から監修國史、河中節度使、汴州節度使への官歴が唐思禮の官歴と一致している。宰相就任前の官歴（右補闕から駕部郎中、邠寧節度副使、戸部侍郎、翰林學士）および致仕後（太子太傅、贈太尉）の官が、唐禮思墓誌と一致しないので、誌文中にみえる「丞相既熟素聞、遂得其日。居勿貳之地、兢修畏立、日愼一日、殆今卅年、不聞有纎失」という一文の通りであれば、この時點で蔣伸と行動を共にし始めたと見ることが可能であろう。

また、「唐思禮妻王太眞墓誌」【陝西四：一〇二】【唐續・咸通〇一一】）には「河中節度押衙兼後院將兵馬使朝議郎前守遂州都督府司馬柱國唐思禮撰」とあり、唐思禮が遂州都督府司馬であったとき、その實際の職務は河中節度押衙兼後院將兵馬使であることが確認でき、司馬の肩書は實職ではないことが分かる。

（25）『舊五代史』巻九八晉書二四趙延壽傳、『契丹國志』巻一六趙延壽傳、張亮采「遼代漢人樞密院之研究」（『東北集刊』一、一九四一年）、前揭武田和哉「契丹國（遼朝）の北・南院樞密使制度と南北二重官制について」、前揭何天明「樞密院制度」等を參照。ただし、『遼史』巻七六趙延壽傳には遼における樞密使就任の記述はみられない。

（26）梅原郁「宋代胥吏制の概觀」（『宋代官僚制度研究』同朋舎、一九八五年）を參照。

（27）『宋史』巻一五九選擧志五、銓法下、流外補選の條には、

> 凡出職者、樞密院、三司、皆補借職以上、餘或補州縣。內廷諸司主吏、三司大將、亦有補三班借職者。中書主事以下、三司勾覆官以上、各帶諸州上佐、樞密院主事以上、皆帶同正將軍、餘多帶遠地司戶、簿、尉。

とみえ、中央吏職の出職時の帶官規定は五代のそれを踏襲しているのが確認できる。この規定については、前掲梅原郁「宋代胥吏制の概觀」五三六～五三八頁、祖慧「宋代胥吏出職與差遣制度研究」（『浙江學刊』一九九七―五、一九九七年）一二〇～一二一頁なども言及しているが、五代の制度との關係は指摘されていない。

（28）『宋會要輯稿』職官三―一二三、五房五院隷中書省、雍熙元年（九八四）五月の條および雍熙元年十二月の條。

（29）樞密院の吏職への士人の任用については前掲梅原郁「宋代胥吏制の概觀」五三六～五三七頁を參照。

（30）前掲梅原郁「宋代胥吏制の概觀」五一九～五二二頁を參照。

（31）宮崎市定「王安石の吏士合一策」（『宮崎市定全集（一〇）宋』岩波書店、一九九二年。初出、一九三一年）、前掲梅原郁「宋代胥吏制の概觀」等を參照。

（32）遼における科擧の整備と進士數の推移については拙稿「遼代科擧與辟召」（『史學集刊』二〇〇九―一、二〇〇九年）九〇～九一頁を參照。

（33）遼の状況については本文中でも言及したが、金の状況に關しては、前掲林煌達「從金代主事一職看邊疆民族對中國官僚體系的影響」などを參照。

【書名略號】

北圖＝北京圖書館金石組編『北京圖書館藏中國歷代石刻拓本滙編』（全百册）中州古籍出版社、一九九〇年

洛陽＝洛陽古代藝術館（編）陳長安（主編）『隋唐五代墓誌滙編洛陽卷』（一）―（一五）、天津古籍出版社、一九九一年

陝西二＝呉鋼『隋唐五代墓誌滙編陝西卷』（二）、天津古籍出版社、一九九一年

陝西四＝王仁波（編）『隋唐五代墓誌滙編陝西卷』（四）、天津古籍出版社、一九九一年
彙＝周紹良（主編）『唐代墓誌彙編』（下）上海古籍出版社、一九九二年
遼石＝向南（編）『遼代石刻文編』河北教育出版社、一九九五年
遼博＝王綿厚・王海萍等（篇）『遼寧省博物館藏墓誌精粹』中教出版、一九九九年
唐續＝周紹良・趙超（主編）『唐代墓誌彙編續集』上海古籍出版社、二〇〇一年
北文＝北京市文物研究所（編）『北京市文物研究所藏墓誌拓片』北京燕山出版社、二〇〇三年
北志上＝梅寧華（主編）『北京遼金史迹圖志』（上）北京燕山出版社、二〇〇三年
北志下＝梅寧華（主編）『北京遼金史迹圖志』（下）北京燕山出版社、二〇〇四年
邙洛＝趙君平（編）『邙洛碑誌三百種』中華書局、二〇〇四年
河洛＝趙君平・趙文成（編）『河洛墓刻拾零』（下）北京圖書館出版社、二〇〇七年
內蒙＝蓋庸之（編著）『內蒙古遼代石刻文研究（增訂本）』內蒙古大學出版社、二〇〇七年
上京＝劉鳳翥・唐彩蘭・青格勒（編著）『遼上京地區出土的遼代碑刻彙編』社會科學文獻出版社、二〇〇九年
遼續＝向南・張國慶・李宇峰（輯注）『遼代石刻文續編』遼寧人民出版社、二〇一〇年
五代＝周阿根『五代墓誌彙考』黃山書社、二〇一一年
金刻＝王新英（輯校）『全金石刻文輯校』吉林文史出版社、二〇一二年

なお文中の略號の後の數字は【書名：數字】は掲載頁を、【書名・數字】は掲載書に付せられた編號を示す。

第二部　南宋社會と宋元交替

南宋衆分資産考

中島樂章

はじめに

滋賀秀三氏が論じるように、傳統中國の「家」では、各人の收入はすべて共同の家計に入り、各人の生活經費は共同の家計によってまかなわれるのが原則だった。このような「同居共財」の家では、家產の所有權は家長である父にあり、その息子たちは、將來的に家產を兄弟均分の原則によって承繼する權利、いわば潛在的な持ち分をもっている。

家產分割（分家）は、父母の生前におこなわれることもあれば、死後におこなわれることもある。父母の生前に家產を分割する場合は、家產の一部を「養老地」として保留し、父母の生活費にあてることが多いが、父母の死後は、養老地も息子たちが均分するのが普通である。父母の死後も、兄弟やおじおいなどの傍系親が同居共財をつづけることもあるが、その場合も、いずれは各自の持ち分に應じて、家產を分割することになる。家產分割に際しては、すべての家產を合算して幾組かに均分し、兄弟が一組ずつ承繼するのが基本だった。それによって兄弟のそれぞれを家長とする、新たな同居共財の家が生まれることになる。兄弟の一部が死去していれば、その息子（たち）が、亡父の取り分を繼承した(1)。

ただし實際には、家產分割後も、子孫の各家が一定の共有資產を保有することも少なくなかった。このような共有

資產が成立する契機は、大きく分けて二つある。一つは、家產分割に際して、その一部を分割せずに保留し、子孫の共有資產とするケースである。とくに墳墓祭祀の費用を調達するために設けられた墓田は、被葬者の子孫が分割せずに共有することが多い。このタイプの共有資產を「墓田型」とよぶことにしよう(2)。

もう一つは、男系同族のなかでも有力な家が、その家產の一部を供出して、新たに同族の共有資產を設置するケースである。その代表例が、いうまでもなく十一世紀中期に范仲淹が蘇州で設置した「范氏義莊」である(3)。義莊の收益は、祖先祭祀のほか、同族の相互扶助・教育などの廣汎な目的に使用された。このタイプの共有資產を「義莊型」とよぶことにしよう。「范氏義莊」は、その後の士大夫層の主導による族產設置のモデルとなり、宋代以降の宗族形成については、こうした義莊型の共有資產が注目されることが多い。

しかし筆者が別稿で論じたように、宋元時代における同族結合の契機としては、宗祠での祭祀や大規模な族產よりも、むしろ墳墓での祭祀やそれに附設された墓田のほうが、より一般的だったと思われる(4)。このような墓田型の共有資產は、士大夫層による規範的な宗族形成の所產というよりも、むしろより廣汎な階層による現實的な同族結合の手段として設けられたものである。それだけに墓田の設置や經營の實態を示す史料は、士大夫層による宗族形成を顯彰する文脈の史料よりも、むしろ南宋期の判語をはじめとする、法制史料に多く殘されているのである。

宋代、とくに南宋期の墓田と、それをめぐる紛爭については、これらの法制史料を利用して、すでにいくつもの專論が發表されている(5)。ただし「墓田型」共有資產は、實際には墓田だけに限らないであろう。家產分割に際し、墳墓祭祀以外の目的でも、家產の一部を保留して共有資產とすることはあったはずである。從來の研究では、この種の共有資產の存在は、ほとんど看過されているようだ。このため本稿では、おもに南宋期の判語を史料として、その法的な位置づけと實態について考察を試みてみたい。

一　南宋期の「衆分田宅法令」

唐代の律令や宋刑統には、同居共財の家において、卑幼が尊長に無斷で家産を賣卻した場合の處罰は規定されているが、傍系親が家産分割後も共有する資産に關する規定は定められていない。しかし十一世紀末の元祐年間にいたり、同族共有資産の保全を規定した、一連の法令が定められた。まず元祐三年（一〇八八）には、五品以上の官僚に、祖先祭祀のための「永業田」（すなわち祭田）を設置することを許し、子孫がそれを分割・典賣することを禁じた。(6) ついで元祐六年（一〇九二）には、祖先の墓地を賣卻したり、墓地内の樹木や造作を賣卻・毀損した場合は、杖一百に處することを定めている。(7) さらに元祐七年（一〇九二）には、五品以上の官僚だけではなく、六品以下の官僚や庶民にも、祭田を設置することを認め、その分割・典賣を禁止したのである。(8)

これらの一連の法令が制定されたのは、哲宗の初年、舊法黨政權の時期である。とくに元祐三年當時の宰相は、范仲淹の次男の范純仁であった。(9) 范純仁は父の設立した范氏義莊の保全と擴張に努めたことで知られ、(10) 彼が祭田の設置と保護の立法化を主導したことは疑いないだろう。ただしこれらの法令が施行された期間はきわめて短かった。その後まもなく新法黨が政權を奪還すると、舊法黨時代の立法の多くは否定され、崇寧元年（一一〇二）には、元祐期の立法はすべて破棄されてしまったのである。(11)

南宋期には、元祐年間の一連の法令のような、墓地や祭田の分割や賣買を全面的に禁じる立法はなされなかった。ただし『名公書判清明集』（以下、『清明集』と略稱）戸婚門の判語によれば、南宋期には、傍系親が共有する「衆分」資産を保全するために、次のような法令が定められていた。(12) ここでは内容に沿って、三部分に區切って引用する。

①諸《およ》そ祖父母・父母已に亡くして、衆分の田宅を典賣し、私《ひそか》に輒《たやす》く費用せる者は、分法に準じて追還し、元の典賣人をして價を還せしむ。

②卽《も》し典賣して十年を滿つる者は、追するを免じ、止だその價を償わしむ。十年を過ぎて典賣人も死し、或いは已に二十年なれば、各々論理の限に在らず。

③墓田の若きは、限外に在ると雖も、有分人の理認するを聽し、錢・業は各々主に還す。典賣人已に死せば、價錢は追さず(13)。

以下、この法令を「衆分田宅法令」と稱することにしたい。滋賀秀三氏は、宋版『淸明集』によりこの法令を復元し、その全文を次のように譯出している(14)。ここでも便宜上、三部分に區切って引用する。

①祖父母父母が死亡した後に、〔兄弟のうちの一人が〕共同の資產たる田宅を典賣し、その代價を勝手に私用に消費したときは、家產分割法によって目的物を分割した上で〔他の兄弟に歸すべき分は〕これを取戻し、はじめに典賣を行った者をしてその分の代價を返還せしめる。

②ただし、典賣後滿十年を經たならば、取戾しを認めず、ただ〔兄弟相互の間で〕代價を賠償せしめる。十年を經過ししかも典賣した者が死亡したとき、または二十年を經過した後は、訴訟を受理する限りでない。

③なお、墓田については、右の期間經過後であっても、持分を有する者が取戾しの訴を起すことをゆるし、代價と目的物をそれぞれもとの主に還さしめる。典賣した者がすでに死亡しているときは、代價を返還することなしに〔取戾しを認める〕(15)。

「衆分田宅法令」は、①基本規定、②時效規定、③墓田に關する例外時效規定という、三部分からなる。まず①では、兄弟の一人が「衆分田宅」を無斷賣卻した場合、賣卻者の持分にあたる部分を除き、他の兄弟が取り戻すことを

認め、その代價は賣卻者が購入者に返還することを定める。②では代價の返還免除や訴訟不受理などの時效規定である。そして③では、特に墓田については時效規定の例外とし、賣卻者が死亡している場合のみ、代價の返還を免除することを定めている。

この法令を理解する鍵となるのが、「衆分田宅」が、どのような資産を指すか、という問題である。この點について、滋賀氏は本法令を、「兄弟のうちの一人が無斷で家の不動產を典賣したとき、他の兄弟は訴によってその處分行爲を――少なくとも部分的に――取消すことができるものと定め」たものだと位置づける。[16] つまり「衆分田宅」とは、同居共財の「家の不動產」であり、本法令はその無斷賣買に關する規定だとするのである。滋賀氏はさらに、この立法の前提を次のように說明している。

兄弟のうちの一人がひそかに土地を處分していたという事實が家產分割後になって發覺する場合もあるであろうし、またたとえ同居を續けている間に發覺したとしても、それが訴訟にまで發展するほどに事がこじれた上は、相互の信賴によってはじめて成立つ同居共財の生活は、もはや維持し難いのであるから、當然そこで家產分割が行われる。したがって、右の條文も、處分自體は同居中に行われたけれども、現時點において兄弟はすでに分家し、それぞれ自己の家計を持っていることを前提として文を成している。[17]

このように、滋賀氏は「衆分田宅」を、父母の死後も傍系親が同居する家の家產とみなしている。そして兄弟が家產分割後、無斷賣卻が發覺した場合（または發覺後に家產を分割した場合）は、賣卻者以外の兄弟は、各自の持分にあたる部分を取り戻す權利があり、賣卻者はその代價を買い手に返還する義務がある、と解釋するのである。

また滋賀氏にさきがけて、この法令の一部を紹介した仁井田陞氏も、「衆分田業／田宅」を、やはり「家族の共有財產」と定義する。そして本法令についても、「兄弟間の共產の場合に、兄弟の一人が任意に家產を典賣して費用し

たとき」、すなわち兄弟同居の家における、家産の無斷賣卻に對する規定だとした[18]。さらに高橋芳郎氏も『清明集』戸婚門の譯注において、本法令にいう「衆分」を、「(相續權利保持者)みんなに持ち分がある未分割の」資産と定義し[19]、譯文では「衆分田地」を、「家産分割前の田地」などと譯している[20]。高橋氏もまた、「衆分」を兄弟が持分を有する家産と解するのである。このほかに中國では、高楠氏が宋代における共有資産をめぐる紛争について檢討をくわえ、この法令にも論及している。高氏もその趣旨を、「直系尊長がみな死去し、兄弟のだれか一人が家産分析以前に」、田宅を賣卻して代價を私用した場合の規定だと述べている[21]。

以上の各氏は、いずれも「衆分田宅法令」を、父母の死後、傍系親同居の家において、兄弟の一人が無斷で家産を賣卻した場合の規定と解釋するのである。しかしこの法令にいう「衆分田宅」は、父母の死後、兄弟が家産分割後も、共有をつづけている資産と解することもできるのではないか。とくに法令の③部分で扱われる墓田は、被葬者の子孫が、家産分割後も共有をつづけることが多かった。③部分は、①・②部分にいう「衆分田宅」について、とくにその田宅が墓田であった場合の例外規定なのであるから、①・②部分の「衆分田宅」が、「兄弟が家産分割後も共有する資産」を指す、あるいはそれを含む可能性も、當然想定できるだろう。しかし上記の三氏とも、このような解釋の可能性については言及していない。このため次節からは、『清明集』などの南宋の判語から、「衆分」に關する用例や、「衆分田宅法令」を引用した案例を分析し、南宋期における「衆分」資産の概念とその法的位置づけについて、再檢討を試みてみたい。

二　同居共財の家における「衆分」

上述のように、通說では「衆分田宅法令」を、傍系親同居の家において、その一人が家產を無斷賣卻した場合の規定だとみなしている。實際に南宋の判語のなかには、「衆分」という語を、「同居共財の家において、兄弟が持分を有する家產」という意味で用いている例もある。代表的な案例として、翁甫（浩堂）「妻財置業不係分」を擧げておこう。なお引用文は、特に注記しないかぎり、いずれも判語原文の要約である。

陳圭は息子の仲龍とその妻の蔡氏が、蔡氏の弟である蔡仁に、「衆分田業」を「盜典」したと提訴した。しかし調査したところ、問題の田地は陳圭一家の「衆分田」ではなく、蔡氏の持奩金で購入したものであり、その賣卻は合法的だった。ただしその後、蔡仁はこの田地の返還を申し出た。このため翁浩堂は、陳圭が代價を蔡仁に拂い戾せば、土地は「衆分田」に組み入れて、將來的に仲龍が他の兄弟と分割相續し、蔡氏が代價を拂い戾せば、土地も蔡氏に返還すると裁定した。[22]

父子・兄弟同居の家においても、妻の持奩金やそれによって購入した土地は、その夫妻の特有財產となり、家產分割の對象とはならない。[23]この案例でも、蔡氏が持奩金で買った土地の賣卻は合法とされ、それを家長が買い戾せば、家產たる「衆分田」に組み入れるが、蔡氏自身が買い戾せば、もとどおり蔡氏の特有財產とすると裁定されたのである。ここでいう「衆分田」は、まさに「兄弟が持分を有する家產の田地」を意味している。

なお「無斷田宅法令」を、通說のように、傍系親同居の家における、家產の無斷賣卻に對する立法とみる場合、一つの問題となるのは、卑幼による家產の無斷處分を禁じた、『宋刑統』巻十三、戶婚律「典賣指當論競物業」條の、次のような規定との關係である。

如し卑幼の骨肉、尊長を蒙昧し、專擅に典賣・質擧・倚當し、或は尊長の姓名を僞署すれば、その卑幼及び牙保・引致人等は、並《み》な重斷に當て、錢・業は各々兩主に還す。

つまり卑幼が尊長に無斷で家產を賣卻・質入れすれば、その卑幼や取引仲介者は重罰に處され、代價と家產は、元來の所有者に返還されるのである。

「衆分田宅法令」を通說のように理解する場合、傍系親同居の家において、卑幼が家產を無斷賣卻した場合は、「典賣指當論競物業」條と競合することになる。滋賀氏はこの問題について、「衆分田宅法令」は、「主としては、家長ないしその職務代行の地位にある者の獨斷の處分行爲」を想定した規定だとみなしている。つまり傍系親同居の家においても、卑幼が家產を無斷賣卻した場合は、「典賣指當論競物業」條が適用され、家長やその代行者が無斷賣卻した場合は、「衆分田宅法令」が適用されたと推定するのである(24)。

それでは南宋の判語では、實際に卑幼による家產の無斷賣卻を、どのように裁定していたのだろうか。そうした案例として、劉克莊（後村）「母在與兄弟有分」がある。

魏峻は母の李氏、および兄弟四人と同居していた。彼は遊興費ほしさに、「衆分田業」を、危文謨を仲介人として、無斷で丘汝礪に出典してしまう。母や兄弟がそれを提訴すると、丘汝礪・危文謨は、問題の土地は魏峻の「承分物業」だと主張したが、明らかに僞りである。このため「違法交易條」により、丘汝礪に問題の土地を返還させ、その代價は官が沒收する。違法性を知りながら取引を仲介した危文謨は杖六十に處し、もし魏峻が（沒官する）代價を支辨できなければ、仲介人に支拂わせる(25)。

ここでも母子同居の家で兄弟が持分を有する家產を、「衆分田業」とよび、兄弟が均分相續した「承分物業」と對置されている。この案例では、母が兄弟と同居をつづけているので、もとより父母沒後の無斷賣卻に關する「衆分田宅法令」には該當しない。一方で、劉克莊は『宋刑統』の「典賣指當論競物業」條には言及せず、「違法交易條」により、係爭地を元來の所有者に返して、その代金は官が沒收し、仲介者を處罰することを命じている。「違法交易條」

とは、高橋芳郎氏が指摘するように、『清明集』巻五、戸婚門、爭業下、「從兄盜賣已死弟田業」語にみえる、次の條文を指すと考えられる。

Ⅰ諸盜及び重疊の類を交易し、錢主の情を知る者は、錢は官に沒す。自首及び情を知らざる者は、理還す。犯人の償足らざれば、情を知れる牙保が均備す。

Ⅱ田業を盜典賣する者は、杖一百とし、贓の重き者は盜に准じて論ず。牙保の情を知る者も同罪。(26)

このうちⅠは、盜品賣買や、二重賣買に關する規定であり、Ⅱは家産の盜賣に關する規定である。家長以外が家産を無斷賣卻する行爲もまた「盜賣」とされるため(27)、Ⅱによって賣卻者と仲介者は杖罪に處された(28)。その際、購入者が事情を知っていれば、盜品の賣買と同じように、Ⅰによって代價は官に沒收されたわけである。「典賣指當論競物業」條では、盜賣された資産と代價を、元來の所有者と買い手に返還すると定めるのにくらべ、事情を知る買い手にはきびしい處置となっている。なお翁甫「業未分而私立契盜賣」も、おじ・おい同居の家において、おいが田産を無斷賣卻した事例であり、やはり「違法交易條」により、賣卻された田産を家産に戻したうえ、將來的にはおじ・おい三人で均分相續させ、無斷賣卻者は杖一百に處し、代價は官が沒收するという處置がとられている(29)。

一方、滋賀氏や高橋氏は、尊長による家産の無斷賣卻に對し、「衆分資産法令」が適用された事例として、黄榦(勉齋)の、「陳安節論陳安國盜賣田地事」をあげている(30)。この判語は長文で内容も多岐にわたるが、本稿の論旨にかかわる部分だけを紹介しよう。

阿江には長男の陳安國、次男の陳安節がいる。阿江は安國が家産の田地を、曾金紫らに無斷賣卻したと訴え出たが、その後病死した。取り調べの結果、安國が阿江と安節の署名を僞造して、田地を無斷賣卻したことがわかった。このため黄榦は、問題の田地のうち、もともと安節が持分を有する一半は、買い手から安節に返還させ、そ

の分の代價は安國から買い手に還付させ、かつ安國を杖六十に處した。その後さらに、安節は安國が別の田地も鄒濤らに無斷賣卻していたと訴え出た。黄幹はこの取引も、安國が「兄弟共分の田産」を無斷賣卻したものと認定し、まず鄒濤らに田地の一半を安節に返還させ、そのうえで安國が代價を鄒濤らに拂い戻すように命じた(31)。

これは兄弟同居の家において、兄が弟に無斷で田地を賣卻したという事案である。黄幹はまず買い手の曾金紫らに、弟の安節の持分に當たる田地を返還させ、そのうえで、兄の安國にその分の代價を拂い戻させ、かつ杖六十に處することを命じたのである。さらに安國は、鄒濤らにも別の田地を無斷賣卻していたので、黄幹は同樣の處置を命じている。鄒濤はこの判決を不服として上訴したが、上司も黄幹の處置を妥當と認めた。これを受けて、黄幹は次のような法令を引用して、さきの判決の妥當性を確認している。

> 若し卑幼の田産を盜賣すれば、則ち先《ま》ず合《まさ》に卑幼に給還し、後に盜賣人を監して錢を錢主に還すべし。若し尊長、卑幼と通同し情を知りて典賣すれば、則ち合《まさ》に先ず錢を監して錢主に還し、足りる日に、方めて産業を給還す(32)。

この法令では、尊長が卑幼の田産を盜賣した場合、兩者が通同したのでなければ、まず買い手から卑幼に田産を返還させ、そのうえで盜賣者から買い手に代價を拂い戻させると規定する。以下この法令を、「卑幼田産法令」と呼ぶことにしたい。陳安國は、弟の安節も持分を有する田地を無斷賣卻したので、黄幹はこの法令を適用し、まず鄒濤から安節に田地を返還させ、そのうえで安國から鄒濤にその代價を返すべきだとしたのである。

この案例では、兄が無斷賣卻した田地について、弟が持分を有する部分については、田地と代價をそれぞれ返還させており、その點では滋賀氏や高橋氏が說くように、「衆分田宅法令」を適用したようにみえる。しかし一方、「衆分田宅法令」は、父母の死後に兄弟の一部が「衆分田宅」を無斷賣買した場合の規定なのに對し、ここでは無斷賣卻の時點で母の阿江は存命であり、彼女がこの事件を提訴している(33)。また「衆分田宅法令」には無斷賣卻者に對する處罰

規定はないが、黄榦は兄の安國に對し、杖六十の處罰を下している。これらの點から、本件を「衆分田宅法令」の適用事例とみることには疑問がのこる。

本件のように、母子同居または傍系親同居の家において、尊長が卑幼に無斷で家產を賣卻した場合は、「衆分田宅法令」ではなく、「違法交易條」が適用され、(34)盜賣された資產と代價の處置については、「卑幼田產法令」が適用されたのではないか。そうだとすれば、「衆分田宅法令」は、實際にはどのような案例に對して適用されていたのだろうか。次節では實際に本法令を引用する判語の內容を分析して、この問題について再檢討してみたい。

三　南宋の判語における「衆分田宅法令」の適用

「衆分田宅法令」は、明版『清明集』戶婚門所收の、三つの判語に引用され、それらを組み合わせて全文を復元することができる。ここではそのうち、まず吳革（恕齋）「叔姪爭」を檢討しよう。この訴訟の當事者は、盛榮と堂姪（從兄の子）の盛友能である。盛榮は盛友能がいくつもの土地を不法に占有していると訴えているが、本稿の論旨に關わるのは、そのうち桑地をめぐる爭いである。その概要は次のとおりである。

盛榮は、父の盛文旺が盛文智から買った桑地を、おいの盛友聞が、從叔姪（父の從弟の子）の盛友能に盜賣したと訴えた。これに對して吳革は、「姪《おい》を以て衆分の產を盜賣するは、世に亦たこれ有り」と述べたうえで、友聞・友能を召喚し、盜賣の事實があったかどうか訊問することを命じた。(35)

訊問の結果、問題の桑地は、たしかに盛文旺が文智から購入したもので、のちに友聞が友能に盜賣していたことが確認された。そのうえで吳革は、この訴訟に對する「再判」を下し、そこで二つの法令を引用している。(36)一つは、

「諸《およ》そ同居の卑幼、私《ひそか》に輒《たやす》く田地を典賣すれば、五年内に在る者は、尊長の理訴を聽す」という規定である。前述のように、同居共財の家における、卑幼による田地の無斷賣卻については、『宋刑統』に禁令があり、南宋では「違法交易條」により、田地は返還し、代價は官が沒收して、無斷賣卻者は杖一百に處することになっていた。ただし尊長が卑幼の盜賣を提訴するには、五年以内という時效規定があったわけである。これを「五年規定」と略稱することにしたい。

これにつづいて、吳革は「衆分田宅法令」から、「諸そ祖父母・父母已に亡くして、衆分の田宅を典賣し、私《ひそか》に輒《たやす》く費用せる者は、分法に準じて追還し、元の典賣人をして價を還せしむ。卽《も》し典賣して十年を滿つる者は、追するを免じ、止だその價を償わしむ」という規定を引用している。吳革はこの規定にもとづき、桑地の盜賣からすでに十年以上がたっているため、盜賣された桑地の代價は、盛友聞から盛榮に還付させるが、桑地自體の返還は認めないという判決を下したのである。

前述のように、滋賀秀三氏は父子同居の家はもとより、傍系親同居の家においても、卑幼による家產の無斷賣卻に對しては、『宋刑統』の「典賣指當論競物業」條が適用されたとみなす。そして「衆分田宅法令」は、「主としては、家長ないしその職務代行の地位にある者の獨斷の處分行爲について意味をもっていた規定である」と論じている。[37]しかし吳革は、尊長たる盛榮が、卑幼である友聞による「衆分」資產の盜賣を訴えた事案について、「衆分田宅法令」を適用しているのである。

さらに吳革は「再判」において、「五年規定」と「衆分田宅法令」を併記している。[38]この案件では、友聞が友能に無斷賣卻した桑地が、盛榮と友聞が同居共在する家の家產だったのか、盛榮と友聞が家產分割後も共有する資產だったのかは明記されていない。ただし友聞による無斷賣卻からは、すでに十年以上がたっているので、前者であれば、

「五年規定」により、この訴訟は受理されないはずである。實際には、呉革は「衆分田宅法令」により、無斷賣卻から十年以上たち、かつ賣卻者の友聞が生きているため、盛榮が持分を有する桑地の返還は認めないが、その分の代價は友聞から盛榮に拂い戻させるという處置をとっている。とすれば、問題の桑地は兩者が家產分割後も共有する資產であり、「衆分田宅法令」は、この種の共同資產を對象とした規定とみるのが妥當だろう。

あるいは呉革はこの裁定を下した時點で、問題の桑地は、盛榮と盛友聞が同居する家の家產だったのか、兩者の分家後の共有資產だったのか、確定できなかったのかもしれない。このため呉革は、「五年規定」と「衆分田宅法令」の雙方を引用し、そのうえで係爭地が分家後の共有資產だった可能性を考慮して、後者の規定を適用したとも考えられる。

さらに、やはり「衆分田宅法令」を引用した判語として、著者不詳の「漕司送許德裕等爭田事」を檢討しよう。この訴訟の概要は次のとおりである。

安慶府懷寧縣の許奉は、金立から田地を買った。その後、許知實がこの田地を所有し、その子の許國が繼承したが、許知實が許奉の子孫かどうかは明確ではない。その後、許國はこの田地を出典し、七年後に朱昌がこの土地を買った。ところが嘉熙二年（一二三八）にいたり、とつぜん許德裕なる人物があらわれ、自分は許奉の孫であり、許國は自分が相續した田地を不當占據し、賣卻したのだと訴え出た。

それによれば、許德裕の父許多才は許奉の子であり、問題の田地の承繼權をもっていたが、淳熙九年（一一八二）に懷寧から光州に移住したのだという。彼はその證據として、許奉の弟の許嵩が、この田地を耕作することを約定した請負契約書（撲約）を提出した。そこには、この田地は金立から購入した「衆分」の土地であるが、許嵩だけが懷寧に殘り、この田地を耕作し、許多才の持分に相當する部分については、小作料を支拂う（依分還

租）と規定している。ただしこの請負契約は私文書にすぎず、關係者も死去しているので、許國の主張にはなんら確證はない[39]。

この判語の作者は、以上のような状況を認定したうえで、許國は必ずしも許奉の子孫とはいえず、問題の田地は、許國の父許知實が、許嵩から購入した土地ではないかと推定する。そのうえで、「衆分田宅法令」を引用し、「十年を過ぎて典賣人も死し、或いは已に二十年なれば、各々論理の限に在らず」という時效規定により、許德裕の訴えを退けたのである。たとえ問題の田地が、實際に許德裕の父多才と許嵩とが共有する「衆分田宅」であり、許嵩がそれを許知實に盜賣したのだとしても、許嵩はすでに死去し、田地の賣却からも長年たっているので、田地の返還はもちろん、代價の拂い戻しも認められないわけである。

ここで許德裕は、係爭中の田地を、父の許知實と叔父の許嵩の「衆分」資產だったと主張し、裁判官はその主張を、「衆分田宅法令」を引用して退けている。許德裕のいう「衆分」とは、許知實と許嵩が同居する家の家產をさしていたのだろうか。あるいは許知實と許嵩が家產分割後も共有する資產を意味しているのだろうか。手がかりとなるのは、許嵩が許知實に田地の請負契約（撲約）を交付していることである。

そこでは問題の田地について、「もともと金立から購入した田產で、衆分に屬する。許嵩だけが懷寧に留まり、この土地を管理・耕作し、許知實が持分を有する部分については、田租を支拂う」（元買金立產業、係屬衆分。唯嵩一位獨留懷寧、自管耕種、依分還租）と記されていたという。もしこの時點で、まだ許嵩と許知實が同居共財を續けていたとすれば、このような請負契約を立てる必要があるだろうか。滋賀氏が論じるように、同居共財の家では、たとえ家族員が離れて居住していたとしても、各自の收入は、すべて單一共同の家計に組み込まれるのが原則だった[40]。問題の「衆分」田地が、同居共財の家における家產だとすれば、單一の家計內部で、このような請負契約を立てるとは考え

にくい。

したがってこの「衆分」田地は、許嵩と許知實が家産を分割し、許知實が光州に移住してからも、兄弟が共有を續けていた資産と見るほうが妥當だろう。その場合、兄弟はこの「衆分」田地に對して、各自の持分を有する。そして請負契約において、許嵩がこの田地を耕作し、他の兄弟が持分を有する部分については、すでに獨立したそれぞれの家計に對し、小作料を支拂うことを約定したわけである。したがってこの判語でも、家産分割後も兄弟が共有する田地を想定して、「衆分田宅法令」が引用されたと考えられる。

「衆分田宅法令」を引用する第三の判語は、胡穎（石壁）の「禁歩内如非己業只不得再安墳墓起造墾種聽從其便」である。これは李彥椹が娘の二姑に持參財産として與えた土地を、二姑がさらに黎友寧に賣ったのに對し、その五年後に、近くに墓地を有する李細五（二姑の兄弟か）が、買い戻しを求めたという案件である。これに對し、知縣は「衆分田宅法令」を適用し、問題の土地を「衆分田宅」とみなし、李細五がそれを買い戻すことを認めた。しかし上司の胡穎は知縣の法適用を誤りであると批判し、その撤回を命じている。(41)

ここで胡穎は、まず「衆分田宅」とは、「則ち未分の產業を指し、已分なれば則ち衆分と言うべからず」と述べ、さらに「有分人」とは、「則ち衆分の中の有分の者を指し、已分なれば則ち各々主とする所あり」と指摘する。そのうえで問題の土地は、李彥椹が娘の二姑に分與した財產であり、「分析すること日久しく、即ち衆分の業に非ず」として、「衆分田宅法令」の適用を否定している。つまり知縣は、娘に分與された土地を「衆分」と誤解し、「衆分田宅法令」を誤って適用し、胡穎がその誤りを正したわけである。したがってこの判語は、「衆分田宅」が「傍系親同居の家における共同の家產」を指すのか、「傍系親が家產分割後も共有する資產」を指すのかを判斷する手がかりとはならない。

四　家産分割と「衆分」資産

「衆分」という用語は、①「同居共財の家において、傍系親が持分を有する共同の家産」と、②「家産分割後も、傍系親が分割せずに共有を續ける資產」という、雙方の意味で用いられた。そして前節で檢討したように、呉革「叔姪爭」や、缺名「漕司送許德裕等爭田事」などの南宋期の判語では、通說とは異なり、「衆分田宅法令」を①のような家産ではなく、②のような共有資産の無斷賣卻に對して適用していたと考えられる。

むろん「衆分田宅」という語は①・②の雙方を指すので、「衆分田宅法令」の法文自體は、①・②の雙方の場合に對する規定と讀むこともできる。しかしこの法令では賣卻者が死去していれば十年以內、賣卻者が生存していれば二十年以內までは、訴訟を受理し、田宅の返還は認めないが代價の拂い戻しは認めると規定している。この規定は、同居共財の家において、卑幼が家産を無斷賣卻した場合の出訴期限を五年とした、「五年規定」と矛盾してしまう。卑幼による家産の無斷賣卻に對しては、「衆分田宅法令」ではなく、むしろ第二節で紹介した「違法交易條」が適用されたのではないか。また父以外の尊長が卑幼に無斷で家産を賣卻した場合は、やはり第二節で論じたように、「違法交易條」や「卑幼田產法令」が適用されたのではないかと思われる。

なおこのほかに、「衆分田宅法令」を直接には引用していないが、この法令の適用に關わる判語として、呉革「執同分贖屋地」を擧げることができる。

毛汝良は十年以上前に、家屋や田地を陳自牧・陳潛に典賣した。これに對し、毛永成は「衆存白約」を持ち出し、十年という出訴期限を過ぎているにもかかわらず、家屋や田地の買い戻しを求めて訴えた。毛永成が持ち出

した白約（官印のない文書）はもとより證據にならない。一方で毛汝良も、彼が係爭地を分割相續した資產であることを示す、官印のある文書を持っておらず、係爭地が兩人の共有地だったのか、毛汝良の所有地だったのかは明確ではない。

ただし汝良が賣卻した家屋は、永成が住んでいる家屋と棟續きで、陳自牧が購入した部分を取り壞せば、永成の住居も失われてしまう。また汝良が陳潛に賣った桑地には、彼らの祖墳がある。不肖の子孫が墳墓のある土地を賣り、他の子孫がそれを買い戻すのは、人情にかなっている。棟續きの家屋や墳墓のある土地を他人に買與するよりは、「有分の兄弟」に歸した方が妥當だ。係爭地のうち、棟續きの家屋と桑地だけは、永成が原價で買い戻すことを認めれば、法意にも人情にもかなうだろう。(42)

ここでは毛汝良が十年以上たってから、家屋や田地の買い戻しを求めたのは、本來であれば出訴期限を過ぎており、認められないとされている。しかし南宋期には、土地賣買をめぐる訴訟について、「諸そ田宅を理訴するに、契要不明にして、二十年を過ぎ、錢主或いは業主死せる者は、受理するを得ず」という規定があり、(43)賣卻後二十年がたち、當事者の一方が死去していれば、出訴期限外とされていた。翁甫がここで十年を出訴期限としていることについて、高橋芳郎氏は、この時期には一時的に「出訴期間を十年に短縮する新たな立法がなされ」、のち二十年に復したと推定している。(44)一方、青木敦氏は、吳革は上記の二十年規定ではなく、「已分の財產、三年を滿ちて不平なるを訴え、及び五年を滿ちて分無く違法なるを訴う者は、各々受理するを得ず」という法令を適用した可能性を指摘している。(45)ただし青木氏の指摘する法令も、この事案の爭點とは必ずしも符合しない。

翁甫のいう十年という出訴期限は、やはり「衆分田宅法令」における、「卽《も》し（衆分田宅を）典賣して十年を滿つる者は、追するを免じ、止だその價を償わしむ」という規定を指すのではないか。また永成は、係爭地が共有資產だっ

たことを示す證據として、「衆存白約」を提出している。その眞僞は不明だが、もし係爭地が、未分割の家產だったとすれば、同居共財の家の內部において、ことさら文約を立てる必要はないであろう。この文約には、永成と汝良が家產分割後も、係爭地を共有資產として殘すことが記されていたにちがいない。この判語でも、「衆存」(＝衆分)は、①同居共財の家產ではなく、②家產分割後の共有資產を意味していると考えられる。

同じような事例として、吳甫「訴姪盜賣田」も擧げることができる。

華綱・華緯とその子の華惟德・華惟忠は、田六畝を陳舜臣に賣却した。ところがその後、華大成が、その園地は祖父の華詠から繼承した「未分の田」であり、惟德・惟忠が無斷賣却したのだと訴え出た。これに對し、惟德・惟忠は、係爭地は父の華綱・華緯が分割相續した土地だと主張する。華詠の四子はつとに分家しており、その後、華綱と華大成が分家してからも、すでに三十年になる。もし係爭地が華詠が殘した「未分の田」ならば、必ず「衆存文約」があるはずで、また家產分割文書にも、對應する記載があるはずである。これらの證據がなければ、華大成の主張は認められない(46)。

華大成は係爭地が、「未分の田」であり、惟德・惟忠がそれを無斷賣却したのだと主張する。ここでいう「未分の田」が、家產分割後も各家が共有する田地を指すことは、疑いの餘地はない。そしてこの種の田地を殘す場合は、「衆存文約」を立てることも、前述の「執同分贖屋地」と同樣である。

これまで檢討したように、「衆分田宅條例」が主要な對象とするのは、父母の死後、傍系親が家產分割後も共有を續ける資產だったと考えられる。さらに『淸明集』には、「衆分田宅法令」のほかにも、やはり「衆分」資產に關わるもう一つの法令が、翁甫「僧歸俗承分」に引用されている。概要は次のとおりである。

何南夫には三人の男子がいた。長男・次男は死沒し、長男の遺兒である德懋は出家して僧となった。三男の何

烈には實子がなく、異姓の趙喜孫を養子としたが、のちに妾の繆氏との間に、實子の烏老を得た。その後、德懋は還俗して何烈と同居したが、何烈は德懋に家產を分與しようとせず、何烈の死後、德懋は家產分割を求めて提訴した。これに對し、翁甫は「諸そ僧道の罪を犯して還俗し、本家の已に分かつ者は、止だ祖父の財產の衆分して見在する者に據《よ》りて均分せよ」という法文を引く。繆氏親子は何烈の遺言書や家產分割書を持ち出し、すでに家產を分割濟みだと主張するが、官印もなくその證據とはならない。このため翁甫は、何家の現存する資產を、德懋と烏老が均等に分割相續するように命じた。(47)

ここで翁甫が引く「諸僧道犯罪還俗、而本家已分者、止據祖父財產衆分見在者均分」という法令は、「僧侶・道士などが還俗して生家に戻った場合、すでに家產が分割濟みであれば、父祖の財產のうち「衆分」として殘っているものを均分せよ」と讀むことができる。ここでいう「衆分」も、「家產分割の後も、傍系親が共有する資產」と解するべきだろう。もちろん家產が未分割であれば、還俗した僧侶や道士は、他の兄弟とすべての家產を均分することになる。繆氏親子は何烈の遺言書や家產分割書を持ち出して、すでに家產は分割濟みで、「衆分」資產も殘っていないと主張したのだが、認められなかったわけである。

結　語

本稿では南宋の判語にみえる「衆分」の語義に注目し、「衆分田宅法令」の解釋について再檢討をくわえた。「衆分」という用語自體は、①「同居共財の家において、傍系親が持分を有する共同の家產」と、②「家產分割後も、傍系親が分割せずに共有を續ける資產」という、雙方の意味で用いられた。ただし「衆分田宅法令」を引用する判語の內容

を檢討すると、この法令は、通說のように①を對象としていたのではなく、むしろ主として②を對象とする法令であったと考えられる。①のような、卑幼による家產の無斷賣卻については、「衆分田宅法令」により、代價と資產を元來の所有者に返還するのではなく、「違法交易條」により、資產は所有者に返すが、代價は官が沒收するという處置がとられていた。「衆分田宅法令」は、傍系親が家產分割後も一定の資產を共有していることを前提に、その無斷賣卻を防ぐことを主目的として制定されたと思われるのである。

滋賀秀三氏は、傳統中國の家族法について包括的・體系的に考察し、複雜多岐にみえるその諸事象が、「父子一體」・「夫妻一體」・「兄弟平等」という、簡明な基本原理によって貫かれていることを明らかにした。本稿もまたほぼ完全に滋賀氏の理論體系に依據して、その周邊的な一問題について、再檢討を試みたにすぎない。

ただしこの問題が基本原理に對して周邊的であることは、それが歷史的に見て重要性が低いということを意味するわけではない。南宋期には、「衆分田宅法令」が想定するように、家產分割後の傍系親が、一定の共有資產を設置することは、かなり一般的だったのではないか。その代表は墓田であるが、その他にもたとえば家屋や山林のように、子孫が分割するよりも、共同で保有・經營する方が合理的な資產は少なくなかったにちがいない。そして宋代以降の同族共有資產の發達、ひいては宗族結合の發展においては、一族の有力者が資產を供出することによって成立する、「義莊型」資產よりも、實際にはこの種の、家產分割後も一定の資產を共有しつづけることによって成立する、「墓田型」資產の方が、より一般的に、廣汎な階層によって行われていたのではないかと思われる。

滋賀氏が說くように、「父子一體」・「兄弟平等」の理念のもとでは、Ⅰ家父の所有權は家產の全體におよび、家族員の全收入は家產に組み入れられる。Ⅱ父母の死後は、すべての家產は兄弟に均等に分割される、というのが基本原則である。むろん實際には、この原則には狀況に應じて例外が許容されている。滋賀氏も原則Ⅰについて、家父のも

とに傍系親が同居する家において、共同の家産とは別に、妻の持參金などは夫婦の特有財産があったこと、金元時代には、官俸や軍俸を特有財産として認める立法があったこと、完全に獨力で得た資産も特有財産として認められることがあったこと、などを指摘している。(48)

さらに柳立言氏は、北宋の景祐四年（一〇三七）に、「應《およ》そ祖父母・父母の服闋《おわ》る後、同居・異居を以てせず、祖父母［・父母］の財に非ざる、及び官に因りて自置せる財産は、論分の限に非ず」という詔令が下されたことを明らかにしている。(49)つまり宋代ではこの時以來、祖父母・父母の死後の時點で、①家産を用いず獨力で得た資産、②官僚として得た資産については、均分相續の對象から除外することが、法的に認められていたのである。

柳立言氏が論じるように、兄弟が家産を分割する以前から、各自が自力でかせいだ資産や、官僚として得た資産は、父母の死後に分割對象とならない點において、事實上の私財としての性格をもっていたことになる。同居共財の家においても、實際には兄弟が各自の持分をもつ家産（すなわち衆分資産）以外に、特定の兄弟が排他的に相續し、他の兄弟は持分をもたない私財が、（妻の持參金などのほかにも）公認されていたわけである。

同居共財の家においても、兄弟が事實上の私財をもっていたことは、家産分割後にも各兄弟が共有する資産が存在したことと、父子一體・兄弟平等の原則の例外として、對應する關係にある。そして分割前の家産と分割後の共有資産が、ともに「衆分」と稱されたことは、家産分割の前後に、資産の所有形態に一定の連續性が存在したことを示唆している。

同居共財の家において、「衆分」の家産のほかに、兄弟が一定の私財をもつ場合、家産分割後は、家産の大半は均分され、從來の私財と合併して、新たに各兄弟の家産となるが、從來の家産の一部が、「衆分」形式の共有資産へと移行することも多かった。その過程で、「衆分」は家産から共同資産へと屬性を變えるが、「兄弟がそれぞれの持分を

もつ資産」という意味では、兩者は連續しているのである。極端な場合では、各兄弟が官僚などとして、家産（衆分）より多額の私財を有する家においては、その分割後、各兄弟の私財がそのまま各自の家産になり、かつての家産はそのまま兄弟の共有資産（衆分）となって、資産の經營實態にはなんら變化がないという場合さえ想定しうるのである。

宋代以降の同局共有資産は、このように家産分割後の「墓田型」資産を起點に發達することが、實際には多かったのではないか。そして一方、「義莊型」の共有資産は、むしろ特定の族人が官僚などとして多額の私財を形成し、子孫がそれを繼承する狀況下で、族人間の經濟的格差を緩和する役割を擔っていたのではないかと思われる。

註

（1）滋賀秀三『中國家族法の原理』（創文社、一九六七年）第一章「基本的諸概念」。以下同書を、滋賀『家族法』と略稱する。

（2）宋代の墓田については、邢鐵「宋代的奩田與墓田」（『中國社會經濟史研究』一九九三年四期）、同「宋代的墓田」（『河北師範大學學報』三二卷五期、二〇〇九年）などを參照。

（3）范氏義莊に關する論著はきわめて多いが、清水盛光『中國族產制度攷』（岩波書店、一九四九年）第二章第一節「義田の起源と發展」、近藤秀樹「范氏義莊の變遷」（『東洋史研究』二一卷四號、一九六三年）、遠藤隆俊「宋代蘇州の范氏義莊について」（『宋代の知識人』汲古書院、一九九三年）などを參照。

（4）中島樂章「元朝統治と宗族形成――東南山間部の墳墓問題をめぐって――」（井上徹・遠藤隆俊編『宋―明宗族の研究』（汲古書院、二〇〇五年）三二〇～三二三頁。

（5）鄭明德「《名公書判清明集》中所見墓地相關問題」（宋代官箴研究會編『宋代社會與法律――《名公書判清明集》討論』東大圖書公司、二〇〇一年）、劉馨珺「爭山盜爭――唐宋墓田法令演變之探析」（高明士『東亞傳統家禮、教育與國法（二）――家內秩序與國法――』國立臺灣大學出版中心、二〇〇五年）。

（6）『續資治通鑑長編』卷四四四、元祐三年九月乙丑條。元祐年間の族產保護令については、清水前揭『中國族產制度攷』八一

～八二頁、劉馨珺前掲「爭山盜爭」二四二～二四三頁參照。

（7）『續資治通鑑長編』卷四六五、元祐六年閏八月戊辰條。『宋會要輯稿』食貨六十一、民產雜錄。

（8）『續資治通鑑長編』卷四七八、元祐七年十一月甲申條。『宋會要輯稿』食貨六十一、民產雜錄。

（9）『宋史』卷二一二、表第三、宰輔三。

（10）近藤前揭「范氏義莊の變遷」四六五～四七一頁。

（11）滋賀秀三「法典編纂の歷史」（『中國法制史論集　法典と刑罰』創文社、二〇〇三年）一一八～一一九頁。

（12）明版『清明集』戶婚門のテキストとしては、中華書局標點本（一九八七年）のほか、高橋芳郎『譯注『名公書判清明集』戶婚門』（創文社、二〇〇六年）がある。以下、兩書をそれぞれ標點本、譯注本と略稱する。なお『清明集』の原文は、兩書によって容易に參照できるため、特に必要な場合以外は引用しない。また宋版『清明集』に收錄された判語についても、明版だけを引用することにする。

（13）滋賀『家族法』二三六～二三七頁。滋賀氏は宋版『清明集』爭業、「漕司送許德裕等爭田事」、同書、墳墓、「禁步內如非己業只不得再安墳墓起造墾種聽從其便」により、この法令を復元した。その後發見された、明版『清明集』卷六、戶婚門、爭屋業、「叔姪爭」の「再判」にもこの法令を引くが、滋賀氏の復元した條文に加える語句はない。なお本法令を含め、南宋の判語に引用された法令の網羅的整理として、青木敦『宋代民事法の世界』（慶應義塾大學出版會、二〇一四年）第七章第二節「判語所引法律條文一覽」を參照。

（14）滋賀『家族法』二三七頁。

（15）本法令末尾の「典賣人已に死せば、價錢は追さず」という一句について、後に滋賀氏は高橋芳郎氏への私信において解釋を變更し、高橋氏は譯注本三一二～三一五頁において、滋賀氏の新見解を紹介し、それに從って譯出している。それによれば、滋賀氏はこの部分を、「轉賣した者がすでに死亡しているときは、この者から代價を追徵することはしない」と改めている。滋賀氏はその理由として、直前の「錢・業は各々主に還す」には、①買主は代價の返還と引き替えに土地を手放す、②代價を買主に返還した者はかつての單獨處分者に向かって代價の返還を求める、という兩面の意味を含んでおり、「典賣人已

に死せば、價錢は追さず」とは、上記②の償還は求め得ないものとする意味に解するべきだと說明する。しかしこの改訂には疑問がある。「錢・業は各々主に還す」とは、「墓田を盜賣した者は、その代價を買い手に返し、買い手はその墓田を元來の持分保有者に返す」と解釋するのが自然だろう。本法令の第一部分でも、衆分田宅を盜賣した者が、代價を買い手に返し、買い手は持分所有者に田宅を返すと規定している。墓田についてのみ、まず持分保有が代價を返還し、のちにそれを盜賣者に請求すると解する必要があるのか、少なくとも高橋氏の說明文からは理解できない。したがって「典賣人已に死せば、價錢は追さず」も、滋賀氏の元來の譯文と同じように、「盜賣者が死去していれば、盜賣者から買い手に代價を返すことはせず」、墓田は持分保有者に返還させると解釋するべきだろう。

(16) 滋賀『家族法』二三六頁。
(17) 滋賀『家族法』二三六頁。
(18) 仁井田陞「清明集戶婚門の研究」(『中國法制史研究　法と慣習・法と道德』東京大學出版會、一九六四年) 四一三～四一七頁。
(19) 譯注本、六九頁、注釋 (4)。
(20) 譯注本、二三〇～二三一頁。
(21) 高楠「宋代家庭中的共有財產糾紛」(『中國社會歷史評論』八卷、二〇〇七年) 二五四頁。
(22) 『清明集』卷九、戶婚門、爭業下、「妻財置業不係分」。標點本一四〇頁。譯注本一一一～一一四頁。
(23) 滋賀『家族法』五一一～五三一頁。
(24) 滋賀『家族法』二六一頁、註 (3)。
(25) 『清明集』卷九、戶婚門、違法交易、「母在與兄弟有分」。標點本三〇一～三〇二頁、譯注本二六七～二六九頁。
(26) 標點本一四四～一四六頁、譯注本一二三～一二七頁、および二六九頁註 (2)。
(27) 滋賀『家族法』二四〇～二四一頁。
(28) ただし「母在與兄弟有分」では、魏峻による盜賣が大赦の前だったので、魏峻への杖刑は免除され、牙人の危文謨のみ、

行爲が特に悪質であるとされ、杖六十を課されている。
(29)『清明集』巻九、戸婚門、違法交易、「業未分而私立契盜賣」。標點本三〇三～三〇四頁、譯注本二七一～二七三頁。
(30) 滋賀『家族法』二四〇～二四一頁。高橋芳郎『黃勉齋と劉後村　附文文山――南宋判語の譯注と講義』（北海道大學出版會、二〇一一年）九一～九二頁。
(31) 黃榦『勉齋先生黃文肅公文集』巻四〇、判語、「陳安節論陳安國盜賣田地事」。標點本五九六～五九九頁、高橋前掲『黃勉齋と劉後村』八五～九二頁。
(32) 前掲「陳安節論陳安國盜賣田地事」。標點本五九九頁、『黃勉齋と劉後村』八七頁。
(33) 滋賀氏はこの點について、「兄による盜賣が母の在世中に行われた點において、正確には先の立法〔中島註：衆分田宅法令〕に該當しないけれども、その母は訴訟中に死亡したせいもあって、判決は、母の存在に深くは立入らず、主として兄弟間の問題として」事件を扱ったのだと解釋している。滋賀『家族法』二三八頁。
(34) この案例では、陳安國が盜賣した田産の代價は買い手に返され、買い手や仲介者に刑罰も課されていない。これは陳安國が母と弟の署名を僞造して田産を賣却しており、買い手や仲介者は盜賣の事情を知らなかったためであろう。ただし陳安國に對する處罰が、「違法交易條」に定める杖一百ではなく、杖六十とされた理由は明確ではない。
(35)『清明集』巻六、戸婚門、爭屋業、「叔姪爭」。標點本一八八～一九〇頁、譯注本二二六～二三〇頁。
(36) 前註「叔姪爭」の「再判」。標點本一九〇～一九一頁、譯注本二三〇～二三二頁。
(37) 滋賀『家族法』二六一頁、註（3）。
(38) 高楠氏はこの判語における「五年規定」と「衆分田宅法令」について、前者は直系尊長が健在の場合に適用され、後者は直系尊長の死後、兄弟同居の家において適用された規定だと推定している（前掲「宋代家庭中的共有財產糾紛」二五四頁）。ただしこの判語に引く前者の法文、「諸同居卑幼私輒典賣田地、在五年內者、聽尊長理訴」によるかぎり、これを直系尊屬が健在の場合に限定した規定とみることは難しいのではないか。
(39)『清明集』巻四、戸婚門、爭業上、「漕司送許德裕等爭田事」。標點本一一七～一一八頁、譯注本六五～六九頁。

(40) 滋賀『家族法』六八～七三頁。
(41)『淸明集』卷九、戶婚門、墳墓、「禁步內如非己業只不得再安墳墓起造墾種聽從其便」。標點本三二二～三二四頁、譯注本三一一～三一五頁。
(42)『淸明集』卷六、戶婚門、贖屋、「執同分贖屋地」。標點本一六五～一六六頁、譯注本一六七～一七〇頁。
(43) この「二十年規定」は、『淸明集』卷四、戶婚門、爭業上、「王九訴伯王四占去田產」、標點本一〇六～一〇七頁、譯注本四三～四四頁ほか、計七つの判語で引用されている。本法令について詳しくは、靑木前揭『宋代民事法の世界』一一一～一一九頁、一七四頁參照。
(44) 譯注本一六六頁、注釋(3)。
(45) 靑木前揭『宋代民事法の世界』一〇九頁、一七九頁。
(46)『淸明集』卷六、戶婚門、爭田業、「訴姪盜賣田」。標點本一八三～一八四頁。譯注本二一三～二一五頁。
(47)『淸明集』卷五、戶婚門、爭業下、「僧歸俗承分」。標點本一三八～一三九頁。譯注本一〇八～一一一頁。
(48) 滋賀『家族法』五〇七～五四九頁。
(49)『續資治通鑑長編』卷一二〇、景祐四年正月乙未條。柳立言「宋代同居制度下的所謂「共財」」(『中央研究院歷史語言研究所集刊』六十五本二分、一九九四年) 二六八頁。

荊門軍の事例——南宋湖北路の經濟の展開——

樋口能成

はじめに

本稿で敍述するのは南宋建炎年閒から紹煕年閒にかけての湖北路荊門軍の經濟的展開である。同様のものに斯波義信「漢陽軍」がある。(1) 嘉定五年六年（一二一二、一三）の漢陽軍を軸にその一帶の社會經濟狀況を表したもので、人口動態、地理、交通、生產等を抑えつつ、低開發ながら流通に大きく依存して存續した都市の姿を浮かび上がらせる。少し俯瞰して見れば、斯波は宋代經濟を地域における民閒の生產と交易のあり様でもって描きつつ、そうした孤立分散的な各地域が隔地閒取引で結ばれる全國的市場の展開を構想しており、漢陽軍の事例はそうした隔地閒取引を基盤とした都市の具體例となっている。

こうした全國的市場の展開とそれを支える生產、交易、貨幣等の諸問題は、一般的に宋代中國の市場經濟の發展を示すものと理解されてきた。これに對して宮澤知之は唐宋閒の民閒經濟の發展を基本的に認めつつも、その社會の大部分を占める農村では自給經濟が依然支配的であり、全國的市場の展開や貨幣の盛行には國家財政の影響が大きかったという。(2) 宋の財政は事實上軍事財政であり、當初現物による財政の充足を目的として財政的物流が組織されたものの、これが不安定だった爲に財政の貨幣化を實施、(3) 貨幣を媒介として國家と生產者が直接結合する財政の確立が目指

されたのである。

宮澤知之の主張は「宋代經濟の發展」の本質を問い直すものではあるが、唐宋閒の民閒經濟の發展自體を否定するものではないし、また宋代の民閒における貨幣使用の低調さについては斯波義信も「日常的交換の普及を裏書きする少額貨幣の全國規模の流通と市鎮の簇生は、ともに宋以降の現象であるが、租稅の貨幣納付を廣域に實施できる狀況は一六世紀以降であった」と述べており、(4)兩者の事象そのものの把握にそれほどの違いは無い。(5)むしろ宮澤の最大の特徵は、國家財政の經濟への影響力を高く評價し、宋代經濟史の枠組みを擴張した點にあろう。

少し説明を加えよう。嘗て、「領主」或いは「國家」は租稅を徵收し消費する存在で、資本を運轉し信用を構築し新たな價値を生み出す「市場」とは別個であり、或いはこれと對立するとされた。この意味において「市場」の發展と社會の近代化或いは發展段階は密接に關係するのであり、所謂唐宋變革における宋代經濟の重要性はここに由來した。斯波義信の「市場」の展開そのものに歴史的意義を見いだすその姿勢は、史的唯物論にこそ距離を置くものの、こうした構圖を背景としたものと言えよう。

ところがこうした經濟觀は、およそ一九八〇年代以降、歴史學や經濟學において修正されつつある。例えば西歐中世史の森本芳樹は、一九七〇年代後半以降の先行研究を追い、西歐中世史において對立的に捉えられてきた「商工業に經濟生活の基盤を持つ市民層による自由と自治の場」としての都市と「領主の勢力據點」とが複合的に捉えられる様になってきているという。(6)また山田雅彥は「最近の經濟學では、市場と國家の關係を根本的には對立的に理解しようとした古典學派に對して、國家の持つ獨自の作用に注意する事の必要性」が提起されてきていると言い、續けて靑木昌彥に代表される比較制度分析を紹介して、國家は市場に參與する「重要なアクターとして定義」され、經濟システムの形成と安定にとって見過ごすことのできない役割を擔うとする。(7)中國史分野ではこうした認識は明清經濟史財

政史に顯著で、[8]宮澤知之の研究もこうした潮流の一環と見てよかろう。則ちその根幹は、加藤繁以降明らかになった宋代の經濟發展という事象を、民閒の活動の結果としてのみ捉えるのではなく、國家の諸政策をも含めた複合的なものと捉えなおす事にあるのであって、財政的物流の構築や財政の貨幣化はこの國家側からの作用と位置付けられるのである。

さてこう考えた時、次に目指されるべきはこうした財政と民閒市場の交點の具體的有様と、その經濟史上の位置付けだろう。宮澤知之はこれに回答して、壓倒的多數を占める農村部の貨幣經濟の未發達さと、鑄造された銅錢が國庫に退藏される傾向があった事をもって、宋代財政の民閒經濟への影響は限定的だったと結論する。思うに宋の財政の貨幣化は、銅錢の持つバッファ機能、價値を保存し必要な時に放出するというそれを有効に活用する體制の構築であった。必要な物資を必要な時に獲得できる事が重要なのであり、それには國家を中心とした貨幣と物資の往來があれば充分で、所謂民閒市場の發達は究極的には必要とされないのである。

しかしこれは會子が多用された南宋孝宗朝以降では事情が異なってくる様に思われる。これについて、南宋中期末期の湖廣總領所の歳用米が「全額を和糴つまり民閒米の買上げで賄うという商業依存」にあったという斯波義信の指摘する事例[9]をもって考えてみよう。湖廣總領所の「商業依存」は、その頻度や額を兎も角とすれば、北宋の和糴の事例と構造的にはそう違わない様に見える。則ち國家機關と民閒とでなされる貨幣と米穀の交換であり、民閒に渡った貨幣はいずれ租税として國家に納入されるとするなら、それはまさしく宮澤の提示する宋代經濟のあり方と重なる。ところで湖廣總領所の管轄内にある湖北路では銅錢の他に二つの會子、行在會子と湖北會子が通用しており、[10]和糴にも盛んに用いられた。また湖北會子は茶引の代價として鹽商に特に選好されており、湖北會子が無ければ茶引が賣れなくなるとまで言われる程だった。この和糴と茶引販賣という湖廣總領所の二つの取引はそれぞれ別個のものではあ

るが、湖北會子から見ればその流通の始點と終點であり、その中閒には湖北會子の流轉する民閒市場が想定されなければならない。則ち斯波の言う和糴の商業依存はその背景にある複雜な民閒市場の把握をもって理解され得べきものであり、その點において宮澤の提示する宋代經濟像とは大きく異なるのである。もちろん民閒市場自體は古くから確認されるものだし宮澤もこれを否定しないのは旣述の通りであるから、ここで問題となるのはその存在そのものではない。財政上の都合によって發行された會子という特殊な貨幣に對應した民閒市場が成立し、またそうした民閒市場を基盤として財政が成り立っていた事こそがこの時期の經濟の特徵であろうと思われるのである。(11)

さて、何れにしても事例によって實證されなければならない。幸い南宋荊門軍は洪适『盤洲文集』と陸九淵『象山先生全集』等によってこの前後の樣子を知る事ができるから、まずはその經濟的展開を追い、然る後に周邊の狀況を併せ見る事としたい。

一　荊門軍の事例

（一）地理、交通、人口動態

荊門軍は長林縣と當陽縣の二縣からなる。襄陽府と江陵府のほぼ中閒にあり、東に郢州、西に峽州がある。西北から四川の山地が迫り、南に長江、東に漢水があって、概ね西北から東南に傾斜している。長江と漢水に圍まれた東南部一帶は巨大な沼澤地で、(12)現在の荊州市の北東にある長湖などはその名殘だろう。江陵府から襄陽府へ向かう陸路はこの沼澤地の西の平野部をほぼ眞北に進み、丘陵地帶にさしかかる所に長林縣治、荊門軍治がある。當陽縣は西部の山岳地帶にあり、ここには三國志ゆかりの長坂や麥城があって、古くから開發が進んでいた事が知られる。

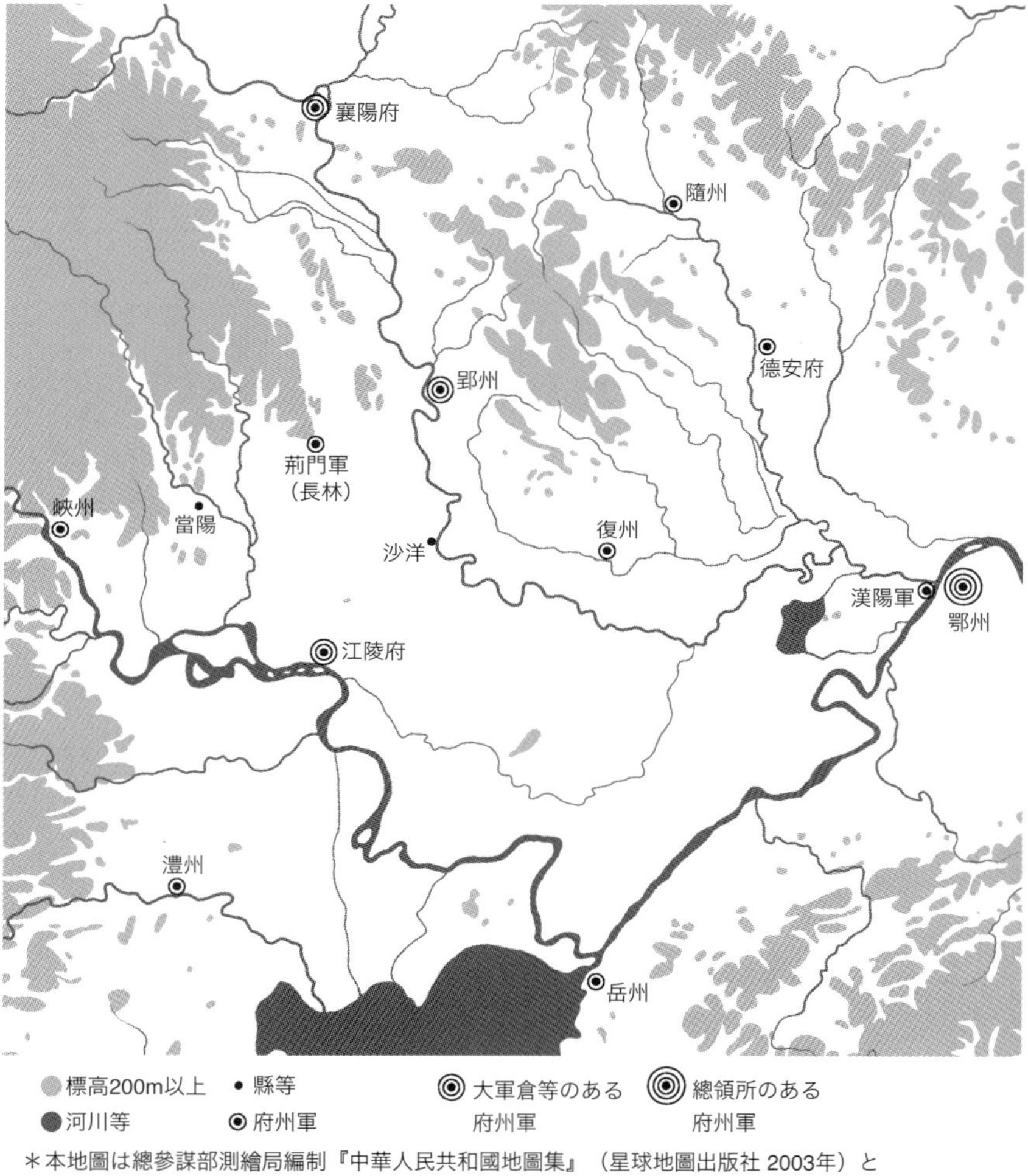

＊本地圖は總參謀部測繪局編制『中華人民共和國地圖集』（星球地圖出版社 2003年）と譚其驤『中國歷史地圖集』（地圖出版社 1982年）をもとに作成。

交通面では荊門軍長林縣は江陵府と襄陽府を繋ぐ陸路の要衝であった。ただ南宋の襄陽方面への物資補給に限ってみれば、漢水が鄂州からの漕運路として機能しており、陸路が選ばれる事はほぼ無かった様である。ただ漢水は淺瀨・砂州の多さや冬季の水量減少による漕運の困難が報告されている[13]。例えば紹興三十二年十一月末に參知政事督師湖北京西路軍馬の汪澈が漢水水運の困難を述べて營田を提案しており[14]、また乾道四年（一一六八）に郢州轉般倉が置かれ[15]、乾道七年（一一七一）には郢州・襄陽府閒に淺瀨・砂州が多い事を理由に郢州に撥發船運官が設置されている[16]。荊門軍と漢水は東北邊と東南邊で接し、荊門軍治から漢水へ出るには五〇キロメートル程東の郢州治へ行くのが最も近い。東南部の沼澤地は漢水と接續するが、漕運に堪える水路は無かった様である。總じて言えば、荊門軍は襄陽府と江陵府を繋ぐ陸路の要衝だったが、漕運の主要ルートである長江、漢水からは外れており、この地域の後背部に位置付けられる。

戶數を見れば、『太平寰宇記』に主戶一七三四、客戶二二三六とあり[17]、『元史』には戶二萬九四七一とある[18]。『元豐九域志』『宋史』地理志には戶數の記載は無い。この他紹興二十八年頃（一一五八）の史料には主戶のみで三千程度、客戶は「往來常ならず」、坊郭が五〇〇家未滿とある[19]。また『漫塘文集』卷一一　回荊門守張寺簿（元簡）は荊門軍長林縣について「『圖經』を見れば主客戶合わせて約十三萬八千戶とあるのに、慶元四年には一萬六百戶しかない」云々といい、また注に「荊門軍當陽縣の戶口も靖康年閒と比べて激減している樣は長林縣と同樣である」とある[20]。『圖經』の戶數は北宋末のものと思われるが、『宋史』地理志の近鄰府州と比べて極端に多く、些か信用に缺ける[21]。よってこれを除くと、北宋初めに三九七〇戶、南宋紹興二十八年には客戶を除いて約三五〇〇戶、慶元四年（一一九八）に長林縣のみで一萬六〇〇戶、元で二萬九四七一戶となる。北宋末と南宋紹興末で戶數がほぼ變わらないが、これは靖康の變以降の混亂で荊門軍が壞滅的被害を被った爲だろう。この後南宋紹興二十八年（一一五八）から慶元四年（一一九

八）までの約四十年間に著しい人口增加が観測され、以後元にかけて緩やかな成長が窺える。吳松弟の研究によって南宋京西路湖北路の人口動態を概觀すると、靖康の變以降の混亂、金海陵王の南侵、開禧用兵とその後の金元との戰亂による北方からの移民があり、また乾道七年（一一七一）の大飢饉以降周邊地域より斷續的に流民が流入したという。[22] 荊門軍に著しい人口の增加が見られるのは海陵王南侵から開禧用兵迄の戰間期だから、戰時移民よりも、自然增、或いは周邊地域からの移住の影響の方が大きい樣である。

（二）　紹興年間の荊門軍

南宋建炎年間（一一二七～三〇）、元開封守備軍の壞兵は群賊となって京西路湖北路へ侵入した。この時荊門軍は掠奪に曝されて壞滅的被害を被っており、[23] こうした混亂は紹興初めの岳飛等の南宋勢力の進出によって漸く收束を迎える。[24]

こうした情勢の下、南宋政府は當地の生產力回復に努め、早くも紹興元年（一一三一）には湖北路の北部と西部で營田が開始されている。[25] 次いで紹興三年（一一三三）には三年の租が免じられ、また田主が現れればこれに田を返し、五年經っても現れなければ耕作者の所有となる事が決まった。[26] 更に紹興五年には上供免除が二年延長され、[27] また四川から牛を購入して營田の官兵に與えるといった振興策も實施されている。[28]

その後、紹興十一年（一一四二）の宋金和議を經て更に七年後の紹興十八年（一一四八）、知荊門軍となった王之望によって當地の狀況が報告されている。それによれば、荊門軍は荒廢甚だしいが爲に人を招き耕作させ、紹興五年以降はその租稅を三年六料免じたと言い、しかし減免期間が終われば民は逃散して定着しないから、減免期間を倍の六年として每年一料のみ免じれば民は移住を躊躇うだろうと言う。[29]

それから更に十年後の紹興二十八年（一一五八）、知荊門軍となった洪适は「便民五事狀」を上奏する。その營田と學糧田の項には、官が名目的にこれを設置して事實上税戸より加徵していた事、また沒官田產により土地を獲得しても耕作者は元の地主に隨い他所に移ってしまう事が述べられる。(30) 則ち、ただの荒閑の田土を指して官莊と言い、官が家屋、農具を準備して耕作者を募集すべきなのに、一般の税戸に財產に應じて租を割當て、税戸は輪番でこれに充てられた。(30A) また新たに耕作を始めたり居住を申請したばかりで未だ收穫が無い者にもこれが科せられた。(30B)(31) また學糧田も同樣で、經營破綻の酒戸や犯罪を犯した公吏の沒官田產があっても、耕作者は元の地主に隨って他所に移るなどして定着せず、人戸にこれを割り當てて耕作させようにも上手くいかず、結局これも一般税戸の租税に附加して徵收していた。(30D) こうした「地曠人稀」の狀況下で歲收の增加を第一とすれば、廣く税戸に加徵するという洪适の非難する現狀は、官と地主による佃戸の爭奪を回避するという點で合理性が認められようが、結果として地主の成長に寄與したろう事は沒官田產の事例より窺える。洪适による同時期の「寬恤四事狀」には、當陽縣では嘗酒錢を各戸に割り當てて徵收しており、佃戸であっても地主に代納させているとある。(32) これもやはり地主の經濟的支配を强化する結果となったたろう。(33)

次に交易について。前述の「便民五事狀」の酒戸の沒官田產の事例は、地主による買撲經營があった事を示す。(34) この酒の賣買について「便民五事狀」の酒の項は、鄉村では吉凶聚會の際に人戸が引を買い酒を買う事が許されていたものの、縣吏や酒戸が引や酒の値段を不法につり上げる爲、酒が買えずに結婚できない者さえいる、とある。(35) 地主が買撲經營する酒坊で吉凶聚會の際に酒を買うというのは一見鄉村らしい風情だが、これまで見て來た事情を顧みれば客には相當の佃戸、客戸が含まれていたはずで、恐らく收穫を當てにした掛賣もかなりあったろう。この他「便民五事狀」には茶額というノルマがあって茶の强制販賣が行われていた事、(36) 南遷以來物流が變化して商税收入が望めなく

なった事が記され[37]、また「寛恤四事狀」には放生池を作ったものの嘗て魚利を徴收していた頃のままに錢を徴收しているとあって、魚の賣買があった事が分かる。[38] ここに紹介される酒坊や魚利の事例は郷村内の生活に密着した些少な取引であり、商税收入が望めないとある様に隔地間取引とも無緣だったろう。茶商の往來こそ確認できるものの、これも官の事情による强制販賣あっての事で、基本的に自給自足的な經營であった事が確認できる。

(三)　紹熙年間の荊門軍

洪适の「便民五事狀」から凡そ三十年後の紹熙三年（一一九二）夏、荊門軍は旱害に襲われた。[39]『象山先生全集』卷一六 書に「與章德茂」と題して收められる五つの書は[40]、當時知荊門軍の陸九淵[41]が章德茂こと知江陵府章森[42]に宛てたもので、この旱害と飢饉が話題の中心となっている。

さて「與章德茂」三には江東西と荊門軍の農耕を比較した部分があり[43]、まずはこれによって當時の生産の狀況を見てみよう。これによれば、江東西では未耕地が無く、早田と晩田があって早田には占早禾を、晩田には晩大禾を植え、また陂がよく整備されていたが[43A、同B、同C]、一方荊門軍では未耕地が多く、早田晩田が無く、卻って陸田と水田があって陸田には麥豆麻粟蔬桑の類を、水田には禾を植え、また陂の技術も量も江東西には及ばなかった。[43a、同b、同c] 特に利水については、槪ね水田は自然の湖水を利用しており、山間にある水田を浴田と言い、貯水池を堰と言い、川から水を得る場合を浴と言い、また水路も堰と言った[43イ]、とある。また南郷なる所があり、ここは山から遠く、江に近く、高平の地も多い。荊南府にも近く、住民も多い。山間地でない低地の田で、歲入は非常に多い。白楊郷はこの田が五割以上で、梨陂郷、柘陂郷等も二割以上である[43ロ]、とある。[44] 南郷というのは荊門軍南部の白楊郷等諸郷の總稱だろう。ここは地理で見た様に長江北岸及び漢水に接續する沼澤地で、冠水しない微高地に人が居住していた。當時この南郷では旱害で水位が低

下しており、後退した水際に人々は作物を植え始めていた。(43ハ) 陸九淵も旱害で駄目になった收穫を補えるかと期待していたが、後に「雨も降らないのに」水位が上昇し、結局水際の作物は駄目になってしまった。(45) この南鄉の農業の様子は草野靖が「……池塘・湖沼・江海など水邊の田は、その初めは殆ど施設らしいもののない塗泥地に種を播き收穫をするものであったようである。……」(46) というそのもので、沼澤地開發の極初期にまま見られたものの様である。なおここ南鄉は南宋最末期より沙洋という地名が頻出する。(47) 沙洋は荊門軍の東南端、漢水の沿岸にあり、狀況から見て南鄉の發展によって成立した都市だろう。彭龜年は「與章德茂」とほぼ同時期の湖北路を指して「近年、人口は漸く回復し、繁榮に向かいつつある」(48) と言うが、南鄉に見える沼澤地の開發と沙洋の出現はこれを象徴的に示しており、所謂河谷平野から沼澤地への進出がこの頃始まっていた事が分かる。

次に交易について。「與章德茂」五は旱害下の米穀交易について述べる。(49) その概略を記せば、

(A) 旱害であるのに米穀を購入しようという船が集まっており、都統司は鄉村に人を遣って米穀を持ち出そうとする者を阻止した。(49A)

(B) 常平倉より賑糶した米穀は幾二千石、常平錢は二千緡。轉運司は常平錢を以て米穀を和糴し翌年の賑濟に備えようと言うが、收穫があった鄉村に行っても米穀を賣る者はいない。この數日も米穀が市場に出なくなり、よって賑糶を行った。(49B)

(C) 漢水を下る米船の移動の禁止を議論した所これに反對する吏がおり、同官達はきっとその吏の「親故厚善之人」が米商なのだとの見解を示した。方針を決めかねている内に、轉運司より公牒が降って米船の移動を禁じられた。(49C)

(D) 嘗て襄陽府が米價を抑えた所、米商は津吏に賄賂して夜陰に紛れて通過した。この頃場務を避けて間道を行

く者が多い。[49D]

（E）飢饉は金の領域で最も酷く、國境地帶では米穀を歩擔して運んでいる。荊門軍にも餘剩は無いから、金の飢民を救う餘裕は無い。[49E]

となる。

（A）の都統司というのは、文中に襄陽府が散見するから襄陽府駐屯の大軍だろう。[50] 襄陽府には大軍倉があるが、[51] 淳熙十一年（一一八四）頃の蔡戡『定齋集』巻三 奏議 乞移運襄陽府樁管米劄子には襄陽府の軍糧の貯蓄は一月分も無いとある。[52] 淳熙十年秋には京西路湖北路一帶で旱害が發生しているから直接的にはその影響だろうが、[53] 蔡戡によれば備蓄の減少自體は淳熙年閒に入ってから徐々に進行しており、淳熙元年（一一七四）には約二五萬石の貯蓄があったのが同七年には八萬餘石、同九年には四萬石（實質一萬八〇〇餘石）にまで減少していた。[54] こうした事態を受けて蔡戡は「臣僚は荊門軍で聚糧して襄陽府の備えとすべきと言うがその實行は難しい」から「屯田が上策である」云々と言う。[55] 荊門軍での聚糧が難しいというのは、同じく蔡戡『定齋集』巻三 奏議 乞免增糴二十萬石樁管米劄子に、鄂州で和糴しようにも旱害の爲に收穫、水運共に不調で客販が少ないとあるから、[56] 同様の理由によるのだろう。しかし蔡戡も認める様に一般的には荊門軍などで和糴すべしという認識で、（A）の都統司が鄉村に人を遣って米穀の持ち出しを阻止しようとしたのもこうした理由によったと思われる。

（A）の「諸處糴米の舟が皆な岸下に鱗次」したという岸下がどこを指すのか定かではないが、（C）に郢州で「米舟の河を下るを禁」じたとあるから、郢州岸か或いはここをとりあえずの目的地としたものだろう。何れにしても郢州から「河を下る」のだから、最終的な目的地は鄂州と思われる。或いは（D・E）の様に襄陽府や金領の鄧州唐州を目指す者もいた様である。なお（C）では吏の「親故厚善之人」が米商だと言われているから、こうした荊門軍の

富裕層が米商として鄂州や襄陽府の米穀市場を目指した事が知られる。

ところで（B）には「轉運司が和糴して來年の賑濟に備えたいと言うが和糴に應じる者はない」「ここ數日米が市場に出ない」とあり、普段なら米穀の取引があるものの、この時點ではそれが機能していない様が窺える。[57]こうした米穀市場の停滞をいう（B）と米商の活發な活動をいう（A・C・D・E）は一見矛盾するが、前者が和糴と荊門軍内の米穀市場を話題とするのに對し、後者は荊門軍外への米穀の持ち出しを話題とする事に注意すれば、米商が明確な指向性をもって動いていた事が分かるだろう。こうした荊門軍の米商の動きには、恐らく鄂州等の民間米穀市場の高騰の他に、和糴代價の問題と荊門軍内の米穀市場の問題が關係していたと思われる。例えば和糴については、蔡戡『定齋集』巻四　奏議　論擾民四事劄子の和糴の項に、和糴代價の支拂は半ばを會子とするから「州郡其の相い若かざるを知るなり」とあって、[58]會子の市價の分實質低くなると指摘する。また荊門軍内の米穀市場については、慶元元年頃（一一九五）の湖北路の状況を記す彭龜年『止堂集』巻六　奏疏　乞權住湖北和糴疏に「和糴によって米價が上がり、細民は米を買えず、富民は賣り澁ってより豊かになる。爲に豊作であるのに卻って細民は飢餓に陷る。これは江西から湖南湖北に及び、湖北が最も著しい」とあり、[59]そもそも荊門軍内米穀市場の需要者がこうした細民の類だった事が分かる。則ち市價の低い會子が支拂代價に含まれる和糴と、細民が購買層の荊門軍内の市場は、米穀價格が高騰している状況下では利益が薄く、米商もこれを避けたのだと思われる。

ではこうした米商の獲得した對價は何だったろうか。長江中流域は鹽產が無く、鄂州では盛んに鹽米交易が行われていたから、[60]鄂州に向かった米商が獲得するのもまず鹽だったろう。米穀と鹽を直接交換する事もあったろうし、また米穀を一度貨幣にかえて、或いはこれに手持ちの貨幣を加えて、鹽や茶、銀、絹帛、工藝品などを購入する事もあっただろう。なお鹽については淳熙五年（一一七八）に京西路での解鹽の密賣が報告されているから、[61]北境を越えた米

商も對價に解鹽を得たかもしれない。次に襄陽府だが、ここを含む京西路は淳熙七年（一一八〇）に鐵錢區域となっており、また紹熙三年（一一九二）には荊門軍及び復州、漢陽軍といった湖北路長江北岸州軍もこれに加えられた[62]。ところが鄂州は相變わらず銅錢區域だったから、米商は共通通貨の會子を主な對價として要求したはずである。

二　荊門軍の事例の背景——湖北路經濟の展開——

これまで述べてきた荊門軍の經濟的展開を簡潔に振り返れば、耕地開發の進展と地主層の伸長という點では一貫しているものの、交易においては、自給自足的な經營が見られる紹興年閒と米商の活發な活動がある紹熙年閒とで極めて對照的な樣相が觀測される。紹熙以前の米商の活動を示唆するものには、淳熙年閒の襄陽府の備蓄の減少と、これの對策として荊門軍での和糴を提示する臣僚の言があり、紹興年閒に多く見られた營屯田運營はこうした現狀を否定する文脈で對案として提示されるに過ぎない。もちろんこうした變化は耕地開發の進展とそれに伴う餘剩生產物の蓄積があって初めて可能になるものではあるが、ただ本稿ではこの閒に會子の發行という南宋特有の財政的變化があった事が分かっているから、以下これを念頭に置きつつ、より廣域な米穀市場の樣態から荊門軍の變化を檢討する事としよう。

さて視點をこの地域の中心都市である鄂州に移してみれば、斯波義信の研究によってここへの米穀の集中を知る事ができ[63]、特に乾道以降（一一六五～）には客商の集散の事例が目立つ樣になる。そうした事例の比較的早いものに、乾道三年（一一六七）に知荊南府（江陵府）だった王炎[64]の『雙谿類稿』卷二三　劄子　又晝一劄子があり、これには湖南路潭州衡州永州邵州、湖北路鼎州澧州江陵府安州復州、京西路襄陽府から鄂州に米商が集まってきているとある[65]。

こうした米穀はもちろん鄂州で全て消費されるのではなく、鄂州を物流の據點として各地に散じていくものも多くあった。そうした事例の一つに鹽米交易があり、長井千秋等の研究によって、米穀が鹽の回貨として盛んに移出された事が明らかとなっている(66)。

ただ鹽商にとって米穀のみでは回貨として不足だった様で、金子泰晴によれば三合同關子、後に茶引が回貨として利用されていた(67)。長江中流域に到る鹽商の事例の南宋初期のものには『宋會要』食貨一七之三四　商稅四　建炎三年九月一日の條があり、客商が江西路湖南路から穀物や竹木をもって建康府に至り、ここで鹽や米を得て江西路湖南路へ戻っていった、とある(68)。未だ爭亂の收まらぬ時期の事例ではあるが、この地域の商品の貧弱さが確認できよう。なお『文獻通考』巻九　錢幣考二　湖會の條には、湖北會子を廢止すれば、湖北會子で購入した茶引を鹽の回貨としていた鹽商が茶引を買わずに行在會子を回貨とする様になる云々とある。湖北路では湖北會子と行在會子が併用されていたから、實際に行在會子が回貨となる事もあったろう。前述の鄂州への米穀の集中を述べる王炎の言にも會子價への言及があり、また吳泳『鶴林集』巻一五　進御故實　乾淳講論會子五事には、乾道四年（一一六八）五月の事として、會子を不安に思う孝宗に王炎が答えて既にこれが廣く普及している旨を述べる(69)。こうした事例をもとに考えれば、會子の急速な普及が鹽商の回貨需要と密接な關係にあった事が理解されよう。

鹽商による米穀獲得の具體的な様子については樓鑰『攻媿集』巻一〇四　知復州張公墓誌銘に記載があり、慶元四年頃（一一九八）の復州では米と茶鹽が掛賣で賣買されていた(70)。また『歴代名臣奏議』巻二六一　漕運の「師愈又論潭州貼雇綱船之弊疏曰」と始まる王師愈の疏には、湖南路潭州での鹽商と米の關係が記される。ここで王師愈は湖南路潭州諸縣における綱船徵雇の害を回顧して、苗米、和糴、常平米の漕運に以前は潭州で「船載を措置」して足りていたものの、海陵王南侵によって軍糧需要が急增し、各縣が雇船を用意しなければならなくなった事、しかし劉某が知

潭州の時、鹽商の回貨が無いのに目を付け、その船を運米綱に組み入れて各縣の雇船を省いた事を述べる。[71] 劉某の離任後に舊に復したが沈介がまたこれを行ったともあり、沈介は乾道六年（一一七〇）に知潭州だったから、劉某とは乾道元年（一一六五）から三年にかけて知潭州だった劉珙の事だろう。[72] なお沈介がこれを行った時には米綱が「期に先んじて而して了る」というから、既に鹽商においては回貨に米穀を積む事が常態化していたと思われる。王師愈の言う様にこれが戰時の軍糧需要增加の爲ならば事情は各地で共通したはずで、同じ時期に鄂州に集散する客商が目立って報告される様になるのも同様の理由に依ると思われる。

ただ王師愈によれば、客船を使うのは鄂州、江州に向かうもののみで、江陵府、襄陽府方面については途中水深が淺く灘が多い爲に官船を用いていた。[73] 少なくとも襄陽府方面に至る漢水にこうした問題があるのは既に見た通りで、長江を遡行してきた鹽商は鄂州を經由して潭州諸縣に至り、再度鄂州へ戻った後は概ねそのまま長江を下っていったのであり、長江北岸部には直接進出していなかった。するとここに長江北岸部において在地の米商が別に活動する餘地が生じる。荊門軍の米商もこうした在地の米商の一つだったのだろう。とはいえ荊門軍の事例で見たその生產力の低さを顧みれば、[74] 鹽商と比べてその活動には幾らかのタイムラグがあったと思われる。恐らくその活動の活性化は、蔡戡の言う襄陽府の備蓄の減少とその對策としての荊門軍での和糴の常態化に現れており、[75] 淳熙初めから十年頃（一一七四〜八三）にかけて徐々に進行していったと思われる。

こうした鹽商や荊門軍米商等の活動は、官においては和糴の常態化、則ち斯波義信の言う「商業依存」として觀測されようし、ならばこれは和糴本錢となる會子の發行數にも反映されよう。もちろん會子はその通用域全域で使用されるものだから、その發行數をもって特定地域の狀況を推測するのには本來不適であるが、幸い湖北路においては行在會子と湖北會子が併用されるから、この二つと本稿で見た事例との時期的な付合を確認する事で傍證としての適切

さを確保できるだろう。

まず行在會子を見れば、その最初の發行は紹興三十一年（一一六一）三月。海陵王南侵に對する財政措置であり、以後戰時中を通して發行を重ね、戰後乾道二年（一一六六）七月までに總數二八〇〇餘萬道に至る(76)。戰後この回收を圖るが果たせず、乾道三年冬には新會子を發行、翌四年には一界三年、一界定額一千萬貫と定められ、乾道五年正月には兩界併用となり(77)、會子の流通額は兩界合計して二千萬貫となる。以後發行額は徐々に增加し、淳熙十年（一一八三）の第六界會子では一界一八〇〇萬貫、淳熙十三年の第七界會子では同二三二三萬貫、慶元元年（一一九五）の第九界會子では同三千萬貫に至った。この後開禧用兵を迎えて發行額は更に增し、第一四界會子以後は一億貫を突破している(78)。

次いで湖北會子。その最初の發行は隆興元年（一一六三）。湖廣總領所が管轄下の大軍に向けて印造し發給する所謂軍票で、總發行額は七〇〇萬貫。これも海陵王南侵に對應したものだった。これが乾道三年（一一六七）十一月には中央政府の統制下におかれ、舊會子を回收した上で新會子三七〇萬貫が發行される(79)。以後行在會子と通用域が重なる事から長らく廢止が議論されるが、湖北會子は既に獨自の市場圈を構築していて結局廢止には至っていない(80)。淳熙七年（一一八〇）には破損したものとの交換分として一〇〇萬貫を發行、淳熙十一年にも二〇〇萬貫が發行されて舊會と交換されている。なおこの時の臣僚の言に、發行より今に至るまで兌換も稱提も行われなかったとあり、ここで初めて積極的な運用が圖られる樣になった事が分かる(81)。また淳熙十一年には京西路が湖北會子の通用域に加わるが、これは淳熙七年に京西路が鐵錢區域となった爲だろう(82)。淳熙十三年（一一八六）には界制を採用(83)、紹熙元年（一一九〇）に兩界併用となり、一界二七〇萬貫、兩界で五四〇萬貫が發行されている(84)。

以上行在會子、湖北會子の發行の變遷を概觀すれば、共に乾道三年四年頃に制度としての安定があり、淳熙七年か

ら十年にかけて發行增を含む積極的な利用が見られる樣になってくる。これは鄂州における會子の普及、襄陽府における備蓄減少和糴依存の時期と一致する。これまで見て來た事情も併せて勘案すれば、まず乾道初めに鄂州における會子の普及とこれを利用した鹽商の活動の活性化と財政への取り込みがあり、この實績と京西路湖北路における生産力の向上をもって襄陽府などの長江北岸部での和糴が徐々に常態化、これに荊門軍の米商などが對應していったと言えよう。

おわりに

本論で述べた事を簡單に纏めよう。

まず荊門軍の經濟的展開を檢討し、紹興年閒までの經濟的停滯と、紹熙年閒の經濟の活性化を見た。次いでこうした變化の背景を檢討し、海陵王南侵を契機とした財政構造の變化、とりわけ會子の發行と軍糧需要の增加が鹽商の回貨需要と合致し、鹽米商人の活動の活性化と鄂州における和糴の常態化をもたらした事、これが後に鹽商の直接進出し得ない長江北岸部に波及して在地の米商の活動が活性化した事、また會子の發行數がこれに相關する事を見た。

荊門軍米商等の長江北岸部の米商は鹽商とは別の存在ではあるが、この地方に鹽產が無い事を思えば、結局は鄂州などでの鹽商との取引が必要で、兩者の活動は密接に關わっていただろう。ここで思い出されるのは湖北會子の市場構造である。鹽商は鹽を湖北會子の市價で販賣し、また茶引を湖北會子の公定價格で購入してその差額の利益を得ていた。荊門軍の米商はこの鹽商から鹽を購入する立場であり、その取引は一見不平等であるけれども、湖北會子の消盡先が確保され、また荊門軍米商も結局は最終消費者ではなかろうという點において、一定の利益は確保されていた

のだろう。これを湖北會子から見れば、鹽という特定の商品と強固に結びついた事で獨自の市場が形成され、またこれによって流通サイクルが完成して安定した運用が可能となったといえる。この獨自の市場を形成して安定した運用が可能になるというのは鹽商の活動と密接に關わる行在會子についても同じ事で、こうした財政と貨幣と市場のあり方は、宋代史に留まらない經濟史の問題としても、今後とも注目していく必要がある様に思われる。

なお本稿は荊門軍を基本的な地域事例の對象とするのみで、例えば同じ長江中流域でも湖南路や江西路の諸州軍でも同樣の變化が観測されるかまでは檢討が及んでいない。本稿の結論は他地域の事例の集積を待って再檢討されるべきものであろう。今後の課題としていきたい。

註

（1）斯波義信一九八八『宋代江南經濟史の研究』前編　宋代長江下流域の經濟景況　五　局地的事例　4　漢陽軍。

（2）宮澤知之一九九八『宋代中國の國家と經濟』創文社。

（3）「當初現物による……財政の貨幣化を實施」の部分は佐伯富一九五八を參照。

（4）斯波義信一九八八　二二頁。

（5）そもそも宮澤知之一九九八は二二頁で財政的物流を「專制國家が財政を運用して直接間接に組織し誘導した全國的物流、巨大な官需物質を社會から國家へ集中し、また社會に再分配した物流」とする。この定義の下ではこれまで民間の商活動と解釋されていたものを含めた財政が契機となるあらゆる物流が包括される。

（6）森本芳樹一九九一「西歐中世初期都市共同體論の可能性」比較都市史研究會編『都市と共同體』上　比較都市史研究會創立20周年記念論文集　株式會社名著出版。

（7）山田雅彦二〇一〇「ヨーロッパとその周邊を對象とした市場と流通の「社會史」」山田雅彦編『〈市場と流通の社會史Ⅰ〉

傳統ヨーロッパとその周邊の市場の歴史』清文堂出版株式會社、青木昌彦・奥野（藤原）正寛・岡崎哲二編著一九九九『市場の役割、國家の役割』東洋經濟新報社。

（8）黑田明伸一九九四『中華帝國の構造と世界經濟』名古屋大學出版會、同二〇〇三『貨幣システムの世界史』岩波書店、岩井茂樹二〇〇四『中國近世財政史の研究』京都大學學術出版會、岸本美緒二〇一二『地域社會論再考』「I 市場と貨幣」研文出版、足立啓二二〇一二『明清中國の經濟構造』汲古書院。

（9）斯波義信一九八八 四三二頁。

（10）東南會子とも。本稿では行在會子で統一する。

（11）特に湖北會子の特殊性によった民閒市場の有り様については樋口能成二〇〇六b。

（12）『乾隆荊門州志』巻一二 青村民堤圖、斯波義信一九八八 四二八頁。

（13）『宋會要』食貨四二之一三 天聖六年五月の條、『宋會要』食貨三之八 營田三 紹興三十二年十一月二十九日の條、『宋會要』食貨四四之一一 漕運 乾道七年九月二十二日の條、『可齋雜藁』巻一八 出師經理襄樊奏。また日本人による清末民國期の調査記録である『支那省別全誌』第九巻には、漢水は川幅こそ廣いものの淺瀨・砂州が多い事、またこの淺瀨・砂州の位置が度々變わる事が記される（二三八頁〜）。更に、漢水は四月下旬より增水を初め、六七月が最も水嵩があり、十一月初旬には減水するとあり、また淺瀨・砂州は特に鐘祥（宋代の郢州）より上流に多くあるという（三四九頁〜）（東亞同文會『支那省別全誌』第九巻 東亞同文會 一九一七年）。また『中國自然地理』五一頁の表4―2 不同地區河川汛・枯期徑流量比率 には、漢水の增水期は七月から十月、渇水期は十一月から六月で、流量の比率は增水期三に對して渇水期一とある（趙濟主編『中國自然地理』高等教育出版社 一九八〇年初版 一九九五年三版）。

（14）『宋會要』食貨三之八 營田三 紹興三十二年十一月二十九日の條「……荊鄂兩軍屯守襄漢、糧斛浩瀚、悉泝漢江、霜降水落、舟膠不進、所遣綱船、來自江西湖南、率經年不得還、舟人逃遁、官物耗散、而軍食又不繼。……臣今相視得、襄陽古有二渠。長渠溉田七千頃、木渠溉田三千頃、自兵火之後、悉已堙廢。臣今先築堰開渠幷合用牛具種糧、就委湖北京西兩運司措置、渠既成、或募民之在邊者、或取軍中之老弱者、雜耕其中、來秋穀熟、量度收租、以充軍儲、既省餽運、又可安集流亡。……」。

(15)『宋會要』食貨六二之六二 諸州倉庫 乾道四年四月八日の條等。
(16)『宋會要』食貨四四之一一 漕運 乾道七年九月二十二日の條。
(17)『太平寰宇記』卷一四六 山南東道五 荊州荊門軍。
(18)『元史』卷五九 地理志二 河南江北等處行中書省 荊門州。
(19)『盤洲文集』卷四九 章奏九 荊門軍奏便民五事狀「……今荊門兩縣之民、其客戶往來不常外、主戶纔及三千、坊郭不滿五百家。……」。
(20)『漫塘集』卷一一 回荊門守張寺簿（元簡）「……頃見圖經、長林一縣主客戶十有三萬八千、口二十九萬、皆有奇。至慶元四年、主客戶僅於一萬六百、口三萬五百。不知何多寡懸殊如此。豈承平時入京便道固應爾耶。不然恐地利有遺。試思之（當陽縣戶口、比靖康中、多寡懸絕、亦類此）。……」。
(21)例えば『宋史』地理志の「崇寧戶」數を見ると、襄陽府八萬七千三百七戶、郢州四萬七千二百八十一戶、江陵府八萬五千八百一戶、峽州四萬九百八十戶。戶數が十四萬前後の州は密州、鳳翔府、東平府、濟南府、袁州、池州、婺州、亳州等。
(22)吳松弟一九九七『中國移民史』第四卷 福建人民出版社。
(23)『要錄』卷三一 建炎四年春正月丁卯の條。
(24)金子泰晴一九九五「荊湖地方における岳飛の軍費調達」『宋代の規範と習俗』宋代史研究會。
(25)『宋史』卷一七六 食貨上四 屯田、『要錄』卷四四 紹興元年五月辛酉の條他。
(26)『要錄』卷六四 紹興三年夏四月己丑の條。
(27)『要錄』卷八六 紹興五年閏二月辛未の條。
(28)『要錄』卷九五 紹興五年十一月丁酉の條。
(29)『漢濱集』卷五 奏議 乞展免耕墾閒田稅租狀「臣伏睹紹興五年七月七日敕節文諸路都督行府奉。勘會。荊門軍、閒田甚多、召人耕墾、稅租差科並免三年六料。奉聖旨。依愚民無厭轉生姦弊、年限甫滿、便輒遷徙。臣愚欲乞、將今後墾田所免稅租差科三年六料、展爲六年、每年與免一料。年歲既久、人亦重遷、兼每年止免一料、亦可補遷徙之費。其已免而料數未盡者、比

類施行。如此則不損朝廷寛恤之典、而民不容姦、各爲長久之計。取進止。」

（30）『盤洲文集』巻四九　章奏九　荊門軍奏便民五事狀「……一。臣所謂官田以附種爲名而不稼納租者。其一曰營田、其一曰學糧田。所謂營田者。（A）前此邑官緣以營田結銜、既上司督責、即指荒閑田土、稱爲官莊。初不遵依元降指揮修蓋屋宇置造農具召人耕作、便行追集税戸以物力多寡勒令認租。謂之附種營田。至兩年一替供、糾本鄉未曾附種之戸輪次認納、吏緣爲姦、轉更教令、糾抉善良、每一戸替免、至於追逮五七戸、紛拏推託、賄賂公行、源源不絕、擧縣咸被其擾。（B）遇新至之戸或乍佃荒田、或只請住基、而見充附種之人、已投狀指令承代、故有犂鋤未到畎畝、茅茨未庇風雨、而營田官課已遭督責。……

一。臣所謂學糧田者。蓋湖北兵戈之後、沃壤彌望、人力不給。凡請佃逃絕荒田、官司初不打量畝步。若人力有餘、則逐歲四旁增墾。（C）其有沒官田產、即是酒戸抵當、或公吏等人犯罪沒納者田既籍沒、則所種之客隨其地主又復佗去。（D）頃年再興學校、郡縣奉承括到沒官田便名學糧。初無耕夫、遂勒本保人戸、分畝認米。謂之附種學糧。皆是與本戸田土不相連接、農人不便耕墾。例皆荒閑、不免依數塡納租課。……」

（31）以上『盤洲文集』の營田に關する記述は、周藤吉之一九五四の注二四、日野開三郎一九五一を參照。

（32）『盤洲文集』巻四九　章奏九　荊門應詔奏寛恤四事狀「……一。臣。管下當陽縣、每歲遇人戸納夏秋二税、並令先納嘗酒錢、以家業多少爲率、自五百至三千。雖賃地僑寄之戸、亦令地主抱認。凡一年兩次出鏹、幾及二千貫。臣已榜示、自紹興二十九年革絕訖。欲望、聖慈特降指揮禁止、以爲永久之利。」

（33）湖北路の地主支配については柳田節子一九六三を參照。

（34）古林森廣一九八一。酒の販賣については他に武田金作一九三四、古林森廣一九七四、近藤一成一九七五など。

（35）『盤洲文集』巻四九　章奏九　荊門軍奏便民五事狀「……一。臣所謂麴引失立法之意而重疊出鏹者。在法、諸鄉村去州縣二十里外、有吉凶聚會、聽人戸納錢買引於鄰近酒戸寄造。……而行法之久、並緣爲害。凡逐縣就州軍請引、至人戸投買之時、縣吏視其物力多寡、抑勒出錢、致有十餘千者。既已得引、酒戸又復視其貧富、勒令出錢、亦有至十餘千者。初未嘗得酒、中下戸緣無力出錢買引、遂有過期不成昏姻者。……今凋郡正欲生齒日增、乃因麴引而使失昏姻之時、實害聖政。臣愚欲望、聖慈

咨詢大臣講求所以革弊之策、或可删除此法、實天下幸甚。……」

(36)『盤洲文集』卷四九 章奏九 荊門軍奏便民五事戶「……一。臣所謂茶商執害民之柄而託吏爲姦者。蓋江浙佗路俱有茶額、而食焉者衆、商人隨時賣價、四民不以爲病。惟創痍之地、戶口耗減、而凋傷困乏、蓋不能頓頓食茶。如荊門軍、又緣異時官吏不以疲民爲念、所圖溢額受賞、歲增加至於數多。若奉行前後朝廷指揮令客人從便交易、則定額必致虧減、官吏當有責罰。本軍昨來遂以人戶爲率計口均敷、如家有一丁、則歲受茶三斤。其丁多及老小者以次增減、至有一家買十三斤者。……」

(37)『盤洲文集』卷四九 章奏九 荊門軍奏便民五事狀「……一。臣所謂大禮代佗州之貢而多方取辦者。……若謂自承平以來、二州之貢、並是荊門代納、則向來川廣湖湘入京、皆取道荊門、軍馬項背相望、實爲富庶之地。今則僻在一隅、去水幾二百里、非商旅所集、蕞爾遺黎、强名城郭。……」

(38)『盤洲文集』卷四九 章奏九 荊門應詔奏寬恤四事狀「……一。臣。本軍有獨石潭在江漢之旁、產魚甚多、舊以魚利添助支費。昨緣作放生池、……每戶雖不施網罟、至冬月令縣尉追集沿江人戶、將已前魚利之數均勒認納每歲得錢二百餘貫、入公使庫。臣已將紹興二十八年合收錢並行減免訖。欲望、聖慈特降指揮禁止、以爲永久之利。……」

(39)『宋史』卷六六 五行志四 金「三年夏、郢揚和州大旱」。三年とは紹熙三年。

(40)以下一連の書を一纏めに表す時は「與章德茂」とし、某書を指す場合は「「與章德茂」一」の様に一から五の番號をふる。

(41)『象山先生全集』卷三六 年譜。

(42)『景定建康志』卷一四 表一〇 紹熙二年、『宋會要』食貨六八之九四 紹熙四年二月二十九日の條。

(43)「與章德茂」三「……江東西田土、較之此閒、相去甚遠。(A)江東西無曠土、(a)此閒曠土甚多。(B)江東西田分早晚、早田者種占早禾、晚田種晚大禾。(b)此閒田不分早晚、但分水陸。陸田者只種麥豆麻粟、或蒔蔬栽桑、不復種禾。水田乃種禾。此閒陸田、若在江東西、十八九爲早田矣。(イ)水田者大率仰泉。在兩山之閒、謂之浴田。實谷字、俗書從水。江東西謂之源田。豬水處曰堰、仰谿流者亦謂之浴。蓋爲多在低下、其港陂亦謂之堰。(C)(c)江東西陂水、多及高平處、此閒則不能、蓋其爲陂、不能如江東西之多且善也。(ロ)惟南鄉、去山既遠、且近江、高平之地多、又邇大府、居民差衆。故多不仰泉石之田、此田最下、歲入甚多。白楊一鄉、此田居十五以上。梨陂・柘陂等鄉不下十二。惟西北東鄉分、則無此田矣。然所謂

水田者、不善治堰、則並高處亦與平田相類矣。少者不十一、多者不十三、通之不過十二。上泉距郡城幾三十里。迎泉之日、迂視其田、計其龜坼者十一二外、此皆尚有水。然堰中已乾、而不繼必大敗。今得雨可無害也。惟白楊鄉等處高平田全未種者、見施行令種晩穀及可助食者。(ハ)今歳亦幸有湖北平時水浸有不可種禾者民皆種禾。若復無水患、又得時雨、或者可補未種之田耳。……」

(44) 草野靖一九七四、大澤正昭一九八九。

(45) 「與章德茂」五「……今歳之旱、諸鄉皆有少損、而南鄉頗甚。初擬瀕江湖下鄉常歳所不種者今歳可種謂可以補、近兩月間、江漢之流、無雨而漲溢者凡三、所種之田與蔬茹麻粟、皆爲烏有。……」

(46) 草野靖一九八五。

(47) 『元史』卷一三一　列傳一八　忙兀台「……十一年、從丞相伯顏、平章阿朮南征、命與萬戶史格率麾下會鹽山嶺。……自郢州黃家原盪舟入湖、至沙洋堡、立砲座十有二、竪雲梯先登、焚其樓櫓、拔羊角壩、破沙洋堡、擒宋將四人。……」等。

(48) 『止堂集』卷六　奏疏　乞復湖北主簿省罷稅官疏。

(49) 「與章德茂」五「……今歳之旱、諸鄉皆有少損、而南鄉頗甚。初擬瀕江湖下鄉常歳所不種者今歳可種、謂可以補。近兩月間、江漢之流、無雨而漲溢者凡三、所種之田與蔬茹麻粟、皆爲烏有。同官赴試與被檄而出者、皆親目其事、歸言其狀。爲之怛然。比已分委同官、四出檢視、前數日方歸。所得尤詳。(A)旱澇之餘、米穀自少、而諸處糴米之舟、皆鱗次岸下、如都統司至使人於鄉村攔截負米者。(B)本軍今歳以民艱食、逐時發常平以賑之、所糶幾二千石、見樁糶過常平錢二千緡。倉臺公移踵至、催以此錢趁時糴米以備來年賑濟。雖分差人於熟鄉收糴、而來糴者絕少。比數日以來、米不出市、民復艱食、見出常平賑糶。(C)近來屢謀出賞牓禁米舟下河、而吏輩輒以恐有遏糴之嫌爲言。初以其有理、亦與同官熟論而從之。近日事勢尤逼、又見郢州以百千之賞禁米舟下河。此閒新發擧人親戚之家犯其禁、用朱漕之言免其罪、竟納賞錢。試以問吏、吏復爲遏糴之說。昨日同官相聚、復有議洩米之禁。因評吏言果出於公乎抑有私意乎、同官皆謂、此輩必有親故厚善之人商販米者、故以此爲地耳、豈有公心哉。疑未決閒、忽被使臺公牒、深怪事未施行、已蒙止絕。殆所謂止邪於未形、絕惡於未萌。雖然此事乃如吏輩之意、敝邑元無是事、不知誰敢致此說於大府。疑必有交鬬其閒者、有不可不察也。某平時不能飾說、況在門下。尤不敢不用其情。

（D）鄉來襄陽遏米價、米舟至者、皆困不能前、然卒以賂津吏、有夜竊過者。常謂法禁往往不足恃。比年場務益艱。商旅多行私路。私路舊微小、少所知者、今皆坦途通行。（E）北境連年不熟。今歲尤甚。近聞、米過唐鄧閒、多不以舟。小民趍目前之急、不暇爲後日計。況肯爲鄉曲計爲州縣計乎。使米粟有餘、無禁其洩、可也。今方甚不足、以坐視其洩、恐亦未宜。敝邑褊小、今歲纔數旬不雨、市輒無米、鄉民素無蓋藏。同官出入村塢者、皆謂未嘗見囷倉、人家多茅茨、其室廬不能深奧。大率可窺。其有者乃儋石之儲耳。風俗所自來非一日、今日不爲之計、後將益弊。今所謂洩米、非洩於南之患、洩於北之患也。已若有餘、或能粗給、則推以與人、乃所願也。此方有旦暮之憂、而不爲後日計者、方纍纍擧。所恃以洩、恐不容坐視。薄遽亟此布稟、丐察言者之奸、續容商議、所以處之之宜、別當具稟。伏幸台察」。

(50) そもそも設立當初の湖廣總領所管下の大軍は鄂州大軍のみだったが、紹興末年の宋金戰爭に際して江陵府大軍、江州大軍が增置された（『要錄』巻一八五　紹興三十年五月辛巳の條、同　乙酉の條）。また襄陽府にも紹興三十一年三月に利州西路駐劄御前中軍都統制の吳拱が駐屯した（『要錄』巻一八九　紹興三十一年三月庚辰の條、また『要錄』巻一八一　紹興二十九年四月是月の條）。襄陽府にはこれ以降大軍が駐屯した樣で、乾道三年からは襄陽府にも大軍倉が設置されている（『宋會要』食貨五四之九　諸州倉庫　乾道三年八月三十日の條）。この後乾道九年には鄂州大軍と江陵府大軍は合併し（『宋史』巻三四　孝宗二　乾道九年八月癸未の條）、淳熙四年に都統制が鄂州に、副都統制が江陵府に置かれたが（『宋會要』職官三二之四五　淳熙四年二月二十三日の條）、襄陽府には依然として一軍が配備されていた（『止堂集』巻六　奏疏　江陵條奏邊備疏）。

(51) 『宋會要』食貨五四之九　諸州倉庫　乾道三年八月三十日の條。

(52) 『定齋集』巻三　奏議　乞移運襄陽府椿管米劄子「臣前任京西漕臣、竊見襄陽、……今城壁堅、兵甲利、士馬衆、以守則固、然而諸司帑廩無一月之儲、何以能久。……」。なお「……臣今總計六路、職在轉輸……」とあり、更に『宋會要』食貨六八之八二　淳熙十一年正月二十三日の條には「湖廣總領蔡戡言。……」とあるから、淳熙十一年頃の湖廣總領の時の事と分かる。

(53) 『宋史』巻三五　孝宗三　淳熙十年是歲の條、『宋會要』食貨六八之八三　淳熙十一年正月二十七日の條等。

(54) 『定齋集』巻八　書　乞更運京西椿管米書「某近具奏聞、乞於和糴米內移運十萬石前去襄陽府軍前椿積以爲邊備。已蒙睿旨行下某除節次差官運米十五萬一百餘石起發去訖。照得。淳熙元年襄陽府椿積米二十五萬七十餘石。自後每年朘削至七年尚餘八

萬石。八年九年終止有四萬石餘。借支過二萬石、及撥五千石付襄陽府賑糶外、實存米一萬八百餘石。通計今來所運米、止及十六萬九百餘石。……」

(55)『定齋集』巻三 奏議 乞移運襄陽府椿管米劄子「……臣近準省劄備坐臣寮申請。乞聚糧荊門、以爲襄陽之備。其意固善、其說難行。臣已別具奏聞外、臣竊謂、今日上策不過屯田以省餽運。屯田之利、又當遲以歲月不可旦暮取效。其次莫若廣漕運、縱未能多辦、若得十萬斛、亦可爲一年之儲。……」

(56)『定齋集』巻三 奏議 乞免增糴二十萬石椿管米劄子「……臣照得。數州正係產米去處遞年每處收糴不下三五萬石。其常德府潭衡澧州客旅興販米斛前來鄂州糴場中糶在岸常有萬石。今年諸處旱傷、客販絶少、近地間有得熟去處、所產甚微、僅足民間食用、又緣水涸港汊絶流不通舟楫。故鄂州江岸現到米斛比之常年十無一二。……」

(57)山崎覺士二〇一五は「米穀や錢の無償支給を「賑濟（狹義）」、低價格販賣を「賑糶」とここで規定しておく」として、無償支給と低價格販賣を分ける。（B）にも「以備來年賑濟」「見出常平賑糶」とあって使い分けている様であり、この時點では低價格販賣が主であったか。

(58)『定齋集』巻四 奏議 論擾民四事劄子「……夫和糴、所以備先具也。要當官自爲場視時價之高下而稍增之、痛戢吏胥侵漁之奸、則人將負擔而至矣。今也量立價値、半以楮幣、州郡知其不相若也。於是並緣爲奸、次第而敷之民。中人之家、輸賦償逋之餘、蓋亦無幾。欲爲卒歲之費、乃盡取之、貧者剔屋償債轉糴以輸、不酬其値、不恤其有無、名曰和糴、其實强取民、安得不困乎。此和糴之擾二也。……」

(59)『止堂集』巻六 奏疏 乞權住湖北和糴疏「臣輒有愚見、仰干淵聽。臣照得。去年朝廷以淮浙並饑、江湖小熟、遂下和糴之令、嚴遏糴之禁。惠甚渥也。然州縣亟欲集事未免敷糴于民、商賈競起趨利又復爭糴于下。而江淮兩浙帥倉、以至總司戎帥、皆散遣官吏、多齎錢物、四處收糴。其所差人、爭先趨辦、迭增價直、以相傾奪、米價既長、害及細民。細民日要添錢糴米、富家愈見閉糴自豐、遂使江湖小熟之地、反有饑餓不給之民、臣自江西以入湖南、所至去處、皆病于此、及入湖北、愈覺益甚……」

(60)樋口能成二〇〇六b、長井千秋二〇〇八。鹽米交易については後述。

(61)『宋會要』食貨二八之七 鹽法 淳熙五年二月十二日の條。

(62)『宋史』卷三五 孝宗本紀 淳熙七年正月己卯の條、『宋史』卷三六 光宗本紀 紹煕三年五月乙未の條。

(63)斯波義信一九六八 第三章第一節 自然的農業的物質の特産化と流通、斯波義信一九八八 四三一～四三四頁。

(64)王炎は、『宋史』卷九七 河渠志七 東南諸水下 臨安運河に「乾道三年六月、知荊南府王炎言……」とあり、『宋會要』兵一之二四 乾道四年正月五日の條に「前知荊南湖北路安撫使王炎言。……」とあり、『宋史』卷三四 孝宗本紀二 乾道四年二月乙巳の條に「賜王炎出身、簽書樞密院事」とある。

(65)『雙谿類稿』卷二三 劄子 又晝一劄子「……且如湖湘唯鄂渚最爲要地、蓋南則潭衡永邵、西則鼎澧江陵安復襄陽、數路客旅興販無不輻輳鄂渚。……」

(66)長井千秋二〇〇八。また樋口能成二〇〇六bにも言及あり。

(67)金子泰晴一九九〇。

(68)『宋會要』食貨一七之三四 商稅四 建炎三年九月一日の條「御營使司參議官兼措置軍前財用李迨言。客人多江西湖南般運斛斗竹木、前來建康府、往往算請鹽鈔幷糴米以回貨。……」鹽鈔をもって鹽産の無い長江中流域への回貨としたとは考えにくく、實際は後に鹽を得てこれを回貨としたと考えるべきだろう。

(69)『鶴林集』卷一五 進御故實 乾淳講論會子五事「乾道四年五月四日。上宣諭宰執曰。朕昨疑會子三二年後擁併必不通快、卿等有救之之術否。王炎奏曰。會子行之既廣、自然通快。……」

(70)『攻媿集』卷一〇四 知復州張公墓誌銘「……至慶元改元、始爲兩浙西路安撫司參議官。秩滿、知復州。四年、赴郡。古號竟陵。廢置靡定、旁枕襄沔。地卑水匯、閒三四歲僅一熟。富商、歲首以鹺茗貸民、秋取民米、大艑載而去。……」

(71)『歷代名臣奏議』卷二六一 漕運「師愈又論潭州貼雇綱船之弊疏曰。臣伏見、潭州諸縣有大害、曰貼雇綱船、是也。請爲陛下詳陳之。潭州歲運苗米三十萬五千石以餉屯駐軍、或有和糴及起發常平米多至五六十餘萬石、少亦四十萬石。頃年講和息兵、其米止運至武昌、皆是潭州措置船載、未嘗敷及諸縣。其後荊南襄陽屯軍、泝江而上、水淺灘多、亦是潭州措置船載、亦未嘗敷及諸縣。曁至金人敗盟軍須日急、守臣權一時之宜、始令諸縣雇舟相添。未嘗全取辦於諸縣、自是遂爲定例。……迨劉某守潭、灼見其弊、又睹諸郡無所出產、凡客船運鹽而至者、別無回貨、孰肯空載以渉重湖之險、多籍於運米綱、斷然盡免諸縣貼

雇。潭州自行措置、民無所擾、米綱亦應期而辦、其策甚良、其利甚博。自劉某被召、通判職官、上欲媚漕使、下欲利吏輩、以速辦爲名、盡變某之舊、復興前者之害、幸而沈介到任、悉如某之措置、又且米綱先期而了。竊恐、介去之後、復有改之者。……」

(72)『晦庵先生朱文公文集』卷九四　墓誌銘　劉樞密墓記（代劉平父）「……乾道元年三月、除敷文閣待制知潭州荊湖南路安撫使。以平郴賊李金功、賜御札奬諭、又除敷文閣直學士。三年正月、召赴行在。八月到闕、除翰林學士知制誥兼侍讀。……」、『文忠集』卷一〇五　玉堂類稿五　賜臣僚請免詔一　乾道六年　賜顯謨閣直學士左朝議大夫知潭州沈介乞守本官職致仕不允詔（七月二十四日）。なお李之亮『宋兩湖大郡守臣易替考』（巴蜀書社　二〇〇一年）二五八頁には「『眞文忠公文集』卷九四『劉樞密墓記』」とあるが、正しくは本註の通り。

(73)『歴代名臣奏議』卷二六一　漕運「師愈又論潭州貼雇綱船之弊疏曰。……每歳發荊南襄陽米綱則用官船、發武昌九江米綱則雇客船。盡緣客船、所憚者荊襄之行水淺灘多、動經年歳、有破家喪身者、誠能只用官船運荊襄之米、則客船亦欣然而就雇。……」

(74)斯波義信一九八八　四三二頁、また同　一五七頁の表によれば、南宋紹興二十九年當時の湖北路の秋苗實徴額は上供祖額の三分の一を割っており、他に比べても著しく低い。

(75)『定齋集』卷八　書　乞更運京西椿管米書、『定齋集』卷三　奏議　乞移運襄陽府椿管米劄子。

(76)『文獻通考』卷九　錢幣二　會子の度支郎中唐瑑の言。

(77)兩界併用の詳細は草野靖一九六六　下、草野靖一九八九。

(78)草野靖一九八九　二二八頁　表。

(79)『宋會要』職官四一之五四　總領所　乾道三年十一月二十三日の條「詔。令湖廣總領所印造新會子。通已未印造共三百七十萬貫、將銅版依已降指揮繳申尙書省、其舊會子逐旋繳納。」

(80)樋口能成二〇〇六b。

(81)『宋史』卷一八一　食貨志下三　會子「……淳熙七年。詔。會子庫先造會子一百萬、降付湖廣總所收換破會。十一年。臣僚言。湖北會子覜於隆興初、迄今二十二年、不曾兌易、稱提不行。詔。湖廣總領同帥漕議經久利便。帥漕總領言。乞印給一貫、五

百例湖北會子二百萬貫收換舊會、庶幾流轉通快經久可行。從之。……」

（82）『宋史』巻三五　孝宗三　淳熙七年正月己卯の條。

（83）『宋史』巻一八一　食貨志下三　會子「……（淳熙）十三年、詔湖廣會子仍以三年爲界。……」

（84）以上、特に註が無いものは『雜記』甲集　巻一六　財賦三　湖北會子による。

【參考文獻】

青木昌彦・奧野（藤原）正寛・岡崎哲二編著　一九九九『市場の役割、國家の役割』東洋經濟新報社

青山　定雄　一九三六「隋唐宋三代に於ける戶數の地域的考察」（一）、（二）『歷史學研究』三〇、三一

足立　啓二　二〇一二『明淸中國の經濟構造』汲古書院

岩井　茂樹　二〇〇四『中國近世財政史の研究』京都大學學術出版會

大澤　正昭　一九八九「宋代『河谷平野』地域の農業經營について」『上智史學』三四（『唐宋變革期農業社會史研究』汲古書院　一九九六年　所收）

金子　泰晴　一九九〇「南宋初期の湖廣總領所と三合同關子」『史觀』一二三

金子　泰晴　一九九五「荊湖地方における岳飛の軍費調達」『宋代の規範と習俗』宋代史研究會

岸本　美緒　二〇一二『地域社會論再考』「Ⅰ　市場と貨幣」研文出版

草野　靖　一九六六下「南宋行在會子の發展」（下）『東洋學報』四九之二

草野　靖　一九七二「唐宋時代に於ける農田の存在形態」（上）『法文論叢』史學篇三一　熊本大學法文學會

草野　靖　一九七四「唐宋時代に於ける農田の存在形態」（中）『法文論叢』史學篇三三　熊本大學法文學會

草野　靖　一九八五「唐宋時代に於ける農田の存在形態」（下）『文學部論叢』史學篇一七　熊本大學文學會

草野　靖　一九八九「南宋東南會子の界制と發行額」『劉子健博士頌壽紀念宋史研究論集』同朋舍

黑田　明伸　一九九四『中華帝國の構造と世界經濟』名古屋大學出版會

黒田　明伸　二〇〇三『貨幣システムの世界史』岩波書店
近藤　一成　一九七五「宋代地主の營利活動と買撲坊場」『早稲田大學大學院文學研究科紀要別册』第一集
佐伯　　富　一九五八「宋代林特の茶法改革について」『東方學』一七（『中國史研究』第二　京都大學文學部内東洋史研究會　一九七一年　所收）
斯波　義信　一九六八『宋代商業史研究』風間書房
斯波　義信　一九八八『宋代江南經濟史の研究』汲古書院
周藤　吉之　一九五四「南宋に於ける屯田・營田官莊の經營」『中國土地制度史研究』東京大學出版會
武田　金作　一九三四「宋代の榷酤について」（一）『史學雜誌』四五―五、同（二）『史學雜誌』四五―六
長井　千秋　二〇〇八「南宋の補給體制試論」『愛大史學』一七
樋口　能成　二〇〇六ａ「南宋總領所體制下の長江經濟」『早稲田大學大學院文學研究科紀要』五一　第四分册
樋口　能成　二〇〇六ｂ「南宋湖北會子の市場構造」『史滴』二八
日野開三郎　一九五一「南宋官田の附種について」『史學雜誌』六〇之六（『日野開三郎東洋史學論集』一三　三一書房　一九九三年所收）
古林　森廣　一九七四「宋代開封における酒專賣制と酒造業」『明石高專研究紀要』一六（『宋代產業經濟史研究』「都市酒造業」國書刊行會　一九八七年　所收）
古林　森廣　一九八一「宋代農村の酒造業」『兵庫教育大學研究紀要』一（『宋代產業經濟史研究』「農村酒造業」國書刊行會　一九八七年　所收）
宮澤　知之　一九九八『宋代中國の國家と經濟』創文社
森本　芳樹　一九九一「西歐中世初期都市共同體論の可能性」比較都市史研究會編『都市と共同體』上　比較都市史研究會創立20周年記念論文集　名著出版
柳田　節子　一九六三「宋代土地所有制にみられる二つの型」『東洋文化研究所紀要』二九（『宋元社會經濟史研究』創文社　一九九

五年 所收)
山崎　覺士　二〇一五「宋代都市の下層民とその分析」『佛教大學歷史學部論集』五
山田　雅彦　二〇一〇「ヨーロッパとその周邊を對象とした市場と流通の「社會史」」山田雅彦編『〈市場と流通の社會史Ⅰ〉傳統ヨーロッパとその周邊の市場の歷史』清文堂出版株式會社
東亞同文會『支那省別全誌』第九巻　東亞同文會　一九一七年
吳　松　弟　一九九七『中國移民史』第四巻　福建人民出版社
趙　濟　主　編『中國自然地理』高等教育出版社　一九八〇年初版　一九九五年三版
Pierre-Etienne Will 1980 "Un cycle hydraulique en Chine : la province du Hubei du XVIe au XIXe siècles" *Bulletin de l'Ecole française d'Extrême-Orient.* Tome 68.

顯隱相交——宋末元初の陵陽牟氏と「玄妙觀重脩三門記」——

小林隆道

はじめに

趙孟頫書丹篆額・牟巘撰文「玄妙観重脩三門記」（以下略稱「三門記」）は、元大德年間（一二九七～一三〇六）ごろに平江路（蘇州）玄妙観に立石された碑刻である。[1] 原碑は現存しないが、[2] その原稿が「楷書玄妙観重脩三門記卷」として傳世し、現在は東京國立博物館に所藏されている。[3]

【寫眞】蘇州玄妙観三門内の模刻（複製）

この「三門記」は書として歷代の鑑賞者たちの高い評價を受けてきた。[4] 現在においても、日本の書家である石川九楊氏は「三門記」を「初唐代の楷書は別として、それ以降では最高峰の楷書といっていいほど、實に堂々と書かれている」と稱贊する。だが同時に石川氏は「筆蝕の中に「主張（政治的表現）」が漏れ出ることを愼重に避けた「假面の書」である」とも評している。[5] その評價は毀譽褒貶半ばする趙孟頫個人への評價とも關係しているかもしれない。

趙孟頫（一二五四〜一三二二）、字は子昂、號は松雪道人、湖州吳興の人である。周知の通り、彼は宋太祖趙匡胤の十一代の孫として宋朝の宗室に生まれ、南宋滅亡後は元朝に仕えた。そのために當時や後世に批判を受けるが、延祐三年（一三一六）には文官最高位である從一品翰林學士承旨・榮祿大夫に昇進しており、まさに「顯官」と言える。彼は書畫詩文方面に卓越した才能を發揮し、その多くの作品は現在も傳世している。彼に關する研究は美術史方面も含めて數多く蓄積されており、(6)ここで更に詳細な紹介はしない。

一方、「三門記」の撰文を擔當した牟巘は正史に立傳されていないこともあり、それほど注目を受けていない。「三門記」は、書法作品としてもっぱら趙孟頫の名聲によって傳世したと言える。そのため、これまでの「三門記」に關する研究は、趙孟頫側からの考察或いは書法の角度からの分析であり、牟巘が撰文した歷史的意義を考察するものはなかった。(7)

牟巘（一二二七〜一三一一）、字は獻之、號は陵陽。「陵陽」の號は陵山の陽（南）に世居したことに由來し、祖籍は四川井研である。しかし、父の代に吳興に移住した。南宋末に官僚となったが、南宋滅亡後は元朝に仕えず、學問研鑽に勵んだ。彼の文集『陵陽集』の四庫全書提要は「入元不仕、閉戶三十六年」と記す。(8)趙孟頫が「顯官」として元朝內部で活躍したとするならば、牟巘は對照的に「隱者」(9)として元朝外部で活躍した人物と言えるだろう。

つまり、「三門記」は「顯官」趙孟頫と「隱者」牟巘が合作した文物である。このような對照的な經歷を持つ二人がなぜ合作に至ったのか。この疑問は、彼ら二人がともに湖州吳興を出身・居住地としており、もともと親密な交流があったことを指摘することで一旦は氷解する。しかし、「三門記」の撰文は趙孟頫側から牟巘に依賴された。(10)この事實により次の疑問が生じる。趙孟頫の周りには有官の或いは蘇州により緣の深い著名な文人が多くいたはずであるのに、なぜ「顯官」趙孟頫は「隱者」牟巘を特に選んで撰文を依賴したのか。ここに宋元の時代性が色濃く現れてい

ると筆者は考える。

この「三門記」が提示する問題を出發點とし、本稿は撰者牟巘に注目して考察を進める。牟巘及び彼の一族（陵陽牟氏）が當時の士人社會においてどのような位置を占め、どのような存在であったのか。それらの考察を通し、碑記の書丹・撰文を擔うことの意義や、「顯」と「隱」が交錯する宋元時代の士人社會の特質を明らかにすることが、本稿の目的である。

一 牟巘と『陵陽集』

（一） 牟巘の名聲

まず、先行研究[11]に依據し、牟巘についてもう少し詳しく經歷を整理する。牟巘は南宋時に父・牟子才の恩蔭で官界に入り、湖南武岡軍知軍や浙東提刑を經て、最終的には朝奉大夫・大理少卿にまで至った。そのため彼は「大理公」とも呼ばれる。宋朝滅亡後、隱退して元朝に出仕することはなく、子・牟應龍と學問の研鑽に勵んだ。その姿は『元史』に「一門父子、自ら師友と爲り、經學を討論し、義理を以て相い切磨し、諸經に於て皆な成說有るも、惟だ『五經音考』のみ世に盛行す[12]」と描寫されている。その學問の高い水準や態度により士人たちから尊敬を受け、牟巘は當時相當な名聲を得ていた。

そのことは黃溍と虞集の文に端的に表現されている。黃溍は、「老年にして有德であり、文章を自由自在に操って東南に雄を稱えることができるのは牟巘だけである」と稱贊する[13]。また虞集は、「尊大な高官でも吳興を通過する際は必ず牟巘に拜謁を求め、一言聲をかけてもらって退き、そのことを終生榮譽とした」と記し[14]、牟巘の名聲の高さを

傳えている。これら牟巘を稱贊する文章は、彼の子・牟應龍のために書かれたものであり、多少の誇張があることは考慮しなければならない。ただし、黃溍と虞集は元代の「儒林四傑」にも數えられるほどの學者・文人である。彼らをしてここまで手放しに稱贊させるだけの名聲を、元代に無官であった牟巘が得ていたことは特筆すべきであろう。

（二）『陵陽集』の版本と刊行經緯

牟巘の文集には『陵陽集』（或いは『陵陽先生集』・『牟氏陵陽集』）がある。この版本について、先行研究に據れば、該書は元代に刊行されたはずだが、後の藏書家はみな元刊本を見ておらず、傳世したのは抄本だけであり、清代に至って乾隆十二年（一七四七）に歴城周永年刻本（中國科學院國家科學圖書館所藏）が刊行された、とする。(15)

筆者が調査し得たものは以下の九種類である。

①四庫全書本（浙江鮑士恭家藏本）
②吳興叢書本（吳興劉氏嘉業堂刊本）
③臺灣國家圖書館抄本(16)
④北京大學圖書館文瑞樓抄本
⑤中國國家圖書館五册抄本（鮑士恭舊藏本）
⑥中國國家圖書館六册抄本（海寧楊藝士舊藏本）
⑦中國國家圖書館四册抄本（涵芬樓舊藏本）
⑧中國科學院國家科學圖書館乾隆十二年歴城周永年刻本（八千卷樓舊藏本）
⑨日本靜嘉堂文庫抄本（十萬卷樓舊藏本）

これら各種版本の閒には興味深い異同が幾點か見られるが(17)、本稿の行論上最も重要な異同は序文の有無である。『陵陽集』には二つの序文が確認でき、一つはA：至順二年（一三三一）八月朔程端學序、もう一つはB：同年同月同日の牟應復序である。各種版本ではこの二つの序の有無による組み合わせが存在し、整理すれば【表】のようになる。

このA・B兩方の序が揃う②吳興叢書本には劉承幹の跋文が付されており、民國期における刊行の經緯が分かる。それに據れば、彼はまず盧文弨の抱經樓において「舊鈔」を得て、次に葉昌熾（鞠裳）の所藏本を借り、劉顯曾（誠甫）と況周頤（夔笙）にそれら二つで互いに校勘して完備させ、刊刻したという(18)。そこで、本稿で用いる『陵陽集』のテキストは②吳興叢書本を底本とし、必要があれば他の版本で校勘する。

程端學と牟應復の二つの序により、『陵陽集』が元代に最初に刊行された經緯が分かる。程端學は、程端禮の弟で慶元鄞縣の人であり、泰定元年（一三二四）に進士登第(19)。彼の序に據れば、彼は翰林國史院編修官を任じた後に鄞縣に歸ったが、その時に「浙東帥府都事應復景陽甫」が牟巘の詩文を持參し、それらの刊行のために序の撰文を願ってきた。この「浙東帥府都事應復景陽甫」とは牟巘の次男・牟應復（字は景陽）であり、もう一つの序の撰者である。彼が『陵陽集』を編纂し刊行した主體である。

その牟應復序は【表】の通り現在最も閲覽が容易であろう四庫全書本には收錄されていない(20)。この序は行論上重要であるため、ここにその全文を掲載する。

先父提刑、性簡易、嗜學問、自蜀來霅、盡得盛時文獻之傳。先光祿存齋翁淸忠大節重一世、公在侍旁贊助居多、

	A程端學序	B牟應復序
①	○	×
②	○	○
③	×	○
④	不明	不明
⑤	○	○＊
⑥	×	○
⑦	×	○
⑧	○	○＊
⑨	×	○

④は冒頭部分が缺損しているため不明。

＊＝B牟應復序が最後に付されている。

【表】

人謂「存齋有子矣、紹德嗣志。」敭歷踰二紀、所至以廉靖仁厚稱。理宗訓辭有曰「爾名臣之子、漢人所謂家之珍寶、國之英俊者也。」至元丙子、即杜門隱居、凡三十六年、年八十五以終。公少年爲文、操筆立就、若不經意而有過人者、子弟爲置藁、輒笑裂去。晚歲筆力逾勁、南北學者、皆師尊之。達官鉅人鄉慕、拜竭求文詞者、相屬于門、文益富於壯作。而應復宦遊四方、[21]且留京師、又不獲抄錄、深懼泯軼無以承先緒。[22]近數年來得官吳會開始、遂悉心裒輯、僅若干卷、十未及其一焉。應復所知如「靜軒閻平章先世墓銘」・「雪樓程承旨藏書樓記」・「士瞻張左丞共山書院記」・「三省堂記」等作、皆未得本。姑集其已得者、類成二十有四卷、敬鋟諸梓、俟有所得、尚續刊之。

至順辛未八月朔旦。男承事郎浙東道宣慰使司都元帥府都事應復。百拜謹識。

序中の「先父提刑」は牟巘、「先光祿存齋翁清忠」は牟巘の父・牟子才を指す。序の前半は牟巘の傳記である。「至元丙子、即杜門隱居、凡三十六年、年八十五以終」とあることから、牟巘は元至大四年（一三一一）に八十五歳で死去したことが分かり、更にそこから生年は南宋寶慶三年（一二二七）だと判明する。[23]また、先述した黄溍と虞集の稱贊と同様に、彼の文章による名聲は全國に廣まっていたことが述べられている。

序後半は『陵陽集』刊行經緯を記す。牟巘が亡くなった二十年後の至順二年（一三三一）に『陵陽集』は刊行された。牟應復は當初「四方に宦遊し、且く京師に留り」吳興の邸宅に不在だったためか、牟巘の原稿を抄錄していなかったという。しかし、牟巘の作品が消えてその功業を繼承できなくなることを深く恐れ、刊行の數年前に吳會（蘇州平江路）に赴任した頃から作品を收集するようになる。ただ、收集できたのは全作品の十分の一程度であり、「靜軒閻平章先世墓銘」・「雪樓程承旨藏書樓記」・「士瞻張左丞共山書院記」・「三省堂記」といった作品は未だ得ていない。しかし、まずは既に收集できたものを類成し二十四卷として刊行し、その後に得るところがあれば續刊する、としている。ちなみに、未收錄作品の名稱中に出てくる「靜軒閻平章」とは閻復（一二三六〜一三一二）、「雪樓程承旨」は程鉅

夫（一二四九～一三一八）、「士瞻張左丞」は張思明（一二六〇～一三三七）であり、彼らはいずれも元代前・中期の有力者である。これらの人物と牟巘の關係は、牟應復序の記述が無ければ判明しない。

また、この序を撰した至順二年（一三三一）八月における牟應復の肩書が「承事郎浙東道宣慰使司都元帥府都事」であることに注目しておきたい。『至正四明續志』の浙東道宣慰使司の記事には、牟應復が天曆二年（一三二九）三月初九日に承事郎として都事に任命されたことが記される。[24] また、浙東道宣慰使司は大德六年（一三〇二）に治所を慶元に移している。[25] これらより、至順二年に牟應復は慶元にいたことが裏付けられる。この牟應復については、第三節において詳細に検討する。

（三）　牟巘と趙孟頫

本稿冒頭で言及した「三門記」が大德七年（一三〇三）に作成されたと假定した場合、その當時、趙孟頫は五十歲、牟巘七十七歲である。子の牟應龍がこの時五十七歲であることを考えれば、趙孟頫と牟巘には親子ほどの年齢差がある。だが、『陵陽集』には「簡趙子昂」「別趙子昂」等の趙孟頫關連の作品が收錄されており、また美術史側から兩者には「不一般」と言えるほどの親密な交友があったことが指摘されている。[26] 例えば、牟巘は趙孟頫「行書洛神賦」に跋文を書し、[27] 趙孟頫は牟巘の墓銘を撰しており、[28] その緊密な關係がうかがえる。

そして、牟巘が撰文し趙孟頫が書丹した碑記は「三門記」「三清殿記」の他にも、「元嘉興路修學碑（嘉興路重修儒學記）」（『兩浙金石志』卷一四）、「松江寶雲寺記」（『江蘇省通志稿』卷一九）、「湖州妙嚴寺碑記」（『式古堂書畫匯考』卷一六）[29]、「嘉興路儒學碑」（『六藝之一錄』卷九九）[30]、「忠烈廟記」（『吳都文粹續集』卷一四）、「義學記」（同治五年『正誼堂全書』所收『范文正公文集』卷八）等があり、非常に多い。肖文飛氏はこのような狀況を「ほとんど牟巘が撰文しなければ趙孟頫

は書丹しないというほどである」と評している。(31)

しかし、これら「記」の中で『陵陽集』に收錄されているのは「忠烈廟記」（『陵陽集』巻九「范文正公忠烈廟記」）と「義學記」（『陵陽集』巻九「范文正公義學記」）のみである。(32)つまり、「三門記」は『陵陽集』に收錄されていない。なぜ牟應復は「三門記」を『陵陽集』に收錄しなかったのか。たしかに牟應復序では全作品の十分の一しか收集できなかったことが述べられており、「三門記」が牟應復の知る所とならず偶然に未收錄となったとも考えられる。しかし、「三門記」は蘇州の中心部に位置する著名な玄妙觀に立石されており、先述したように牟應復は吳會（蘇州平江路）に赴任經驗がある。蘇州の官場にいた牟應復が、著名な趙孟頫と自分の父の合作「三門記」の存在を知らないのは不自然であろう。

ここで「三門記」の史料性が問題となるが、作者である牟巘と趙孟頫の二人の關係が文獻史料上に表現されることは實は意外なほどに少ない。櫻井智美氏は趙孟頫の文集『松雪齋文集』に登場する人物のうち趙孟頫と直接關わったことが明らかな人物一二八人を抽出しているが、そこに牟巘の名は見えない。(33)

これらの史料狀況と現實との乖離は、牟巘と趙孟頫の親交は當時わざわざ言及する必要もないほどであったと解釋すべきか。この問題を解決することは難しい。だが、このことから、趙孟頫と牟巘の關係は彼ら二者閒だけでなく、より廣い當時の士人たちの關係の中で考察しなければならないことが導かれる。これは陳雯怡氏が指摘する當時の士人社會の特徵と大きく關連する。名卿・大夫であれ隱遁の士であれ、彼らは同一のネットワーク上におり、その中での評價が各種の名聲に繫がる、という陳氏の指摘(34)は傾聽に値する。

牟巘及び陵陽牟氏は士人社會の中でどのような位置を占めており、それと趙孟頫が結びつくことがどのような意味を持っていたのか。この「三門記」の史料性に關わる問題について、節を改め考察する。

二　宋末元初の江南における陵陽牟氏と「三門記」

本節では牟巘だけでなく父の子才、子の應龍を含めた「陵陽牟氏」を考察對象とする。その理由は、子才と應龍の兩者は正史に立傳されており史料が比較的豐富なためである。だがそれだけでなく、三世代を跨いだ考察を通して同時代の平面的なネットワークに時開的な廣がりを加えるためでもある。

（一）牟子才

牟子才、字は存叟、號は存齋。井研人であるが後に牟巘とともに吳興へと移る。彼は若い頃に魏了翁の門下で學んだ。そのため、『宋元學案』は彼の記事「淸忠牟存齋先生子才」と「存齋家學」を「鶴山學案」に入れる。[35]『宋史』本傳[36]に據れば、子才は嘉定十六年（一二二三）に進士に擧げられたが、對策で丞相史彌遠を非難したために嘉定府洪雅縣尉に調せられた。その後、四川提擧茶馬司準備差遣、總領四川財賦所幹辦公事を務めるが、當時成都で『四朝會要』を編纂していた李心傳に拔擢されて檢閱文字を兼ねるようになる。また、李心傳が『中興四朝國史』を編纂した際には、彼は史館檢閱に拔擢されてもいる。このような牟子才と李心傳の關係は子の牟巘の婚姻に影響し、牟巘は李心傳の外孫女である鄧氏を娶った。ちなみに李心傳も牟氏と同樣に井研人であり後に湖州に移っている。[37]

子才はその後も史官系統の差遣に就き、寶祐元年（一二五三）には同修國史、實錄院同修撰となっている。度宗が即位すると、翰林學士、知制誥を授けられるが辭退。端明殿學士、資政殿學士と進み致仕。死後、光祿大夫が贈られ、淸忠と諡される。官僚として最終的に侍從官まで至った牟子才は皇帝から「名臣」と稱され、その「名臣」の子とし

て牟巘は官界へと入った(38)。

また、子才の著作には『存齋集』、『四朝史稿』、『奏議』、『故事四尚』、『易編』、『春秋輪輻』等があったとされるが、どれも現在にまで傳世していない。ただ、『奏議』に關し、程端學の文集『積齋集』には至順三年（一三三二）四月に作成された「牟清忠公奏議序」（巻二）が收録されており、『牟清忠公奏議』が元代に刊行されていたことが分かる。その序には「論議・制誥・詩賦・雜文を著すも、多く遺逸する所にして、僅に奏藁數十篇を存すのみ。公の孫浙東帥府都事應復景陽父嘗て出だし以て端學に示す。……（中略）……景陽且つ端學に序を爲るを徵む(39)」とあり、『牟清忠公奏議』も牟應復によって編纂・刊行されたことがわかる。そして、その刊行が『陵陽集』刊行の次年であったことにも注意を拂うべきであろう。

（二）牟應龍

牟應龍（一二四七～一三二四）、字は伯成、號は隆山。咸淳七年（一二七一）に進士登第、著作には『隆山牟先生文集』（不傳）がある。彼は趙孟頫を筆頭とする「吳興八俊」の一人である(40)。彼の基本的な傳記には、『元史』牟應龍傳(41)（以下「應龍傳」と略稱）、虞集「牟伯成墓碑(42)」（以下「伯成墓碑」と略稱）、黃溍「隆山牟先生文集序(43)」（以下「隆山文集序」と略稱）の三つがある。この三者の中でも、虞集の「伯成墓碑」が最も重要な傳記である。なぜなら、「應龍傳」の大部分は「伯成墓碑」の文章により構成され、また「隆山文集序」の末には「先生の世系・卒葬と其の言行は、虞公巳に誌を幽堂に爲り、此に具せず」と記してあるからである。そのため、本稿では「伯成墓碑」を中心に分析する。

また、牟應龍と趙孟頫の關係は美術史方面を中心に既に分析されているため(44)、ここでは陵陽牟氏としての牟應龍に注目する。

「伯成墓碑」は、はじめに應龍の世系について紹介した後、彼の人生を「始年」・「歴官」・「爲學」・「爲人」・「終」に分けて記し、その後ろに當該墓碑撰述に至った過程が述べられている。まずは墓碑作成過程から見ていく。應龍は泰定元年（一三二四）三月に死去したが、その一年前に門人である鄉貢進士陳潤祖を虞集のもとに遣わし、自らの傳の作成を依賴している。當初、虞集は吳興に赴き應龍に直接會って辭退するつもりだったが、自身が國史編纂のために召されたこともあり、果たせなかった。應龍が死去した一年後の泰定二年（一三二五）の冬、江山縣尹程晉輔（應龍の夫人程氏の弟）が應龍の子である必勝[45]の書信を持ち來たって再度虞集に墓銘作成を依賴する。虞集はそれを受け「伯成墓碑」を撰述した。

その「伯成墓碑」の「始年」部分では、祖父の子才との關係が强調される。淳祐七年（一二四七）、子才は宰相鄭清之に逆らい中央を去り、吳興の邸宅に住んでいたが、その時に應龍は生まれた。そのため子才は應龍を大變かわいがった。先述の如く、子才は理宗朝の名臣として名聲を獲得していたため、江萬里、楊棟、高斯得、湯漢、劉克莊といった當時の名士が子才のもとを訪れており、その時に應龍は彼らの知遇を得たという。

「歴官」部分は、その大部分が「應龍傳」に利用されている。それに據れば、咸淳七年（一二七一）に進士に登第するも、賈似道に逆らい、光州定城尉に調せられた。その際、彼は「昔吾が祖 對策し、直言を以て史彌遠に忤い、洪雅尉を得。今固より爾に當るは、愧無し」と自らの境遇を祖父に重ねて述べており、ここでも祖父の子才との關係が强調される。南宋が滅亡した後、元世祖クビライ政權下で吏部尙書となっていた留夢炎は彼を翰林官として招聘しようとしたが、彼は同意せず、父の巘と行動を共にし元朝に仕えなかった。だが、その後に出仕して漂陽州で教授を任じ、最後は上元縣主簿で致仕している。「應龍傳」は出仕の理由を記さないが、「伯成墓碑」は「旣にして家益ます貧しくしたためと記す。この點について、「隆山文集序」も「先生旣にして祿有らず、貧を以て强いて起し儒學官と爲る」

と敍述する。虞集と黃溍はともに應龍が家庭の經濟狀況のためにやむなく出仕したことを强調する。

「爲學」部分は、應龍の學問の淵源を說明する。先述した通り、牟巘は李心傳の外孫女鄧氏を娶ったが、その鄧氏が應龍の母親である。そのため、應龍は李心傳の學問をよく學んだとされ、「伯成墓碑」はそのことを彼が長じていた史學の端緒と位置づけている。また、當然ではあるが、父の巘とともに研鑽を積んだ時間は彼の學問形成の上で最も重要な位置を占め、その結果として彼は掌故舊聞に長けた。そのため、「隆山文集序」に「牟巘が亡くなった後、學者たちは知らない所が有ると、必ずそれを應龍に質問した」と記されるような狀況であった[46]。

その牟應龍の學問は柳貫（一二七〇～一三四二）に繼承される。宋濂が撰した柳貫の行狀は、柳貫の名聲が牟應龍の學問を繼承したことを契機に全國に擴大したことを述べる[47]。元中後期に活躍した柳貫は元代「儒林四傑」の一人であり、南宋の學問を明代に繼承させた重要人物である。

このように、牟應龍は李心傳の曾孫、牟子才の孫、牟巘の子として教育を受け、李氏と牟氏という蜀の大家の學問を東南吳興において合一し繼承した存在であった。そして、虞集、黃溍、柳貫という元代を代表する學者・文人が牟應龍と非常に密接な關係を有していた。牟應龍の繼承した陵陽牟氏の學問が、明へと繫がる宋元の學術狀況に大きな位置を占めていたことがうかがえるだろう。

（三）　牟巘「三門記」撰述の意味

その陵陽牟氏の影響力の大きさを示すのが、元貞二年（一二九六）と大德三年（一二九九）に開かれた牟巘と夫人鄧氏の古稀を祝う壽席である。この時、多くの文人たちが牟氏の私邸に會した。その元貞二年の壽席で「賀詩風波」と呼ばれる事件が發生している。これは仇遠（一二四七～一三二六）が牟巘に贈った祝賀の詩文に對し、牟巘と同齡の方回

（一二二七～一三〇七）が激怒したという、周密『癸辛雜識』別集上「方回」に記される事件である。これについては于磊氏の考察(48)が既にあり、詳細はそちらに讓る。方回が仇遠に激怒した理由は、仇遠が牟巘の元朝に仕えない態度を稱贊する一方で、戰わずして元軍に降り元朝の官を授かった方回を皮肉に批判したため、と周密の記述には記される。

しかし、于氏も指摘するように、元代當時に「不仕」と「仕元」の區別が彼らの交友を阻害することはなく、方回と仇遠の交友はこの事件の後も依然として良好である。且つ「不仕」の牟巘は「仕元」の方回に對し何ら蔑視することはなく、彼らの閒に隔たりは無かった。村上哲見氏が既に指摘するように、元代において「仕元」が激烈な批判の對象となることはなかった(49)。王朝交替という複雜な狀況下において各人の境遇は異なり、當時の士人たちはそれぞれの選擇を尊重した。「仕元」を選擇せざるを得なかった事實は、方回本人にとって慙愧の念にかられるものであったかもしれないが、それは他人が批判するようなことでは決してなかった。

ただ、ここで確認しておくべきことは、「仕元」が激烈な批判の對象にならなかったこととは別に、「不仕」は稱贊の對象となったことである。それは元朝に對する「仕」・「不仕」という文脈とは別に、伯夷叔齊以來、陶淵明等を通して形成された傳統的な「隱」思想の價値觀によるものであろう。實際に牟巘自身は陶淵明に關する作品を殘しており、また大德三年の壽席に參加した戴表元は「陵陽牟氏壽席詩序」の中で牟巘を陶淵明に比して稱贊している(50)。激動の時代に「不仕」が可能であった環境を得て學問の研鑽に勵むことができた牟巘は、當時の士人たちの憧れであり尊敬の對象であったと言える。

その牟氏を祝う壽席には非常に多くの人士が參加した。前述の戴表元「陵陽牟氏壽席詩序」によれば、壽席では「歌吟を以て頌美する者は十百人に累」したという。どのような人士が參加したのか明確に記す史料は無いが、まず考えられるのは吳興或いはその近邊に住む人士である。胡昭曦氏の研究に據れば、湖州吳興には宋末に四川地方から

混亂を避けて來た士人達が多く居住していた。先に指摘した李心傳だけでなく、李性傳・史光・高斯得・程公許・宇文挺祖といった蜀學の士人たちが湖州に居住している。[51] そのため、四川地域で構築されたネットワークが東南に移った後も保持されていたことを想定できよう。また、戴表元が奉化人であることを考えれば、參加者は呉興や浙西といった限られた地域からだけでなく、浙東も含めたより廣い江南地域から集まっていたと考えられる。[52] ここに牟巘や陵陽牟氏が當時において廣汎な地域の士人たちの尊重を得ていたことが分かる。

二回目の壽席は大德三年（一二九九）春に擧行されたが、その年の八月に趙孟頫が集賢直學士・行江浙等處儒學提擧として中央から江南へと戻って來る。この江南滯在時期における趙孟頫の活動については、文獻史料の少なさもあり從來不明な點が多かった。しかし、櫻井智美氏と宮紀子氏の研究により多くの知見を得ている。櫻井智美氏は石刻史料を用いてこの時期の江南士人社會における趙孟頫の地位を指摘している。それに據れば、大德年間の書家趙孟頫の名聲は、後世に受ける稱贊に比べてそれほど高くなく、彼が江南に滯在した時期を轉機として江南文人サークルに參加し、その活動を通して名聲を高めていったという。[53]

上述したように、陵陽牟氏の名聲は大德年間には既に呉興に限らずより廣い江南の士人たちにまで達していた。これに注目すれば、趙孟頫は牟巘との關係を強調することで江南文人サークルの中で自らの名聲を高めることができた。このような視點から「三門記」を見るならば、その作品は現在においては趙孟頫の名によって傳世しているが、その名聲は後世に形成されたものであり、「三門記」作成當時においては「顯官」趙孟頫が「隱者」牟巘の名聲を借りて江南文人サークルの中で自己の名聲を高めたと解釋できる。「文化」を自己の政治參入の武器とする趙孟頫[54]にとって、そのことは切實な問題であり、政治性を帶びた問題であっただろう。

また、宮紀子氏の研究は、大德三年から至大二年において趙孟頫が江南の優秀な在野の士人を中央・地方政府に推

薦し、朝廷と江南をむすぶ役割を擔ったことを明らかにしている。[55] それに着目するならば、蜀學士人のネットワークを吳興においても保持し、更により廣い地域に名聲が轟いていた牟巘との關係は、趙孟頫にとって江南士人にアクセスする際の最重要の核と成り得ただろう。そのことは、趙孟頫だけでなく、第一節で述べたように程鉅夫、張思明、閻復といった集賢翰林官の官歷を積んだ人物たち[56]が均しく牟巘と關係を有していたことにより補強されるだろう。

このような牟巘を巡る動向は、ほぼ同時期の浙東における王應麟の動向と軌を一にする。森田憲司氏の研究に據れば、王應麟は至元二十七年（一二九〇）に撰述した「奉化縣社稷壇記」を最初として公的建造物への碑記を撰述するようになり、官途には就かなかったが元朝地方官廳との關係を復活させている。[57] また楊亮氏は、四明文士の元朝統治に對する態度が當時に拒絕から承認、そして協力へと變化したことを論じる中で、その動向に大きな影響を與えたのは、四明文士の指導的立場にあった王應麟が遺民の立場を放棄し、碑記撰述を通して元朝を認め協力したことであったと指摘している。[58]

このような當時の狀況に鑑みれば、元朝に仕えなかった「隱者」牟巘が「顯官」趙孟頫の依賴に應えて碑記「三門記」を撰述したことは、浙東の王應麟の場合と同樣に、浙西或いはより廣汎な江南地域における士人たちに影響を及ぼし、彼らの元朝に對する態度を方向づけたと考えられる。「三門記」は單なる藝術作品ではなく、その存在自體に政治性を多分に含んだ文物であったと言えよう。

三 「亡宋故官之子」牟應復と王應麟『玉海』

「三門記」が『陵陽集』に未收錄であるという第一節で提起した問題を受け、前節では「三門記」の史料性を明ら

かにした。續いて『陵陽集』の史料性を検討したい。本節では『陵陽集』を至順二年（一三三一）に刊行した牟應復を巡る當時の状況を考察し、彼の刊行意圖を探る。

（一）牟應復の事跡

牟應復に關して、非常に零細且つ斷片的な史料しか殘されていない。そのため、彼の經歴を詳細に追うことはできない。ただし、『祕書監志』の記述により大德五年（一三〇一）ごろに彼は京師にあって祕書監の寫志書人員として活動していたことが分かる[59]。そのことは前掲した『陵陽集』牟應復序の自らの經歴を述べた箇所に「宦遊四方、且留京師」とあるのに對應するだろう。

その後の彼の官歴に關し、朱德潤が「送孫仲遠經歷序」の中で海運を司る漕府について言及する中で「泰定中、陵陽牟君景陽來たりて幕職と爲る」と述べ、實務に習熟した應復の姿を描述している[60]。また、朱德潤は「請牟景陽啓」の中でも應復が吳會に居していたことを述べる[61]。これらから應復は泰定年閒（一三二四〜二八）に吳會すなわち蘇州平江路に漕幕として出仕していたことが分かり、牟應復序の「近數年來得官吳會」の記述を裏付ける。

その後の天曆二年（一三二九）三月に應復が浙東道宣慰使司都事に任命されたことは、第一節で述べた通りである。その任期中に『陵陽集』と『牟清忠公奏議』を刊行したが、その任期は六年であったことが程端禮「送牟景陽都事浙東代歸序」に「今景陽又た此を歷すること、凡そ六年」とあることから分かり、元統二、三年（一三三四、一三三五）ごろに浙東道宣慰使司を離れた。程端禮はその序の中で、『牟清忠公奏議』を讀んだと言い、もともと牟巘、牟應龍とも親交があったことにも言及し、陵陽牟氏を「二百年文獻之族」と稱贊している。一方應復個人に對しては、それと多少異なる評價を與えており、先述の朱德潤と同樣に應復が實務方面に長けていることを强調している[62]。

（二）王應麟『玉海』刊行事業

牟應復が浙東宣慰使司に出仕していた時期、浙東宣慰使司では元代學術上において非常に重要な活動が推進されていた。それは王應麟『玉海』刊行事業である。『玉海』が實際に刊行されたのは後至元六年（一三四〇）であるが、それ以前の至順三年（一三三二）には既に刊行命令が下されていた。しかし、費用の工面に問題があり、その刊行事業は順調に進まず、後至元三年（一三三七）に宣慰使司が『玉海』刊行を督促する命令を出すに至る。(63)その命令文書である「後至元三年十一月浙東道宣慰使指揮」が『玉海』に收録されている。

皇帝聖旨裏、浙東道宣慰使司都元帥府照得、至順三年十一月十二日准國子監牒、據國子學呈……（中略）……至順四年十月二十六日、據本道經歷司呈「備准都事牟承事關『竊見、慶元路鄉先生厚齋王公、諱應麟、以進士詞科仕宋、至翰林學士禮部尚書。公篤學彊記、博極羣書、立言持行、爲當時儒臣之冠。平生著作幾三十種、皆有功於後學、倶未刊行。至于玉海一書、尤爲妙絶……（中略）……眞是爲名世之奇書。但自公歿之後、其家族黨分爭、書遂遺缺、縉紳韋布遞相抄錄、無多寡不同、倶非全書。當職游宦四明、詢訪文獻故家、得公之孫厚孫、延致家塾、俾敎二子。曰獲盡取公之著述、悉心討論、訪求遺逸、玉海遂見全帙、考訂銓次燦然大備。適當聖朝文治之盛、儻得板行傳遠、資禮宮之敷陳、惠士子之考索、豈不韙歟。若准備呈、移牒憲司、主領成就、選官提調、庶幾易於辨集。』具呈照詳。」得此。……（後略）……(64)

浙東道宣慰使司都元帥府は、まず刊行命令が下る契機となった至順三年（一三三二）十一月十二日の國子監牒を照得する。次に至順四年（一三三三）十月二十六日に受けた浙東道宣慰使司内部の經歷司からの呈を擧げる。その經歷司呈には「都事牟承事」の「關」式文書が備准され、そのほぼ全文が引用されている。(65)

この「都事牟承事」とは、第一節で見た「承事郎浙東道宣慰使司都元帥府都事」の肩書を持つ牟應復である。實は、『玉海』に附された「前翰林國史院編修官胡助序」（後至元四年）・「婺州文學李桓公序」（後至元四年）・「孫厚孫跋語」（後至元六年）には、牟應復が『玉海』刊行を建議したことが言及されている。しかし、從來の研究ではこの牟應復が何者であるのかは指摘されてこなかった。彼は陵陽牟巘の次男であり『陵陽集』を編纂・刊行した牟應復である。

牟應復の建議は、まず王應麟とその著作を紹介した上で、『玉海』の學術的價値を指摘する。そして、『玉海』は一旦散逸してしまったが、王應麟の孫・王厚孫がそれを收集し校訂したことを述べ、その刊行を願っている。應復と王厚孫のつながりに關しては、應復が浙東に赴任した當初、「文獻故家」を尋ねた際に、王厚孫に會ったとする。そして、應復は彼を家塾に招聘し自分の子弟への教育に當たらせたという(66)。

この時の刊行に係る『玉海』の版木は四七七四片で、それらは慶元路儒學に所藏されていたことが『至正四明文獻』に載る(67)。そこには『玉海』の他に刊行された十三種の王應麟の著作も記録されている。その中の『困學紀聞』と『小學紺珠』は、實は牟應龍が序を撰述したことのある書籍である。牟應龍は大德五年（一三〇一）に『小學紺珠』に序を撰し(68)、至治二年（一三二二）八月には『困學紀聞』に序を作っている(69)。それらの序から王應麟の子であり王厚孫の父である王昌世と陵陽牟氏は交流があったことが分かる。牟應復は『玉海』刊行建議の中で、たまたま王厚孫と會ったかのように述べているが、實際にはおそらく彼は王氏一族の所在をもともと把握しており、自身が慶元に赴任したのを機に王氏を尋ねたと考えられる。

（三）「亡宋故官之子」

牟應復の『玉海』刊行建議は至順四年（一三三三）であるが、これは『陵陽集』（至順二年）と『牟淸忠公奏議』（至

順三年）を刊行した直後である。この事實だけを見れば、牟應復も學問で名高い陵陽牟氏の一員として學術活動に熱心だったようにも見える。しかし、先述したように、彼を稱贊する文章はみな實務家としての彼を稱えるだけである。そのため、その評價と熱心な出版活動との閒には多少の違和感が感じられる。その違和感を埋める史料が仁宗アユルバルワダ期における鄭介夫の上奏である。(70)その中で鄭介夫は牟應復を强烈に批判している。これまで見た史料とは異なる視點による評價は、牟應復の人物像をより明確に浮かび上がらせてくれる。

選法不公、難以條擧、且卽所見言之。如丘恢、丘總管之子、父存日已授崇安縣尹、因奸囚婦斷罷不敘、閒居八年。父歿之後、改名丘魁、自稱白身承蔭、再授寧都州同知、聞者莫不駭笑。如孔文昇、係浙西廉訪司書吏、巡按常州、改作文聲、虛稱歷任學正、滿考自行體覆、揑合入府州選。又以宣聖子孫卽陞太平路教授。除命已下、猶在憲司勾當。如此詐僞、而省部更不究問、實爲孔門之玷、風憲之羞。又如牟應復、輕薄無行、傲狠不才、初歷下州學正、厚賂閻承旨、保稱亡宋故官之子、便得攙陞路選。自是援例者、但夤緣翰林集賢院求一保闢、不問人物根腳、卽加虛獎過褒、闢箚旣到、隨准所擬、小有不完、必遭疏駁。非才者陞選、負能者淹屈、欲望選法之淸、人材之盛、不可得也。(71)

鄭介夫は丘恢・孔文昇・牟應復の三人の例を擧げて當時の選法の不公について批判している。孔文昇などは職歷だけでなく孔子の子孫であると詐稱して太平路教授にまでなったいかがわしい人物として非難されているが、牟應復はそれと同列に論じられている。上奏（傍線部）は牟應復を「輕薄無行、傲狠不才」と斷じ、州學正を任じていた時に「閻承旨」に賄賂を贈り、自らを「亡宋故官之子」と稱して出世の道を獲得した人物とする。

「閻承旨」とは閻復（一二三六～一三一二）を指す。閻復の祖先は平陽和州人であり、祖父・衎は金朝に仕え、父・忠の代に山東の高唐に移った。つまり、閻復は「漢人」である。また、彼は先述したように基本的に集賢翰林官とし

て昇進した人物である。その「漢人」閻復との關係を「南人」牟應復はどのように作ったのだろうか。第一節で述べたように父の巘は閻復の先代の墓銘（「靜軒閻平章先世墓銘」）を撰しており、また兄の應龍も大德年間ごろには閻復と既に面識があった。(72)陵陽牟氏と閻復との閒にはもともと交流があり、應復はそれを利用した可能性がまず考えられる。或いは「南人」牟氏と「漢人」閻復との閒に趙孟頫が介在した可能性もある。いずれの場合にしても、鄭介夫が應復への批判に續けて「是れ自り援例する者は、但だ翰林集賢院に夤緣り一《はじめ》の保闕を求め」（波線部）と述べていることに注目すれば、先述したように江南の人材を中央に吸い上げる役割も擔った翰林集賢官が陵陽牟氏と強く結びついていたと言える。

また、その際に牟應復が自らを「亡宋故官之子」と稱していた事は興味深い。「亡宋故官之子」とは當然「牟巘の子」という具體的な意味を持つ。第二節で述べたように、元初において牟巘は既に名聲を得て、廣汎な士人たちの尊重を受けていた。その名聲と尊重は彼の「不仕」と學問に基づいていた。その父の名聲を最大限に活かし應復は官界で昇進したのである。

鄭介夫が應復を殊更に取り擧げて不快感を示しながら「不才」と評したことを考えれば、應復は「亡宋故官之子」であることを相當賴りにし、その主張は押しの強いものだったと想定できよう。近年の元史研究では元代の出仕經路の多様化が指摘されその實態が解明されつつあるが、(73)「亡宋故官之子」もその多様な出仕經路の一つと言えるかもしれない。

そうであるならば、父・巘と祖父・子才の業績をモノ（實體）として表す著作は「亡宋故官之子」を自任する應復にとって必要不可缺なものであっただろう。彼による『陵陽集』『牟清忠公奏議』刊行の理由はこの邊りにあったと考えられる。

このような牟應復を巡る事情を考慮した上で、先述した王應麟『玉海』刊行に再度目を向ければ、彼は自分と同様の南宋遺老の子孫である王厚孫をわざわざ探し出して『玉海』刊行を建議し、それにより遺民及びその一族全體の地位を高め强固なものにしようとしたと解釋できるかもしれない。

おわりに

元朝に仕えなかった牟巘は、浙東の王應麟がそうであったように、浙西或いはより廣く江南地域において士人たちの尊重を受けていた。その「隱者」牟巘が「顯官」趙孟頫の依頼に應え「三門記」の撰文を擔當したことは、當時の江南士人が元朝統治を受容しつつあった動向を反映し、同時にその動向をより强固に方向づけ、元朝江南統治に大きな意味を有していた。これは碑記が少數者により鑑賞される藝術作品ではなく、立石されて公開されるという前提のもとに作成される政治性を含んだ作品であることに由來する。ここに當時の「顯」と「隱」を代表する趙孟頫と牟巘が「三門記」において書丹と撰文を擔った意味があった。多少逆接的な言い方となるが、牟巘は「隱者」として元朝期の政治に關わったと言えるだろう。

このことは、「不仕」が傳統的な價値觀を背景として稱贊される一方で、大德年閒（一二九七～一三〇七）前後の時期においては、元朝政府に抵抗する宋朝「遺民」という立場を殊更に主張する意識が既に薄れていた結果でもあったと言える。そのような狀況を經た後の至順年閒（一三三〇～三三）という元中期に、牟應復が『陵陽集』や『玉海』を刊行し「亡宋故官之子」或いは「遺民」の立場を再度强調する必要性はどこにあったのだろうか。

牟應復が『陵陽集』の編纂を開始したのは泰定年閒（一三二四～二八）であった。この泰定年閒に入る直前、中央で

は重大な事件が起きている。至治三年（一三二三）、英宗シデバラと丞相バイジュが上都から大都への移動途中に暗殺され（南坡の變）、泰定帝イェスン・テムルが卽位し、泰定年間が開始する。これは中央上層部における宮廷クーデターであったが、その情報の廣まりは地方の士人たちに大きな動搖を與えたという[74]。更に、このような政治的環境の激變期に前後し、應復の强い後ろ盾となっていたであろう趙孟頫と兄應龍がそれぞれ至治二年（一三二二）、泰定元年（一三二四）に亡くなっている。

この當時に應復が何歳であったかは確定できない。假に『陵陽集』の序を共に撰した程端學と同齢であったとすれば、泰定元年（一三二四）に四十七歳、『陵陽集』刊行時に五十四歳である。もう十歳年上であったとしても、この時にどのように身を處すかは、以後の出仕人生を大きく左右する問題だっただろう。「亡宋故官之子」として出世の道をつかみとった彼が、再度その立場を固めることで、目まぐるしく變化する泰定から至順年閒（一三二四～三三）の狀況に對應しようとし、『陵陽集』を刊行したと推測できるかもしれない。

そのような『陵陽集』の持つ政治性を考慮すれば、吳會（蘇州平江路）に赴任經驗を持つ應復が當地の著名な道觀である玄妙觀に立てられた「三門記」を『陵陽集』に收錄しなかったことにも一定の合理的説明がつく。本稿で明らかにしたように、「三門記」は牟巘が「遺民」としての立場を放棄した意味を持つ作品である。これは應復の『陵陽集』刊行意圖に沿うものではなかっただろう。

陵陽牟氏の名聲は不仕（「隱」）に基づくものであったが、牟應復はその名聲を卻って出仕（「顯」）の據り所とした。牟巘の二人の子である應龍と應復がそれぞれ「隱」と「顯」を分擔し、陵陽牟氏の生き殘りを圖ったと解釋できよう。「三門記」は本來碑刻であり、蘇州玄妙觀に立石され公開されていた。當然、「三門記」を立石した玄妙觀側には趙孟頫や牟巘とは異なる意圖が存在したはずである。蘇州玄妙觀に立石されていたもう一つの合作作品「三清殿記」は

大德七年（一三〇三）に住持張善淵等により立石されている。張善淵は宋元交替に當たり政權の道教管理政策に非常に敏感で至元十六年（一二七九）の段階には既に江南諸路道教所から甲乙制繼續の公據を獲得しそれを碑石に刻し立石している（「天慶観甲乙部符公據」）(75)。そのため、彼が關わった「三清殿記」、そして「三門記」の立石にも何らかの意圖があったことが想定される。注目すべきは趙孟頫の官銜「集賢直學士、朝列大夫、行江浙等處儒學提擧」である。元代集賢院は道教統括機關の側面を有しており(76)、玄妙観側から言えば趙孟頫が書丹した意義はそこにあったと考えられる。「三門記」が立石・公開された當地においてどのような役割を擔ったのか。この問題は、中國において「書」が果たした役割や書體をそのまま石に刻む意味を考えることにも繫がると考えられ、今後の課題としたい。

「三門記」は書の作品としては何の政治的主張も盛り込まれていない「假面の書」とも評價されているが、その存在自體が多分に政治性を含み、且つ當時の狀況を如實に表わしている。それは、「假面の書」の告白、とも言えるかもしれない。

註

（1）「三門記」が元代にたしかに刻石され立石されたことを直接記す記載は無い。しかし、ほぼ同時期に同じく牟巘が撰文し趙孟頫が書丹した「玄妙観重脩三清殿記」（以下略稱「三清殿記」）は住持張善淵等により大德七年（一三〇三）に立石されている（呉升『大観錄』元名賢法書卷八「正書重修三清殿記卷」）。これより玄妙観側は立石する意志を持って趙孟頫と牟巘に依賴したことが分かり、「三門記」も同じく刻石・立石されたと考えられる。「三清殿記」と元代平江路玄妙観及び張善淵については、拙稿「蘇州玄妙観元碑「天慶観甲乙部府公據」考——宋元交替期の宋代「文書」——」（『宋代中國の統治と文書』汲古書院、二〇一三）を參照。

（2）『中國文物地圖集：江蘇分册（下）』（中國地圖出版社、二〇〇八）の「重修山門記」條（三六三・三六四頁）には「〔玄妙

觀正山門内〕郎《玄妙觀重修三門記》、青石質、方首、方座、通高一・六米、寛〇・八米、牟山〔ママ：筆者註〕巘撰寫、趙孟頫書丹並篆額、元大德六年（一三〇二）勒石、明代摹刻。一九五七年曾被列爲省文物保護單位。一九六九年被毀。近年據拓片摹刻一青石碑置於原址」とある。筆者は二〇一四年八月に現地を訪れ摹刻（複製品）の現狀を調査した【寫眞】。その際、蘇州大學丁義珏氏の協力を得た。ここに謹んで謝意を表す。

（3）この書に關する詳細な流傳過程と研究動向については、陳建志「趙孟頫〈三清殿記〉と〈三門記〉二稿の流傳をめぐって」（『書藝術研究』五、二〇一二）を參照。また、「三門記」の書寫年代については諸說あるが、本稿では大德七～九年の閒とする陳氏の說に從い、立石もその直後とする。

（4）例えば、明代書畫家・李日華の跋文は「此書有泰和之朗、而無其佻、有季海之重、而無其鈍、不用平原面目、而含其精神。天下趙碑第一也。不易得」と、李北海・徐浩・顏眞卿という唐代の名だたる書家の名を擧げながら高い評價を與えている。

（5）石川九楊『書の宇宙』十五（二玄社、一九九八）を參照。

（6）趙孟頫研究の狀況については、櫻井智美「趙孟頫の活動とその背景」（『東洋史研究』五六―四、一九九八）を參照。

（7）森田憲司氏は、「石刻資料を論ずる場合には、撰者だけではなく、書丹や題額の擔當者についても考える必要がある」と指摘する。「三門記」について言えば、書丹・題額擔當者だけでなく撰者についても考える必要があることになろう。森田憲司「碑文の撰者としての知識人」（『元代知識人と地域社會』汲古書院、二〇〇四）を參照。

（8）この四庫全書提要の書きぶりは牟巘を南宋の「遺民」と見なしているためと考えられる。一方、趙孟頫の文集『松雪齋文集』の四庫全書提要は趙孟頫を「貳臣」と見なした書きぶりとなっている。だが、村上哲見氏が既に指摘しているように、このような「遺民」と「貳臣」に峻別する考えはあくまで清朝初期の政治動向に影響された判斷であり、元代當時の考え方ではない。村上哲見「貳臣と遺民――宋末元初江南文人の亡國體驗――」（『中國文人論』、汲古書院、一九九四）を參照。

（9）元代の「隱者」「隱逸」或いは「隱」の定義は、陳雯怡（櫻井智美譯）「大隱は「士」に隱る？――『元史・隱逸傳』に見る元代の隱逸」（宋代史研究會報告論集第十集『中國傳統社會への視角』、汲古書院、二〇一五）が指摘するように、獨特の議論の文脈を持ち非常に複雜である。本稿では「隱」の嚴密な定義は保留し、「隱居して出仕しない」という一般的な意味で

用いる。

（10）「三門記」にはその作成經緯が「吳興趙孟頫復求記於陵陽牟巘」と記され、趙孟頫の五兄趙孟頖が撰文の依賴に來たことが分かる。前揭註（1）で述べたように、この「三門記」作成以前に趙孟頫と牟巘は「三淸殿記」を合作している。それには「大德壬寅十月、因吳興趙孟頫諗於陵陽牟巘曰「殿成十有三年矣、淳熙之役適踰三丙申、殆非偶然。已治石廡下、願爲記成事」固辭不獲……（中略）……是爲記」と記されており、大德六年（一三〇二）に趙孟頫が牟巘に依賴したことが分かる。「三門記」に「復求記」とあるのは、この時に直接依賴をもたらしたのは趙孟頖であるが、撰文依賴の主體が「三淸殿記」と同樣に趙孟頫であったからと判斷できる。

（11）牟巘を主要な考察對象とした研究には、周淸澍「從牟巘『陵陽集』看南宋的地方官」（『中華文史論叢』二〇一二―四）、李軍「蜀士多才俊、文章翠東南――元代流寓江南蜀籍文學家論略」（『西南民族大學學報：人文社會科學版』二〇〇八―九）がある。また、于磊「『癸辛雜識』之賀詩風波――論方回的人品及其他」（『元史及民族與邊疆研究集刊』二〇〇八―一）は方回と親交があった者として牟巘を取り上げ考察する。

（12）『元史』卷一九〇、儒學二、牟應龍傳「一門父子、自爲師友、討論經學、以義理相切磨、於諸經皆有成說、惟『五經音考』盛行於世」。

（13）黃溍『金華黃先生文集』卷一六「隆山牟先生文集序」「以耆年宿德、擅文章之柄、而雄視乎東南者、大理公一人而已」。

（14）虞集『道園學古錄』卷一五「牟伯成墓碑」「然自大官顯人過吳興者、必求大理公拜床下、得一言而退、終身以爲榮」。

（15）陳彥池『牟巘『陵陽集』研究』「第二章　第二節『陵陽集』版本調査」（華東師範大學碩士論文、二〇一二）。

（16）『陵陽先生集』六卷。他が二十四卷であるのに對し、この抄本は六卷であり、後半のかなりの部分が省略されている。

（17）版本調査での成果の詳細については、紙幅の都合上、別稿にて論じる。

（18）『吳興叢書』所收『陵陽先生集』「劉承幹跋」「予先得舊鈔於甬上抱經樓、復假葉葉鞠裳侍講所藏、乞劉誠甫侍御況夔笙太守以兩本互勘差爲完善、乃授之剞氏」。

（19）『元史』卷一九一、儒學二、韓性傳に付された程端學傳。進士登第の年は『元史』の考異に據る。

(20) ①四庫全書本の底本は浙江鮑士恭家藏本である。その鮑士恭が所藏していた抄本『陵陽集』五册は現在中國國家圖書館に所藏されている（⑤）。しかし、その⑤國家圖書館所藏本には①四庫全書本に收錄されていない牟應復序が付されている。四庫全書への收錄の際に牟應復序は除かれたか。詳細は不明。後考を俟つ。
(21) 版本②は「月」に作る。版本③⑤⑥⑦⑨により改める。
(22) 版本②は「以」に作る。版本③⑤⑥⑦⑨により改める。
(23) 錢大昕『十駕齋新錄摘抄』卷四「陵陽先生文集」が既に指摘する。
(24) 『至正四明續志』卷一、沿革、職官一、浙東道宣慰使司「都事二員……（中略）……牟應復　承事郎天曆二年三月初九日之任」。
(25) 李治安『行省制度研究』「下編 第一章 行省屬下的分治機構――宣慰使司」（南開大學出版社、二〇〇〇）を參照。
(26) 肖文飛「牟應龍於趙孟頫的交往及其書法藝術」（『東方藝術』二〇一一年二〇期）等を參照。
(27) 『海を渡った中國の書：エリオット・コレクションと宋元の名蹟』（讀賣新聞社、二〇〇三）四〇・四一頁（寫眞版）、二九四頁（釋文）を參照。
(28) 『吳興備志』卷二四、趙孟頫撰「牟獻墓銘」。「獻」字はママ。名稱のみが記され、その文章は傳わっていない。
(29) 本文不載。その原稿はアメリカ・プリンストン大學博物館に所藏されており、前揭『海を渡った中國の書』三六・三七頁に寫眞版、二九三・二九四頁に釋文が載せられている。
(30) 本文不載。
(31) 前揭肖文飛二〇一一を參照。原文は「幾乎到了非牟巘撰文趙孟頫不書的程度」。
(32) この二つの「記」は『陵陽集』に本文しか收錄されておらず、撰文者である牟巘の名や書丹者の趙孟頫の名は收錄されていない。そのため、『陵陽集』からだけでは牟巘と趙孟頫の合作であることは分からない。また、錢大昕は自己の所藏する「松江寶雲寺記」が『陵陽集』に收錄されていないことを指摘している。錢大昕『十駕齋新錄摘抄』卷四「陵陽先生文集」を參照。

（33）前揭櫻井一九九八を參照。ただし、牟巘の子・牟應龍はリストに擧げられている。
（34）前揭陳雯怡二〇一五を參照。
（35）『宋元學案』卷八〇。
（36）『宋史』卷四一一、牟子才傳。
（37）『宋史』卷四三八、李心傳傳、黃震『戊辰修史傳』「寶章閣待制李心傳」及び胡昭曦「宋代蜀學的轉移與衰落」（『胡昭曦宋史論集』西南師範大學出版社、一九九八）を參照。
（38）『陵陽集』牟應復序「理宗訓辭有曰、爾名臣之子」。
（39）程端學『積齋集』卷二、「牟清忠公奏議序」「著論議・制誥・詩賦・雜文、多所遺逸、僅存奏稾數十篇。公之孫浙東帥府都事應復景陽父嘗出以示端學。……（中略）……景陽且徵端學爲序」。
（40）『吳興備志』卷一二「吳興當元初時有八俊之號。蓋以子昂爲首、而錢選舜擧與焉。」、「張復亨、字剛父、烏程人、力學博聞。仕至泰州同知時、與趙子昂・牟應龍・蕭子中・陳無逸・陳仲信・姚式・錢選皆能詩、號吳興八俊。虞邵菴嘗稱、唐人之後、惟吳興八俊可繼其音。」
（41）『元史』卷一九〇、儒學二、牟應龍傳。
（42）虞集『道園學古錄』卷一五「牟伯成墓碑」。
（43）黃溍『金華黃先生文集』卷一六「隆山牟先生文集序」。
（44）前揭肖文飛二〇一一等を參照。
（45）牟應龍は最初に奉直大夫知邵武軍楊恪の女である楊氏を娶り、後に朝奉大夫將作監程繩翁の女である程氏を娶った。彼の子は、必遠・必大・必達・必勝・必昌の五人いたが、必遠、必大と必昌の三人は早逝している。必勝は程氏の子である。また、「隆山文集序」に據れば、『隆山文集』は必勝が應龍の遺稿を整理し刊行した。
（46）黃溍「隆山文集序」「大理公歿、學者有所不知、必之先生而考質焉」。陸心源はこの部分を『宋史翼』牟巘傳に「學者有所不知、必之巘考質焉」と引用して牟巘の事跡として記すが、誤りである。

(47) 宋濂『文憲集』巻二五「元故翰林待制承務郎兼國史院編修官柳先生行狀」。
(48) 前掲于磊二〇〇八を參照。
(49) 前掲註(8)を參照。
(50) 戴表元『剡源戴先生文集』巻一〇「陵陽牟氏壽席詩序」。
(51) 前掲胡昭曦一九九八を參照。
(52) 戴表元序以外にも、奉化人である袁桷の「壽牟獻之大理卿七十三十韻」(『淸容居士集』巻四)がある。
(53) 前掲櫻井一九九八を參照。
(54) 近藤一成「宋末元初湖州吳興の士人社會」(『宋代中國科擧社會の研究』汲古書院、二〇〇九)は、浙西と浙東の士人社會の對比として、趙孟頫と胡長孺が世祖クビライから何ができるか問われた際に趙孟頫は「文章を作ること、それに琴棋書畫を辨えております」と答え、胡長孺は「正心修身齊家治國平天下の何たるかを辨えております」と答えたとする元代の逸話を紹介する。それが事實かどうかは別として、趙孟頫が「文化」方面の名聲を以て政治に參入しようとしたことがよく表現されている。
(55) 宮紀子「程復心『四書章圖』出版始末攷――江南文人の保擧――」(『モンゴル時代の出版文化』名古屋大學出版會、二〇〇六)を參照。
(56) 程鉅夫は至元二十年に翰林集賢直學士となり至元二十三年に趙孟頫等の江南士人を朝廷に推薦した(『元史』巻一七二、程鉅夫傳)。張思明は大德五年に集賢司直となる(『元史』巻一七七、張思明傳)。閻復は至元八年に翰林應奉となって以後、主に翰林集賢官として官歴を積み、元貞四年には翰林學士承旨となっている(『元史』巻一六〇、閻復傳)。
(57) 前掲森田二〇〇四を參照。また、松葉久美子「元朝治下の王應麟とその思想」(『日本中國學會報』六七、二〇一五)は、王應麟の「不仕」と碑文作成がともに風俗教化を擔う士大夫意識に基づく矛盾の無い行爲だったことを指摘する。
(58) 楊亮「四明文士心態及政治傾向發微」『宋末元初四明文士與詩文研究』(中華書局、二〇〇九年)を參照。
(59) 『祕書監志』巻四、纂修、大德五年七月初二日準兵部關の條。

（60）朱德潤『存復齋續集』「送孫仲遠經歷序」。

（61）朱德潤『存復齋續集』「請牟景陽啓」。朱德潤は仁宗・英宗に仕えた後、南歸して仕えず、泰定年閒（一三二四～二八）には蘇州平江路にいた（『存復齋續集』附錄、周伯琦「有元儒學提擧朱府君墓志銘」）。

（62）程端禮『畏齋集』巻四「送牟景陽都事浙東代歸序」。程端禮は冒頭で牟子才『牟清忠公奏議』を讀んだと述べ、且つ末尾には「余因序其文獻、爲世忻慕、遠有所自、著於卷首」と記す。しかし、『牟清忠公奏議』の序を撰述したのは程端禮ではなく、弟の程端學である（前揭註（39）を參照）。ただ、程端學は元統二年（一三三四）に死去している。そのため程端禮が弟・端學の代筆をした可能性もあるかもしれない。後考を俟つ。

（63）『玉海』刊行過程については、近藤一成「黃震墓誌と王應麟墓道の語ること――宋元交替期の慶元士人社會――」（『史滴』三〇、二〇〇八）及び郭美玲『玉海研究』（中國文化大學博士論文、二〇一一）を參照。また、『玉海』の版本については、陳仕華「第三章　玉海之版本」（『王伯厚及其玉海藝文部研究』臺灣商務印書館、一九九三）を參照。

（64）後至元六年刊・至正十一年修補本『玉海』。筆者は京都大學人文科學研究所所藏の京都建仁寺兩足院所藏至元六年慶元路儒學刊本影照本を參照した。

（65）前揭李治安二〇〇〇に據れば、宣慰使司の經歷と都事はともに首領官であり、經歷は首領官たちの意見を取りまとめる位置に居る。都事が經歷司に平行文書「關」を送り、それを經歷司が備准し「呈」とする一連の文書處理過程は、その宣慰使司の官制に合致する。「備准」については、拙稿「宋代「備准」文書と情報傳達」・「宋代文書行政中の「備」について」（ともに前揭拙著二〇一三）を參照。

（66）王厚孫及び王應麟の子孫に關しては、前揭近藤二〇〇八を參照。王厚孫の傳記には貝瓊「故福建儒學副提擧王公墓誌銘」（『淸江文集』巻三〇）と鄭眞「遂初老人傳」（『滎陽外史集』巻四六）がある。それに據れば、廉訪副使が郡直學を設置した際、王厚孫がその任に就いたが、彼は「不任煩瑣」を理由に辭めてしまう。その際、牟應復は彼に「先儒謂錢穀、亦爲已之學。聖人辭尊居卑」と諭し、厚孫はまた職に就いたという。牟應復の言はまさに實務家である彼の爲人を表しているだろう。また、ここに牟應復と王厚孫の關係の一端がうかがわれる。ちなみに貝瓊「墓誌銘」は「都司牟應龍」と記すが、鄭眞「老

人傳」では「陵陽牟應復」「牟都司」と記される。「墓誌銘」は「老人傳」の文章を基にしているため、「墓誌銘」が誤りと判斷できる。

(67)『至正四明文獻』卷七、學校、本路儒學、書板の條。なお、その註に「玉海等書、先是浙東都事牟應復建議板行、至元五年宣慰使都元帥也乞里不花資德命刊」と記されている。

(68) 王應麟『小學紺珠』「牟應龍序」、虞山毛氏汲古閣刊本（津逮祕書）。

(69) 王應麟『困學紀聞』（全校本）「元刊本困學紀聞牟應龍序」（上海古籍出版社、二〇〇八）。

(70) 黄時鑑「『大元通制』考辨」（『元代法律資料輯存』浙江古籍出版社、一九八八）は、この鄭介夫の上奏を大德七年（一三〇三）のものとする。しかし、前掲宮二〇〇六は註112で、上奏中に至大二年（一三〇九）・至大四年（一三一一）の詔が引用される等の理由から、鄭介夫の上奏がアユルバルワダ期のもので、更に皇慶二年（一三一三）以前に絞られることを指摘する。本稿は宮氏の見解に據る。

(71) 鄭介夫「上奏一綱二十目」（『元代奏議集錄（下）』）。

(72) 書法手卷「崇眞萬壽宮瑞鶴詩唱和卷」（約一二九七～一三〇四年頃制作）には集賢學士閻復を筆頭に唱和した六人の士人の親筆が書され、その中に「前進士陵陽牟應龍」と牟應龍の親筆が見える。「國寶手卷：元『崇眞萬壽宮瑞鶴詩』」（『收藏』二〇一二―二）を參照。

(73) 飯山知保「モンゴル時代華北における出仕傾向の變遷」（『金元時代の華北社會と科學制度』、早稻田大學出版部、二〇一一）、前掲宮二〇〇六等を參照。

(74) 前掲楊亮二〇〇九を參照。

(75) 前掲註（1）に擧げた拙稿を參照。

(76) 櫻井智美「元代集賢院の設立」（『史林』八三―三、二〇〇〇）を參照。

【附記1】本稿は日本學術振興會科學研究費助成事業：若手研究（B）「宋金元代中國における石刻「文書」の歴史的展開」（研究

課題番號：26770250）による研究成果の一部である。

【附記2】本稿は「游於藝：十一至十四世紀士人的文化活動與人際網絡」國際學術研討會（二〇一五年六月十二日、於長庚大學）、第百七十八回宋代史談話會（二〇一五年六月二十日、於大阪市立大學）、第二屆東亞漢籍交流國際學術研討會（二〇一五年十一月四日、於南京大學）、九州史學會大會東洋史部會（二〇一五年十二月十三日、於九州大學）での各發表に基づく。席上、諸先生方に貴重なご意見を賜った。記して謝意を表したい。

『大元一統志』「沿革」にみる編纂過程
――平江路を中心に――

小二田　章

はじめに

筆者はこれまで、中國の地方志の編纂過程と記載内容の形成について、杭州地域を場とした研究を行ってきた。[1]その途上、地方志形式の確定と全國的浸透という現象を考えるうえで、元~明初期における地方志編纂を理解する必要が生じた。元~明初期の地方志はその現存が極めて限られており、個別の地方志に關しての先行研究は存在するが、編纂過程を検討した論文は管見のかぎりわずかである。また、地方志の全國的浸透に關して大きな影響を持ったとされる永樂年間の地方志編纂を命じる敕令[2]についても、それに言及する研究こそ多いが、それが具體的に地方志編纂にどのような影響を與えたかについては考察がなされていない。そもそも、該時期が地方志を含め、全體的に史料編纂・記載が少なくなる時代であり、その原因についてもいまだ結論が出ていない。

これらの問題に取り組むために、筆者は同時代の專門研究者と勉强會「『大元一統志』『大明一統志』研究會」（略稱：大元大明研究會）を組織し、その二つの「一統志」に挾まれた時代の史料動向について議論を重ねてきた。[3]この「一統志」は地方志を基盤にした全國志であり、その記載には地方志が大きく關わっている。また、他の地方志の殘

存が限られる時期において、地方志を基盤にした「一統志」の記載形成を考えることで、當時の地方志の編纂理由を検討することができる。

勉强會にて議論を行う中で、筆者は『大元一統志』の「沿革」という項目に着目した。「沿革」は該地域の領域と呼稱、統治形態の變化などを概述した項目であるが、斷片とそれを集めた輯本しか殘らない『大元一統志』を考える上で、比較的完全な形での殘存の多い項目であり、また項目の性質上、前後の時期の地方志と記載內容が關連しやすいものである。また、過去の記載の寄せ集めに過ぎないと考えられたためか、これまで「沿革」を分析の對象にした研究は管見のかぎり存在しない。これらを踏まえ、『大元一統志』の性質を「沿革」の內容・編まれ方から考え、その前後の地方志との關連を併せて検討したい。

加えて、今回の分析は「平江路」（一般的な地名としては蘇州）という地域の記載に着目する。この平江路は『大元一統志』の斷簡が殘存し、「沿革」を完全な形で見ることができる。また、前提となる宋代の地方志が存在し、さらに、明代初期の地方志がほぼ完全な形で存在しており、他の地域と比べて非常に惠まれた條件であるといえよう。この參照されたであろう史料、またそれをさらに參照したであろう史料がおおよそ殘っていることで、資料の來源・引用關係をより密に追いかけることが可能である。この「平江路」の記載を通じ、『大元一統志』編纂における史料源の問題を考えたい。

一　『大元一統志』と「沿革」について

議論を行う前提として、『大元一統志』そして「沿革」という項目について、先行研究の概觀を行う。

『大元一統志』は、元朝期、世祖フビライの命により至元二十二年（一二八五）に編纂が開始された。[4] その後、至元二十八年（一二九一）に全七五五巻にて一旦完成したあと、再度の編纂・校訂を經て大德七年（一三〇三）に全一三〇〇巻にて改めて完成した。この時は稿本として作成され、限られた人間のみ閲覽できたが、後に至正六年（一三四六）前後に、浙江などで刊刻されたことで、人々の目に觸れるようになった。[5]

編纂過程のあらましとしては、この『大元一統志』は、フビライ最末期、『郡邑圖誌』ら他地誌を上回る大元ウルスの地誌として構想され、その後漢地を對象とするために地方志など資料を集め、漢人官僚中心の編纂體制が組まれた。そして、虞應龍の編んだ『統同志』を下敷きに、扎馬剌丁（ジャマール・ウッディーン）ら祕書監が第一次を制作し、成宗テムルの後繼後、孛蘭肹（ブラルキ）、岳鉉らが第二次編を完成というものであった。[6]

ただ、實際の編纂は第一次編纂に參加した虞應龍（もと南宋の進士、編纂後に祕書少監）が中心となった。[7] これらは當時平行して進められていた正史事業と併せ、[8] 官撰の一大プロジェクトであった。[9] この制作に際し、參照されたのは南宋臨安より押收された圖册、特に元豐九域志、輿地紀勝、方輿勝覽などであった。[10] また、この時も各地に地方志編纂を命じており、その編ませた地方志も參照していると思われる。

後世には、各地方志（至正金陵新志、析津志など）に記述・體例などの影響を與えているとされる。[11] その本體の殘存狀況としては、明代には既に散逸、現在は殘巻（七巻分）と零葉、さらに『永樂大典』などから抄出した輯本が存在するのみである。[12][13] 輯本については、配列などが『元史』地理志を參考としたため、本來との差異を指摘する者もいる。[14]

以上のように、中央における編纂過程やその主な參加者、あるいはその背景にある社會・文化については一定の研究成果が存在している。しかし、その限定的な殘存狀況のためか、研究者の間でも「大元ウルスの地誌」と「中國王朝の全國志」といったような理解の斷絶がみられるほか、「一統志」として中央で編纂された側面に偏って分析がな

された結果、『大元一統志』と地方志との關連性、さらには個々の項目の編纂過程といった、編纂に關する細部の研究はあまり進んでいないように思われる。

次に、「沿革」項目について述べる。「沿革」項目は、既に述べたように、統治者の變遷、領域の變化、制度的位置づけの變化を概略したものであり、地域の統治の歴史である。一般に地域に關する言及としてほぼ巻頭に擧げられる。内容については、過去の史書の記載を要約したものが中心であるが、内容の增減が史料・時期によって大きく發生する。「沿革」の記述がどのように過去の史料から選擇され記載されたかを分析するのは比較的困難だが、その繼承關係や形式の構築を検討することは、時代性を理解する上で有效であると言える。

ここで、『大元一統志』の「沿革」全體を、前述の輯本を通じて概觀する。「沿革」の記載は、全體で一二九件が殘っている。その内、原本の斷簡が殘っていて、比較的原狀を傳えているとされているものは、四十九件に留まる。さらに、他所からの引用であっても、比較的原狀に近いと思われる十一件を加え、六十件が今回の對象となる（表Ⅰ參照）。特定の州について、その全域の記載が殘っている場合が多く、路全體が殘っているケースはない。分量としては、路の記載は後述する平江路の「沿革」に見えるように、八〇〇字以上に及ぶものが多く、州・縣については二〇〇字以下となることが多い。

原狀に近いものの特徴を見ると、まず、それぞれの「沿革」の記載形式がそれぞれ異なることが多く、後の『大明一統志』に見られるような統一した形式を有していないことが窺える。端的な例としては、「撫州路」の一部には、他の地域に見られない「郡（縣）望」の記載があることが擧げられる。さらに、極端な例として、「麗江路軍民宣撫司」[15]の記載、あるいは「裕州」の附縣である「葉縣」の記載が擧げられる。この二つは、その内容に一般的な統治機關の異動のみならず、前者は元朝による地域制壓の過程、後者は唐代の地域に關する上奏文を含み、明らかに當時の

表Ⅰ　『大元一統志』の現存する原状の沿革一覧表

輯巻	原巻	冒頭の目録地域名	路名	州縣名①	州縣名②	原/引	引用元	想定分量指標	備考
巻三河南江北等處行中書省	巻二八二鄭州	汴梁路(領7縣)、鄭州(管城縣、滎陽縣、汜水縣、河陰縣)、許州、陳州、鈞州、睢州	汴梁路	鄭州		原			詳細な沿革(春秋が特に多め)。
					管城縣	原			詳細な沿革(春秋戰國エピソードあり)。
					滎陽縣	原			詳細な沿革(春秋前漢エピソードあり)。
					汜水縣	原			詳細な沿革(地名の由来エピソードあり)。
					河陰縣	原			魏晉～隋以外の沿革。
	巻三八四裕州	南陽府(領2縣)、鄧州、唐州、嵩州、汝州、裕州(方城縣、葉縣)	南陽府	裕州		原			漢以降の詳細な沿革。
					方城縣	原			省略された沿革。
					葉縣	原			唐が異常に詳細(關連の上奏、地域の來歷風俗、名宦などを含む)、それ以外は沿革。太平寰宇記などの影響か。
	巻三六一房州	襄陽路(領6縣)、均州、房州(房陵縣、竹山縣)	襄陽路	房州		原			詳細な沿革。
					房陵縣	原			比較的詳細な沿革。
					竹山縣	原			春秋が詳細な沿革。
	巻四七三峽州路	峽州路(夷陵縣、宜都縣、長陽縣、遠安縣)	峽州路			原			詳細な沿革(注が充實)。該路内の記載形式、引用書は類似。
					夷陵縣	原			詳細な沿革。
					宜都縣	原			詳細な沿革。
					長陽縣	原			詳細な沿革(やや少なめ)。
					遠安縣	原			詳細な沿革(やや少なめ)。
巻四陝西等處行中書省	巻五四四鄜州	延安路(膚施縣、甘泉縣、宜川縣、延長縣、延川縣、安定縣、安塞縣保安縣)、鄜州(洛川縣、中部縣、宜君縣)、綏德州、葭州(神木縣、吳堡縣、府谷縣)	延安路	鄜州		原			詳細な沿革。該路内の詳細な記載形式・引用書は類似。
					洛川縣	原			省略された沿革。
					中部縣	原			詳細な沿革。
					宜君縣	原			詳細な沿革。
	巻五四八葭州			葭州		原			宋は關連の上奏を引用しそれ以外は詳細な沿革。
					神木縣	原			詳細な沿革。
					吳堡縣	原			宋・金の沿革。
					府谷縣	原			五代周は關連の逸話を引用し、それ以外は詳細な沿革。
	巻五三八金州	興元路(領4縣)、鳳州、洋州、金州	興元路	金州		原			詳細な沿革。
	巻五八七西和州	西和州	鞏昌路?	西和州		原			詳細な沿革。
	巻五八五蘭州	蘭州		蘭州		原			宋は關連の上奏を引用しそれ以外は詳細な沿革。
	巻五八六會州	會州		會州		原			詳細な沿革。

卷七雲南諸路行中書省	卷？麗江路軍民宣撫司	麗江路軍民宣撫司(領0縣)、北勝府、順州、蒗渠州、永寧州、通安州、蘭州、寶山州、巨津州(臨西縣)	麗江路軍民宣撫司			原			詳細な沿革(特に「蠻」について)。舊鐵琴銅劍樓藏の殘本には、元朝歸服時の詳細な記載が含まれている。
				通安州		原			民族誌と沿革。
				巨津州		原			民族誌と沿革。
					臨西縣	原			民族誌と沿革。
卷八江浙等處行中書省	卷七九一崇德州	嘉興路(錄事司、領1縣)、海鹽州、崇德州	嘉興路	崇德州		原			省略された沿革。
	卷七六三平江路	平江路(錄事司、吳縣、長洲縣)、崑山州、常熟州、吳江州、嘉定州	平江路			原			詳細な沿革(特に春秋戰國について)、記載形式・引用書は類似。
					錄事司	原			元の沿革のみ。
					吳縣	原			省略された沿革。
					長洲縣	原			省略された沿革。
	卷七九二常州路	常州路(錄事司、晉陵縣、武進縣)、宜興州、無錫州	常州路			原			詳細な沿革(やや南北朝期に重心)。記載形式・引用書は類似。
					錄事司	原			元の沿革のみ。
					晉陵縣	原			宋以前の沿革。
					武進縣	原			宋以前の沿革。
卷九江西等處行中書省	卷九五七新昌州	瑞州路(錄事司、領2縣)、新昌州	瑞州路	新昌州		原			宋以降詳細な沿革。
	卷九五八撫州路	撫州路(錄事司、臨川縣、崇仁縣、金谿縣、宜黃縣、樂安縣)	撫州路			原			詳細な沿革。この路は路のみ年代が詳細で、縣は事象の列擧になっている。
					錄事司	原			元の沿革のみ。
					臨川縣	原			詳細な沿革。縣望上
					崇仁縣	原			詳細な沿革。縣望上
					金谿縣	原			五代宋の詳細な沿革。縣望中。
					宜黃縣	原			詳細な沿革。
					樂安縣	原			詳細な沿革。
原狀が引きうつされた可能性のあるもの									
卷一中書省統山東西河北之地		太原路(錄事司、陽曲縣、文水縣、平晉縣、祁縣、榆次縣、太谷縣、清源縣、壽陽縣、交城縣、徐溝縣)、汾州、石州(離石縣、寧鄉縣)、忻州(秀容縣、定襄縣)、平定州(樂平縣)、臨州、保德州、崞州、管州、代州、臺州、興州、堅州、嵐州、孟州	太原路	嵐州		引	永樂大典	大	比較的詳細な沿革(唐宋特に)

巻五 四川等處行中書省		重慶路(巴縣、江澤縣、南川縣)、瀘州(江安縣、納渓縣、合江縣)、忠州、合州（銅粱縣、定遠縣、石照縣)、涪州	重慶路	瀘州		引	永樂大典	大	詳細な沿革(宋が特に多め)。原状のコピーか。
					江安縣	引	永樂大典	大	詳細な沿革。原状のコピーか。
					納渓縣	引	永樂大典	大	宋元の詳細な沿革。原状のコピーか。
					合江縣	引	永樂大典	大	詳細な沿革。原状のコピーか。
巻八 江浙等處行中書省		汀州路(錄事司、長汀縣、寧化縣、清流縣、蓮城縣、上杭縣、武平縣)	汀州路		長汀縣	引	永樂大典	中	詳細な沿革。原状のコピーか。
					寧化縣	引	永樂大典	中	宋の詳細な沿革。原状のコピーか。
					清流縣	引	永樂大典	中	宋の詳細な沿革。原状のコピーか。
					上杭縣	引	永樂大典	中	詳細な沿革。原状のコピーか。
		廣州路(錄事司、南海縣、番禺縣、東莞縣、增城縣、香山縣、新會縣、清遠縣)	廣州路			引	永樂大典	大	詳細な沿革(特に南朝宋・唐末)。注も含め沿革としては最も詳細。原状のコピーか。
					新會縣	引	永樂大典	中	南朝～唐の沿革のみ。

一般的な沿革とは異なっている。また、もうひとつの特徴として、路（州）のなかでは、記載様式・引用した書物が類似することが見て取れる。例えば、表にある「峡州路」とその附屬の縣（夷陵縣、宜都縣、長陽縣、遠安縣）の間には、同様の書物を引用しつつ、似たような記載形式で書き、さらには路の記載を受けて縣の説明を行うような書き方（例えば路で説明した内容は重複を避けるため省略する、など）が見て取れる。これらを考えると、『大元一統志』における沿革の記載は、中央に資料をあつめ、それを參照して文章を作成したのではなく、各地から上がってきた資料の文章を引きうつしたものである可能性が高いと言える[16]。

以上、『大元一統志』の前提を概觀したが、まとめると、全一三〇〇巻という巨大な巻數が眞實であるならば、その巻數の内譯は、各地から上がってきた資料を編みなおすのではなくそのまま投入した結果であったことが推測されるものである。言い換えれば、『大元一統志』の「沿革」については、地域で編まれた記載が使われている可能性が高く、これを地方志編纂の一端として考えることが可能であろう。

二　平江路「沿革」の形成

まず、『大元一統志』の平江路「沿革」の特徴とその形成背景について、それ以前の同じ地域の「沿革」との比較を通じて検討する。

はじめに、前提となる『大元一統志』平江路の「沿革」を示す。

> 平江路　禹貢揚州之域。呉地斗分野。周禮職方氏藪曰具區、浸曰五湖。周時爲呉國。周時謂呉國。釋名曰、呉虞也、封太伯於此以虞其志也。按史記、周太王長子曰太伯、太伯弟仲雍、避少弟季歴逃荊蠻、自號勾呉。呉人立以爲君。太伯卒無子、弟仲雍立。太伯初適呉、築城在平江門外。自太伯至王僚二十六王都之、今無錫縣有呉城、是也。仲雍傳國至曾孫周章、武王尅殷、因而封之。又封周章弟虞仲於故夏墟、謂之虞仲。從太伯至呉子壽夢十九世、當魯成公時盛大稱王。呉入州來、楚一歳七奔命、蠻地屬於楚者、呉盡取之、始大通於上國。呉王闔閭西破楚入郢、北威齊晉、興伯名於諸侯、築大小城都之。魯定公十四年、呉伐越、越子迎撃之、敗之檇李。呉王闔閭傷將指卒。其子夫差三年乃報越、敗越於夫椒。越王以甲楯五千棲於會稽、因太宰嚭以行成於呉、乃以百里封句踐臣妾於呉、而浙江以西盡爲呉有。魯哀公十三年呉會黄池、越入呉而越及呉平。十七年三月越子伐呉、呉子禦之笠澤、夾水而陳。越子爲左右句卒使夜或左或右鼓譟而進、呉師分以禦之。越子以三軍潛渉、當呉中軍而鼓之、呉師大亂、遂敗之。二十二年冬越滅呉、呉地盡爲越有。後六世周顯王三十五年越王無疆伐楚、楚人大敗之、乘勝盡取呉故地、東至浙江。楚威王曾孫考烈王、其相春申君黄歇乃自淮北更封江東、復還相楚、使其子爲假君留呉。秦始皇二十五年王翦定江南之地、降百越之君、置會稽郡。時會稽郡治呉、非治山陰也。項梁項羽初起、羽撃殺會稽假守殷通卽此

地也。漢亦爲會稽郡、高帝五年封荊王賈、十二年封呉王濞。景帝四年平呉王濞、更屬江都國、除爲郡。東漢順帝時陽羨令周喜、山陰令陰重上書、以呉越二國周旋一萬一千里、以浙江山川險絶、求得分置、遂以浙江西爲呉郡、浙江以東爲會稽郡。三國屬呉、孫氏創業、亦肇跡於此。歷晉至梁不改。陳置呉州。隋開皇九年平陳、改曰蘇州。蓋因州西有姑蘇山以名。煬帝大業初復曰呉州、尋改爲呉郡。唐武德四年平李子通、復置蘇州。六年陷於輔公祏、七年平公祏、復立蘇州、置蘇州都督、督湖杭暨治於故呉城。九年罷。貞觀元年隷江南道。天寶元年改爲呉郡。乾元元年復爲蘇州。二年分置長洲軍、大曆五年廢。南唐升爲中呉軍節度。錢氏納土歸宋、太平興國三年改平江軍。政和三年改平江府。國朝至元十三年收附以後、升爲平江路。領一司六縣。今改四縣爲州而屬焉。[17]

形式を概觀すると、內容としては、秦以前のことで全體の半分を占め（傍線部）、內容も極めて詳細である。一方、漢以後は專ら領域の所屬や廢置を述べるにとどまっている。力點の置き方が他地域と違う程度の、一般的な「沿革」の形式である。

この「沿革」項目にみられる一般的形式は、「蘇州」という地域について描く史料が現れて以降「沿革」が描かれ續けてきたという背景によるものである。そして、時代が下るにつれて、一定の形式が定まり、分量が增加していく傾向がある。最も古い『呉地記』（八八〇ごろ成立）から『大元一統志』に至るまでに、「沿革」を記載した文獻は十一件が確認できる。これらの「沿革」を記載する文獻は、「總志」（中央政府にて編纂された全國を對象とする記錄書）、「名物志」（主に個人の手に成る、地域の描寫を目的にせず、各地の名物を中心にまとめた類書）、「地方志」（地方政府により編まれる、地域の詳細を記した書物）とカテゴリに分類できる。[18] それぞれ、「沿革」の分量・要約のされ方が共通しており、參照關係及び各カテゴリの中での記載の形式固定があると考えられる（表Ⅱ參照）。

まず、全國を對象とした官撰の「總志」としては、北宋前期に制作された『太平寰宇記』が擧げられる。[19] 概觀する

表Ⅱ　宋〜明中期の蘇州「沿革」一覽（附一部の原文、注はカッコで示した）

區分	書名	所在卷	成立年代	揭載	內容
「總志」	樂史『太平寰宇記』	卷九十一　江南東道三	九九〇ごろ	○	蘇州 蘇州吳郡、今理吳長洲二縣。禹貢揚州之域、所謂三江既入震澤底定。按震澤、今州西六十里太湖是也。周時謂吳國。釋名曰、吳虞也。封太伯於此、以虞其志也。按史記、周太王長子曰太伯。太伯弟仲雍、避少弟季歷逃荊蠻、自號勾吳。吳人立爲君。太伯卒無子、弟仲雍立。太伯初適吳築城在平門外。自太伯至王僚二十六王都之。今無錫縣有吳城是也。仲雍傳國、至曾孫周章、武王尅殷因而封之。又封周章弟虞仲於故夏墟、謂之虞仲。從太伯至吳子壽夢十九世、當魯成時盛大稱。吳入州來楚一歲七奔命、蠻夷屬於楚者吳盡取之。始大通於上國。吳王闔閭西破楚入郢、北威齊晉興伯名於諸侯、築大小城都之。今州城是也。其南百四十里與越分境。後吳伐越、越王之子敗之檇里、卽今嘉興縣界檇里城是也。其子夫差爲越王勾踐所滅、後又屬越。後六王至無彊爲楚威王所滅、吳故地威王曾孫考烈王其相春申君黃歇乃自淮北更封江東、復還相楚、使其子爲假君留吳。後秦幷其地、置會稽郡。項羽初殺會稽太守殷通、卽此。漢亦爲會稽郡、後順恭分置吳郡。宋齊亦爲吳郡、與吳與丹陽爲三吳。齊因之。陳置吳州。隋平陳、改吳州爲蘇州。蓋因州西有姑蘇山以名郡。煬帝初復吳州、尋改爲吳郡。唐武德四年平李子通、置蘇州。六年陷輔公祏、七年平公祏、復置蘇州。郡督督湖杭暨四州治於故吳城、分置嘉興縣。八年廢嘉興縣入吳縣。九年罷都督。貞觀八年復置嘉興縣、領吳城崑山嘉興常熟四縣。天寶元年改爲吳郡。乾元元年復爲蘇州。皇朝爲平江軍節度。
	『大元一統志』	卷八　平江路	一三〇三	本文	平江府、望。蘇州、吳郡。（九域志）平江軍節度。（九域志）禹貢、揚州域。（寰宇記）吳地、斗分野。（漢書地理志云、吳地得斗分野。今之會稽九江丹陽豫章廬江廣陵六安臨淮盡吳分野。）星紀之次。（晉書天文志云、自南斗十二度至須女七度爲星紀、於辰在丑、吳越之分野、屬揚州。費直起斗十度、蔡邕起斗八度。又曰、斗牽牛須女屬吳越揚州至會稽入斗一度、而姑蘇乃斗之分野。）周職方氏、揚州藪曰具區、浸曰五湖。（周禮）周時爲吳國。（寰宇記引釋名云、吳虞也。封太伯於此、以虞其志也。　封太伯於此。見上）初置城、在吳縣北五十里。（元和郡縣志）至闔閭遷都於此。（元和郡縣志。又按史記、周太王長子曰太伯。太伯弟仲雍、避少弟季歷奔荊蠻、自號勾吳。吳人立爲君。太伯卒無子、弟仲雍立。太伯初適吳築城在平門外。自太伯至王僚二十六王都之。今無錫縣有吳城是也。仲雍傳國、至曾孫周章、武王尅殷因而封之。又封周章弟虞仲於故夏墟、謂之虞仲。從太伯至吳子壽夢十九世、當魯成時盛大稱。吳入州來楚一歲七奔命、蠻夷屬於楚者吳盡取之。始大通於上國。吳王闔閭西破楚入郢、北威齊晉興伯名於諸侯、築大小城都之。今州城是也。其南百四十里與越分境。後吳伐越、越王之子敗之檇里、卽今嘉興縣界檇里城是也。）吳王闔閭伐越、越子迎擊之、敗之檇李、闔閭死焉。（左傳定公十四年、
	劉基『大明淸類天文分野之書』	卷一　吳分野	一三八四	×	
	陳循『寰宇通志』	卷十三	一四五六	×	
	『大明一統志』	卷八	一四六一	本文	
	歐陽忞『輿地廣記』	卷二十二　兩浙路上	一一一五ごろ	×	

「名物志」	王象之『輿地紀勝』	巻五　平江府	一二二七ごろ	部分	吳伐越、越子敗之檇李、吳王闔閭傷指、卒。）其子夫差、三年乃報越、敗越于夫椒、越王以甲楯五千棲于會稽、因大宰嚭以行成于吳、乃以百里更封句踐、臣妾於吳。（左傳國語並在哀公元年。）而浙江以西盡爲吳有。（此事雖無所經見、而通鑑謂、楚敗越、乘勝盡取吳故地、東至浙江。且浙江以北如杭如秀舊皆屬越、而通鑑謂吳故地東至浙江、則吳有浙江以西之地、當在句踐行成于吳之時。蓋吳更封越以百里之地、則百里之外皆爲吳有矣。）其後吳會黃池、越入吳、而越及吳平。（左傳在哀公十三年。）又四年、而越伐吳、吳子禦之笠澤、卽今之吳江也。（蓋吳越舊以檇李禦兒爲境、至定公十四年吳及越平、而浙江以西盡爲吳有。朱長文吳郡續經云、吳越春秋云、勾踐五年入臣于吳、群臣祖于浙江之上。是時吳與越以浙江分境、而浙江以西盡吳有也。吳越春秋又云、勾踐七年既釋囚返國、厚獻吳王夫差。夫差悅之、於是賜書增之以封、東至句甬、西至檇李、南至姑末、北至平原、縱横八百餘里。子胥諫不聽。象之切意是時吳王夫差喜越之賂、盡以越之故地歸之、故越境復至檇李。）及越滅吳、而吳地盡爲越有。（越滅吳在哀公二十二年。）後六世越王無彊伐楚、爲楚威王所敗、盡取吳故地、東至浙江。（通鑑周顯王三十五年越王無彊伐楚、楚人大敗之、乘勝盡取吳故地、東至浙江。）楚滅越、封黃歇於吳。（此據元和郡縣志。寰宇記謂、楚成王曾孫考烈王其相春申君黃歇、乃自淮北更封江東、復還相楚、使其子爲假君留吳。）後秦滅楚、併其地置會稽郡。（通鑑秦始皇二十五年王翦定江南之地、降百越之君、置會稽郡。時會稽郡治吳、非治於山陰也。）項梁項羽初起、羽擊殺會稽假守殷通卽此地也。（漢書云、項羽擊殺會稽假守通、使人收下縣、遂擧吳中兵。後世或以漢會稽爲今之紹興、非也。觀遂擧吳中兵之言、則知其爲吳門矣。）……
	祝穆『方輿勝覧』	巻二	一二三九	×	
	『大元混一方輿勝覧』	巻下　江浙等處行中書省	一三〇七以前	○	平江路 【縣名】　長洲　吳縣 崑山州　常熟州　吳江州　嘉定州　（四州元係屬縣、元貞元年五月改州。） 【沿革】禹貢揚州域。周太伯封吳、後爲越、楚滅越、封春申君於吳。漢封吳王濞。三國屬吳。陳爲吳州。隋改蘇州、以姑蘇山得名。宋升平江府。
「地方志」	朱長文『吳郡圖經續記』	巻上　封域	一〇七四	×	吳古揚州之域也。初周大王三子、大伯仲雍季歷。季歷有聖子昌、大王欲立季歷、以及昌。大伯仲雍乃奔荊蠻、文身斷髮示不可用、以避季歷。荊蠻義之、從而歸者千餘家。號曰句吳、立爲吳大伯。自大伯作吳五世、而武王克商卽封其後、爲二曰虞曰吳。後十二世當周惠王、二十二年晉獻公滅虞。自武王元年至虞滅、合四百七十八年。又二世合七十一年至壽夢而吳益興、始通中國。壽夢卒、子諸樊立。譙周云、又名諸樊。遏伐楚爲巢門人射傷卒。弟餘祭側界反立、餘祭卒、弟餘眛莫葛反立。餘眛卒、子僚立。諸樊之子光、弒僚自立、是爲闔廬。破楚伐越、越敗吳於檇李、又敗之於姑蘇。闔廬傷指而卒。子夫差立、三年乃伐越以報怨、敗之。於夫椒棲句踐。於會稽句踐入臣。於吳群臣祖、於浙江上勾踐返國。厚獻夫差、夫差悅之、

「地方志」	范成大『呉郡志』	巻一　沿革	一一二八?	○	乃賜書增之以封、東至句甬、西至檇李、南至姑末、北至平原、縱横八百餘里、擧今四明三衢嘉興等地悉以與越。十四年越遂入呉。十八年又敗呉於笠澤。二十一年遂圍呉。二十三年滅呉。欲以夫差居甬東、夫差自剄。越遂幷呉而有其地。是時魯哀公之二十二年也。勾踐卒、傳六世至王無彊、凡一百四十餘年。楚威王伐越殺無彊、盡取呉故地。威王曾孫考烈王以呉封其國相春申君黃歇、使其子爲假君留呉。秦始皇二十五年幷天下、以呉越地爲會稽郡、治於呉。漢因之、領縣二十六。項羽封英布爲九江王、漢改九江曰淮南、卽以封布。十一年布誅、立皇子長爲淮南王。後卦兄子濞爲呉王。以上三國盡得揚州之地、呉與會稽皆在封域中。景帝四年濞誅、乃復爲郡治於呉。元鼎五年除東越、因以其地幷屬於此。而立東部都尉、後徙章安。陽朔元年徙鄞、又徙句章。順帝永建四年陽羨周嘉（一本作周喜）上書、以縣遠赴會難、求得分置。遂以浙江西爲呉郡領縣十三、以東爲會稽郡。會稽還治山陰。按會稽典錄以爲是年歲在己巳、劉府君上書也。孫皓寶鼎元年分呉郡爲呉興郡。晉呉郡領縣十一、宋領縣十二、元嘉時以揚州浙江西屬司隸校尉、以浙江東五郡立會州及始平王子鸞、初卦新安王南徐州刺史、又割呉郡屬之（舊經所謂大明七年廢屬南徐者是也）。八年屬揚州。齊不改。陳爲呉州。隋平陳、改曰蘇州、以姑蘇山爲名。大業六年復爲呉州領縣五。唐武德四年復爲蘇州領縣四、置都督督蘇湖杭暨四州。九年罷都督、屬潤州。正觀元年隸江南道。天寶元年改爲呉郡。乾元元年復爲蘇州、置浙江西道都團練觀察使管蘇常潤杭湖睦六州。後移使額於潤州、而蘇州屬焉。乾寧之後屬錢氏呉越國、黃巣之亂伐鏐聚兵、淮南楊行密據揚州、鏐奔渡江據蘇州、遂定浙西數州。光啓三年六合鎭將徐約攻陷蘇州。龍紀元年鏐遣其弟銶討約破走之。大順元年七月楊行密將李友陷蘇州。九月孫儒圍蘇州。十一月陷之、殺李友。二年鏐復平蘇州、詔以鏐兼蘇杭等州觀察處置等使。乾寧三年揚行密將臺濛陷蘇州。五年九月鏐討平之。梁開平二年楊行密復圍蘇州。三年鏐復討平之。唐同光二年昇蘇州爲中呉軍。晉天福五年割嘉興縣爲秀州。本朝開寶八年改中呉軍爲平江軍。太平興國三年錢俶納土。以上沿革、以呉越春秋史記漢書晉書南史會稽典錄十道四蕃志九國志呉越備史及舊圖經等參修。政和三年以徽廟節鎭之所陞蘇州爲平江府。
	盧熊『洪武蘇州府志』	巻一　沿革	一三七九	本文	
	王鏊『正德姑蘇志』	巻七　沿革	一五一四	×	

と、冒頭の「禹貢揚州之域」や、全體の内容の六割を漢以前で占め、その後は統治機關の異動を示すのみといった傾向など、『大元一統志』と類似している他、内容も完全に一致する部分が多い。『大元一統志』もカテゴリとしては「總志」となり、その先行する「總志」である『太平寰宇記』の記載を參照したことがうかがえる。

次に、南宋期にかけて個人の手で集中的に制作され、「名勝」の解説に力點を置いた「名物志」を検討する。「名物

志」としては、北宋末の『輿地廣記』、南宋後期の『輿地紀勝』、『方輿勝覽』、そして元の『大元混一方輿勝覽』が擧げられる。これらについては、「沿革」の重要性は低いため、基本的に概要を記すものとなっている。(20) ただ、『輿地紀勝』だけは例外的に詳細な「沿革」を述べている。(21) 概觀すると、本文としての量は『太平寰宇記』などと大差ないものの、關連する記載の原文を略して引用した注の分量が多い。『大元一統志』の記載には、「而浙江以西盡爲吳有」のように他所にない記載で『輿地紀勝』と一致するものがあり、參照されていたことが明らかである。この「名物志」としては例外的に詳細な「沿革」は、編者・王象之の文獻に對する意識によるものと思われる。(22)

そして、「蘇州」という特定の地域について描いた「地方志」としては、北宋後期の『吳郡圖經續記』と南宋後期の『吳郡志』のふたつが擧げられる。共に地域の基本の歴史として、「沿革」を詳細に描く傾向がある。ここでは『吳郡志』の記載を考えてみる。(23) 概觀すると、「總志」よりも詳細に記載している。ただ、その形式は「總志」と異なっており、『大元一統志』には直接關連していないことが窺える。また、特徴としては、漢以前の動亂、及び五代十國の吳越國について、比較的多くの記載を行っていることである。吳越國が地域のアイデンティティとして使われやすい傾向があることは既にいくつかの研究(24)があるが、その吳越國について、『大元一統志』の記載が極めて少ないことと併せ、吳越國と南宋の結びつきとして、今後檢討すべき部分と言えよう。

以上が『大元一統志』に至るまでの平江路（蘇州）の「沿革」の比較檢討である。まとめると、『大元一統志』は「總志」の枠組みに則った形で制作され、内容を『輿地紀勝』などから補っていた。ただ、その傾向として、秦以前の動亂を細かく記載する傾向があり、これは「地方志」の記載からの影響を受けたものと思われる。

三　平江路「沿革」の制作——編纂過程の検討——

次に、既にみた資料から、平江路「沿革」が制作された過程とその記載制作者について検討を試みる。確定することは困難だが、傍證からそのイメージを描きたい。

まず、『大元一統志』平江路の記事制作の年代については、嚴密にはわからないものの、「沿革」の末尾に記載された、元朝の沿革部分が手がかりとなる。平江路は、至元十二年（一二七五）に置かれたあと、十四年（一二七七）に總管府となって錄事司が設置された。その後二十一年（一二八四）江淮行省、二十二年（一二八五）江浙行省、二十六年（一二八九）江淮行省、二十八年（一二九一）江浙行省と所屬移動を繰り返していた。この事態について、該沿革部分は記載をしていない。近鄰である嘉興府崇德州・常州路がその所屬を元貞元年（一二九五）まで描いているのと比べると、その煩雜さを避けたものと思われるが、一方で、元貞二年（一二九六）に行われた附縣の州昇格を書きもらすことは、沿革の記載としてはまずあり得ないミスではないか。ここから、至元十四年（一二七七）から二十一年（一二八四）までの間に制作された記載が、至元二十二年（一二八五）から史料を集積し始めた『大元一統志』編纂に使用された可能性が推測される。これは、『祕書監志』巻四「纂修」の「至元二十二年六月二十五日」の文章中に、「近年以來、隨路京府州縣多有更改、及各處行省所轄地面、在先未曾取會。已經開坐沿革等事、移咨各省、并箚付兵部、遍行取勘去」という部分が見えることからも、この時點で上げられた資料の記載が改められずに殘っていた可能性が高い。

その『祕書監志』巻四「纂修」には、「元貞二年十一月初二日」の文章として、「大一統志凡例」が記載されている。

一、某路

所轄幾州　開
本路親管幾縣　開
一、建置沿革
禹貢州域
天象分野
歴代廢置
周　秦　漢　後漢　晉　南北朝　隋　唐
五代　宋　金　大元
一、各州縣建置沿革依上開
一、本路親管坊郭鄉鎭依上開
一、本路至上都大都幷里至
一、各縣至上都大都幷里至
一、名山大川
一、土山
一、風俗形勝
一、古蹟
一、寺觀祠廟
一、宦績

一、人物

この凡例から、比較的多くの「沿革」に見られる「禹貢」など、中央の編纂者が整えようとした項目、そして實際に地方に提出を求めたデータの種類が推測される。しかし、すでに述べたように、この凡例の形式に合っていない記載も多い。また、これも先に述べた、嘉興府崇德州・常州路が元貞元年までの沿革を有し、この凡例の内容に比較的沿っていることを考え合わせると、この凡例は元貞二年の段階で地方に配布され、データの提出前に參考することを要請されたものではないか。

そして、制作の過程については、平江路のものではないが、大德二年（一二九八）に慶元路昌國州（現在の寧波市定海）にて地方志『大德昌國州圖志』が編まれた際に、その跋に附された、制作の上申及び完成の報告を行った「修志疏」「修志牒」(25)という文書が參考になる。該史料、特に「修志牒」はこれまで言及されたことのない史料のため、以下敢えて原狀のままの體裁にて掲載する。

昌國州敦請耆儒修撰圖志疏
照驗所在路府州縣皆有圖經獨本州未曾有作彙
舊縣志板亦無存其民戶所藏之本已兩次蒙
上司捜訪去訖近本州判官廣行物色牒發到一本
上將腐壞若不敢請本州耆儒曰此重行編撰逐成
闕典除指揮吏房將合照用文卷應副及官吏各裒
清俸召募工匠刊造外須至疏請卽望諸儒早行撰
述謹疏

大德二年七月　日　吏目　劉倴祖疏
登仕佐郎昌國州判官　馮福京
敦武校尉同知昌國州事　張世榮
武略將軍昌國州知州　趙伯元
武略將軍昌國州達魯花赤　阿魯

（以下、跋と「牒」）

州學前直學　許佺
平江路嘉定州儒學小學教諭　應季方　等書寫
州學直學　黃介然
前恩勉進士州學　應天定
前從事郎州學訓導官　孫唐卿　等點
昌國州志成於是鄉儒而耆者之編視舊志寓詳於約有是事則有是辭凡異時荒唐繆悠之載悉皆删去而其良法美意則謹書
之子曰殷因於夏禮所損益可知也周因於殷禮所損益可知也猗歟盛哉
聖朝本三代之仁是用車書混一統綱制度以漸舉行觀是集者亦粗可知是州之所損益也志之成
實達魯花赤阿魯□之力皆可書戊戌之秋八月告朔馮福京跋
昌國州圖志板五十六片　雙面五十四　單面二　計印紙一百零十幅
永爲昌國州官物相沿交割者　大德二年十一月長至日畢工

前鄕貢進士郭薦等
　右薦等伏準
使州旨揮發到馮州判所收昌國縣志一本俾薦
等重行編撰仰見□□□□□□□□□□□
使州官不以簿書期會之勞而廢□□文物之務
甚盛擧也□□□□□□書所以備太史官及
觀民風者之所采錄非老於文學其誰宜爲□□
固辭而不獲輙操筆札以□□□□□□其
實舊志之不關於名敎不係於□□□□□□
□□並皆删去□□□□□計一百丹八紙隨
此繳申伏乞
　詳施行須至呈者
右謹具
呈
　大德二年七月　　　日
　　前岱山書院山長　　　兪
　　州　學　賓　正　　　許

前鄉貢進士州學擧事　陶　椿卿
前兒解進士州學　應　天定
前從事郎州學訓導官　孫　唐卿
前太學進士州學教授　應　季挺
前童科進士翁洲書院山長　應　翔孫
前鄉貢進士鄞縣教諭　郭　薦

この内容から見ると、注目すべきは、地方志の必要性を「關連官職全員で」願い出ていることである。基本的に、「疏」は必要な豫算を獲得するためのアピールと思われる。それを裏付けるのが、「跋」の枠外に小さい字で記された、製作された版木の枚數、使った紙の枚數（本文と表紙か）、所有權管理權の明示、製作終了日などといった詳細である。これが官の豫算で制作され、官の財産として管理されることを示すためのものと思われる。「修志牒」は、制作者である郭薦らが州に納めた確認文書であるが、これも制作者全員の連署がなされている。ここからは、編纂の實働はその州の學官（有力豪族の一門でもある）が揃っていたことが窺える。現在殘るこの文章は缺字が多いため、正確な内容は把握できないが、限られた情報のなかで、「舊志之不關於名教不係」と、前志に對する削除訂正を行った可能性や、先ほどの版木の數と一致する「計一百丹八紙」といった記載がみられる。以上の文書からは、地方志編纂に必要な豫算・人員、そして地域の官吏・士人たちの同意のありかたといったものが窺える。

以上、「沿革」の作られる過程について、いくつかの關連史料から検討を試みた。まとめると、「沿革」の記事が制作された時期は不明ではあるが、『大元一統志』の制作發布以前の至元十四年（一二七七）から二十一年（一二八四）までに作られた可能性がある。それは、元貞二年（一二九六）の「凡例」と内容に違いが生じていることからも窺え

る。そして、その制作過程については、『大德昌國州圖志』のケースを考えると、前述の編纂の命令を受けた際に、平江路には既存の地方志がないため、昌國州と同様に地方官たちが協同して申請を行い、實際の編纂は學官たちが行う、という形で行ったものと思われる。その際に、既に編まれていた「沿革」の文章が採用されたのではないか。

四　「沿革」の繼承と斷絶――『大元一統志』と『洪武蘇州府志』『大明一統志』――

ここまで、『大元一統志』の平江路「沿革」の形成について分析を行ってきたが、既に述べたように、その後の地方志の「沿革」に影響を與えるものである。そこで、『大元一統志』の「沿革」がどのように以降の地方志に影響したのかを検討することで、『大元一統志』そしてその「沿革」の位置づけをより明らかにしたい。

元においては、『大元一統志』を除いて「沿革」を記載した書物は平江路では生まれなかった。それに續く最も近い時期に編まれた書物は、明に入り洪武十七年（一三八四）に編まれた『洪武蘇州府志』である。(26) 形式を示すため、やや煩となるが全文を記載する。

古揚州之域。周呉子國也。初周太王之子泰伯弟仲雍、避少弟季歷奔荊蠻、自號勾呉。今無錫東梅里屬常州。立爲呉泰伯五世至周章、是時周武王尅殷、因而封之。自泰伯至壽夢十九世、呉始益大稱王。諸蠻南徙呉。又四世、爲闔閭始築城都之、今府城是也。周元王三年爲王夫差之。二十二年冬越滅呉、其地入越。後一百三十九年、爲周顯王三十五年楚王六年伐越、殺王無彊、盡取故呉地、東至浙江。考烈王徙封國相春申君黃歇於呉、遂城呉、故墟以爲都邑。已上詳見呉國世家。秦始皇二十四年滅楚、二十五年王翦定江南、降百粤之君、置會稽郡、治呉。二世元年項梁與從子籍起兵子呉、殺假守殷通、遂有其地。漢高祖五年滅項籍、將軍灌嬰自歷陽渡江定會稽、遂立楚王。韓信王淮

北、會稽亦在封內。六年又淮東五十三縣立從兄賈爲荊國、都吳。十一年賈爲英布所殺、國除復會稽郡。十二年屬
吳王國。高帝兄子濞王故荊地。景帝四年屬江都國。易王非景帝子治吳故國。元狩六年屬廣陵王國。屬王胥武帝子○吳江都廣陵王
國並都廣陵、今揚州江都縣。元封元年除東越以其地來屬。五年屬揚州刺史、領縣二十六、吳本國無錫曲阿毘陵丹徒婁陽
羨烏程並吳國也由拳餘杭富春錢塘海鹽故越地浙江西餘曁諸曁山陰餘姚上虞剡大末句章鄮鄞烏傷故越地浙江東治回浦本閩越
地。順帝永建四年分浙江以西爲吳郡、領縣十三、吳海鹽烏程餘杭毘陵丹徒曲阿由拳永安富春陽羨邑無錫侯國婁、
凡十三城、以東爲會稽郡、治山陰。興平二年孫策遣將朱治據郡。建安五年討虜將軍孫權領會稽太守屯兵於此。十
四年始自吳徙京口、其無錫毘陵曲阿丹徒安五縣、又割屬屯田典農校尉。吳郡領縣十五、吳婁海鹽嘉興富春建德桐
廬新昌鹽官新城陽羨永安臨水烏程餘杭。寶鼎元年以陽羨永安餘杭臨水烏程及丹徒之故鄣安吉原鄉於潛九縣、立吳
興郡。晉太康元年吳屬揚州刺史。晉太康二年立毘陵郡領丹徒曲阿武進延陵□陽毘陵無錫七縣。四年割吳縣置海虞縣、吳統縣
十一、吳嘉興海鹽鹽官錢塘富春桐廬建德壽昌海虞婁其新城併入桐廬咸和九年復立。與吳興丹陽號三吳、常爲奥郡。東
晉爲吳國、置內史、行太守事。宋永初三年罷吳國、仍爲郡領縣十二縣各有令、亦有新城。元嘉中以揚州浙江西屬
司隸校尉。大明七年割屬南徐州。八年屬揚州。齊因之郡縣不改。梁又分婁縣地置信義郡。大同六年置常熟郡。太
淸二年侯景陷吳郡。三年改吳州。大寶元年復爲郡。陳永定二年割鹽官海鹽前京三縣、置海寧郡。禎明元年割吳郡
置吳州、以錢塘爲屬郡。隋開皇九年平陳、改蘇州以姑蘇山爲名、統縣五、吳崑山常熟烏程長城。十年吳人沈玄懀
等作亂、圍蘇州。十一年移州治橫山卽今新郭。大業初復改吳州。三年仍改吳郡。九年劉元進據郡稱天子隋初郡隸揚州
行臺、大業末隸徐州總管。唐武德元年屬沈法興。三年屬李子通。四年吳王杜伏威平子通、復爲蘇州置總管。六年輔公
祏陷之。七年平公祏、改都督督蘇湖杭暨四州州城復舊。九年罷都督、屬潤州。貞觀元年隸江南道。萬歲通天元年
分吳縣、置長洲縣。神龍二年隸本道巡察使。景龍二年隸按察使。景雲二年隸揚州都督。開元二十一年置採訪使、

爲江南東道理所。天寶元年改州爲郡。至德二載復爲州。從此通稱爲蘇州呉郡矣。乾元元年屬浙江西道節度使。二年置長洲軍大暦五年廢。永泰元年改節度爲處置觀察使、治蘇。大暦十三年爲雄州、領縣七、呉長洲嘉興海鹽常熟崑山華亭。乾符以來、王郢周賓張雄徐約孫儒屢陷其地、終唐之世。呉越錢鏐淮南楊行密互相攻拔、而終歸於錢氏。梁開平三年割呉縣地、置呉江縣。後唐同光二年升中呉軍節度、領常潤等州、呉越亦先自稱中呉府。晉天福三年析嘉興、置崇德縣。四年置秀州領嘉興華亭海鹽崇德四縣。宋開寶八年改平江軍節度、仍爲蘇州屬江南東道。太平興國三年錢俶納土、屬兩浙路置轉運使熙寧五年徙杭。熙寧七年屬浙西路。政和五年以徽宗節鎭、敕陞平江府自此後不稱蘇州。宣和五年置浙西提擧司。建炎四年置浙西提點刑獄司、並治於此。高宗屢常駐蹕。紹興後節制許浦水軍。嘉定十年割崑山地、置嘉定縣。本府領縣六、呉長洲崑山常熟呉江嘉定。元至元十二年十二月丞相伯顏至平江、以府治爲江淮行省、以提刑司爲兩浙大都督府、置浙西路軍民宣撫司。十四年改宣撫司爲平江路總管府、改浙西路爲浙西道。而屬江淮行省、在城四廂設置錄事司、以治之。領縣六、呉長洲呉江常熟崑山嘉定。十八年陞平江路、達魯花赤總管府。二十六年江淮行省改江浙行省、移杭州。元貞二年陞常熟崑山呉江嘉定四縣爲州。至正十六年張士誠據之、改爲隆平府。十七年復爲平江路。本朝呉元年王師下郡城、改蘇州府直隷中書省、立蘇州衛指揮使司、總軍政以鎭焉。除錄事司、四州分隷呉長洲二縣。洪武二年復以四州爲縣。八年以揚州崇明縣撥隷、由是領縣七、蓋以崇明去揚州遠而邇本府故也。

既に述べたように、明初期においては、「總志」編纂を目的とした地方志編纂と提出の命令が幾度か發せられているが、現存している同時期の地方志は僅かである[27]。その中でも、この地方志は、完全な狀態で殘っている極めて稀な例である。概觀すると、「沿革」の分量は『輿地紀勝』を除けば最大であり、附縣や發生した動亂を詳細に書いている特徵がある。一方で、『大元一統志』までに見られた漢以前（破線部）を詳細に書く傾向はあまりなく、『呉郡志』に

見られた、唐~五代十國を詳細に書く傾向がみられる（傍線部）。

『洪武蘇州府志』の記載形成については、編者・盧熊と編纂經緯を考える必要がある。[28] もともと、この『洪武蘇州府志』は、前述の地方志編纂命令に従って作成されたものではなく、呉郡の教諭であった盧熊が「前志の亂れを嘆き」獨力で制作したものを知府が出版したものであった。盧熊はもともと元朝期に出仕し、張士誠の蘇州占領を經て明の官僚となった經歴を持っており、この地方志編纂も元朝期から準備を行っていた。そのため、彼は『呉郡志』から『大元一統志』までを參照することができた人物であり、また元末の資料整理が可能であった。その結果が、この「沿革」の内容に反映されたと言えるだろう。この『大元一統志』を經由して受け繼がれた地方志形式の「沿革」は、その後の『正德姑蘇志』（正德九年　一五一四成立）に引き繼がれている。

では、同じ「總志」の分野に含まれ、先行研究で「『大元一統志』を參照した」とされる『大明一統志』（天順五年　一四六一成立）にはどのように影響を與えたのか。蘇州の「沿革」を見てみる。[29]

蘇州府　東至東沙海岸三百一十四里、西至常州府宜興縣界一百里、南至浙江嘉興府秀水縣界九十四里、北至揚州府通州界一百五十里、自府治至南京五百八十八里、至京師四千八十里。糧二百五十萬二千九百石零。

建置沿革　禹貢揚州之域。天文斗分野。周泰伯仲雍始居之地。武王封仲雍曾孫於此、爲呉國。自闔閭以後並都焉。戰國時屬越、後屬楚。秦置會稽郡治呉。漢初因之、尋改屬江都。東漢順帝始分此爲呉郡。三國屬呉、晉宋齊梁皆爲呉郡。陳置呉州。隋開皇中改曰蘇州、因姑蘇山爲名。大業初復曰呉州、尋改呉郡。唐武德中復爲蘇州、置都督。天寶初改呉郡。乾元初復爲蘇州、尋分置長洲軍。大曆中軍廢。南唐陞爲中呉軍。宋太平興國中改爲平江軍、屬浙西路。政和中改平江府。元至元中改平江路、隸江浙行省。本朝呉元年改爲蘇州府、直隸京師、領州一縣七。

呉縣　附郭　本呉國。秦置呉縣爲會稽郡治。東漢永建中置呉郡治此。晉宋齊因之。陳於縣置呉州。隋唐屬蘇州。

宋爲平江府治。元仍舊本朝因之、編戸五百十一里。
長洲縣　附郭　本吳之長洲苑。漢爲吳縣地。自晉至隋皆因之。唐萬歲通天初析置長洲縣。乾元間置長洲軍。大曆間復爲縣。宋元仍舊、本朝因之、編戸七百四十一里。

一見してわかるように、『大元一統志』とは形式・分量が完全に異なっている。まず、冒頭に府治から四方と南京・北京への距離と、收糧の總額が記載されている。その次に記載された「沿革」では、これまで見てきた「沿革」とは違い、所屬關係のみに集約された記載となっている。「沿革」のみを對象にした場合、『大元一統志』と『大明一統志』はむしろ斷絶を示していると言えるだろう。

この違いを生んでいるのは、前述したように、『大元一統志』が各地域で制作された記載をそのまま掲載しているのに對し、『大明一統志』は中央で編纂され、全國的に記載の形式・內容等が調整されて掲載されていることが原因であると思われる。一三〇〇巻の『大元一統志』と九〇巻の『大明一統志』では、そもそもの「一統志」という書物を制作する概念が、名前は同じでも內實は違っていたのである。『大明一統志』が、自らの統治領域に對象を狹めているのに對し、『大元一統志』は「大元ウルス」の領域を對象としている可能性があることを考え合わせると、領域の總量でも、兩者は大きく異なっていた可能性がある。[30]

加えて、『大明一統志』は、明初期から繼續されてきた全國志作成の到達點であり、言いかえれば現存しているものだけでも『大明清類天文分野之書』、『寰宇通志』といった中間を經て制作されている。これは、形を段階的に整えながら編まれたと言える。實際に『大明清類天文分野之書』（洪武十七年　一三八四成立）では、その記載形式が『大明一統志』に類似することが見て取れ[31]、『寰宇通志』（景泰七年　一四五六成立）では、やはり形式は『大明一統志』と同一で重複する個所は多いが、完全に同じではないことが見て取れる。[32]『大明一統志』は、中央政府にて形を整えなが

ら作成されたのである。「沿革」について言えば、明初期から簡略化される傾向があったと言え、その背景には中央政府の「一統志」として地域性を必要としない事情があったこと、形式として「名物志」のような簡略な書き方が採用されたこと、があった(33)。

以上、『大元一統志』の明代への影響を蘇州「沿革」の比較検討から行った。まとめるなら、『大元一統志』の傾向は、同じ「一統志」の『大明一統志』ではなく、むしろ「地方志」の『洪武蘇州府志』へと繼承されていた。「總志」の「沿革」は簡略化され、「地方志」の詳細な「沿革」と差異化されていた。その背景には、「一統志」の性質がむしろ中央政府により整えられ簡略化されたもの（元と明の領域に對する概念差とも對應する）に變化していたことがあった。

おわりに

『大元一統志』を、これまで觸れられてこなかった「沿革」を切り口に分析を行い、その編纂背景と位置づけを明らかにしようと試みた。『大元一統志』は、「沿革」から見ると、その内容は統一的な形式を持たず、各地域で制作された資料の記載をそのまま掲載していることが推測される。平江路（蘇州）という一地域の「沿革」を時間的に掘り下げてみると、『太平寰宇記』ら「總志」の形式、『輿地紀勝』と『吳郡志』などの「地方志」の持つ内容と地域性を合わせる形で『大元一統志』の平江路「沿革」は成立していた。おそらく、編纂過程において、『大元一統志』制作の號令がかかる前の資料を、平江路の學官が使用したことによるものであろう。しかし、明代以降において、『大元一統志』はむしろ「地方志」の方に影響を殘し、「總志」の「沿革」はむしろ「名物志」の傾向を受け繼ぐ形で簡略化されていった。

この分析はあくまで「平江路」という部分をとりだしたケーススタディであり、また『大元一統志』という全體が分からない斷片的資料を對象とするため、勢い分析が限定的に成らざるを得ないものである。ただ、地方志研究においては、從來殘存の文獻が少なかったことで餘り進展のなかった元朝期地方志研究に、『大元一統志』をも検討對象に含めうる可能性を示唆したこと、こと平江路（蘇州）の沿革から見た場合、『大元一統志』と『大明一統志』ではその方向性が全く違うことを示しえたことは、今後の研究にある程度有用なものであろうと思われる。そもそも「沿革」という項目自體が、先行する史料のパッチワークでしかないとされ、分析對象とみなされてこなかったものであり、今後同様の試みを他の史料でも行ってみたい。

今回の分析はあくまで記載を對象にしたものであり、その背景にある社會（例えば元朝期蘇州の學官など）については、今後他の史料も踏まえて検討する必要がある。また、根本の課題である「明初期の史料の減少」とも關わるが、今回明らかにした「明初期の「總志」の簡略化・中央政府の「總志」に對する調整强化」がなぜ發生したのか、については今後の課題である。

註

（1）　小二田章「方志と地域――杭州地域の歴代地方志「官績」項目を例に」（『史滴』三三號、二〇一一）、「『咸淳臨安志』の位置――南宋末期杭州の地方志編纂」（『中國―社會と文化』二八號、二〇一三）、「『萬曆杭州府志』初探――明代後期の地方志編纂者の見た「宋代」」（『史學』八五巻一―三號第二分冊、二〇一五）を參照。

（2）　永樂十年（一四一二）の「修志凡例」（『嘉靖壽昌縣志』巻首）、永樂十六年（一四一八）「纂修志書凡例」（『正德莘縣志』巻首）を參照。

（3）　會の參加者は、小二田章（幹事）、飯山知保、酒井規史、高井康典行、高橋亨、吉野正史（五十音順敬稱略）。詳細は近日

ウェブサイトにて公開豫定である。

（4）以下の説明は次の資料に依った。神田信夫ほか編『中國史籍解題辭典』（燎原書店、一九八九）、宮紀子『モンゴル時代の出版文化』（名古屋大學出版會、二〇〇六）、愛宕松男「批評・紹介　金毓黻撰輯「大元大一統志」」（『東洋史研究』二巻四號、一九三七）、趙萬里「前言」（『元一統志』、北京：中華書局、一九六六、後に汲古書院が復刊、一九七〇）。なお、これらの説明の大半が、王士點・商企翁『祕書監志』巻四「纂修」に採錄された一連の文章を根據としている。

（5）前掲宮紀子書五一八〜五二〇頁を參照。

（6）この過程については、前掲『祕書監志』巻四「纂修」を參照。

（7）龐蔚「《大元一統志》編纂者考」（『廣州社會主義學院學報』二〇〇九年二期）を參照。なお、第二次の校訂は趙炸が中心となっている。

（8）古松崇志「脩端「辯遼宋金正統」をめぐって」（『東方學報』七五册、二〇〇三）を參照。

（9）宮紀子氏は、この江南地域での刊行年（至正年間）に、他の類書などの出版が重なっていることに注目している。前掲宮紀子書を參照。

（10）前掲古松崇志論文、杜錫建「元、明、清《一統志》比較研究」（『中國地方志』二〇〇九年七期）を參照。

（11）黃燕生「元代的地方志」（『史學史研究』一九八七年三期）を參照。

（12）前掲趙萬里校輯『元一統志』。

（13）前掲趙萬里論文を參照。具體的な殘本としては、內閣大庫舊藏殘七巻、鐵琴銅劍樓舊藏殘九巻（後に玄覽堂叢書續集に收錄）があり、その他に南濠朱氏の藏本が元とされる吳縣袁氏抄本三五巻がある。

（14）郭聲波「《大元混一方輿勝覽》的價值與缺陷」（『中國歷史地理論叢』二〇巻一輯、二〇〇五）を參照。

（15）麗江路軍民宣撫司の「沿革」については、吉野正史氏から教示を受けた。謹んで感謝を述べたい。

（16）『祕書監志』にはこれを裏付ける記載がある。巻四「纂修」の「至元二十四年三月二十一日」の祕書監からの申狀には、省部から送られてきた資料が「依式類爲荒藁已多」という狀態で、修正を試みても「多有勾引改抹貼說去處、間缺人抄焉」で

あり、書寫する人員の補給を願い出ている。しかし、その修正は「以待博學洽聞耆儒宿德潤色」という具體性に缺ける計畫であり、書寫の人員も具體的な追加が明示されるのは、大德五年七月の文章中において、新たに雲南などの記載が追加されたことを受けてである。

(17)『大元一統志』卷八「平江路 領司一縣二州四」。

(18) このカテゴリ分けは、青山定雄「隋唐より宋代に至る總誌及び地方誌について」(同『唐宋時代の交通と地誌地圖の研究』、吉川弘文館、一九四一)の「總志」「地方志」の區分に、類書と半ばする書物をまとめた「名物志」というカテゴリを加えたものである。

(19) 樂史『太平寰宇記』卷九一「江南東道三　蘇州」。

(20) 例えば、『大元混一方輿勝覽』卷下「江浙等處行中書省」。ただ、同じ『大元混一方輿勝覽』でも、北方の都市に關する記載が充實し、『大元一統志』と重なる記載が多いことを考えると、元朝期における南方都市の記載傾向を檢討する必要があるだろう。

(21) 王象之『輿地紀勝』卷五「平江府」。

(22) 李勇先『《輿地紀勝》研究』(成都：巴蜀書社、一九九八)及びピーター・ボル(高津孝譯)「地域史の勃興――南宋・元代の婺州における歷史地理學と文化」(高津孝編『中國學のパースペクティヴ』、勉誠出版、二〇一〇)を參照。

(23) 范成大『吳郡志』卷一「沿革」。その末尾に「以上沿革、以吳越春秋史記漢書晉書南史會稽典錄十道四蕃志九國志吳越備史及舊圖經等參修」とあり、それまでの「沿革」を參照した上でより詳細に描かれていることがわかる。

(24) 例えば、小二田章「北宋初期の地方統治と治績記述の形成――知杭州戚綸・胡則を例に」(『史觀』一六五册、二〇一一)を參照。

(25) 共に、現在通行している同治重刊本には目錄のみで掲載されていない。今回は筆者が見た靜嘉堂文庫藏影元明抄本のものを、原文の形を維持するため、點を切らずに掲載した。洪煥椿『浙江方志考』(杭州：浙江人民出版社、一九八四)によると、「修志疏」については、王國維「兩浙古刊本考」卷下に引用されている。なお、該史料については、陳志堅氏(浙江大學人文

學院歴史學系教授）から教示を受けた。謹んで感謝を述べたい。
（26）林平ほか編『明代方志考』（成都：四川大學出版社、二〇〇一）を參照。
（27）林平ほか編『明代方志考』（成都：四川大學出版社、二〇〇一）を參照。
（28）張欣「元末明初蘇州文人盧熊生平考略」（『蘇州教育學院學報』三一巻二期、二〇一四）を參照。
（29）『大明一統志』巻八「蘇州府」。
（30）前揭宮紀子書「「混一疆理歴代國都之圖」への道」を參照。なお、「大元ウルス」の範圍の參考としては、『大元混一方輿勝覽』が北宋期の領域に加え、「遼陽等處行中書省」（契丹・金の領域）、「鎭東行中書省」（高麗の領域）、「雲南處行中書省」（大理の領域などを含む）「甘肅處行中書省」（西夏の領域）、そして「西域諸小國・部落」（沿革のみ）という項目を持つことから見てとれる。
（31）劉基『大明清類天文分野之書』巻一「呉分野　蘇州府」。
（32）『寰宇通志』巻一三「蘇州府」。
（33）これについては、葉盛『水東日記』巻二五「寰宇通志」に「景泰中、初修寰宇通志、宋事實祝穆方輿勝覽。予竊以爲祝氏此書、趙宋偏安之物、不可爲法。……」という記載がある。『大明一統志』の前提とされる『寰宇通志』の時點で、その形式が「名物志」である祝穆『方輿勝覽』に則っていたことが窺える。なぜ『方輿勝覽』であったのか（史料中でも筆者が疑問を呈している）は、今後の檢討課題である。この史料については、高橋亨氏（東北大學文學研究科研究員）から教示を得た。謹んで感謝を述べたい。

第三部　「宋代」のかなたに

明代先塋碑の變遷

飯山知保

はじめに

本稿の目的は、金元時代の華北において「先塋碑」などと呼ばれ、家系の系譜を主に記録するために執筆・立石された碑文・碑刻の一類型が、引き續く時代にいかにその形式を變え、やがて衰退していったのかを、その傳存事例への分析を通じて考察することにある。

そもそも先塋碑とは、文字通り自らの一族の墓地（先塋）に立てて、その系譜情報を記した碑刻の類型であり、現存する史料からみると、十一世紀からその事例が複數みられるようになる。まさに、南方中國において族譜・家譜といった文獻形態での系譜編纂が普及しつつあった時期に、華北では碑刻という形での系譜傳承のあり方が擴散していたのである(1)。だが、今日の華北においてこの碑刻類型があまりみられないことから分かるように、先塋碑はモンゴル支配の後、歴史上のある時點で下火となり、やがてその立石はほとんど行われなくなった。結果的に、ごく近年になって何人かの研究者が再び光を當てるまで、先塋碑という碑刻類型そのものが忘れ去られていたと言って過言ではない(2)。しかし、中華地域における系譜傳承、および血緣・親族集團や祖先崇拜の多樣性、ひいては現在に至る中國社會の地域差を考えるうえで、この忘れ去られた系譜傳承の歴史は、非常に興味深い幾つかの疑問を投げかける。すなわち、

なぜ先塋碑は流行したのか、そしていつ、どのようにして衰退したのか、といった諸問題である。

モンゴル時代には二六〇件ほどの先塋碑の事例が確認できるが、(3) 續く明代に入ると、その數は激減する。しかし、實際には、その立石は十七世紀の前半まで續いていたことが、現存する史料から確認できる。その背景が何であれ、大流行した系譜傳承のあり方とその興亡は、當時の社會變動を如實に體現していることは確かであろう。

そこで本稿では、明代以降の先塋碑の事例を網羅的に收集し、そしてその立石の動機、立石者の親族集團の構造を、碑刻の形式・內容の變遷をふまえて檢證し、如上の問題への答えを考察する。なお、本稿で用いる「華北」とは、淮河以北、モンゴル高原以南の地域をおおまかに包容し、「江南」とは長江下流域の、現在の浙江省・江蘇省・江西省・安徽省をひろく指す。いずれも地理的・文化的に嚴密な定義ではなく、十三世紀後半以前、金國・南宋により敷かれた國境線と、それによって分岐した歷史的經驗にもとづく區分である。

一　モンゴル時代までの立石者とその家系

まず、行論の便宜上、モンゴル時代までの先塋碑の特徵と、その立石者について概觀する。先塋碑をその他の碑刻類型の中で獨特なものとしているのは、その碑文において系譜傳承が占める割合の大きさである。とくに金代（一一一五～一二三四年）以降には、「～氏墓表」「～氏宗族碑」など、個人名を冠さない碑刻の題名が增加し、その內容も「現住地への始遷祖からいかに分支が派生したか」「それらの分支の先塋の所在地」「歷代の族人（男女含む）の名前、配偶者、そして官職」など、家系の歷史と現狀の記錄に特化してゆく。そして、系譜を視覺化して揭示するため、往々にして碑陰には系圖が刻まれもした。もちろん、金代以前にも、こうした形式・內容をそなえた碑刻は確認できるが、

その數が飛躍的に増加し、そして内容的にも系譜傳承の割合が急増するのは、十三世紀前半になってからである(4)。

この背景には、モンゴルの金國侵攻を契機とした、華北における在地有力者層の大幅な變動があったと考えられる。金代までの先塋碑が主に無位無官の布衣により立てられていたのと對照的に、モンゴル支配下での立石者は基本的に全て官員、もしくは官員を一族から出した人物であった。その大部分は、金代までに官員を出した經驗のない家系であり、モンゴルの侵攻と新たな統治制度の確立にうまく適應して勃興した、新興の官員家系であった。つまり、もともとは官員や文人といった人々のものではなかった碑刻慣習が、社會秩序の改變を經て、新たな在地有力者の慣行として定着したのである。

こうした新興の有力家系は、華北での社會動亂が一段落した一二七〇年代から、積極的に先塋碑を建造し、自らの家系の顯彰にいそしむようになる。これには、單なる顯彰のみならず、きわめて實際的な理由もあった。すなわち、十三世紀の金元交替期の戰亂や、その後の新たな統治機構の建設にあたり、華北では大規模な移住が數世代にわたって續き、多くの官員家系は、モンゴル軍に從軍、あるいは新設の官衙に勤務するため、新天地で一から先塋を築く必要に迫られていた。または、戰亂の中、異鄉に逃避し、故鄉に戻ってきた家系にとっては、荒廢した先塋の整備は喫緊の課題でもあった。こうした、人々が先塋碑に託したのは、碑刻という耐久性に優れた媒體に、自らの家系の成功と、その來歷を刻入し、それを未來永劫保存することであった(5)。

この際に重視されたのは、モンゴル政權にいつ、どのような形で歸附し、それから世代を超えてどのように仕えてきたのかを明確に記すことであった。これは、主君と臣下の血筋の間の結びつきが世代を超えて繼續し、その長さがモンゴル政權下でのその家系の政治的地位に大きな影響を及ぼすという、モンゴル時代の官界における原則と密接な(6)關係があったと考えられる。この、漢語では「根脚」と呼ばれた概念は、ある家系が連續して官員を輩出し、その社

會的・政治的地位を維持するうえで、關鍵となった。先塋碑の建立は、たんに系譜の保存のみならず、モンゴル政權との關係のあり方を誇示する手段でもあった(7)。

こうした中留意すべきなのは、先塋碑の分布の地理的偏差である。現在確認できる限り、モンゴル時代以前の先塋碑のほとんどは、華北に、華北人により立てられている。南方にも十例程度の分布がみられるが、その全てが華北からの移住家系、あるいは華北で長期間を過ごした江南人により立てられた事例である。また、十三世紀末以降、モンゴルのカアンたちは、功臣たちへの褒賞の一形態として、先塋碑の下賜を行うようになるが、その對象は華北人に完全に限られており、あたかもモンゴル政權が先塋碑を華北獨特の碑刻慣習と十分に理解していたかの如くである(8)。

このように、モンゴル時代以前の先塋碑とは、立石の主體としては官員家系、地域的には華北に事例が集中、そしてその流行の背景には、モンゴルによる華北征服と新たな在地有力者層の勃興という特色をもっていた。しかし、中華地域におけるモンゴル政權の崩壞と、江南で勃興した明朝の華北征服は、こうした状況を文字通り一變させることになる。

二　十四世紀後半以降の立石者とその分布

表は、現存する史料から收集された、明代先塋碑の一覽である。一見して明らかなように、その數的な減少はモンゴル時代と較べて非常に著しい。もちろん、記錄に殘らないだけで、實際の數はこれより多かったとも考えられるが(9)、しかし、明代になって現存史料の數自體が增加する中での事例數の明らかな差は、この碑刻類型の衰退を明らかに示唆している。

表：明代先塋碑一覧

「記録された世代數」「立石の動機」「立石者の官位」に關して：

※記録された世代數：

“+”の前の數字は、記録される最古の祖先から立石者の世代數を示す。“+”の後の數字は、それより若い世代數を示す。

※立石の動機：

a： 家系の歴史の顯彰　　b： 個人の顯彰
c： 先塋の遷移の記録　　d： 祖先に對する追封の顯彰
e： 先塋の修復あるいは擴張の顯彰　　f： 新たな先塋の設立の記念
g： 先塋への碑刻の下賜の記念　　h： 立石者の昇進記念
i： 先塋での昭穆の記録　　j： 先塋の土地所有權の確認

※ 官位について：

大文字： 文官　　小文字： 武官

No	撰者と題名	年代	先塋の場所	記録された世代數	編纂に際しての資料	立石の動機	出典	系圖	立石者の官位
1	宋濂「棣州高氏先塋石表辭」	1356以降	山東棣州	6	不詳	a	宋濂『翰苑續集』卷10	不詳	4A
2	不明「朱氏世德之碑」	1363頃	江蘇句容	5	不詳	a, d	楊世沅『句容金石記』卷10	不詳	不詳
3	宋濂「趙氏族葬兆域碑銘」	1368以降	浙江衢州	8	圖狀，墓銘	a	宋濂『翰苑續集』卷10	不詳	7A?
4	蘇伯衡「謝氏西山阡表」	1383	福建平陽	4	不詳	a	蘇伯衡『蘇平仲文集』卷13	不詳	無し
5	羅亨信「祁縣馬氏先塋碑銘」	1437以降	河北祁縣	6	狀	a	羅亨信『覺非集』卷5	不詳	5b
6	羅亨信「蠡縣栢氏先塋碑銘」	1438以降	河北蠡縣	3	不詳	a	羅亨信『覺非集』卷5	不詳	7a
7	宋濂「臨濠費氏先塋碑」	1368以降	安徽臨濠	3	不詳	a, d	宋濂『朝京稿』卷1	不詳	1b
8	羅亨信「灤陽趙氏先塋碑銘」	1441以降	河北灤州	3	不詳	a	羅亨信『覺非集』卷5	不詳	5a
9	羅亨信「鎭守大同太監郭公先塋碑銘」	1444頃	山西夏縣	4	不詳	a	羅亨信『覺非集』卷5	不詳	3B
10	羅亨信「灤州葛氏先塋碑銘」	1457以前	河北灤州	6	none	a	羅亨信『覺非集』卷5	不詳	5a
11	何遷「宏岡阡表」	1405～67の間	安徽堯封	6	不詳	a	何遷『東岡集』卷7	不詳	5B
12	邱濬「傅氏先塋之記」	1491	廣東順德	4	不詳	a	郭汝誠『(咸豐)順德縣志』卷 20	不詳	4a
13	陸簡「盛都憲慧麓新阡表」	1492	江蘇無錫	3	碑誌	a	趙時春『龍皐文稿』卷18	不詳	3A
14	吳寛「劉氏新塋表」	1494	江蘇長洲	7	不詳	f	吳寛『匏翁家藏集』卷73	不詳	4A
15	徐溥「采石李氏先塋碑銘」	1496	安徽采石	6	不詳	a	徐溥『謙齋文錄』卷4	不詳	4B
16	王濱「湯氏先壠記」	1500頃	湖南瀏陽	3	不詳	a, c	王濱『光菴集』卷1	不詳	不詳
17	錢穀「盛氏先塋之碑」	1505以降	江蘇吳縣	5～	不詳	c	錢穀『吳都文萃續集』卷43	Yes	2A

18	彭韶「葉氏先塋碑」	1513以前	江蘇山陽	5+1	不詳	a	彭韶『彭惠安集』巻5	不詳	2B
19	陸深「陸氏先塋碑」	1521以降	浙江上海	3	不詳	a, c, f	陸深『儼山集』巻82	Yes	5A
20	趙時春「贈中憲大夫常州府知府應公九華山阡表」	1537以降	浙江遂昌	無し	不詳	a	趙時春『浚谷先生集』巻12	不詳	4A
21	曹大本「徐氏祖塋記」	1540以降	安徽南陵	2	不詳	a	沈葆楨、呉坤修［編］『安徽通志稿金石古物考』巻7	不詳	無し
22	歸有光「何氏新塋碑」	1545	安徽南陵	5	不詳	e	歸有光『震川先生集』巻24	不詳	不詳
23	柳遇春「柳氏宗支圖記」	1550	山西沁水	4	不詳	a	車國梁［主編］『三晉石刻大全 晉城市沁水縣巻』三晉出版社, 2012, p.41.	不詳	無し
24	嚴嵩「敕修棗林祖塋紀恩之碑」	1550頃	江西分宜	不詳	不詳	a	嚴嵩『鈐山堂集』巻32	不詳	2B
25	嚴嵩「嘉林阡表」	1550頃	江西分宜	2	不詳	a	嚴嵩『鈐山堂集』巻32	不詳	2B
26	嚴嵩「慈德阡表」	1550頃	江西分宜	3	誌	a	嚴嵩『鈐山堂集』巻32	不詳	2B
27	李萬實「西鄕祖塋碑」	1554	江西南豐	5	不詳	c	李萬實『崇質堂集』巻13	不詳	5A
28	李萬實「重修宋承奉郎袁州通判李公景遹偕配周氏塋域碑」	1567以前	江西南豐	3～	狀	a	李萬實『崇質堂集』巻13	不詳	7A
29	李維楨「石亭阡記」	1573以降	江蘇蘇州	7	不詳	a	李維楨『大泌山房集』巻56	不詳	7A
30	彭輅「陸氏墓碑記」	1574	江蘇海鹽	無し	不詳	a, j	彭韶『彭比部集』巻15	不詳	無し
31	李維楨「中丞阡記」	1580頃	北京	2	不詳	a	李維楨『大泌山房集』巻56	不詳	2B
32	董復亨「王氏新阡表」	1592頃	紹興?	無し	不詳	c	董復亨『繁露園集』巻10	不詳	無し
33	唐文獻「古呉松江陸氏新阡碑記」	1592以降	浙江華亭	6	不詳	a	唐文獻『唐文恪公文集』巻 6	不詳	4B
34	李化龍「李氏祖塋碑」	1598	山東章邱	5?	不詳	a	曹楙堅『(道光)章邱縣志』巻14	不詳	5B
35	朱運昌「元萬戸將軍李公故塋碑記」	1611	河南西華	4～	モンゴル時代の先塋碑	a	潘龍光、張嘉謀［編］『西華縣續志』巻11	Yes	不詳
36	蘇瓊「蘇氏祖塋朝向記」	1637	安徽石棣	10	不詳	a, c	沈葆楨、呉坤修［編］『安徽通志稿 金石古物考』巻7	不詳	6A
37	黄輝「朱氏南阡表」	不詳	浙江南潯	3	不詳	c, f	汪曰楨［編］『南潯鎭志』巻27	不詳	無し

さらに、前述したモンゴル時代とくらべ、明確な差異は、その立石地點が江南中心になっている點である。表の中で、全三十七例のうち七例のみが華北での事例であるが、そのうちの四例（№5・7・8・9）は、實は南方中國出身の人物により撰述されている。管見の限り、明代の華北出身の文人で、自らの文集に先塋碑文を收録した例は知られていない。モンゴル時代以前ときわめて對照的に、華北人たちは先塋碑を立てるという慣習を、あたかも忘れ去ってしまったかの如くである。

この現象の明確な原因を指摘することは困難である。なぜなら、同時代史料が先塋碑の衰退について完全に沈默しているからである。しかし、ここで指摘すべきは、元明交替期の華北で起きた、在地有力者層の徹底的な入れ替えであろう。モンゴルの華北征服が、在來の在地有力者層の大規模な沒落と、モンゴルとの結びつきを得た新興家系の簇生をもたらしたことは、前述した。それから一三〇年後、同樣に劇的な社會變動が、明朝の華北征服によりもたらされることになる。モンゴル政權下で繁榮した官員家系は、そのほとんどが史料から姿を消し、その子孫が祖先の功績を回顧するような事例も、きわめて稀となる。すなわち、南方から勃興した新王朝が、長きにわたる戰亂の後に、科擧を中心とした官員登用制度を確立すると、モンゴルとの關係をもとにして官員を輩出していた家系は新たな環境に順應できなかったと考えられる(10)。彼らはまた、先塋碑の主要な立石者であり、その沒落は、この碑刻類型の衰退を不可避的に招來したと考えることは妥當であろう。

さて、こうした華北で先塋碑が姿を消してゆく間、南方で先塋碑を立てたのはいかなる人々であったのだろうか。表が示す通り、彼らはほぼもれなく官員家系の出であり、自身も科擧に及第した經歷を持つことも多かった。その居住地および先塋の所在地は江南に集中しているが、金華・華亭といった人口集積地の縣城付近から、江西南部の山間地の南豐まで、地理的・社會的に幅廣い分布をみせている。また、先述の華北の四事例の撰述者である羅亨信（一三

七七〜一四五七、一四〇四年の進士）は、廣東の東莞の出身であり、彼の故郷にも先塋碑がみられた可能性は十分にあるだろう。事實、廣東には「傅氏先塋之記」（No.12）という事例が確認できる。

このように、モンゴル時代までとは大きく異なり、明代先塋碑は主に南方中國で南方人の手により立てられている。彼らの立石の動機は、同じく表に示したように、「家系の歴史の顯彰」「祖先への追封の記念」「新たな先塋建設の記念」「先塋の遷移の記録」など、モンゴル時代のそれと大差ない。(11) 一見して、華北由來の碑刻慣習が、發祥地で廢れた後、南方で受容されたようにみえる。確かにそれは正しいのだが、ここで留意すべきは、南方人が華北での先塋碑の形式をそのまま模倣したわけではなかったという點である。

三　モンゴル時代の形式からの「逸脱」

碑文の形式と内容において、幾つかの明代先塋碑はモンゴル時代の先例との間に明らかな類似性を有している。例えば、「盛氏先塋之碑」（No.17）は先塋の場所とそこに埋葬される祖先たちを二世代にわたって記録した後、「代々の系譜と業績は、碑陰に刻む（其諸世系行歷、刻之碑陰）」という、モンゴル時代の先塋碑によくみられる文言を記している。殘念ながら碑陰は傳存していないが、おそらくは系圖か碑文の形で、詳細な記録が刻入されていたのだろう。

しかし、これは全體から見れば孤例である。全體として、明代先塋碑は、モンゴル時代までの先例とは異なり、すでに系譜傳承の媒體としての機能を失っていた。それを物語るのが、李萬實（一五四四年の進士）が、自らの家系のために撰述した「西鄉祖塋碑」（No.27）である。李萬實は自らの父の言葉として、この碑刻の立石の理由を次のように記している。

〔父は言った〕「これより清明節では本支の子孫は毎年必ず〔先塋に〕赴き、その交通費は支給され、約定の通りにしない者には罰を與える。期日を定めて常例の祭祀を行い、儀式では供え物の格式を定め、定められた日に歸ることとし、約定の通りにしない者には罰を與える」。常々〔我々と協議する親族の〕皆々の志はすでに同じくなったので、〔父は〕また萬實に銘じられた、「おまえたち若い世代の族人は〔それぞれの名前を〕書き記せ。私はすでに年上の族人を記錄したので、これらを一括して記錄し、龍泉菴の中で石に刻もう。墓所と祭田は、〔碑文の〕下に列擧し、子孫代々に傳え、我が族人がみなその由って出るところを知り、一筋の流れのようにするのだ」(12)。

これだけ讀むと、ともすればモンゴル時代以前の先塋碑にも頻出する物語の様にみえるかもしれない。だが、よく碑文全體を讀んでみると、根本的な違いが浮かび上がってくる。すなわち、この部分の前段では、南豊縣城から百八十里もの遠くに位置する西鄉という地にあった李氏の先塋には、もともとは祭田千畝が附隨し、第十五世から二十世の祖先が埋葬されていたが、年月を經るに從い、祭田は侵奪され、先塋も見る影もなく荒れ果てていたことが記されている。李萬實の父はこうした狀況を深く憂慮し、志を同じくする族人と協議した結果、その復興に着手し、失われた祭田を取り戻すため、官司に訴訟を起こしていた。つまり、「西鄉祖塋碑」とは、この先塋復興計畫の一環として立石されたものなのである。

そして、これこそがモンゴル時代までの華北との著しい相違であるのだが、「祖塋碑」と名づけられながらも、この碑刻は先塋には立てられていない。立石地である「龍泉菴」とは、おそらくは李氏が當時用いていた、西鄉とは別の先塋に附隨する墳寺・功德庵〔墓地に立てられ、祖先の冥福を祈る佛堂・佛寺〕(13)の類いであろうか〔祠堂でないことは後述する〕。その內容も、系譜の記錄というよりは、西鄉の先塋での祖先祭祀に參加すべき族人のリストであり、女性が記錄されていたとは思えない。當然、モンゴル時代の先塋碑がそうであったように、この碑刻の前で祖先祭祀が擧

行され、系譜の確認も行われるなど、一族の紐帯として先塋碑が機能したわけではなかった。すなわち、この碑刻が立てられたのは嘉靖三十三年（一五五四）であったが、その後、萬曆三年（一五七五）には祠堂が建てられ、族人はそこで祖先祭祀を行うと定められている[14]。この事例では、先塋碑の立石とは、先塋復興のための、ひとつの通過點に過ぎない。

その他の同時代史料にも、このように先塋碑が先塋以外の場所に立てられる事例が散見される。祠堂に立てられる事例が最も多く、例えば、南豊李氏の事例から一世紀前、成化四年（一四六八）のこととして、すでに王僎（一四五一年の進士）はある行狀の中で、祠堂と先塋碑が同時に設立されたむねを記錄している[15]。また、設置の場所が變わっただけではなく、明代先塋碑の形式と內容も、モンゴル時代以前のそれとは異なってゆき、系譜の傳承への關心がますます薄れてゆく。系譜に關する記述が最も詳細な事例においてでさえ、立石者の一族の全容を示すにはほど遠い。その事例である「呆石李氏先塋碑銘」（No.15）は、弘治九年（一四九六）の立石であるが、世代順にこの李氏の族人の來歷を次のように記述する。すなわち、始遷祖の慈隆が明初に浙江の太平縣に移り住み、その息子の茂林が呆石にさらに移住した。茂林の息子の順は縣學に所屬し、その能書をかわれて『永樂大典』の編纂に書寫係として參加した。その後、刑部主事から戶部尙書に昇進した順には、翔という息子がおり、その翔の息子が成化五年（一四六九）に進士及第した李蕙（一四三八〜?）であった。以上が、この碑文が傳える呆石李氏の來歷の全てである。ここに擧げた人物たちのほかの族人は、男女問わず一切言及されていない。

このように、明代の先塋碑は、その機能において前代までの特質の大部分を喪失した。それではなぜ、南方人は先塋碑を立てる必要があったのだろうか。

四　文化的權威と土地所有權の象徴としての先塋碑

モンゴル時代までと共通する數少ない特色として、先塋碑に付與された權威がある。モンゴルのカアンたちと同じく、明朝の皇帝たちも、功臣への褒賞の一形態として先塋の修復と先塋碑の建設を行った。表にある、嘉靖年間（一五二二～六六年）に權勢を振るった內閣大學士嚴嵩（一四八〇～一五六七）の事例をみてみよう。先塋の修築のため、嘉靖二十一年（一五四二）に故鄉の江西分宜に歸った彼は、嘉靖帝からその修復費用と勞働力の下賜をうけている。その顚末を記錄したのが「敕修棗林祖塋紀恩之碑」（№23）であるが、この中で嚴嵩は、修復の背景について、「切に思いますに、私の祖先は皇帝の御恩を蒙り、一品の官位を追封されました。しかし先塋は荒れ果てており、庶民のそれと變わりありません。私は、このあさましく不孝な罪から逃れるすべが無いことをおそれます（切念、臣祖荷蒙推恩、賜官一品、而邱壠荒穢、有同民庶。臣怛焉割中不孝之罪、無所逃焉）」と述懷する。もちろん、先塋の維持修復は往古以來、祖先に對する重大な責務のひとつであり續けてきたが、ここで重要なのは、碑刻が皇帝からの恩顧を視覺的に示す役割を果たしていることである。同樣な事例は、この半世紀前に死去した盛顒（一四一八～九二）に對し、弘治帝（在位一四八八～一五〇五）が、その江蘇吳縣の先塋修復の費用を下賜し、その次第が先塋碑に記されたことにも求められる。[16]

こうした際に、先塋と祖先の事績を顯彰する碑刻は、事業の成功と不可分の關係にあった。弘治年間の內閣大學士徐溥（一四二八～九九）は、その友人が「〔先塋に〕碑刻がなければ、祖先の德を顯彰するすべがない（墓碑未刻、無彰先德）」と嘆いていたことを記錄している。[17]そもそも、祖先の德行を記念する碑刻を立てることは、明代初期から、著名な學者により提唱され續けてきた。その代表的な人物が、方孝儒（一三五七～一四〇二）であった。族譜編纂につい

て論じる中で、彼は一族の紐帯としての先塋の重要性と、そこでの祖先の顯彰について言及している。[18]こうした中、明代先塋碑の碑文撰述者たちは、その立石について周の葬禮と關連させる傾向があった。宋濂（一三一〇～八一）は「趙氏族葬兆域碑銘」（No.3）の中で、族葬の重要さを繰り返し述べたうえで、「『周官』には墓大夫が記され、その職掌は邦の墓の位置を圖に記し、その人々に族葬を行わせることにあり、關連する政令をつかさどり、〔先塋の〕位置を正しくし、その數を管理して、人々がみな〔族葬を行う〕土地をもてるようにしたのである（周官有墓大夫、掌凡邦墓之地域爲之圖、令國民族葬、而掌其政令、正其位、掌其度數、使皆有私地域）」と指摘し、先塋碑の撰述を依頼した趙氏一族を、周の遺風を繼承する家系として顯彰している。

こうした、文化的あるいは政治的な權威を誇示する道具としての先塋碑のあり方とは別に、より實利的な立石理由も存在した。すなわち、土地所有權の明示である。先塋に碑刻を立てることは、その家系の土地所有權を明示することにつながったことはたやすく推測できるだろう。その中でも最も露骨な事例は、彭輅（一五四七年の進士）所撰の「陸氏墓碑記」（No.29）である。この碑刻の立石目的は、もちろん系譜傳承ではなく、ただ純粹に土地爭いの調停であった。十六世紀前半のある時、おそらく江蘇海鹽において、當地の陸氏の族人のひとりが、老人性の癡呆により徘徊を始めた。そして、彼の老い先が短いことを悟った陸氏の人々は、彼のために新たな墓所の土地を購入する。ここまでは何の問題もなかったのであるが、實はこの土地が撰者彭輅の一族の先塋と鄰り合っていたのである。やがて、その境界を巡って將來の紛爭を懸念する聲がふたつの家系から出始めると、彭輅のもとに陸錫という陸氏の族人がやって來た。ふたりが話し合った結果、現状を記録する碑刻を立てることとなり、「陸氏墓碑記」には陸氏の來歴が簡潔に記された後、立石に至る經緯が詳述される。

このように明快に土地所有權を取り上げる事例は珍しいが、先塋購入と維持の概略は、明代先塋碑に頻繁にみられ

る要素である。そして、これは江南・華北を問わず、全ての事例にひとしくみられる。

五　明代華北の先塋碑

形式という點では、明代華北の先塋碑に地域的な特色はみられない。これはある意味當然のことで、先述したように、その多くが南方人により撰述されているからである。また、「柳氏宗支圖記」（No.23）は、先に擧げた南豐李氏の事例と同じく、祠堂の中に置かれている。この祠堂は、そのご柳氏一族の祖先妻子の中心となるが、これも南豐の例と全く同じであった(19)。

モンゴル時代とくらべれば、驚くほど少ない事例數しか確認できないが、この背景には、先に觸れたように、元明交替にともなう在地有力者層の激變があると考えられる。先塋碑設立の擔い手であった舊來の官員家系が史料から姿を消す中、明朝支配下で勃興した有力者層は、もはや先塋碑の設立に大きな關心を持たなかったようである。華北に現存するモンゴル時代の先塋には、例外なく元明交替期以降の碑刻が見當たらず、この時期に放棄された、あるいは後裔たちが新たな碑刻の立石を行うだけの經濟的餘裕がなかった、さらには祖先の碑刻慣習を繼承しなかったなど、幾つかの可能性を示している。山西省忻州市定襄縣横山村の永安寺には、「重修永安院記」という明初の碑刻が現存しているが、これは先塋碑とその立石者たちの命運を雄辯に物語っている。圖をみればわかるように、この碑刻はもともとは「秦氏宗派之圖」という系圖をともなう碑刻であり、おそらくは元明交替期にこの秦氏が沒落し、その先塋に立っていた碑刻が再利用されたことを物語っている(20)。

明代華北の全ての事例は、明朝の華北征服の後に勃興した官員家系により設立されたものであり、モンゴル時代の

定襄縣永安寺の再利用された先塋碑

新興官員家系と同じく、彼らはモンゴル時代に官位に就いた祖先をもたず、また前代からの系譜史料もなかった。先に言及したように、七例中の四例は、廣東東莞出身の羅亨信の撰述にかかるが、その立石者の內譯は、大同に駐屯する軍隊に勤務する太監二名、同じく北邊の軍隊に屬する軍官一名、そして陰陽官一名となり、前三者はみな十五世紀前半の對モンゴル戰役での功績により立身した人々であった。その元來の社會的地位の低さもあり、彼らの家系の歷史についての史料は乏しく、いずれの先塋碑に記される世代數も、平均して四から五世代と少ない。羅亨信が碑文を撰述した際には、「圖狀」（No.3）や「狀」（No.5）といった傳記資料が提供されたが、その名稱からみて、これは網羅的な家譜ではなく、立石者あるいはその周邊により立石に際して記されたものであると考えられる。なによりも、立石者たちが率直に、「系譜は失われ、いつの世代に北平に移住して有力となり、それにより灤州の梅厢社葛家庄に住み着いたのかわからない（譜失其傳、不知何代來居右北平、因家灤之梅厢社葛家庄）」[21]、あるいは「もし祖先の墳墓に碑文を刻まず、私が若くして死んだならば、子孫はすぐに（その先祖について）無知となり、祭祀も行われなくなることを恐れる。……系譜が失われれば、考究するすべがなくなるからである（苟不以祖宗墳墓誌之于石、一旦恐先朝露、子孫不幾愚昧、而失祀乎。……譜失其傳、莫得而考）」などと、それを認めている[22]。

彼らの家系の規模も、その主張を支持している。七件全てにおいて、家系は單一の分支により構成されている。正統二年（一四三七）立石の「祁縣馬氏先塋碑銘」（No.5）は、この家系の歷史を二世代にわたり敍述するが、その冒頭

で「曾祖父より前の祖先は、みな村の東北八里の野原に葬られた。曾祖父・祖父・叔伯父とその妻たちが亡くなると、叔伯父の息子たちとその妻たちとともに、また昭穆にのっとってここに埋葬し、あわせてひとつの墓所として、春秋の祭祀を行ってきた（惟曾祖以下而已上世之祖、皆葬村東北八里之原。至若曾祖・祖父・伯叔考妣之沒、洎羣從昆弟若婦之喪、亦依昭穆祔葬于斯、合爲一塋、春秋致祭）」と述べる。興味深いことに、このように傍流の分支を排除する（あるいは缺く）傾向は、華北・江南の立石者の家系に共通して看取される。

これは、家譜・族譜の編纂により、複數の分支を統合した大規模親族が勃興していた中で、かかる小規模な親族集團に、先塋碑に對する選好性がとくに存在したかのような印象を與える。だが、先塋碑を立てた親族集團の規模は、實は時としてかなり大きかった。そして、こうした大小の家系に共通するのは、世代を超えて家系の歴史を詳述する系譜を作成しようとする意圖の缺如であった。

六　明代先塋碑作成にあたっての資料

「湯氏先壠記」（№16）によれば、この湖南瀏陽の湯氏は、合計四カ所の先塋を、宋代から連綿と所有していた。これらの先塋を數世紀にわたって保持できていたということは、この家系がそれを可能とするのに十分な數の族人、おそらくは複數の分支からなっていたことを物語っている。その推定される大きな規模にも關わらず、この碑文は湯氏一族の系譜情報についてあまり關心を示していない。この事例は、先塋碑の機能自體が變化する中で、明代の立石者がその系譜を碑刻に記録することに意を用いていなかったことを端的に示している。

この態度の解釋については、ふたつの可能性が考えられるだろう。まず、立石者とその家系が、その他の媒體（族

譜・家譜など）に系譜を記録していた可能性。もうひとつは、網羅的な系譜傳承にそもそも關心がなかった可能性である。表にある幾つかの事例は、前者の可能性を支持するかの如くである。すなわち、そうした碑文では、系譜情報が含まれなかった理由を、「先塋にすでに墓誌があり、そちらを參照すべき」（No.3・13・34）とし、また「狀・圖狀といった資料にもとづいて作成された」（No.3・5・25・27）と、可能でありながらもあえて系譜情報を盛り込まなかったことがうかがえる。注目すべきは、こうした資料が、系譜を整理し、特定の始祖へと追述する「譜」[23]と呼ばれてはいない點である。これは、墓誌であれ狀であれ、家系の系譜を總合的に記録することを目的にして作成された資料ではなかったことを暗示している。換言すれば、表に示される事例のいずれでも、碑刻以外の系譜史料の存在は示唆されていない。

その一方で、後者の可能性も一概には否定できないばかりか、幾つかの碑文では立石者がいかなる系譜史料も有していなかったことを明言していることから、むしろ相應の說得力をもつ。先に見たように、明代華北の立石者たちも、自らがその家系の歴史の中で、初めて系譜史料を作成したということを強く意識していた。また南方においても、「湯氏先壠記」も、次のように類似した懸念を表明している。「私が考えますに、これ（系譜）を圖示して辨じなければ、年齢の序列と親族の遠近を、後年どうやってかえりみるのだろうか（完念、不爲圖辨之、不爲文記之、年序之流遠、後將何稽以省耶）」。先ほどから何回か紹介した南豐李氏も、李萬實の父が「おまえたち若い世代の族人は（それぞれの名前を）書き記せ。私はすでに年上の族人を記録したので、これらを一括して記録し、龍泉菴の中で石に刻もう」と述べているように、その先塋碑の設立は、この分支における、少なくとも直近では初めての系譜編纂の試みであったことを示している。この推測は、同じく李萬實により撰述された「重修宋承奉郎袁州通判李公景適偕配周氏塋域碑」（No.27）が、「我らが南豐の李氏もまた（この李氏と同じく）祖先がもともとこの縣を治めた。外來の賊徒による戰火を

經たので、歴史の長い家系に譜牒があるものは少ない。私は〔系譜について〕詳細に考察する暇がまだないが、いつか族譜を編纂する際には歐陽脩の修譜の方法に倣おう（吾豐之李俱祖元嬰邑。經寇燹、故家譜牒鮮有存者。予未假詳考、它日修譜效法歐陽）」と記すのは、それを裏づける。

同様に、「葉氏先塋碑」（№18）は、南宋の孝宗の治世（在位一一六二～九四）に葉衡という宰相が存在したことに觸れた後、「その後裔は賊徒の侵略に遭って家族が流散し、譜牒も失われた。故鄉に住んでいるとはいっても、その系譜については傳えられておらず、考察するすべがない（其裔遭寇難、家族流散、譜牒失亡。雖有居其故鄉、而世系無傳、莫之考）」と述べる。實際、この碑文は、モンゴル時代に九江路判官となった祖先がいたという點以外、元明交替以前の家系の歴史について完全に沈默する。明代に入り、この家系は四川左參政を出し、モンゴル時代以前からの先塋を維持していたが、依然としてその系譜に對してはかなり漠然とした知識しか有していなかったことが、同碑文の次のような記述からも明らかであろう。

約菴先生は、金華府城の北にある四隅の人であった。元に仕えて九江路判官となり、後に隱棲して出仕しなかった。その事業や生卒年の詳細については、今となっては誰も分からない。故老が相傳するには、先生が出仕する前、城北の智者菴で讀書し、歸鄉して隱棲した後には城西の芙蓉峰のもとに居所を築いて住んだ(24)。

この家系の大きさも、數世紀にわたる系譜史料の缺如を證明している。同じ碑文にあらわれる族人の輩行は、この家系が單一あるいは若干の分支によってのみ構成されていたことを印象づける。第四世代の兄弟はそれぞれ「行榮七」「行榮十」と呼ばれるが、七と十という數字は、「百七」など桁違いの數字が頻出する同時代の族譜とくらべて非常に小さい。

前述したように、簒奪された祭田の返還を求める中で、南豐の李氏は「本支」の族人のみ系譜に記録し、先塋での

祖先祭祀に參加する義務を課した。唯一の例外は、「灤陽趙氏先塋碑銘」（No.8）であり、これはふたつの分支の家系を明記する。この趙氏はもともと河北豐潤の胥家莊に住んでいたが、立石者の父が鄰接する灤州に移住した。このふたつの分支（「房」）は先塋をまだ共有しており、共同でそこで祖先祭祀を行っていた。しかし、居住地の近接さといい、分岐してから一世代しか經っていなかった點といい、この碑文も、この家系が長大な系譜史料にもとづいて一族の結合を成し遂げていたことを證明するわけではない。

このように、明代先塋碑の立石者たちとその家系に共通するのは、その親族の規模に關わらず、彼らは先塋碑の立石により同姓の家族を糾合し、族人の間で階層化が進展した巨大な親族集團を形成する（「收族」）意圖をもっていなかった點である。むしろ、彼らは分支の族人に對する關心は、よく言っても淡白であり、言及されることすら稀であった。そうした中、先塋碑に系譜情報が減少してゆく傾向は、史料的に系譜を詳述することが實質的に不可能であったことにも由來するであろうことは、確かであろう。

七　十七世紀における先塋碑の衰亡

その著書『語石』の中で、葉昌熾（一八四九～一九一七）は宋濂と同じく、先塋碑を設立することに對して非常に好意的な態度を明らかにしている。様々な碑刻類型を論じてゆく中で、彼は「譜系について。いにしえの時代に宗法がいまだ失われていなかった時、族葬は墓大夫に管轄されていた。墓道には必ず碑刻があり、昭穆（に従った）墓域が記録されていたが、これは今は失われた（一曰譜系、古時宗法未亡、族葬掌于墓大夫。墓道之中、意必有刻石、志昭穆之兆域、而今亡矣）」と前置きした後で、先塋碑の設立について、「これもまた、『禮が失われて、それを野に求める』の意なの

である（此亦禮失求野之意也夫）」と記している。

しかしその一方で、より早期の、そしてより著名な文人たちは、これと相反する評價を下しており、それは先塋碑という碑刻類型のさらなる沒落と軌を一にしているかのようである。黃宗羲（一六一〇〜九五）は先塋碑に關連するある文章の中で、「〔宋濂は〕單氏先塋碑を作り、銘で『公（立石者）の勳業は、先祖の德行の後には附さない』と書いた。〔これで〕どうして先祖が蓄積した德の深さを述べることができるだろうか。〔宋濂は〕作文の體裁に無知であるのだが、それとて言い譯にはならない（爲單氏先塋碑、銘云、公之勳業、不附先德之後。何以白前人積累之深。雖昧於造文之體、不假卹也）」と、宋濂の先塋碑の形式を嚴しく批判している。[25] 先塋碑の設立そのものを否定しているわけではないが、當時の先塋碑において系譜や家系の歷史についての關心が薄れていたことを考えれば、これはその碑刻類型全般に對する批判ととらえてかまわないだろう。

全く同じ時期に、徐乾學（一六三一〜九四）もまた、魏禧（一六二四〜八一）の議論を引用しつつ、「祖先の德を記錄し顯彰するにあたり、これ（先塋碑の設立）が最もよろしい。しかしその碑文を讀んでみると、往々にして稱贊が過多で事實の記錄が少ない。死者〔の事績を〕略し、生者におもねっている。〔そのため〕立派な人物はこれ（先塋碑の形式）を批判するのである（用以紀追命表先德、莫此爲宜。然而讀其文、往往多頌而寡志。畧死而諛生、君子譏焉）」と述べる。[26] 注意すべきは、これらの批判者が、族譜の編纂などを通じた大規模宗族設立の熱心な擁護者であったことであり、こうした批判の出現とほぼ同時に、先塋碑の設立そのものが激減してゆくことである。

このように、金元時代に盛行した先塋碑の設立は、華北・江南のどちらにおいても、十七世紀前半に衰退していった。この碑刻類型の「衰退」が、はたしていかなる社會的・文化的背景をもつのか、判斷することは依然として難しい。ただ、ここで指摘しておくべきなのは、十七世紀前半において、先塋碑は系譜傳承の媒體としての機能をほとん

ど失っていたことと、それこそが右にみた批判者たちの問題意識を刺激した點である。換言すれば、「先塋」「祖塋」という言葉から想起される、祖先たちの事績と記述内容が乖離し、ただ單に墓地の指標となった末に、先塋碑の存在意義は重大な轉換點を迎えたのである。家譜・族譜といった文獻媒體での系譜の普及と、先塋碑の衰退がどのような關係をもっていたのかについても、明確な答えを探し當てることは困難である。しかし、管見の限り、先塋碑の立石者の子孫ですら、十六世紀後半から十七世紀にかけて、家譜・族譜の編纂を始めている事實は、系譜の記錄媒體の交替が、先塋碑の激減に一定の役割を果たしていた可能性を示唆している。(27)

おわりに

文化現象の浮沈と王朝の興亡を結びつけることは、一般的に強い警戒をもって論じられることが多いように思われる。だが、先塋碑の勃興と衰退を、女眞・モンゴル・明朝の華北征服と切り離して考えることは不可能だろう。それはすなわち、この碑刻類型の存立自體が、その立石者であった官員家系の勃興と衰退に多大な影響を受けたからである。すなわち、モンゴル支配下で官員家系により設立された先塋碑は、當然のように、元明交替期以降、彼らの沒落とともに激減した。華北に勃興した新たな官員輩出層がなぜ先塋碑を設立しようとしなかったのかについては、より多くの資料を收集した考察が必要であるが、本稿で考察した通り、南方で受容された先塋碑は、系譜傳承の媒體という機能面で、もはや華北の先例と同等と見なしうるものではなかった。それは、さらなる形式の變容を經ながら、先塋碑の設立という碑刻慣習の最終的な衰亡につながってゆく。

明代における先塋碑の變遷とは、前代にモンゴルの支配システムと新興官員家系の勃興という、强固な制度的・社

會的背景をともなって成立した碑刻慣習が、その前提となる政治・官吏登用制度の消滅をうけて、姿を變えつつ滅びてゆく過程にほかならない。中華地域の歴史において、墓表・墓誌銘・神道碑など、おおよそ魏晉南北朝から唐代にかけて成立した碑刻類型が、後世にほぼ消滅することは、罕見に屬すように思われる。こうした中、先塋碑は、碑刻類型・慣習の勃興と衰退を、文化的・社會的變遷という背景の中でとらえるべき希な例であるといえよう。それはまた、モンゴル支配と、それに續く明清時代の文化變容を、碑刻という形で現存する史料群をいかにして利用すべきかという課題の中で考える必要性を、我々につきつけているのである。

註

（1）この種の碑刻の名稱は、「先昭碑」「先德碑」「昭先碑」「家族碑」「〜氏墓表」「〜氏阡表」など、多くのヴァリアントを持っていたが、本稿では行論上の便宜のため、これらを「先塋碑」と總稱する。その定義は、先塋に立てられ、故人の事績の顯彰のみならず、家系の系譜の記録をも立石目的とすることが記述されている碑刻とする。詳細については、飯山知保「〝孫公亮墓〟碑刻群の研究——十二〜十四世紀華北における〝先塋碑〟の出現と系譜傳承の變遷——」『アジア・アフリカ言語文化研究』第八十五號、二〇一三年、Tomoyasu Iiyama, "Genealogical Steles in North China during the Jin and Yuan Dynasties," *The International Journal of Asian Studies*, vol.15, July, 2016. を參照。

（2）常建華「元代族譜研究」『譜牒學研究』第三輯、一九九二年、同「元代墓祠祭祀問題初探」、趙清〔主編〕『社會問題的歴史考察』、一九九二年、魏峰「先塋碑記與元代家族組織」、「〝傳承與變革——十〜十四世紀中國的多邊政治與多元文化〟國際學術會議」（復旦大學、二〇一一年八月二十八日）での報告原稿（未刊）など。なお管見の限り、最も早く先塋碑に着目したのは森田憲司氏である。森田憲司「宋元時代における修譜」『東洋史研究』第三十七卷第四號、一九七九年を參照。

（3）前掲 Iiyama, "Genealogical Steles in North China during the Jin and Yuan Dynasties," Table 2を參照。

（4）飯山「〝孫公亮墓〟碑刻群の研究」一四二〜一五一頁、Iiyama, "Genealogical Steles in North China during the Jin and

Yuan Dynasties," pp.8-16.

（5）飯山「〝孫公亮墓〟碑刻群の研究」一五六頁、Iiyama, "Genealogical Steles in North China during the Jin and Yuan Dynasties," p.18.

（6）森田憲司『元代知識人と地域社會』汲古書院、二〇〇四年、四五頁。

（7）飯山「〝孫公亮墓〟碑刻群の研究」一三四頁、Iiyama, "Genealogical Steles in North China during the Jin and Yuan Dynasties," pp.13f.

（8）飯山「〝孫公亮墓〟碑刻群の研究」一六一頁、Iiyama, "Genealogical Steles in North China during the Jin and Yuan Dynasties," pp.8f.

（9）明代の史料の中で、先塋碑の設立に言及する墓誌銘などがしばしば見られる。例えば、倪岳（一四四四～一五〇一）は、新安の謝昌から篁墩出身の程姓の翰林學士撰述の先塋碑文を見せてもらっているし（倪岳「新刊地理四書序」『青渓漫稿』巻十九）、その半世紀後には、來集之（一六〇四～八二）が、ある祠廟を紹介する文章の中で、張姓の家系の先塋碑を引用している（「護堤侯」『倘湖樵書』巻七）。より時代を下った清代の族譜にも、その史料源として先塋碑を擧げる事例も確認できる（劉鳳誥〔一七六〇～一八三〇〕「全州馬氏譜序」『存悔齋集』巻十一）。

（10）飯山知保「『西隱文稿』からみた元明交替と北人官僚」『宋代史研究會研究報告集第十集』汲古書院、二〇一五年を參照。

（11）飯山「〝孫公亮墓〟碑刻群の研究」一五二頁、Iiyama, "Genealogical Steles in North China during the Jin and Yuan Dynasties," p.28.

（12）「自今清明本支子孫、歲必往、往者給輿馬費、不如約者罰。有常祭惟定期、儀惟定品餕、而歸惟定日、不如約者罰。有常衆志既同、復命萬實曰、汝小子其載諸籍、余既籍其大者、復括而誌之、鑱石龍泉菴中。壠所・田畝、備列下方、垂諸世世、觸吾宗人咸知其所自出、若曰使一本」。

（13）竺沙雅章「宋代墳寺考」『中國佛教社會史研究』同朋舍、一九八二年を參照。

（14）李萬實「李氏祠新立祭田碑」『崇質堂集』巻十三。

（15）王偁「資善大夫南京禮部尚書謚文通錢公行狀」『思軒文集』巻二十二。

（16）王偁「盛氏先塋之碑」（No.17）。

（17）徐溥「宋石李氏先塋碑銘」（No.15）。

（18）Peter K. Bol., "Local History and Family in Past and Present," in Thomas H. C. Lee, ed., *The New and the Multiple: Sung Senses of the Past*, Hong Kong: Chinese University Press, 2004, pp.341f; Khee Heong Koh, *A Northern Alternative: Xue Xuan（1389～1464）and the Hedong School*, Cambridge（Massachusetts）: Harvard University Asia Center, 2011,p. 91.

（19）柳遇春「柳氏祠堂儀式記」、車國梁［主編］『三晉石刻大全　晉城市沁水縣巻』三晉出版社、二〇一二年、五六頁。

（20）筆者は王錦萍氏と、二〇一四年七月十一日にこの碑刻を實見したが、その重要性を指摘していただいた王錦萍氏にあらためて感謝する。

（21）羅亨信「灤州葛氏先塋碑銘」（No.10）。

（22）羅亨信「鎭守大同太監郭公先塋碑銘」（No.9）。

（23）吳雅婷「南宋中葉の知識ネットワーク――「譜錄」項目の成立から」『宋代史研究會研究論文集第十集』汲古書院、二〇一五年を參照。

（24）「有約菴先生者、金華府城北四隅人。仕元爲九江路判官、後隱跡復不出。事業生卒之詳、於今無能言者。故老相傳、先生未仕時、讀書於城北智者菴、歸隱後卜築於城西芙蓉峰下居焉」。

（25）黃宗羲「先廟碑例」『南雷文定前後三四集』巻三。

（26）徐乾學「先塋碑」『讀禮通考』巻九十八。

（27）この點については稿を改めて論じるが、その概要については、"Legitimating Ancestry: Transition of Ancestral Narratives and Genealogy Compilation in North China beyond the Yuan-Ming Transition," in Panel "Alternative Perspectives on the Yuan-Ming Transition," Association for Asian Studies Annual Conference 2015, Chicago Sheraton Hotel & Towers, Chicago（IL）, USA, March 28, 2015. で述べた。先塋碑ではないが、モンゴル時代の史料が明清時代の家譜・族譜

編纂に結びついた事例については、Tomoyasu Iiyama, "A Tangut Family's Community Compact and Rituals: Aspects of the Society of North China, ca.1350 to the Present," *Asia Major*, 27-1, pp.99-138, May, 2014. を參照。なお、華北で家譜・族譜が普及し始めた後でも、「容」と呼ばれる系圖など、様々な形での系譜傳承が平行して行われたこと、そして先塋碑の設立自體も決して消滅はしなかったことについては、以下の研究を參照。韓朝建「華北的容與宗族——以山西代縣爲中心」『民俗研究』二〇一二年第五期、二〇一二年、汪潤「明清時期華北宗族組織形態新探——以北京房山的先塋碑爲例」、王雲・馬亮寬［主編］『〝區域、跨區域與文化整合〞社會史國際學術研討會論文集』天津人民出版社、二〇一二年。

永樂帝の大寧放棄をめぐる「言說」と「事實」
――長期的視點からみた明朝北邊政策研究の構築にむけて――

吉野正史

はじめに

明の洪武帝はその在位末年までに、開原・遼陽・大寧・開平・雲川・東夏・寧夏などを結ぶ北邊防衛ラインを築いた。しかし、靖難の變の後即位した永樂帝は即位後ただちに大寧の放棄、山西行都司の半數以上の衞所を北京付近に移す、などの措置を行ったため、明朝北邊の前線は部分的に北京付近まで後退した。永樂帝による大寧の放棄はその後の明朝の北邊防衛政策に大きな影響を與えたため、少數の研究者により注目されてきたものの、尙不明な點は少なくない。この問題に關する見解は、概ね清水泰次、和田清、萩原淳平のものに集約されるだろう。

清水は、大寧は靖難の役後にウリャンハイ三衞に與えられたのではなく、永樂から景泰年間以降までそこは軍事的空白地帶であったとする。(1)

和田も、清水の見解を踏襲しつつ、更に「永樂帝がウリャンハイ三衞に大寧を與えた」という言說を俗說であると一蹴する。(2)靖難の役における三衞の永樂帝に對する協力についてもその論考の中で全く言及していないことから、否定的であると思われる。

一方、萩原は、『國榷』を根據として、靖難の役の際、永樂帝がウリャンハイ三衞の軍事力を直接利用したと考える(3)。また川越泰博もこの點に關しては萩原を踏襲している(4)。

以上を概觀すると、清水と和田は實錄を基本史料として非常に堅實に永樂期の事實を檢證しているが、明中期以降の言說が持つ意味には肯定的考察を行っていない。逆に萩原は實錄、特に永樂期の實錄の記載に對して疑問を投げかける反面、『國榷』の記述を十分な檢證を行わないまま信賴しているように見える。『國榷』は確かに實錄が存在しない明末の檢討に必須であり、また實錄と異なる記載を持つ點で重視すべき史料であるが、その獨自性が由來する背景には注意を拂うべきである。

明代の大寧を巡る諸問題は、明朝の北方政策及び北方認識、明朝とオイラート・タタールとの關係、明代におけるモンゴル帝國の東方三王家の後裔の狀況などに關わる。本稿では、「言說」と「事實」の二つの側面から、永樂帝による大寧放棄という問題を再檢證し、長期的な視野からこの問題に對する歷史的解釋を提示したい。

本論に移る前に、本稿における主な檢討對象となる大寧と明中後期以降大寧に進出したウリャンハイ三衞について簡單に述べておきたい。

大寧（現在の内モンゴル自治區東南部の赤峰市）は、華北・モンゴル・マンチュリアの境界である、農牧接壤地帶に位置する。その地は、華北以北としては高い農業生產力を持ち、同時に優良な牧草地帶でもある。

大寧は遼金元を通じた東部ユーラシアの政治的・軍事的重要據點であり、契丹と同じく騎馬遊牧民であった奚の根據地であった。遼朝において成立した五京制を構成する都市の一つであり（遼中京大定府）、金の五京制に於てもその地位は變わらない（北京大定府）。モンゴル時代に入ってもその政治的重要性は維持されており、大同と同じく大元ウルスの兩都を支える存在であると考えられていたと思われる。

東方諸王家の中核であったオッチギン家の遼王阿扎失里らを撫諭するために、泰寧・福餘・朶顔の三衞を置いたのがウリャンハイ（兀良哈）三衞の始まりであるが、(5)三衞をウリャンハイと總稱するのは明代人の誤用で、元來のウリャンハイは朶顔衞のみである。

元代に朶顔山に兀良哈千戶が置かれており、明初、その地に朶顔衞が置かれた。泰寧衞の由來は、元代の泰寧路（遼金時代の泰州）で、そこはオッチギン家の中心地であった。福餘衞は、金代の蒲與路に由來する。三衞が置かれた當初の中核的存在はオッチギン家の當主である遼王阿札失里を領袖とする泰寧衞であった。(6)

後に朶顔衞が力を伸ばしたため、明人により朶顔三衞と呼ばれるようになり、朶顔衞を構成するウリャンハイ部族の名と兀良哈千戶が置かれていた地の名からウリャンハイ三衞とも呼稱された。そのため、明中期以前の三衞をウリャンハイ三衞と呼ぶことは歷史的事實から見ると必ずしも正確ではないが、本稿では便宜的に洪武から永樂期にかけての三衞に對してもウリャンハイ三衞の名稱を使用する。

一　楊守謙「大寧考」の內容と特徵

「大寧考」を記した楊守謙とは如何なる人物であろうか。『明史』卷二〇四に列傳があり、湖廣長沙の人。嘉靖八年（一五二九）進士となり、山西方面で功績を擧げ、嘉靖二十九年に副都御史、巡撫保定兼督紫荊諸關となった。その年、アルタン・ハーンが北京を攻圍した際、兵部右侍郎となりそれに當たるが、防衞作戰に失敗したために處刑された。

現在見ることのできる楊守謙「大寧考」のテクストは、管見の限り項德楨訂『名臣寧攘要編』に收錄されるもののみである。明刊本『名臣寧攘要編』の影印本が北京圖書館古籍珍本叢刊より發行されており、それに基づいた標點本

が『明代蒙古漢籍史料滙編』[7]に収錄されている。以下の本稿で使用する楊守謙「大寧考」のテクストは明刊本『名臣寧攘要編』に收錄されているものによる。[8]

楊守謙「大寧考」には趙時春の序が附されている。[9] 趙時春は守謙より三年早く、嘉靖五年に進士となり、庶吉士から兵部武庫司主事等を經て最終的に山西巡撫となった人物であるが、[10] 二度の免職を受けるなど波亂の多い人物である。趙時春による「楊提學大寧考敘」には、「今督學憲副長沙楊子之大寧考、其深有意於茲乎、不然、何其索之精而謨之淵也、抑是考以泰寧福餘爲足憂」とある。楊守謙は嘉靖二十五年に都察院右僉都御史となっており、[11]「大寧考敘」中の「憲副長」がそれを指すのであれば、大寧考を記したのは嘉靖二十五年、或いはそれ以前となる。また嘉靖二十二年から二十五年の間には按察司副使に任ぜられており、[12]「憲副長」がこちらを指すとすればその任期中或いはそれ以前に記された可能性が高まる。屠隆の「司馬恪愍楊公守謙傳」には、「嘉靖戊子、擧於順天。己丑、中羅洪先榜進士、授工部屯田司主事。尋改兵部職方司、歷陞本司郎中。益究心戎略邊務」とある。[13] これらを總合すれば、「大寧考」は、兵部職方司において職務の傍ら收集した關連資料等により、嘉靖二十二年から二十五年の間までに記されたと考えられる。また「大寧考」が記されたのが二十二年から二十五年の間であれば、時春は免職中であり、そのような狀態の人物に序を依賴するということは、兩者の間の繫がりの深さを示すと思われる。

「大寧考」の基本的枠組みは以下のようになっている。まず楊守謙が事實だと認識していたであろう事象を記述し、それに續き「謙按」で始まる守謙自身の意見が述べられている。より詳しく述べるならば、「大寧考」全體の中の前半部分は、現代の概念で言えば守謙にとっての「前近代史」、具體的には成祖永樂帝以前の大寧にまつわる歷史が語られ、後半部分では守謙にとっての「現代史」、具體的には宣德帝以後の種々の事件が扱われている。より具體的には空間的な地域としての大寧の沿革、エスニックグループとしてのウリャンハイの歷史と明朝との關係の由來、金元

代における大寧の軍事地理學的な位置づけ等となるだろう。又、守謙の見解が述べられている部分で永樂帝の大寧放棄（或いは割讓）に對して、永樂帝を擁護する立場からの守謙の解釋が數多く見受けられ、この史料の大きな特徴となっている。注目すべきは、後半部分で兵部に保管されていたと思われる檔案史料の他に、守謙と同時代の人物の口述が引かれている點であろう。

「大寧考」は明代の大寧とウリャンハイ三衞に關して最もまとまっており、且つその據った史料が明記され、そこにしか見えない史料が殘されているという點から、明中期の大寧地區とウリャンハイ三衞の狀況、明朝とウリャンハイ三衞との關係、明朝の大寧地區に對する政策、明人の大寧地區とウリャンハイ三衞に對する認識、並びに明朝、ウリャンハイ三衞、モンゴル、オイラートなどとの關係を考察する上で高い重要性を有していると考えられる。また、「大寧之地宜歸中國也。板屋耕種、長松郁然、非大漠比、此與宣大何殊哉」とあるように、大寧一帶を「中國」の一部であると認識している點にも注目すべきである。

楊守謙「大寧考」におけるウリャンハイ三衞に對する認識は、大よそ以下の三點にまとめられる。まず、「成祖征伐、每簡其驍、健爲前鋒、得其死力。成祖因徙大寧於內郡、而以其地與之」とあるように、靖難の役の際、三衞が永樂帝に助力し、その見返りとして永樂帝は大寧の地を三衞に與えたと認識している。

次に、「謙按、大寧之棄、非成祖之初意也。永樂八年、北伐至鳴鑾戍。謂金幼孜曰：『滅此殘虜、惟守開平、興和、寧夏、甘肅、大寧、遼東、則邊境可永無事矣』。夫守大寧、遼東而曰永無事、是知棄大寧非成祖之初意也。自是遼東折右臂、宣府折左臂、松關潢水之險顧在虜矣。嗚呼、開平之棄、喪地三百里、豈亦以無大寧故邪」とあるように、大寧は本來明朝の北方防衞線の中の缺かせない一部であり、それを失ったことにより、遼東と宣府の守りが崩れ、また開平衞を放棄するに至った原因も大寧を缺いたことに起因すると認識している。また、それが故に、本來永樂帝は大

寧を捨てる考えはなかったと主張する。

最後に、「三衛强、雖非我欲、然能抗北虜、亦未爲不利也。成祖固有見於此哉」とあるように、三衛が強い力を持つことは、それによって三衛がモンゴル・オイラートに對抗できるようになることであり、それは明朝にとって有利であると認識している。三衛の力を明朝外交・軍事政策においてこのように明確な形で肯定的に捉えている史料は、管見の限り他には見られず、本史料を強く特徴づける點である。

以上三點を踏まえて楊守謙の大寧とウリャンハイ三衛を巡る論理構成をまとめると以下のようになる。①環境論的觀點からそもそも大寧は中國の一部である。②靖難の役の後、永樂帝は大寧を三衛に與えたが、永樂帝にとって大寧が北方防衛の一端を擔うという認識は太祖と變わらない。③大寧を三衛に與えたのも永樂帝の本意ではないが、古北口から北京に侵攻することは難しいために、宣・大・紫荊方面の防衛を優先した結果である。④逆に華北から大寧を攻撃するのもまた難しく、大寧を奪還するには困難が伴う。⑤故に洪武帝により構築された明朝の北方防衛線を維持するためには、三衛を明朝側に抱えておかねばならない。⑥そのため、三衛、特に朶顔衛との友好關係を重視すべきである。

更に論を進める前に、もう一つの「大寧考」について觸れておきたい。その「大寧考」は萬表編『皇明經濟文錄』(以下『文錄』と略す)に收錄されている。

編者の萬表は正德年間(一五〇六～二一)末の進士。『文錄』は嘉靖三十三年(一五五四)に刊行されており、楊守謙「大寧考」が書かれた時期と非常に近い。『文錄』は明刊本が現存しており、全國圖書館文獻縮微複製中心から影印本が發行されているが、「大寧考」については著者の部分が黑塗りされており不明である。臺灣の廣文書局から明刊本によったものと思われる内容の一部のみ排印本が出版されている。

『文錄』と崇禎十一年（一六三八）に編纂された『皇明經濟文編』所收の北邊關連の文章を比較すると、相對的に前者は蒙古・大寧・薊州に關するものが、後者は遼東に關するものが多い。また前者には後者に收錄されていないものも多く含まれるため、特に明中期の邊境地域に關する史料に價値の高いものが少なくないと考えられる。『文錄』所收「大寧考」はおおよそ楊守謙「大寧考」前半部分の一部に相當するもので、分量的には楊守謙のものと比べはるかに少ない。『文錄』所收「大寧考」が楊守謙「大寧考」を節錄したとも考えられるが、『皇明經濟文錄』所收のものには楊守謙のものには見られない「山後諸州、半爲虜有矣」などの記載も見られる。

二　明代中後期の大寧とウリャンハイ三衛を巡る言說

本節では、楊守謙の主な活動期であった嘉靖年間を中心として、成化から崇禎年間までの、大寧と三衛を巡る言說の變化とその背景について檢討する。

まず、楊守謙の後の時代である隆慶から崇禎までの言說についてみてみたい。以下のA～Gのテクストにおいて、――は明朝の北邊防衛體制に關して述べている部分、〰〰は ウリャンハイ三衛とモンゴル・オイラートとの關係を述べている部分、------は大寧・ウリャンハイ三衛と永樂帝との關係を述べている部分を示す。

A、霍冀（一五一六～七五）『九邊圖說』（隆慶三年、一五六九）

・「臣等謹按、薊鎭自山海抵居庸、延袤遼闊、國初號稱腹里、頃緣大寧內徙、宣、遼隔絕、沿邊千里與虜爲鄰、雖有屬夷住牧、甘心附虜、毎犯內地、輒爲向導。」

B、萬曆重修『明會典』（萬曆十五年、一五八七）

・「永樂元年、三衛來朝、益求內附、因改封寧王於南昌、移行都司於保定、而以大寧全地與之、授都督、都指揮、指揮、千百戶、鎭撫等官、各賜敕書。每襲則更賜、有功則加陞。入貢者、以敕爲驗。自是襲陞朝貢不絕、歲以聖節及正旦兩貢、每貢各位百人、由喜峰口入。」

C、王圻（一五二九～一六一二）『續文獻通考』（萬曆三十一年、一六〇三）

・「成祖靖難、三衛赴義有功、永樂初割大寧地與之、徙寧王於南昌、改行都司於保定、爲大寧都司、又增置卜剌罕衛。」

・「景泰四年、兀良哈貢使往來、實爲瓦剌間諜。」

D、郭造卿（一五三二～九三）『盧龍塞略』（萬曆三十八年、一六一〇）

・「兀良哈東接海西、西連開平、北抵北海、南大薊、遼。元千戶所故地、在大寧都司北、烏龍江南。國初、其元故王元帥部落酋長脫魯忽察兒、海撒男奚、阿札失里爲三衛指揮使、同知、各賜冠帶、俾領所部並邊爲外藩籬。及大寧移、復封三衛、遂以靖難功升至都督矣。昔雖鼎立抗衡、而朶顏地最險、永樂初雖親附、而潛與北虜通。」

E、王世貞（一五二九～九三）「三衛志」（萬曆四十二年、一六一四）

・「洪武中爲蒙古所抄、乞降、高帝爲置三衛統之。自大寧前抵喜峰近宣府曰朶顏、自錦義歷廣寧至遼河曰泰寧、自黃泥窪逾瀋陽、鐵嶺至開原爲福餘。」

・「文帝從燕起靖難、使使以賂請、而兀良哈以騎來從戰有功。先是、即古會州地設大寧都司、營州等衛爲外邊、使寧王鎭焉。文帝乃移王與其軍內地、而其地畀兀良哈等、使仍爲三衛。」

・「自是三衛雖衰敗、然怨我刺骨、因通也先爲嚮導入寇矣。」

・「復走誘俺答大擧入塞、庚戌之變固三衛導之也。」

・「耳貪中國賜予、歳來朝、撫之厚則更以虜情告我、得預爲備。故迫則驅入虜、信則墮其計、善處之則因而爲間、雖藩籬失而耳目猶在也。」

F、米萬春（？～？）「薊門考」（『皇明世法錄』崇禎三年、一六三〇）

・「國初建重鎭於漠南曰大寧、鎭以東藩、戍以重兵、開屯田、置郵傳、西聯宣大、東大三韓、居然一奧區也。厥後兀良哈從征有功、文廟嘉其績、秩以都督、寵以三衛、於是徒鎭人於薊南而畀其地、且樹彼爲外藩云。茲固聖天子權宜微意、初未嘗不善也。既而生齒日益繁、奸謀日益滋、而陽順陰逆、日益不馴矣。」

・「善乎、尹耕氏之言曰、神京在燕、大寧淪失、天壽與異域爲鄰、宣府與遼東隔絕、竟使血脈壅滯、肩背俱攣、失時不擧、殆成往事之恨耳。」

G、何喬遠（一五七七～一六二二）「王享記」（崇禎十三年、一六四〇）

・「成祖靖難時、將引兵南向、患寧王躡其後、自永平攻大寧、入之、謀擁寧王燕府中、賜予兀良哈、說之、兀良哈皆喜。（中略）自是其部落益蕃、我第守內邊、與宣、遼聲援隔絕矣。」

・「三衛中惟朶顏據地最險、兵騎最强。十四年也先寇東部、大寧、福餘不能自立、從也先爲嚮導、隨之來貢。」

・「是棄大寧非成祖意。後世謂欲借屬夷藩籬中國、誤也。至宣德五年、並開平而失、喪地三百里、由是左右臂俱折、而松關潰水固在虜。夫不得祖宗之意而揣摩其影響、以幸苟安、此二百餘年之大誤也。」

上記の各テクストは明代中後期の人物が、明代の大寧・ウリャンハイ三衛に關して述べたものであるが、それらの內容に共通するものとして、①大寧喪失と明朝北邊防衛體制の破壞との關係、②ウリャンハイ三衛とモンゴル・オイラートとの關係、③大寧・ウリャンハイ三衛と永樂帝との關係の三點が擧げられる。

まず、大寧喪失と明朝北邊防衛體制の破壞との關係について、この點に觸れているのは、A．霍冀『九邊圖說』・F．米萬春「薊門考」・G．何喬遠「王享記」であり、三者ともに大寧の三衛への割讓と、その後三衛がモンゴル・オイラートの尖兵となり明朝の脅威となったことを關連付けている。この點に關して楊守謙は「自是遼東折右臂、宣府折左臂、松關潢水之險顧在虜矣。嗚呼、開平之棄、喪地三百里、豈亦以無大寧故邪。謙於是重有慨焉」と述べており、G．何喬遠が守謙に直接據っていることが窺われるが、何喬遠は「是棄大寧非成祖意。後世謂欲借屬夷藩籬中國、誤也。至宣德五年、並開平而失、喪地三百里、由是左右臂俱折、而松關潢水固在虜」に續いて「夫不得祖宗之意而揣摩其影響、以幸苟安、此二百餘年之大誤也」と述べており、楊守謙が大寧の喪失を一つの事實とした上で、それに對して強いウリャンハイ三衛は明朝の利益になることを主張するのに對して、何喬遠は遠まわしに永樂帝の失策であることを指摘しているようにとれる。テクストの繼承關係で言えば兩者は近いように見えるが、そこに込められた認識の差異は大きい。

續いて、ウリャンハイ三衛とモンゴル・オイラートとの關係について、この點に觸れているのは、A．霍冀『九邊圖說』・C．王圻『續文獻通考』・D．郭造卿『盧龍塞略』・E．王世貞「三衛志」・G．何喬遠「王享記」である。この點に關して楊守謙は「大寧考」の中で「自景泰至今殆百年、言三衛與北虜交通者屢矣、卒未導北虜自其地入寇也」「謙按、此又言三衛與北虜合矣。然亦卒無實事」と記しており、守謙と上記に擧げたA・C・D・E・G各テクストとの間には大きな隔たりがある。特に王世貞の「三衛志」は「自是三衛雖衰敗、然怨我刺骨、因通也先爲嚮導入寇矣」「復走誘俺答大擧入塞、庚戌之變固三衛導之也」と三衛がエセンのみならず、アルタンの先導をも行ったとする。[14]但しGのみは、「三衛中惟朶顏據地最險、兵騎最强。十四年也先寇東部、大寧、福餘不能自立、從也先爲向導、隨之來貢」とし、泰寧衛、福餘衛のみがオイラートに下り、朶顏衛はそうでなかったように讀める點で、他のものより守謙

「大寧考」に近いように見える。

最後に、大寧・ウリャンハイ三衞と永樂帝との關係について、この點に觸れているのはC．王圻『續文獻通考』・D．郭造卿『盧龍塞略』・E．王世貞「三衞志」・F．米萬春「薊門考」・G．何喬遠「王享記」である。この點に關して楊守謙は「成祖征伐、每簡其驍、健爲前鋒、得其死力。成祖因徙大寧於内郡、而以其地與之」と述べており、上記のC・D・E・F・G各テクストとの間に差はないようにみえる。しかしそれらのテクストが概ね永樂帝に批判的な立場をとっているかのように見えるのに對して、楊守謙は終始永樂帝の政策を支持しており、例えば守謙「大寧考」では「謙按、觀成祖由燕取大寧之難、則知大寧難乎取燕矣、此遼、金、元必由居庸、紫荊也。成祖之輕棄大寧也、固以此哉」のように永樂帝を擁護している。

永樂帝に近い立場をとることは、他の各テクストと異なる楊守謙「大寧考」の大きな特徴でもあり、特に「謙按」ではじまる守謙の意見を述べる部分でたびたび永樂帝に觸れている。永樂帝が何故大寧を「捨てた」或いは「與えた」のか、モンゴルに壓迫されていた時代に生きた楊守謙にとって大きな課題であったのだろうか。

では、楊守謙「大寧考」以前の言説では、三衞と大寧、そして永樂帝の關係はどのように語られているのだろうか。殘念ながら現存する史料は非常に僅かではあるが、ここでは景泰二年（一四五一）の進士である馬文升についてみてみたい。馬文升は、成化三年（一四六七）に陝西巡撫として土達の反亂に對處し、その後三度にわたり遼東で軍務に攜わり、最終的に兵部尙書となった人物である。その著作である「撫安東夷記」(15)に以下のようにある。

太宗文皇帝遷都北平始徙大寧都司於保定府、而其所屬營州等十一餘衞所、亦省入順天永平二府地方、乃以大寧之地、自古北口至山海關、立朶顏衞、自廣寧前屯衞至廣寧迤東白雲山、立大寧衞、自白雲山迤東至開原、立福餘衞、處虜之附近者。

この中では永樂帝による大寧の放棄と、大寧から開原にかけたウリャンハイ三衛の割據が述べられているが、三衛の永樂帝への協力とそれに對する大寧の割讓には觸れていない。

次に楊守謙と同時代の言説をみてみたい。ここでは趙時春、鄭曉、魏煥の三名を擧げる。

趙時春（一五〇九～九七）は陝西平涼の人。嘉靖五年進士で山西巡撫となった。著作に「北虜紀略」がある。[16]「北虜紀略」は趙時春の知る計四十名のモンゴル系領袖のリストを收めるが、そのうち七名がウリャンハイ三衛の關係者となっている。七名の內譯は、朶顏衛の者が五名、泰寧衛の者が二名となっており、朶顏衛が最も盛んと言われた當時の狀況と合致する。形式的に「北虜」と「兀良哈」を別の「種族」として分ける言説が多い中、現實の狀況に卽してモンゴル系諸勢力を「北虜」とする點には注目すべきである。趙時春はその經歷から考えて楊守謙の上司であった可能性があり、また守謙「大寧考」の序文を書いていることから、兩者の「北虜」に關する認識は共有されていても不思議ではない。そうであれば、守謙もウリャンハイ三衛を「北虜」に關する問題の一部として捉え、對「北虜」政策の一部として三衛に對處しようとする立場から「大寧考」を記したと考えることもできるだろう。

鄭曉（一四九九～一五六六）は嘉靖二年進士。兵部職方主事、兵部右侍郎、右都御史協理戎政等を歷任し、北邊に關する著作も多い。例えば『皇明北虜考』は、アルタンの北京攻圍の責任を取らされた丁汝夔と楊守謙の處刑に終わる一種の「現代史」であると言える。『皇明北虜考』[17]には靖難の役並びに大寧割讓に關する情報は記されていないが、『皇明四夷考』[18]の兀良哈に關する部分には、「靖難初、首劫大寧兵、及召兀良哈諸酋、率部從行、有功。遂以大寧畀三衛」とある。

魏煥（?～?）は嘉靖八年進士。兵部職方司員外郎となり職務の合間に邊境に關する各種資料を收集し、嘉靖二十年（一五四一）に『九邊考』[19]を記す。魏煥は楊守謙と同年進士であるとともに、後述のように類似の官歷を持つこと

から、北方邊境に關する問題について、一定程度共通の關心を抱いていたのではないかと推測される。『九邊考』の中で魏煥は「永樂初因兀良哈三衞部落内附、乃徙大寧都司于保定、置營屯等衞于順天、以大寧地與之、今止守内邊」と記す。また地政學的には、「朶顔三衞在外邊之内、内邊之外、元兀良哈之地、卽古會州也」と、三衞を華と夷の境界領域に位置づけており、元來中國の一部であったと認識する楊守謙とも異なる認識を持っている。嘉靖刻本『九邊考』には明朝九邊に關する詳細な地圖が附されており、例えば遼東に關する地圖を見ると、遼陽と廣寧の間に三衞の勢力が大きく張り出し、それによって兩地が僅かに海岸線の交通路によってのみ繫がれていたと認識されていた状況がよく分かる。

以上三名と楊守謙の間には共通點が多く見受けられる。まず、鄭曉は嘉靖二年、趙時春は嘉靖五年、魏煥と楊守謙は嘉靖八年の進士であり、ほぼ同時期に官僚としてのスタートを切っている。次に、庶吉士から兵部武庫司主事となった趙時春を除いた三名は、官歷の中で比較的早い時期に兵部職方司に職を得ている（趙時春は庚戌の變の起きた嘉靖二十九年に兵部職方司主事）。兵部職方司は、『明史』卷七十二「職官志一」に「職方掌輿圖、軍制、城隍、鎭戍、簡練、征討之事。」とあるように、まさに對北方戰略の情報の行き交う「現場」であり、彼らはモンゴルの脅威を日々感じ、自らの危機として同時代的記錄を殘したと言えるだろう。それ故、彼らの大寧とウリャンハイ三衞を巡る言説は、具體的な政策や危機意識に引き付けられた形で展開されている。

一方、隆慶・萬曆以後の言説は、「大寧割讓」を永樂帝の失策として非難し、それがモンゴル・オイラートによる明朝に對する侵攻の淵源となったことを强調する。これは、永樂帝に對して基本的に中立的或いは擁護的立場をとる楊守謙と同時代（嘉靖期）の言説と對照的である。このような言説の變化は、非常に單純化すれば、短期的な視點からはアルタンの北京攻圍の與えた衝擊と、より長期的には建文を正統する歷史認識の流れと關係するのではないかと

思われる。

ここで前述の萩原がその論據とする『國榷』の言說について考えてみたい。『國榷』は實錄の存在しない明朝末期に關する貴重な史料を提供するが、建文・永樂初期に關しても實錄系のものとは異なる觀點からの史料を採る。萩原はそれを信賴できるものとするが[20]、その史料源に關しては檢討が必要だろう。『國榷』を見ると、靖難の役に關する史料は多くが『建文朝野彙編』[21]によることがわかる[22]。更に『建文朝野彙編』の當該部分を見ると、大寧・三衞に關するものは、『姜氏祕史』によっていることがわかる。

『姜氏祕史』(以下『祕史』と略す)、著者は姜淸、正德六年(一五一一)進士、禮部・吏部等での任官中にそれらに保管されていた資料を研究し該書を記した。書誌情報として確認できるのは、萬曆二十三年の信天緣生藏本、二十六年の建文朝野彙編の引用本が最初期のもので、現存するものは淸代の鈔本のみである。

後掲表一に載せる『國榷』記述の一部を『祕史』のテクストと比較してみたい。まず『國榷』建文元年十月壬寅の「諸胡騎若朶顏諸夷、皆驍勇善戰。其三護衞、皆中州閭左、北地苦寒、日夜思歸也」とある部分を見ると、『祕史』では「大寧領朶顏三衞、多胡人精銳、不靖。而戍卒皆中州遷徙之衆、北方苦寒、日夜思歸」となっている。一見して分かるように、『祕史』において「大寧領朶顏三衞」とある部分が、『國榷』では「諸胡騎若朶顏諸夷」とされており、一方『祕史』で「戍卒」とある部分が、『國榷』では「三護衞」とされている。『建文朝野彙編』は、この部分に關しては概ね『祕史』のテクストを忠實に引用しており、『國榷』による改變であると分かる。『國榷』では「諸胡騎若朶顏諸夷」は、「國初設行都司、遼東、宣府左右之。寧王權建國、列城九十、帶甲八萬、革車六千」との一文に續いており、寧王が朶顏衞などのモンゴル勢力を從えていたかのような印象を與える。

次に『國榷』十月甲寅「數日、燕庶人令親信吏士稍稍入郛。陰結諸胡酋兀良哈等及閭左思歸之士」とある部分をみ

ると、『祕史』では「從官稍稍入城、陰結諸胡並思歸之士、皆許之」となっており、『祕史』では單に「諸胡」とある部分が『國榷』では明確に「兀良哈」とされている。『建文朝野彙編』も「諸胡」としており、ここでも『國榷』による改變がある。

姜氏祕史は禮部・吏部の文書を參照して記されたとされるが、それはどの程度原資料の内容を傳えているのだろうか。ここではウリャンハイ三衛の呼稱から檢討してみたい。既述のように『祕史』において三衛は「朶顏三衛」と呼ばれている。しかし、三衛を「朶顏三衛」と呼ぶのは明代中期以降の慣習である。例えば『明太祖實錄』に「辛卯、置泰寧、朶顏、福餘三衛指揮使司於兀良哈之地、以居降胡」とあるように、三衛が置かれた當初は泰寧衛が格上の存在であり、當時の明朝の文書が「朶顏三衛」と記すことは考えにくい(23)。景泰三年（一四五二）の于謙の上奏文に於いてもまず泰寧衛が取り上げられていることから、その序列は明朝内で明確であったと思われる(24)。この點だけで斷言することはできないが、『祕史』が必ずしても永樂帝期のオリジナルテクストに忠實であったわけではないと考えることができるだろう。

翻って、姜清と楊守謙の關係を考えてみると、姜清は任官經歷において楊守謙より半世代ほど上、經歷も二人の關係を示唆しない。また守謙の父楊志學と姜清との關係を示唆する情報もない。『姜氏祕史』の成立は嘉靖二年〜十三年の間であると思われ、楊守謙「大寧考」より十から十數年ほど早い。守謙が『祕史』を閲覽していた可能性は高いと思われるが、兩者の共通點は「永樂帝が大寧を三衛に與えた」という點のみであり、テクストの繼承關係は強く認められない。そうであれば、嘉靖初期から中期にかけて、兵部の史料を根據とした魏煥・楊守謙等のものと、禮部・吏部の史料を根據とした姜清のものという大寧と三衛を巡る二つの言説が生まれていったこととなる。

以上のことから大寧とウリャンハイ三衛を巡る言説の流れを整理すると、まず兵部系の魏煥『九邊考』→楊守謙

表一：『明史』本紀、『明實錄』、『國榷』の大寧・ウリャンハイ三衛關連記事

	『明史』本紀	『明實錄』	『國榷』
洪武二十年八月	癸未、置大寧都指揮使司。（太祖本紀）	辛未、置大寧衛指揮使司、以將士有罪者往戍焉。（太祖實錄）	辛未、置大寧衛。
洪武二十二年五月	辛卯、置泰寧、朶顏、福餘三衛於兀良哈。（太祖本紀）	辛卯、置泰寧、朶顏、福餘三衛指揮使司於兀良哈之地、以居降胡。（太祖實錄）	辛卯、置泰寧、朶顏、福餘三衛指揮使司於兀良哈之地、各居降胡。
洪武二十九年二月	辛亥、燕王棣帥師巡大寧、周世子有燉帥師巡北平關隘。（太祖本紀）	寧王權言、近者騎兵巡塞、見有脱輻遺于道上、意胡兵往來、恐有寇邊之患。上曰、胡人多姦示弱于人、此必設伏以誘我軍。若出軍追逐、恐墮其計。於是敕今上選精卒壯馬抵大寧、全寧沿河南北覘視胡兵所在。（太祖實錄）	辛亥、寧王權言、巡塞見脱輻、意胡兵往來道上、慮且寇邊、詔燕王選精卒壯馬抵大寧、全寧沿河南北覘視、隨宜掩擊之。
洪武二十九年三月	甲子、燕王敗敵於徹徹兒山、又追敗之於兀良哈禿城而還。（太祖本紀）	甲子、今上率諸軍北至徹徹兒山、遇胡兵與戰、擒其首將孛林帖木兒等數十人、追至兀良哈、復與戰敗之、遂旋師。（太祖實錄）	甲子、燕王出塞逐虜徹徹兒山、敗之。擒其酋孛林帖木兒等數十人、追至兀良哈城、遇哈剌兀、復與戰敗之。
建文元年十月	燕兵自劉家口間道襲陷大寧、守將朱鑑死之。總兵官劉眞、都督陳亨援大寧、亨叛降燕。燕以寧王權及朶顏三衛卒歸北平。（恭閔帝本紀）		
建文元年十月	壬寅、以計入其城。居七日、挾寧王權、拔大寧之衆及朶顏三衛卒倶南。（成祖本紀）	壬寅、師抵大寧城。（中略）時寧王權三護衛爲朝廷削奪者尚留城中、至是皆歸附。上悉以還寧王。（太宗實錄）	壬寅、燕庶人襲大寧、都指揮使朱鑑力戰不支、死之。寧府長史石撰不屈、支解。撰、平定州人。都督陳亨、都指揮使房寛、叛降燕。大寧、古惠州地。國初設行都司、遼東、宣府左右之。寧王權建國、列城九十、帶甲八萬、革車六千、諸胡騎若朶顏諸夷、皆驍勇善戰。其三護衛、皆中州閭左、北地苦寒、日夜思歸也。
元年十月		甲寅、拔大寧之衆及寧王、皆回北平。（太宗實錄）	甲寅、燕庶人脅寧王權棄大寧而西。初、燕人下大寧、止騎城外、輕身入、執寧

			王手大慟、具言所爲起兵故、因求王草表。王置酒驩會。數日、燕庶人令親信吏士稍稍入郛。陰結諸胡酋兀良哈等及閭左思歸之士。濱行寧王郊餞、燕千余騎擁王入關、諸夷酋、閭左一呼皆集從。王府妃妾世子、皆攜其財寶、隨還北平、而大寧城一空。分諸夷酋、閭左爲五軍。張玉將中軍、鄭亨、何壽副之。朱能將左軍、朱榮、朱濬副之。李彬將右軍、徐理、孟善副之。徐忠將前軍、陳文、吳達副之。房寬將後軍、和允中、毛整副之。
永樂元年三月	壬午、改北平行都司爲大寧都司、徙保定、始以大寧地畀兀良哈。（成祖本紀）	壬午、行都指揮使司爲大寧都指揮使司、隸後軍都督府。設保定左右中前後五衞倶隸大寧都司。調營州左屯衞於順義、右屯衞於薊州、中屯衞於平峪、前屯衞於香河、後屯衞於三河、衞設左右中前後五所、仍隸大寧都司。（太宗實錄）	壬午、徙大寧都指揮司於保定。以大寧地界兀良哈。起前屯至喜峰爲朶顏衞、自黃泥窪至開原爲福余衞、由錦義至白雲山爲大寧衞。自是宣遼道絕、三衞後爲門庭之寇也矣。
永樂二十年七月	七月己未、阿魯臺棄輜重於闊欒海側北遁、發兵焚之、收其牲畜、遂旋師。謂諸將曰：「阿魯臺敢悖逆、恃兀良哈爲羽翼也。當還師翦之。」簡步騎二萬、分五道並進。（成祖本紀）	是夜、召諸將諭曰、所以羽翼阿魯臺爲悖逆者、兀良哈之寇。今阿魯臺狼狽遠遁、而兀良哈之寇尚在。當還師翦之。（太宗實錄）	夜諭諸將曰、阿魯臺遁矣、羽翼之者兀良哈。遂分步騎二萬爲五道。
永樂二十年七月	庚午、遇於屈裂兒河、帝親擊敗之、追奔三十里、斬部長數十人。（成祖本紀）	庚午、上率師至屈裂兒河、虜寇數萬餘驅牛馬車輛西奔。陷山澤中。遇大寇倉猝山、其衆逆戰。（太宗實錄）	庚午、上至屈裂兒河、兀良哈衆數萬驅輜畜西奔。陷山澤中。我擊之。
永樂二十年七月		壬申、兀良哈餘寇潰散山谷、多來降者、命釋之。（太宗實錄）	壬申、兀良哈餘寇多來降、釋之。
永樂二十年七月	甲戌、兀良哈餘黨詣軍門降。（成祖本紀）	甲戌、兀良哈寇黨老弱皆詣軍門俯伏待罪、命釋之。（太宗實錄）	甲戌、兀良哈老弱詣軍門待罪。

「大寧考」↓鄭曉『皇明四夷考』↓何喬遠「王享記」というラインがあり、次に禮部・吏部系の姜清『姜氏祕史』↓『建文朝野彙編』↓『國榷』というラインが考えられる。そして上記A～F等の言說は、兵部系と禮部・吏部系の言說を折衷したものと位置付けることが出來るだろう。

何より注目すべきは、これら全ての言說は「永樂帝が大寧を三衞に與えた」という點で共通していることである。その事象に對する解釋は様々であっても、彼らにとって「大寧が三衞に割讓された」事は「眞實」として捉えられていたのである。

改めて萬表編『皇明經濟文錄』に收錄された「大寧考」を見ると、これは兵部系の流れの中にあり、楊守謙「大寧考」のダイジェストである可能性が濃厚である。何より『皇明經濟文錄』が刊行された年代（嘉靖三十三年）を考えれば、二十九年に處刑された楊守謙がその著者だと假定した場合、その名が消されていることもそれを裏付けるものと考えることが妥當ではないだろうか。

三　「事實」における永樂帝と大寧・ウリャンハイ三衞

明初において、北方のモンゴル・オイラート・女眞などに對して明朝がどのような防衞體制を構築したのか、松本隆晴氏が先行研究なども活用してまとめている[25]。氏の研究に據れば、洪武末年までに、開原・遼陽・大寧・開平・雲川・東夏・寧夏などのラインを結ぶ北邊防衞の前線が築かれた。

しかし、永樂帝は卽位後ただちに大寧に置かれていた北平行都司を完全に放棄するとともに、山西行都司の半數以上の衞所を北京付近に移す、などの決定を行ったため、北邊の前線が部分的に北京付近まで後退することとなった。

大寧地域は、明朝中後期の言說が示すようにウリャンハイ三衞に與えられたのではなく、その一帶は軍事的空白地帯とされ、(26)明朝は「出塞焼荒」という草原を焼き遊牧を行えないようにする政策をとったと考えられる。(27)

表一に據って『明史』本紀と『明實錄』における大寧・ウリャンハイ三衞關連記事の比較を行ってみたい。洪武二十二年五月に明朝に降伏したモンゴル人集團を居住させるために、泰寧、朶顏、福餘三衞指揮使司をウリャンハイの地に置いたとあるが、二十九年には當該地域において孛林帖木兒によって率いられたモンゴル側部隊と明朝が戰闘を行っており、洪武二十二年の三衞の設置により必ずしも恆常的に安定した統治關係が築かれた譯ではなかった。

表一内の記事において特に注目すべきは太宗實錄元年十月の記事だろう。本紀においては、「燕以寧王權及朶顏三鄰卒歸北平。（恭閔帝本紀）」、「壬寅、以計入其城。居七日、挾寧王權、拔大寧之衆及朶顏三鄰卒倶南（成祖本紀）」と、あたかも三衞が永樂帝に從ったかのような記載がされている。一方、實錄には「壬寅、師抵大寧城。（中略）時寧王權三護衞爲朝廷削奪者尚留城中、至是皆歸附」とあり、これにより、「ウリャンハイ三衞」が永樂帝に從ったのではなく、朝廷によってその指揮權を奪われていた「寧王の三護衞」が永樂帝側に從ったということがわかる。本紀において三衞が永樂帝に從ったとされているのは、明中期以降の種々の言說に影響されたものだろう。

嘉靖重刊本『皇明名臣琬琰錄』には、十四件の靖難の役に關わる傳記資料が收錄されているが、そのうち大寧から永樂帝に歸參したものは以下の四件である。

①李玉孟輝（也先）：「新建伯榮僖李公墓志銘」（『皇明名臣琬琰錄』卷十五）
洪武己卯、太宗皇帝擧兵靖難、自大寧歸附、從征、所至皆捷。

②陳亨：「涇國襄敏陳公神道碑銘」（『皇明名臣琬琰錄』卷十七）

己卯、太宗文皇帝擧兵淸内難。至大寧、得公召見軍門、賜坐親酌巵酒勞之。問以安社稷計、公奏對稱旨乃曰、天以卿授吾、其遂成吾志。於是命公爲五軍總兵官。

③朱榮：「武進伯朱公神道碑銘」（『皇明名臣琬琰錄』卷十七）

己卯秋、會太宗文皇帝擧兵靖内難。十月駕臨大寧、公審知天命已有所歸、遂率所部詣軍門、謁見大被賞賚、即陞本衞指揮僉事。

④吳中：「少師工部尙書吳公神道碑銘」（『皇明名臣琬琰錄』卷十七）

太宗皇帝義旗所擧、師至大寧、公以衆出迎。

以上の内、特に注目すべきは、陳亨である。陳亨は元の揚州萬戶であったが、朱元璋の草創期からの臣下となり、張士誠、元の王保保（ココテムル）、劉平章などを破った戰歷を持ち、遼陽を陷落させる等の戰果により、燕山左衞指揮僉事を經て北平行都司指揮使に任命されていた。(28) また李玉孟輝（也先）も祖父が元の上都萬戶であったという經歷から考えて、自身の武力を備えていた可能性もあるだろう。(29)

靖難の役初期における永樂帝の軍事行動の中核となったのは、もとは元の樞密知院であった燕山左護衞都指揮同知張玉等を中心とする永樂帝麾下の諸衞であったが、大寧掌握後は、陳亨の率いた北平行都司以下、大寧衞などの部隊も、永樂帝側軍事力の一翼を擔った。(30)

從來、諸王直屬の軍隊である護衞は大きな戰力を持つと考えられていたが（諸王擁重兵論）、實際には定額を大幅に下回る兵力しか有していなかった。(31) このことから考えてもモンゴル系の人物も多く所屬したと思われる陳亨率いる北平行都司の部隊は大きな價値を持っていた。

また、主に『皇明名臣琬琰錄』に收錄されている傳記資料を元に、そこに收錄されている人物が參加した戰役を整

理すると、以下のようになる。

洪武二十一年（一三八八）：哈喇哈、金山遠征：張玉（燕山左護衛）、薛祿、徐忠、朱榮

同二十三年（一三九〇）：朶顏、鴉兒諸山遠征：李彬

同二十四年（一三九一）：鴉寒山遠征：張玉（燕山左護衛）、李彬

同二十五年（一三九二）：黒松林遠征：張玉（燕山左護衛）、譚廣（燕山左護衛）

同二十六年（一三九三）：野人等處遠征：張玉（都指揮同知）

同二十七年（一三九四）：黒松林、哈剌之地遠征：李彬

これによっても、靖難の役初期における永樂帝の軍事力の中核を擔った人々が洪武年間後期の北邊における軍事行動において共に活動していたことがわかる。靖難の變初期に寧王の護衛のみならず陳亨麾下の北平行都司が永樂帝に降った背景には、洪武年間における明朝の北邊での軍事行動において培われた人的ネットワークがあったのである。

上記のものも含め、比較的同時代的と言える各關連傳記資料にもウリャンハイ三衛の永樂帝への協力を示唆する記載が全く見られないことは無視できないだろう。『朝鮮實錄』にはウリャンハイの朝鮮來訪に關する記載が少なくないが、そこにも三衛の永樂帝への協力、並びに大寧割譲を伺わせるものは見られない。

以上のことから、ウリャンハイ三衛の永樂帝への協力、三衛への大寧の割讓は歴史的事實としては認められないといえる。

永樂帝のモンゴル親征は、「五出三犂」などと賞賛されるが、一方では大寧放棄により洪武帝時代の防衛ラインが崩れたことで、前線を維持するために敢えて自ら打って出なければならなかった、という側面もあるだろう。ではなぜ永樂帝はモンゴル親征という「代償」を拂うことになるような大寧の放棄を行ったのか。楊守謙と同じ目線で當時の

明人が置かれた状況を理解するとともに、長期的な視野で大寧を巡る状況を把握することにより、その答えに近づけるものと考える。

四　大寧放棄の歴史的背景

「大寧考」において、楊守謙は度々過去の事例から彼にとって近代史である大寧の状況を説明しようとしているが、金元代において大寧はどのような状況におかれていたのか。本來であれば詳細な記述を行うべきであるが、紙幅の都合上簡略に辿ってみたい。

遼金時代よりモンゴル時代を經て明代に至るまで大寧は遼西における最大の政治的・軍事的據點であった。ではなぜ永樂帝はそのような地を捨てたのか。楊守謙を初めとする明中後期の人々が出した解釋は「靖難の役におけるウリャンハイ三衞の功に報いるためその地を割讓した」というものであった。しかし今までの検討によりそれは歴史的事實でないことは明らかである。では他にどのような解釋が成り立つであろうか。まず推測できるのが、金代から明初に至るまでの間、大寧を襲った戰亂によって洪武末にはその地が荒廢していたのではないか、という點である。

金代において大寧に對して最大の打擊となったと思われる戰亂は、海陵王の正隆年間末期から世宗の大定年間初期における契丹・奚の叛亂である。正隆五年（一一六〇）、海陵王の徵發に反發した山後四群牧・山前諸群牧の契丹・奚は撒八を領袖として反亂を起こした[32]。金朝の討伐軍に追われた撒八は、恐らくカラ・キタイに保護を求めるべく西行しようとしたが、北京路周邊に居住していた者たちの反對に遭い、六院節度使移剌窩斡らによって殺害された。撒八に代わり反亂軍の領袖となった移剌窩斡は、金朝の討伐軍に敗れ、奚の地であった北京（後の大寧）に轉進し再起を

圖ったが、その地で金朝に討たれた。(33)

續いて、金の大安三年（一二一一）より、遼西はモンゴルの侵攻に晒されることとなる。貞祐元年（一二一三）にかけて東北一帶を蹂躪したモンゴル軍は、翌年北京に對して本格的な攻擊を開始する。その攻擊に對して堅守を誇った北京城であったが、モンゴル軍は北京を支える遼西十五城を制壓することにより兵糧攻めの構えを取った。貞祐三年に至り北京城内の糧食は盡き、契丹人の反亂を切っ掛けとして城内の統率は失われ、北京はモンゴルに投降した。(34)三年にわたる包圍を受けた北京城内の狀況は非常に苛酷であったと思われるが、少なくとも北京自體に關しては直接的戰鬪による死傷者は多くはなかったようである。(35)

貞祐三年の北京落城後、この地域は比較的長期間に亙って直接戰火を蒙ることは免れていた。周邊地域で大規模な戰鬪が繰り廣げられたナヤンの亂、天曆の亂の際も直接の戰場にはなっていない。

元末、至正年間に猛威を振るった紅巾賊の活動はモンゴル高原南部や東北地域にも及んだ。至正十八年（一三五八）には紅巾軍は上都を陷落させ、遼陽を拔け、高麗へと至り、當時遼陽行省の省治であった懿州も落ち、總管の呂震は戰死している。(36)一方で、上都から懿州への交通路上に位置する大寧に關してはその被害を傳える史料は見當たらない。

元中後期において大寧に大きな打擊を與えたものは、實のところ人災である戰亂ではなく天災だった。ナヤンの後を繼いだカダアンがなお元朝と干戈を交えていた至元二十七年（一二九〇）、遼西地域を大規模な地震が襲った。特に大寧でその被害が甚大であり、液狀化現象と思われる被害等により數萬人の死傷者が出ている。(37)この地方に於ける地震活動はその後も收まらず、大德七年（一三〇三）に至るまで連年この地方を惱ませており、(38)至正八年にも記錄されている。(39)

モンゴル時代において、その初期を除き大規模な争いの舞臺となることを免れていた大寧は明初に至り再び戰火に

見舞われることとなった。金山を據點とするナガチュを中心とする元朝の抵抗に手を焼いていた明朝は、洪武七年（一三七四）、洪武帝の甥であり開國第三功臣の李文忠を遼西攻略に送り込んだ。李文忠の軍は大寧での會戰において元朝軍を破り、宗王朶朶失里、魯王を討ち、ダルガチ王歹都等を捕虜とするなど大きな戰果を擧げた(40)。洪武十二年、明朝は再び大寧に軍を送り、五か月に亙る戰いの後、ついにその地は明朝の手に落ちる(41)。しかし尚明朝は大寧を恆常的に統治した譯ではなかったと考えられている(42)。

また大寧周邊地域が直接戰亂の舞臺とならない時期においても、金代後期や元代前期から後期など中原とモンゴルとの間に戰爭狀態が發生している場合には支援據點としての役割が求められた。例えば、明朝はナガチュ攻擊の準備として大寧を補給基地として利用し(43)、更にナガチュの投降後には大寧の據點機能を整え(44)、元朝軍本隊への攻擊の際も大寧より出擊している(45)。

以上を見れば、金代から明初にかけて大寧は幾度か大きな戰亂により打擊を受けていることがわかる。ただしこれらの條件は同時代の他の戰略的據點となる地域にも當てはまることであり、必ずしも大寧にのみ言えるものではない。更にモンゴル時代には長期にわたり戰火を免れた期間があり、戰略據點としても負擔が課せられたとはいえ、戰亂による荒廢が永樂帝による大寧放棄を招いたと考えることは、合理的とは言えない。

では、他に如何なる理由が考えられるだろうか。次に人的資源の側面から考えてみたい。大寧は奚の本據地であったが、契丹と並ぶ有力な騎兵戰力であった奚も金代において中央政府によって多くの戰爭に動員された。

まず海陵王以前の狀況を見てみたい。『金史』卷八十一「伯德特离補列傳」によれば、伯德特离補は奚五王族の人であり、松山、平州、薊州の軍民を下し、彼らを農務に從事させていた。その後、特离補は宗望に從って南宋を攻擊したが、松山、平州、薊州は奚の地であることから、「特离補率所部」とは奚人の部隊を率いていると考えられる。

また『金史』巻八十二「蕭恭列傳」によれば、乃烈奚王の後裔である蕭恭は、宗望の下で南宋攻擊に從事したが、それより歸還して後に山東西路に屬する德州防御使となった。その際に山東の濱州・棣州に駐屯していた奚人は蕭恭の下に所屬させられた。對南宋作戰から歸還した後も、奚兵を率いたまま山東付近に殘留しているケースがあることがわかる。

海陵王時代は、金朝一代を通して奚人がもっとも重用された期間であった。海陵王は卽位以前中京留守の任にあったが、そこで海陵王の知遇を得た奚人・蕭裕は後に朝廷を左右するほどの權勢を持つに至った(46)。蕭裕を中心とする奚集團の支持を受けていた海陵王は、南宋攻擊に際してもその武力を利用した。北京一帶の奚が戰爭に動員された爲、謀克が盜賊行爲を働くようになるなど、それは現地の治安惡化の一因にもなっていた(47)。

しかし、奚に更なる打擊を與えることになったのは皮肉にも海陵王と蕭裕の關係だった。蜜月を迎えていた兩者はやがて反目し、クーデターを企てた蕭裕の一族、關係者は大規模に肅清された。蕭裕の反亂を海陵王に密告し樞密副使に任ぜられた蕭懷忠も、既述の契丹・奚の反亂鎭壓に失敗したことから、反亂軍と通じることを恐れた海陵王により一族や部下とともに殺害された(48)。蕭裕を中心とする集團と蕭懷忠を中心とする集團が短期間により瓦解させられたことにより、北京を本據とする奚は大きな政治的打擊を受けたと考えられる。

正隆末年の契丹・奚の反亂は、海陵王に代わって帝位についた世宗の契丹・奚政策にも影響を與えた。元來、北京地域には奚人六猛安が置かれていたが、遲くとも大定二十一年（一一八一）以前には、これらの奚を咸平・臨潢・泰州などに移徙させ、代わりに女直を北京地域に移住させている(49)。また明昌二年（一一九一）四月に契丹小字が公用語から除外され(50)、十二月にはその使用が禁止されたことにより(51)、契丹・奚の人々は金朝內での政治的アイデンティティも奪われつつあった。更に、明昌年間（一一九〇～九六）初期において、契丹・奚に對して行われた改姓政策は、彼ら

を女眞人を對象とした政治＝文化政策の中に組み込む爲の施策だった[52]。奚は身體的に故地から引き離されただけでなく、心性的にも元來のアイデンティティを奪われつつあった。

一二一五年までに遼西を制壓したモンゴル軍は、金朝と同じように契丹・奚の軍事力を利用した。彼らはモンゴル軍の戰線擴大に伴い、各地に派遣され、遼西に戻ることはなかった。ここでは、北京を本據とした石抹也先一族の例を擧げてみたい。石抹也先は元々金の通事であったが、一二一五年、北京等の一萬二千戶を率いてモンゴルに投降した。北京陷落後、北京ダルガチに任じられた。その子、查剌は一二四一年、眞定路ダルガチとなるが、依然北京ダルガチも兼ねていた[53]。查剌の子、庫祿滿は眞定、北京二路のダルガチを繼ぎ、興中府尹を兼任した。しかし、庫祿滿を最後に、その子孫は北京に關わる官職に就くことはなく、徐々に活動の舞臺を江南に移していった[54]。

一二一一年から一二三〇年頃までに東北地方には多くの政治的影響力を持つ家系が割據し、彼らの多くはその後も東北に根據地を持っていた。そのうち、ジャライル國王家の統制を受けたものは、ジャライル國王家の河北轉戰に從い、徐々に東北との關係が希薄になり、その後至元初年の政治改革により東北での根據地を失った。一方、東方諸王家に統屬したものは至元年間以後もクビライ卽位以前に得た「世侯」的權益を維持していた。しかし、ナヤン・カダアンの亂（一二八七〜九二）における中央政府側の勝利がもたらしたオッチギン・ウルスをはじめとする東方諸王家の弱體化、大德年間におけるカイドゥ・ウルスなどとの和議の成立、高麗王の地位向上などにより、元朝にとって東北における在地勢力の利用價値は大きく減少した[55]。それに伴い彼らは政治力を失い、大寧一帶の社會的活力が失われる一因にもなっただろう。

金代から元代にかけて、大寧地域を根據とする勢力が數度にわたり入れ替わったことに伴い、この地域から人的資源が流出し、元朝末期には在地の有力な社會勢力が存在しない狀況が生じた。それは明朝がこの地域に對して勢力を

擴げる際には、明朝側に有利に働いたと思われるが、逆に明朝がこの地域を維持しようとする際には不利な條件となっただろう。また明朝は元朝に倣い諸王を各地に封建し、大寧にも寧王が置かれたが、明朝では諸王の權力は軍事面のみに制限されており、軍事面においても皇帝の名代以上の權力は與えられなかったことから、在地社會勢力を發展させるような機能は持たなかっただろう。

最後に、東北地域における政治的中心の移轉が大寧にもたらした影響について觸れておきたい。遼代に中京が置かれて以來、金朝を經て、モンゴル・元朝に至るまで、大寧は歷代王朝にとって遼西統治における中心的地位を占めていた。元朝においては、ナヤンの亂以前には狀況に應じて、大寧或いは遼陽に北京或いは東京行省が置かれたが、ナヤンの亂以後は遼陽に恆常的に遼陽行省が置かれることとなった。また東方諸王家の勢力が後退し、カイドゥ・ウルスを中心とする反元勢力と元朝との間にも講和が成立したため、遼西を取り卷く政治的軍事的緊張は大きく緩和され、結果として大寧の政治的重要性は相對的に低下した(56)。

おわりに

洪武二十二年、明に降ったオッチギン家などの勢力を安撫するために泰寧、朶顏、福餘三衞が置かれたが、實錄の洪武二十九年の記事でもわかるように、それらの勢力は明朝に「服從」していたわけではなく、靖難の役において永樂帝に從った事實もなかった。しかし、永樂帝による大寧放棄は、明朝の北邊における前線維持のバランスを崩し、モンゴル高原東南部の重要據點でもある開平の陷落を招くこととなった。それにより北京はモンゴル・オイラートなどに對して無防備な狀態となり、土木の變やアルタンによる北京攻圍などの事態を許すこととなる。土木の變後、史

料上において明朝とモンゴルとの間の戰闘關連の記事が減少する一方、陣亡の事例が增加することが川越泰博によって指摘されているが[57]、大寧放棄から開平陷落へとつながる洪武帝時代の防衛「システム」の崩壞が、皇帝親征に頼らねばならない明朝の北邊防衛體制の變化を生み出した背景にあったことは看過できない。永樂帝のモンゴル出征については積極的理由が述べられることが多いが、その消極的理由にも注目すべきだろう。そして、北平行都司の大寧中衞、大寧前衞、寬河衞、會州衞が燕王の信頼する戰力となったが故に京衞に昇格し、そのため大寧を維持することが難しくなったことは、大寧放棄の短期的要因の中の主要なものと考えられるが、同時に長期的要因として、大寧を取り巻く様々な歴史的背景が存在していたことも踏まえておかねばならない。

翻って、嘉靖年間前半期において大寧を巡る「言說」が、「事實」と乖離していくことに注目すべきである。そのようなコンテクストの中で趙時春や魏煥のテクストが出現し、また『姜氏祕史』はそれらの先驅けと位置付けることが可能であると思われるが、アルタンの北京攻圍に際してその對應に當たった楊守謙が記した「大寧考」はその時期の言說の中でも代表的なものと見なされただろう。筆者は現時點では守謙が自らの認識する「事實」を永樂帝に假託しつつ語ったと考えているが、守謙が何故そのような語りをしたのかについては、守謙とその時代に對するより深い考察が必要であると思われる。

アルタンにより攻擊された時代を生きた楊守謙はその想いを永樂帝に託して「大寧考」を記した。楊守謙のテクストは、明中後期の人々へと受け繼がれたが、それは後代においては異なるコンテクストの中で利用された。そして、それはまた永樂帝による大寧放棄という事實を覆い隱すことにもなったのである。

註

（1）清水泰次「大寧都司の內徙につきて」（『東洋學報』八卷一號、一九一八）。
（2）和田清「兀良哈三衛に關する研究　上」（『東亞史研究（蒙古編）』、一九五九所收、初出は『滿鮮地理歷史研究報』第一二冊、一九三〇）。
（3）萩原淳平「元朝の崩壞と明初のモンゴル人」（『明代蒙古史研究』同朋社、一九八〇所收）三七頁。
（4）川越「諸王府の軍事的力量と五王削藩の關係」（『明代建文朝史の研究』汲古書院、一九九七所收）一一四頁。
（5）cここでの三衞に關する說明は基本的に和田清「兀良哈三衞の本據について」（『東亞史研究（蒙古編）』、一九五九所收、初出は『史學雜誌』四〇卷一六號、一九二九）に據る。
（6）「以阿札失里爲泰寧衞指揮使、塔賓帖木兒爲同衞指揮同知。海撤男荅奚爲福余衞指揮同知、晚魯忽察兒爲朶顏衞指揮同知」（『明太祖實錄』卷一九六）。
（7）『明代蒙古漢籍史料滙編』（內蒙古大學出版社、二〇〇六）。
（8）『名臣寧攘要編』の編者項德楨の事蹟については不明である。
（9）趙時春「楊提學大寧考敘」（『皇明經世文編』卷二五八所收）。
（10）趙時春は嘉靖五年の會元、廷試二甲三名であり、庶吉士を經て（『明史』列傳）嘉靖九年まで兵部武庫司主事を務めたが（『明世宗實錄卷一一四』）、同年、皇帝の怒りを買い免職。十八年から翰林院編脩の職に復歸したものの（『明世宗實錄』卷二二四）、翌十八年に免職（『明史』列傳）。同二十九年に兵部職方司主事。同二十九年に巡撫山西となる（『明世宗實錄』卷三九四）。
（11）『明世宗實錄』卷三二〇。
（12）『明世宗實錄』卷二七八。
（13）屠隆「司馬恪愍楊公守謙傳」（『國朝獻徵錄』卷五十八所收）。
（14）これに關して鄭曉は『皇明北虜考』の中では「（嘉靖十九年）八月、薊州撫臣言、朶顏酋革蘭臺結北虜、且並力侵邊。令撫

臣諭革蘭臺」と書くのみであるが、『皇明四夷考』の中では「(嘉靖)二十五年、虜大入塞、明年、北虜道兀良哈入寇遼東。兀良哈、又結海西建州夷」と記している。
(15) 馬文升「撫安東夷記」(『叢書集成初編』中華書局、一九九一、三九七六所收)。
(16) 趙時春「北虜紀略」(『明經世文編』中華書局、一九六二所收)。
(17) 鄭曉『皇明北虜考』(隆慶刻本『吾學編』書目文獻出版社、一九八八所收)。
(18) 鄭曉、萬曆刊本『皇明四夷考』(華文書局)。
(19) 魏煥、嘉靖刻本『皇明九邊考』(華文書局)。
(20) 前掲萩原淳平「元朝の崩壞と明初のモンゴル人」。
(21) 本稿では『北京圖書館古籍珍本叢刊十一』(書目文獻出版社、一九八八)所收の萬曆二十六年刊本を使用する。
(22) 『國榷』と『建文朝野彙編』の關連については川越泰博「靖難の役と建文政權の對應」(前掲同氏『明代建文朝史の研究』所收)でも言及されている。
(23) 『明太祖實錄』巻一九七に「詔令朶顔、福餘等衛招撫之、送大寧給與糧食、仍還全寧居住」とあるように、明初においても「朶顔三衛」という呼稱が成立するかのようにもみえるが、これはあくまで招撫の任を朶顔衛と福餘衛に任せたということであり、オッチギン家が領袖である泰寧衛はそのような任務を任せるには格が高すぎるということであろう。よって筆者はこの「朶顔、福餘等衛」の等に泰寧衛は含まれないと考える。
(24) 于謙「邊情事」:「禮科譯出、太寧衛都指揮僉事革于帖木兒等番字奏文十三道内一道」。
(25) 松本隆晴「明代前期の北邊防衛と北京遷都」(同氏『明代北邊防衛體制の研究』汲古書院、二〇〇一所收)。
(26) 前掲清水泰次「大寧都司の内徙につきて」。
(27) 毛佩琦・李焯然『明成祖史論』(文津出版社、一九九四)。
(28) 金幼孜「涇國襄敏陳公神道碑銘」(『皇明名臣琬琰錄』巻十七所收)。
(29) 楊溥「新建伯榮僖李公墓志銘」(『皇明名臣琬琰錄』巻十五所收)。

(30) 川越泰博に據れば、北平三護衛、燕山左衛、燕山右衛、燕山前衛、大興左衛、濟陽衛、濟州衛、通州衛は、靖難の役終結後親軍衛に昇格し、北平行都司に屬した大寧中衛、大寧前衛、寬河衛、會州衛は後軍都督府所屬の京衛に昇格しており、これらの外衛から親軍衛や京衛に格上げされた衛が燕王側の中核部隊であると考えられる。川越泰博「靖難の役と衛所官Ⅰ」(前揭同氏『明代建文朝史の研究』所收)。
(31) 前揭川越泰博「諸王府の軍事的力量と五王削藩の關係」。
(32) 『金史』卷九十一「蕭懷忠列傳」。
(33) 『金史』卷一三三「移剌窩斡列傳」。
(34) 『元史』卷一二〇「吾也而列傳」。
(35) 北京を巡る戰いに關して以下の史料は全て激しい直接戰鬪は行われなかったことを示唆している。「甲戌、朝太祖于燕之幄殿、所陳皆奇謀至計、大稱旨、賜金符、授馬步軍都統、管領二十四萬戶。從木華黎攻高州、又從攻北京、皆不戰而克」(『元史』卷一四七「史天倪列傳」)、「歲乙亥、移師圍北京、城久不下、及城破、將屠之。也先曰:「王師拯人水火、彼既降而復屠之、則未下者、人將死守、天下何時定乎。」因以上聞。赦之」(『元史』卷一五〇「石抹也先列傳」)、「歲壬申。扈從大駕入中都。奉旨從哈撒兒大王收撫北京諸城郭。凡遇降民。則全活之」(廉惇「平州路達魯花赤行省萬戶塔本世系狀」(『永樂大典』卷一三九九三所收)。
(36) 『元史』卷四十五「順帝本紀八」九四五~九四六頁。
(37) 楊載「翰林學士承旨趙公行狀」(『松雪齋集』附錄所收)。
(38) 「士人云、本處自至元二十七年八月二十三日地震之後、至今時時震動未已」(劉敏中『中庵集』卷七「奉使宣撫回奏疏」)。
(39) 袁桷『清容居士集』卷三十二「薊國公梁公行狀」。
(40) 『明史』卷二「太祖本紀二」二九頁、『明史』卷一二六「李文忠列傳」三七四五頁、『明太祖實錄』卷八十七。
(41) 『明太祖實錄』卷一二五、一二七。
(42) 前揭和田清「兀良哈三衛に關する研究　上」(一七七頁)。

(43)「是月、命宋國公馮勝分兵防邊。發北平、山東、山西、河南民運糧於大寧」(『明史』卷二「太祖本紀二」三四頁)。
(44)『明太祖實錄』卷一八一。
(45)「二十一年三月命玉帥師十五萬征之。出大寧、至慶州、諜知元主在捕魚兒海、間道兼程進至百眼井」(『明史』卷三「太祖本紀三」四四頁)。
(46)『金史』卷一二九「蕭裕列傳」。
(47)『金史』卷八十四「高楨列傳」。
(48)『金史』卷九十一「蕭懷忠列傳」。
(49)『金史』卷四十七「食貨志二」。
(50)『金史』卷九「章宗本紀一」:「癸巳、諭有司、自今女直字直譯爲漢字、國史院專寫契丹字者罷之。」
(51)『金史』卷九「章宗本紀一」:「乙酉、詔罷契丹字。」
(52)拙稿「「耶律・蕭」と「移剌・石抹」の間――『金史・本紀』における契丹・奚人の姓の記述に關する考察――」(『東方學』第百二十七輯、二〇一四)。
(53)胡祇遹『紫山大全集』卷一六「舒穆嚕氏神道碑」。
(54)胡祇遹『紫山大全集』卷一六「舒穆嚕氏神道碑」、黃溍『金華黃先生文集』卷二十七「沿海上副萬戶石抹公神道碑」、『元史』卷一五〇「石抹也先列傳」、同卷一五二「石抹阿辛列傳」。
(55)拙發表「モンゴル時代東北地方における有力家族について」(二〇〇八年度早稻田大學史學會大會)。
(56)拙稿「元朝にとってのナヤン・カダアンの亂」(『史觀』第一六一冊、二〇〇九)。
(57)川越泰博「明代邊城の軍站とその軍事活動」(中央大學人文科學研究所編『アフロ・ユーラシア大陸の都市と國家』中央大學出版部、二〇一四所收)。

『御定宋史筌』「遼傳」から見た『宋史』改修の歴史的意義
――中國史書の編纂に見る朝鮮型中華主義――

洪　性　珉

はじめに

『御定宋史筌』（以下『宋史筌』と略す）とは、朝鮮の第二十二代の君主である正祖（在位：一七七六～一八〇〇年）と奎章閣臣たちによって編纂された『宋史』の改修書である。『宋史筌』の「筌」とは「うけ」を意味し、蕪雜な『宋史』の中でその實を取り、その雜を除くという意圖を表す。『宋史』の改修が朝鮮で行われた理由として、正祖が宋と朝鮮の風俗が類似していると考えていたことが擧げられる(1)。

宋遼金三史の編纂過程をみると、『遼史』は金章宗の泰和七年（一二〇七）十二月に陳大任によって完成されたが、官撰史書として公認されなかった。元朝になると、丞相脫脫によって遼、金、宋三史の編纂が行われ、至正四年（一三四四）三月に『遼史』（全一一六巻）が完成し、同年十一月に『金史』（全一三五巻）が完成し、最後に翌年十月に『宋史』（全四九六巻）が完成した。しかし、『宋史』は二年半という短い期間の内に完成したため、蕪雜さなどの様々な問題點を含んでいた。のみならず、『宋史』と共に『遼史』、『金史』を編纂したことで、後代に正統論爭を引き起こす原因となった。よって、明代には『宋史』の改修が何回も行われた。このような『宋史』の改修作業が、中國では

なく外國で行われた點が『宋史筌』の特徴である。

『宋史筌』は幾つかの點から『宋史』と異なる體例を持っている。それは、①南宋末期の皇帝として端宗と末帝の本紀を作ったこと、②遼、金、蒙古を列傳に入れたこと、③周敦頤から朱熹までの五人の理學家を「五賢傳」として獨立させたこと、④「遺民傳」を作って宋朝に忠節を盡くした人々を表彰したことである。[2] その中で③が朱子學への尊崇によることを除けば、①、②、④は全て宋王朝の正統性の問題と關わる。

『宋史筌』は、金毓黻氏の紹介によって、初めて韓國以外にもその存在が知られた。[3] そして、その實物は閔斗基氏らによるソウル大學校奎章閣の古文獻整理によって確認された。[4] その後、『宋史筌』についての研究は、主に臺灣の學者宋晞氏によって行われた。[5] 韓國では、基礎的な研究を除けば、[6] 二十一世紀になってから『宋史筌』研究が本格化した。具體的には、『宋史筌』の中で「本紀・后妃」、「五行志」、「儒林傳」、「王安石傳」についての研究が行われた。[7] 一方、日本では宋遼金三史の編纂とその正統論に關する論考が幾つか發表されたが、[8]『宋史筌』についての研究は皆無である。

これらの『宋史筌』の研究によって、以下の事實が明らかになった。まず、『宋史筌』の編纂は、基本的に『宋史』の蕪雜さと體裁上の統一性の缺如を直すために行われた。そして、朝鮮王朝は宋の歷史を「鑑戒」として利用しようとしていた。最後に、朝鮮王朝がその編纂を擔うことによって、朱子學的な名分論を强調し、宋↓明↓朝鮮に繫がる朝鮮王朝の正統性とアイデンティティを確認する役割も果たしたことである。

しかし、『宋史筌』編纂の背景の一つである正統論については、十分考察がなされたとは言えない。『宋史』の改修書の中で、遼、金、蒙古傳の部分は、『宋史』の蕪雜さとは關係なく、專ら正統論と關わるものである。そして、先行研究としては、宋晞氏の研究があるものの、『宋史筌』「遼傳」を『遼史』本紀と單純に比較する程度に留まっている。[9]

よって、『宋史筌』「遼傳」について分析することは重要な研究課題である。その意義としては、第一に『宋史』の改修書としての意義、第二に朝鮮後期の思想界の中での意義が想定される。また『宋史筌』の中で特に「遼傳」を分析することで、單に宋についての認識に留まらず、十〜十三世紀東アジアについての認識を究明することができる。

従って、第一章では宋遼金元に對する正統問題について整理し、これが朝鮮後期の思想界に如何に受容されたのかを明らかにする。第二章では、朝鮮で編纂した中國史書の特徴を確認し、『宋史筌』の編纂過程について整理する。第三章では、『宋史筌』の儀例や列傳の配列について分析する。最後に、第四章では實際に『宋史筌』「遼傳」の記述を『宋史新編』「遼傳」の記述と比較し、その特徴を究明する。以上の考察によって、『宋史筌』「遼傳」の持つ意義が明らかになると期待される。

一　宋遼金元史における正統問題とその繼承意識

（一）　元明代の正統論

元代には、朱熹の『資治通鑑綱目』（以下『綱目』と略す）が普及しつつあった。『綱目』は、司馬光の『資治通鑑』（以下『通鑑』と略す）をもとにしながらも、その内容は華夷・正閏の別を徹底してこだわった獨自の史觀にもとづくものであった。その結果、元代には江南出身者が『綱目』に依據した正統論を主張し、政權の正史編纂に異論を唱える者が増えつつあった。楊維禎の「正統辨」は、宋が正統、遼・金が閏であり、元はクビライの卽位後、宋を滅ぼしてからはじめて正統を得たとする。この「正統辨」は、『南村輟耕錄』に載せられ、明代以降に大きな影響を及ぼした(10)。

朱元璋が中原を統一して明を建國すると、明の内部では新たな正統王朝の系譜が作られた。明初期の學者方孝孺は、中國の歴代王朝を立國・守成策の正・不正を根據に正統・附正統・變統に分けた。そして、三代を正統に設定し、漢・唐・宋を附正統と評價し、晉、劉宋、齊、梁、隋を變統と分類した。[11] 一方、『綱目』の影響力が強まる中で、商輅による『續資治通鑑綱目』（全二七卷、成化十二年〔一四七六〕成書、『通鑑綱目續編』とも言う。以下『續綱目』と略す）が編纂された。[12] 一方、明代には個人による『宋史』の改修作業も本格化した。明代の『宋史』改修書の中で現在にまで傳わっているのは、王洙の『宋史質』（全一〇〇卷、嘉靖二十五年〔一五四六〕成書、一五五〇年刊）、柯維騏の『宋史新編』（全二〇〇卷、嘉靖三十四年〔一五五五〕成書、一五五七年刊）、王維儉の『宋史記』（全二五〇卷、天啓年間成書）があり、全て宋を中心として遼、金などを列傳として編入させている特徴を持つ。特に『宋史新編』は、單なる『宋史』の要約ではなく、補足したところも多いと評價される。[13]

（二）朝鮮後期における「朝鮮型中華主義」の形成

朝鮮王朝は、性理學（朱子學）を受容、發展させることで、その内部では中華的な秩序意識が普遍化した。[14] しかし、明を中心とする東アジアの體制が明の滅亡（一六四四年）によって崩壞すると、朝鮮の世界觀は大きく搖らぐことになった。そして、朝鮮の内部では對明義理を強調し、淸に反對する議論が生じた。當時の中國では南明政權が殘存していたため、彼らと呼應して中華を回復しようとする「北伐論」が臺頭した。これは武力による「中華回復論」と評價されている。[15] そして、宋時烈は、明への事大は天賦の名分に合當な天理であり、淸への事大は力の論理に屈服する人欲の結果であると主張した。[16] さらに、朝鮮では續けて「崇禎」年號を使用することを主張した。

しかし、淸朝が中國支配を安定させると、朝鮮の北伐は實現不可能なものになった。その結果、朝鮮の内部では、

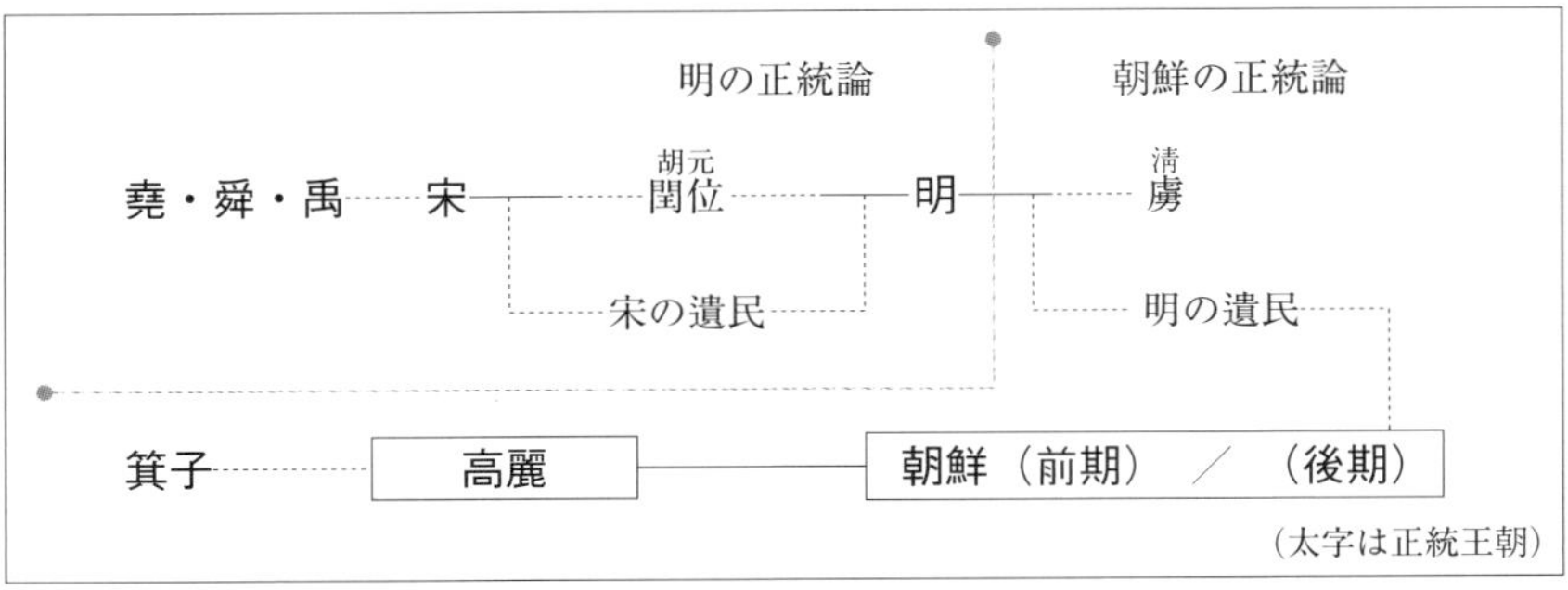

圖１：明及び朝鮮の正統論の概念圖

思想的に新たな解釋が求められた。つまり、新たな「中華」として清が相應しいか、朝鮮が相應しいかということが問われたのである。なぜなら、朝鮮は外交の面においては、それまで清に對して一貫して從順的な態度を示していたが、理念的に清を宗主國として認めるかは別の問題であったためである。

このような問いに對して、朝鮮は自分が「中華の繼承者」であるという結論を出した。これによって「中華回復論」から「中華繼承意識」に轉換することになった。そして、朝鮮は自分が中華であることを表す方法として、①箕子などを強調して朝鮮が昔から中華の要素を持っていることを強調すること、②明の歷史を編纂すること、③明の遺民を國家が顯彰すること、などが用いられた[17]。

このような背景の中で、朝鮮の人々には自分たちが明の遺民であるという認識も形成されてきた。例えば、尹行恁（一七六二～一八〇一）は明の遺民であることを自任していた[18]。また、李德懋[19]の場合も、自分を明の遺民と認識し、遺民についての記録を殘している[20]。

以上、朝鮮における中華主義や正統論を宋以降を中心にまとめると〈圖1〉のようになる。

朝鮮では、華夷を區分する三要素の地域、種族、文化の中で、特に文化の要素を重要視した。その要素は、禮樂の實行を基準とする。しかし、朝鮮が文化の要素を重要視すると、それと同時に朝鮮以外の勢力も中華になる可能性も生じる。

言い換えれば、清朝にも禮樂が行われていれば、「中華」として認めざるを得ないことにもなり得る。よって、朝鮮は自らが「中華の唯一かつ正當な繼承者」であることを主張するために、明や宋の歷史書を編纂することになったのである。(21)

二　朝鮮王朝による中國史書の編纂

（一）　朝鮮で編纂した中國史書の特徴

朝鮮王朝は、『通鑑』と『綱目』を早い段階に受容し、世宗期（一四一八～五〇）には兩書に關する獨自の注釋作業が行われた。その結果、世宗十七年（一四三五）六月には『資治通鑑思政殿訓義』が完成され、續いて世宗二十年（一四三八）十一月には『資治通鑑綱目思政殿訓義』が完成した。(22)この注釋作業は、獨自的な中國史書の編纂ではないものの、中國史についての理解を深め、後に朝鮮獨自の中國史編纂の土臺となった。

そして、閔斗基氏らの研究によると、朝鮮王朝で編纂された中國關連書籍には四十六種類があり、殆どが英祖期（一七二四～七六）以降に編纂されたものである。その中で明代の歷史書は十種類、明の遺民及び明律に關わる五種類を足すと計十五種類となり、全ての書物の中で三三％を占めている。宋代の場合は、宋のみを對象とするものが三種類、宋～元が一種類、宋～明が一種類で計五種類となる。(23)

まず、明代に關する歷史書を紹介すると、李玄錫の『明史綱目』（全二四卷、一七三〇年刊）が擧げられる。この書物は、明の洪武元年（一三六八）から崇禎十七年（一六四四）までの記事を整理し、最後の附錄には南明政權の記錄を略述している。(24)これは、南明を正統として認めながらも、それを附錄として處理したことで、その正統性を積極的に

表していないことを意味する。[25]これに對して、朝鮮の內部では批判が起こり、南有容は『明書纂要正綱』（全一八巻）を編纂し、『明史綱目』の構成を修正しようとした。[26]一方、明の遺民についても關心を注ぎ、李德懋によって『磊磊落落書』（全一〇巻）が編纂された。[27]その書物には、例えば文天祥の末裔とされる文可尙が朝鮮に渡ってきて定着した後の事跡が記されている。[28]

以上のように朝鮮で編纂された明代の歴史書の特徴は、①南明政權までを正統として認めていること、②綱目體の影響力が強かったこと、③遺民に關する記錄も殘していたことである。この特徴は、朝鮮で編纂された宋代の歴史書にも現れる。

朝鮮後期に編纂された宋代の歴史書としては、正祖御纂の『宋史筌』（後述）と『宋史撮要』（全三巻）、『新訂資治通鑑綱目續編』（全二七巻、英祖四十九年〔一七七三〕刊、以下『新訂綱目續編』と略す）があり、その他に李恆老とその弟子の柳重敎、金平默たちによって編纂された『宋元華東史合編綱目』（全三三巻、高宗七年〔一八七〇〕成書、隆熙元年〔一九〇七〕刊、以下『華東綱目』と略す）がある。

このように、朝鮮後期における宋代關連の歴史編纂には、正祖が深く關わっている。正祖は、經筵で『綱目』、『續綱目』などを講讀し、『宋史』の持つ問題點を把握しており、その改正に盡力した。まず、『宋史撮要』は、正祖が『宋史筌』を編纂した後、自分の「筆削之意」を闡明するために編纂したものである。[29]そして、『新訂綱目續編』も『續綱目』の誤謬を直すために編纂したものである。[30]一方、『宋史筌』より少し後代になって編纂された『華東綱目』も注目される。この書物は、宋元史と高麗史を合編して綱目體で編纂した書物であり、明の商輅の『續綱目』が胡元を正統と看做したことを批判し、これを訂正するために編纂したものである。[31]

その中で『宋史筌』は、唯一の紀傳體歴史書であり、また全一五〇巻という膨大な分量に成り立っていることが特

徵である。[32]

（二）『宋史筌』の編纂過程

正祖が『宋史』を改修しようとした動機は何か。これについては二つの理由が擧げられる。まず、彼は朝鮮で政治を行う際、宋代をその模範としていたからである。[33]また、當時朝鮮では、明代に『宋史』の改修書が編纂されたことは把握していたが、明清交替によって全て散逸してしまったと考えていた。[34]従って、正祖は東宮にいた時期から二十年餘りの時間をかけて『宋史筌』を編纂したのである。

『弘齋全書』巻一七九によれば、正祖によって執筆された『宋史筌』の初稿は英祖四十八年（壬辰、一七七二）に完成しており、その分量は全八〇巻であった。[35]しかし、一七七六年に卽位した後、政務で忙しかった正祖は續けて執筆する餘裕がなかったため、徐命膺、黃景源ら十人餘りに編纂を分擔させて作業を進め、正祖四年（一七八〇）に全一〇〇巻となる『宋史筌』（庚子本）が完成された。しかし、この庚子本の姦臣傳、佞倖傳をめぐって、正祖と臣下たちの間で意見の對立があったので刊行されなかった。

正祖は、自分の意見と符合する人物を探し、正祖八年（一七八四）七月に李德懋を改修者とした。そして、李德懋はその時遺民傳及び高麗・遼・金・蒙古傳を新たに編修し、[36]最終的には一七九一年に『宋史筌』（辛亥本）が完成された。その構成は、義例一、目錄一、本紀四、志四七、世家二、列傳九一、全一五〇巻、六一冊となっている。[37]しかし、この辛亥本『宋史筌』は、筆寫本が制作されたものの、[38]印刷刊行するまでには至らなかった。奎章閣には、その筆寫本の『御定宋史筌』が保管されており、現在にもこれを閲覽することができる。[39]『宋史筌』の書誌情報は、筆寫本、サイズ：三三×二一・七センチメートル、左右雙邊、半郭：二三・一×一六・一センチメートル、十行二十字、版心：

上黒魚尾である。(40)

『宋史筌』は、『宋史』の誤謬を幾つか修正している。第一に、『宋史』の本紀と列傳の中で現れる好水川の戰いの死亡人數についての齟齬を『宋史』「夏國傳」の記事を基準にして統一した。第二に、景德五年のような年代と年數の誤りを修正した。第三に、誤謬の激しい「高麗傳」は『高麗史』「世家」に基づいて再編纂した。第四に、「藝文志」は『文獻通考』「經籍考」や『通志』「藝文略」を參照して書名・卷數・選者の間違いを直した。(41)

また、『宋史筌』の編纂には、様々な書籍が利用された。義例補によると、『宋史筌』本紀の內容の一部は商輅の『續綱目』、薛應旂の『續通鑑』(『宋元通鑑』とも言う)から補ったといい、(42)兩書を參照したことが分かる。

一方、『宋史筌』「遺民傳」の編纂と關連して、編纂者たちは顧炎武の『廣宋遺民錄』の存在は知っていたが、「遺民傳」の編纂に反映することはできず、その代わりに宋濂の『元史』、呂留良の『宋詩小傳』、曹廷棟の『宋詩存』、顧嗣立の『元詩選』、陶九成の『輟耕錄』、周密の『癸辛雜識』、王圻の『節義考』、趙孟頫の『松雪集』から關連記事を採錄したことが分かる。(43)また、宋の遺民と關わる吳立夫の『桑海錄』、程克鄞の『宋遺民錄』、李小有の『廣遺民錄』、萬斯同の『宋季忠義錄』の存在は知っていたが、編纂に反映することはできなかった。(44)

以上、『宋史筌』の編纂過程とその編纂に參照した書物について整理した。そうすると、「遼傳」と關わる部分にはどのような特徴があるのか。これについては、章を改めて『宋史筌』の「義例」や體裁を分析しその特徴を論じる。

三　『宋史筌』の「義例」と外國傳配列に見る特徴

（一）『宋史筌』「義例」に見る編纂方針

まず、義例の中では以下の記事が注目される。

〔史料一〕『宋史筌』巻首、義例

遼、金、西夏、俱是宋朝外、不可與宋並立各史以亂其統。而脫脫之修史也、西夏則建國僭號傳世十餘、與遼金無異、而特以其部落之異、故編入於宋史之外國傳。①遼金則東北之雜種、高麗之屬國、與西夏無別、而乃以其族類近、故並列於全史。至皇明、因循未改、此是史家之大失也。且蒙古、卽元之舊號也。鐵木眞、始建號於宋寧宗之世、四世相傳、至忽必烈、始幷呑中國、天下之大統一而已。②忽必烈十六年以後、則不得已許其閏位矣。大宋未亡之前、豈加容各立史也。其所以處之也、宜無間於遼金。故今依唐順之『左編』列元魏於匈奴傳例、特立遼金蒙古三傳、置之西夏之列、總名外國傳。而彙分東西南北之族、溪峒蠻夷之種、以別其類。

〔史料一〕は、朝鮮後期に『宋史筌』の編纂に關わる人々の對遼・金・蒙古觀を克明に表している。つまり、傍線部①には遼・金を「東北の雜種」、「高麗の屬國」として規定している。しかし、十一世紀以來、高麗は遼・金から冊封を受けていたが、この認識はどこから由來したのか。これについては、高麗時代の天下觀と對外認識、高麗と金建國以前の女眞族との關係、そして朝鮮と後金建國以前の女眞族との關係を考えなければならない。兩時期は、一言で言えば朝鮮側の王朝が女眞側の勢力より優位に立っている時期である。

高麗は、太祖以來、遼河以東の地域を「海東天下」とする獨自の世界を設定し[45]、高麗の君主は「海東天子」として

その地域に君臨すると考えていた。(46) よって、高麗の王は朕・予一人を自稱し、その命令は詔・制といい、國内で罪人を許すことは「天下に大赦す」と言っていた。(47) そして、高麗は遼・金の册封體制に對峙するものとして八關會で高麗王が宋都綱、東西蕃子、耽羅等から「朝賀」を受ける獨自の八關會的秩序を築いた。(48) 更に、高麗王は遼の詔使を迎接する儀禮の中で、遼の使者が南面することに對し、西面してその詔を受けることで遼の臣下國としての地位を避けていた。(49) これは、高麗で遼を指す語にも確認される。つまり、宋に對しては中國、中朝、中華、華夏と表現していたが、遼に對しては遼、契丹、遼氏、契丹主、丹主等が用いられたが、決して中國、中華、天朝という語は用いられなかった。(50)

そして、この「海東天下」の中で女眞は、高麗の蕃として位置づけられ、高麗側の史料には彼らについて東蕃、西蕃、北蕃という語が用いられた。(51) 以後、金の建國に伴って兩者の力關係が逆轉してから「東・西蕃」という語は用いられなくなる。しかし、高麗の國内では依然として金に對する高麗の優位という認識が持續していた。仁宗朝（一一二三～四六年）の文人林宗庇は、「北邦（＝金）が畏服する」と表現し、(52) 高麗が金より優位に立っていると認識していた。

また、朝鮮前期の朝鮮と女眞の關係も基本的に朝鮮が優位に立っていた。例えば、世祖朝（一四五五～六八年）には、建州衞を征伐してその首領である李滿住（ヌルハチの高祖）の首を切ることもあった。(53) 從って、「高麗の屬國」云云というところには、一定の事實に基づいていることは確かである。しかし、『宋史筌』の編纂者は、その關係を遼や建國後の金まで適用して認識したのである。これは「朝鮮型中華主義」による認識だと考えられる。

また傍線部②は、正統論と關わる部分である。朝鮮は、モンゴルが宋を完全に滅ぼした後にも「正統」として認めず「閏位」としている。このような朝鮮の認識は、明代の正統論と軌を一にしており、朝鮮後期においても大事な部

分であったといえる。更に、この元朝への批判は、清朝の非正統性への批判にも繋がると考えられる。これと共に、呼稱の改正が行われた。つまり、『宋史』の「敵」を「虜」や「賊」に變えたり、[54]「生辰」を「生日」に、「太后」を「其母」に、「皇太后」を「(契丹)主母」に表記を替えたりしている。[55]

まとめると、『宋史筌』「遼傳」は、宋↓明↓朝鮮と繋がる朝鮮王朝の正統論と北方民族に對する朝鮮の優位という認識の下で編纂されて、呼稱の改正が行われたといえる。

（二）『宋史筌』外國傳の配列とその特徴

『宋史筌』列傳の配列に現れる特徴については、既にイ・クンミョン氏による考察があるため、[56]ここでは『宋史筌』外國傳に限ってその特徴を明らかにする。まず、外國傳の序文に當たる内容は「高麗傳」の冒頭に記されている。

〔史料2〕『宋史筌』巻一四〇、外國傳、高麗

宋之舊史有女眞傳、而脫脫削之。自今視之遼・金・夏・蒙古、雖爲宋終始之患、均是宋之外夷也。依西夏例、立三虜傳。高麗則終始臣服、宋之待遇也、亦異於諸夷矣。首之於編以寓褒貶之旨。

これによると、遼、金、夏、蒙古は、宋にとっては外夷に過ぎないため、西夏の例に依って三虜傳を立てたとする。また、高麗は始終臣服しており、宋の待遇も諸夷とは異なるので列傳の最初に置いて褒貶の旨を「寓」したとする。

『宋史筌』外國傳の配列の特徴は、『宋史』及び『宋史新篇』と比較することで明確になる（〈表1〉を參照）。この配列は、宋王朝を十～十三世紀の東アジアの中心としたうえで、その他の諸勢力を如何に順序づけたかという認識を表す。『宋史筌』と『宋史新編』の間ではその配列が大きく異なっている。まず、『宋史新編』の外國傳の配列は、遼と金が列傳として組み込まれていることを除けば、ほぼ『宋史』を踏襲している。

表1：『宋史』・『宋史筌』・『宋史新編』の外國傳の目錄比較表

『宋史』		『宋史筌』		『宋史新編』	
卷數	項目	卷數	項目	卷數	項目
卷485、列傳第244	夏國上	卷140、列傳第83	高麗	卷192、列傳第134	遼國（上）
卷486、列傳第245	夏國下	卷141、列傳第84	遼	卷193、列傳第135	遼國（下）
卷487、列傳第246	高麗	卷142、列傳第85	夏	卷194、列傳第136	金國（一）
卷488、列傳第247	交阯 大理	卷143、列傳第86	金	卷195、列傳第137	金國（二）
卷489、列傳第248	占城 眞臘 蒲甘 邈黎 三佛齊 闍婆（南毗附） 勃泥 注輦 丹眉流	卷144、列傳第87	蒙古	卷196、列傳第138	金國（三）
卷490、列傳第249	天竺 于闐 高昌 回鶻 大食 層檀 龜兹 沙州 拂箖	卷145、列傳第88	交阯 大理 占城 眞臘 蒲甘 邈黎 三佛齊 闍婆 南毗 勃泥 注輦 丹眉流 天竺 于闐 高昌 回鶻 大食 層檀 龜兹 沙州 拂箖 流求 定安 渤海 日本 黨項 吐蕃（唃厮囉 董氊 阿里骨 瞎征 趙思忠）	卷197、列傳第139	夏國
卷491、列傳第250	流求國 定安國 渤海國 日本國 黨項			卷198、列傳第140	高麗 交阯 大理
卷492、列傳第251	吐蕃（唃厮囉 董氊 阿里骨 瞎征 趙思忠）			卷199、列傳第141	占城 眞臘 蒲甘 邈黎 三佛齊 闍婆（南毗附） 勃泥 注輦 丹眉流 天竺 于闐 高昌 回鶻 大食 層檀 龜兹 沙州 拂箖 流求 定安 渤海 日本 黨項 吐蕃（唃厮囉 董氊 阿里骨 瞎征 趙思忠）

　一方、『宋史筌』の場合は、『宋史』の配列と比べると、その順序にかなりの改變を加えていることが分かる。まず、注目すべきは高麗の建國（九一八年）が遼の建國（九〇七年）より遲くなるにもかかわらず、高麗を列傳の首位に置いたことである。そして、その後に、遼、西夏、金、蒙古を建國した時期に從って配置している。言い換えれば、十~十三世紀に關して朝鮮の世界觀が投影されているといえる。

　このような朝鮮の宋代認識が「遼傳」にはどのように反映されていたのか。これについては章を改めて論じる。

四　『宋史筌』「遼傳」の特徴――『宋史新編』「遼傳」との比較――

(一)　分量面の特徴

『宋史筌』の編纂者は、『遼史』の記事を壓縮して「遼傳」を編んだため、その内容を大幅に省略する必要があった。そうすると、殘っている部分を分析することで、その特徴を把握することができる。その方法として、『宋史新編』「遼傳」との比較を行った〈表2〉。ここから『宋史筌』の二つの特徴が分かる。

第一に、『宋史筌』「遼傳」は、耶律璟（遼の穆宗）から始まっている。一方、『宋史新編』は耶律阿保機から記述が始まっている。このような差異が生じた原因としては、基本的に字數の制限が想定されるが、より重要なことは歷代正史との關連性である。つまり、その編纂作業が新たな正史として『宋史』を改修したのであれば、中國の歷代正史における位置づけを考慮する必要がある。特に、阿保機から耶律璟の前までの時代は唐末五代に當たり、新・舊『五代史』には既に契丹に關する記錄が附せられている。(57)よって、「遼傳」が阿保機から始まると、兩『五代史』の記述と重なることになる。これを避けるために、「遼傳」の記述は宋建國後を中心にしたと考えられる。『宋史筌』「高麗傳」も同じ形式で記述されている點(58)からも、このことが裏付けられる。

第二に、『宋史新編』「遼國下」には『遼史』列傳を要約した部分があるが、『宋史筌』にはこの部分が存在しない。これは、結果的に『宋史新編』「遼國下」が列傳の中の列傳という體裁になるので、「夏國傳」以下の外國傳との統一性を缺如させる結果を齎す。

總合してみると、『宋史新編』には『遼史』の形がある程度殘っているが、『宋史筌』にはこのような點が見られず、

表２：『宋史筌』及び『宋史新編』「遼傳」の分量比較表

『宋史筌』			『宋史新編』			主な出典
卷數	區分	字數	卷數	區分	字數	
卷141、遼傳	耶律璟（附自遼之先至阮）	445	卷192、遼國上	遼之先世	432	『遼史』本紀
				阿保機	874	
				德光	1487	
				阮	446	
				璟	617	
	賢	462		賢	923	
	隆緒	1301		隆緒	2088	
	宗眞	772		宗眞	1086	
	洪基	1249		洪基	1706	
	延禧	2091		延禧	3013	
	耶律大石	308		耶律大石	352	
	・	・	卷193、遼國下	諸臣傳	8247	『遼史』列傳
	地理、其の他	755		遼之境土、其の他	968	『遼史』志
	論讚	139		論讚	159	
	計	7522		計	22398	

より「列傳」の形になっているといえる。

（二）　體裁面の特徴

次に『宋史筌』「遼傳」の體裁面での特徴を考察する。遼の初期及び末期による記述の特殊性を除いて、耶律賢から耶律洪基までの記述を『宋史新篇』と比較した結果、以下のような構成になっており、五カ所に記述が異なっていることを確認した。

『宋史筌』の記述の構成：①名前、②字又は小字、③母について、④卽位以前の經歷と性格、⑤卽位記事、（⑥宋の年號）、⑦本文、⑧死亡記事、⑨評價、⑩享年、⑪在位年、⑫年號紹介、⑬謚號、⑭廟號、⑮墓號、⑯繼位者。[59]

『宋史新編』の記述の構成：①名前、②字又は小字、③血緣關係、④卽位以前の經歷と性格、⑤卽位記事、⑥改元記事、⑦本文、⑧死亡記事、⑨享年、⑩改元數、⑪在位年、⑫評價、⑬繼位者、⑭謚號、⑮廟號。

（ア）　血緣關係　（③番）：『宋史筌』は母方のみ、『宋史新編』は主に父方

（イ）　年號使用の有無（⑥番）：『宋史筌』は宋の年號、『宋史

新編』は遼の年號

（ウ）死亡用語 （⑧番）：『宋史筌』は「殂」、『宋史新編』は「卒」

（エ）在位年の用語 （⑪番）：『宋史筌』は「僭位」、『宋史新編』は「改元者某、凡某年」

（オ）墓號の有無 ：『宋史筌』は有る、『宋史新編』はない

その中で（イ）、（ウ）、（エ）は、正統論と關わるものであり、『宋史筌』は「遼」を「僭位」と看做して『宋史新編』より徹底した正統論に基づいて記述したことが分かる。また、（オ）墓號の場合は、〔史料2〕から分かるように、遼傳は西夏の例に依って立傳したことが原因だと考えられる。實際に『宋史』「夏國傳」には、李元昊の稱帝以後、⑩享年、⑪在位年、⑫年號紹介、⑬謚號、⑭廟號、⑮墓號、⑯繼位者が記されている。[60] よって、『宋史筌』「遼傳」が同じ形式を取ったと考えられる。

その他、（ア）血緣關係と（エ）死亡用語「殂」については、より詳細な考察を行う。

（ア）血緣關係の記述について

血緣關係の記述に關しては、一人の君主ではなく君主交代の流れから見れば理解しやすい。それと關わる『宋史新編』の例を引用すると以下のようになる。

『宋史新編』「賢、（中略）（乾亨四年）⑧九月、契丹主獵于雲州、得疾、卒於焦山。（中略）⑬子隆緒立。⑭謚曰孝成皇帝、⑮廟號景宗。①隆緒、②小字文殊奴、③賢之長子。④喜書翰、多藝能。」

つまり、『宋史新編』のような構成になると、その記述が前の君主の⑬繼位者と内容が重なることになる。その反面、『宋史筌』の場合は、⑯では父との關係を記し、次の君主の③では母との關係を記している。結果、『宋史筌』は

表3：各史書における死亡表記について

	高麗	遼	西夏	金	蒙古
原典	『宋史』高麗傳	『遼史』	『宋史』夏國傳	『金史』	『元史』
稱帝の有無及び備考	無	有	無／有 李元昊以後稱帝	有	有
元の表記	卒	崩	卒／殂	崩	崩
『宋史筌』	卒	殂	卒／殂	殂	殂
『宋史新編』	卒	卒	卒	卒	・

字數を減らしながらも內容の漏れなく記述することができ、一石二鳥の効果が得られるものであった。また、これは『宋史筌』が「后妃本紀」を設定[61]していることにも關係すると考えられる。

（エ）死亡用語「殂」について

『宋史筌』の死亡用語と關連して、先行研究では幾つかの特徵を指摘している。例えば、王公宰相の死亡については「薨」と記錄することを原則としているが、その人が小人であれば「死」と表現して褒貶の意を表した[62]。また、宋の最後の皇后である楊皇后については、『宋史』楊淑妃傳では「死」と表記しているのに對して、『宋史筌』では「崩」と表記することで正統性を表している[63]。よって、「遼傳」での「殂」という表記にも編纂者の意圖が反映されていると考えられる。

これについて、『宋史』「夏國傳」と『綱目』の表記を確認すると、まず『宋史』「夏國傳」の場合は、李元昊による稱帝以前は「卒」と表記し、その以後は「殂」と表記している[64]。一方、『綱目』では僭國の君にして稱帝したものは「卒」、無統の君にして稱帝したものは「殂」と表記している[65]。もし『綱目』の解釋に從うと、『宋史筌』の「殂」より『宋史新編』の「卒」がより相應しい表記になる。にもかかわらず、『宋史筌』では何故「殂」で表記したのか。これに關して各史書における高麗、遼、西夏、金、蒙古の君主の死亡表記（弑害などは除く）について整理する必要があり、〈表3〉はその結果である。

つまり、『宋史新編』の如く全て「卒」と表記することは、逆に「稱帝」をした國と「稱帝」しなかった國の間での區分が分からなくなる。そもそも「殂」には褒める意味が含まれていないので、宋の正統性を阻害する用語ではない。よって、『宋史筌』の編纂者は、『綱目』の用例に從わず、『宋史』「夏國傳」の「殂」という用語を採用して外國の稱帝の有無を現したのである。

（二）　內容面の特徴

①引用關係から見る「遼傳」の性格

宋晞氏の研究によると、『宋史筌』「遼傳」の記事の中で、『遼史』本紀にはない記載が十三カ所あるとした[66]。筆者は、その中で一カ所の單純ミスを除き[67]、その代わりに數えていない一カ所[68]を足して、十三カ所の記事が異っていることを確認した。そして、その引用關係を確認した結果、當時の編纂狀況を確認することができた。

『宋史筌』「遼傳」、「賢、字賢寧、小字明扆。母蕭氏。甫四歲、遇察割之難、璟養爲子。①及璟被弑、帥甲騎、赴懷州卽位。②納尙書令蕭守興女燕燕爲后。賢嬰風疾、燕燕決國事。」

『契丹國志』卷一三、「后妃傳」、「景宗蕭皇后、「景宗自幼年遭火神淀之亂、世宗與后同時遇害、帝藏積薪中、因此嬰疾、及卽位、國事皆燕燕決之。」

ここから『宋史筌』の傍線部②の記事は、『契丹國志』に依ったことが分かる。しかし、『宋史筌』「遼傳」を編む際、果たして『契丹國志』は參照できたのか。これを確認するために、『宋史筌』編纂に參照した書籍を確定する必要がある。その方法として、一七八一年に正祖の敎によって編纂された『奎章總目』（以下『總目』と略す[69]）と一九八一年に出版された『奎章閣圖書中國本綜合目錄』（以下『奎中目錄』と略す[70]）を對照する作業を行った。

『總目』には『契丹國志』が見られず、正祖五年（一七八一）以前の時點で中國本購入希望目錄(71)として制作された『内閣訪書錄』(72)には『契丹國志』が入っている。(73)そして、『奎中目錄』には『宋遼金元別史』が収録されており、その中に『契丹國志』が含まれている。(74)しかし、その序文は乾隆六十年（一七九五）に書かれたものであって、辛亥本『宋史筌』の完成後になる。まとめると、正祖はこの書物を手に入れるために努力したが『宋史筌』を編纂する時點では、それが實現できなかったことになる。

上記の記事はどこから引用したものなのか。そこで注目されるのが『續綱目』である。

『續綱目』巻一、宋開寶二年三月條

（己巳、宋開寶二年○是巳歳凡四國一鎭、三月）契丹耶律賢立。賢、小字明安、世宗次子。①聞契丹主被弑、帥甲騎千人、馳赴懷州、卽位。改元保寧、號烏嚕、曰穆宗。②以蕭守興爲尚書令、納其女燕燕爲后。賢嬰風疾、國事皆燕燕決之。

この『續綱目』の傍線部②には、『契丹國志』の記事が引用されていることが分かる。また、『宋史筌』と『續綱目』各々の傍線部①と②を照らしてみると、『宋史筌』の記事は『續綱目』から引用されている。『續綱目』は、正祖によって校正された後に刊行されたため、『宋史筌』の編纂者は、比較的容易に參照できたと考えられる。目錄の調査から見ても、『續綱目』は『總目』にないものの、『奎中目錄』には六帙が確認され、(75)零本を除いても三帙が殘る。また、『奎韓解題』によると、朝鮮でも刊行されていたことが分かる。(76)

このように、『宋史筌』「遼傳」に引用された『契丹國志』系統の史料は、直接の引用ではなく殆んど『續綱目』からの引用であるといえる。つまり、「遼傳」を編纂する際、參照できる書物には制約があったものの、朝鮮で保有している書物を最大限に生かして編纂したのである。

②宋への尊崇と高麗への關心

『宋史筌』「遼傳」の記事は、巧みに宋を尊崇する形に編纂している。

『宋史筌』「遼傳」、「(淳化)二年、①定難軍節度使李繼捧來附、封西平王。②李繼遷叛隆緒歸降。」

『遼史』卷一三、「聖宗本紀」四、統和九年、「(冬十月)丁丑、定難軍節度使李繼捧來附、授推忠效順啓聖定難功臣・開府儀同三司・檢校太師兼侍中、封西平王。十一月己亥、以青牛白馬祭天地。②十二月、夏國王李繼遷潛附于宋、③遣招討使韓德威持詔諭之。」

淳化年間には、黨項族（後の西夏）の獨立の動きが活發となり、宋と遼の間で離反と歸順を繰り返している時期に當たる。これに關して『宋史筌』では、①李繼捧が遼に來附して、西平王に封ぜられる記事と、②李繼遷が宋に歸順する記事を載せている。[77] これは、『遼史』の統和九年の十月から十二月までの記事に該當する。十一月の記事を除けば、①と②は離反と歸順に關する逆の動きとして對比される。さらに『宋史筌』では、『遼史』の傍線部③を省くことで、まるで黨項族が李繼遷によって再び宋に歸順しているような記述になる。その他にも、高梁河や岐溝關の戰いをごく簡略に記述しており、やはり宋を尊崇する意圖によるものだと考えられる。

また『宋史筌』は、その他にも高麗關連の記事を漏れなく採錄している。耶律隆緒の記事から引用すると以下のようになる。

『宋史筌』「遼傳」、「(至道元年)高麗遣童子十人、來學契丹語。(中略)(大中祥符五年)設學歸州、敎其民、本新羅所遷者未習文字故也。」

『宋史新編』の場合、耶律隆緒についての記載分量は計二〇八八字もあるにもかかわらず、その記事を收錄していない。一方、『宋史筌』「遼傳」の耶律隆緒についての分量は、計一三〇一字であるにもかかわらず、この二つの記事

〈三十一字〉を割愛していない〈字數については〈表2〉を參照〉。このように、「遼傳」の內容にも正統としての宋と、編纂の擔い手としての朝鮮の立場が反映されている。

③禮教と關わる記事の收錄

また、「遼傳」には儒學に關する記事を收錄するという特徴がある。まず、科擧については、貢擧、明經科、賢良科設置の記事が載せられている。(78)そして、儒學については、學を設けて士を養ったこと、五經の大義を講じたこと、學者に諭して明道窮經させたことが載せられている。(79)最後に、書籍編纂に關する記事も存在し、初めて國史を修めたこと、一〇四六年に禮書を編纂したことが載せられている。(80)これらは、全て『宋史新編』には見えない記事である。『宋史筌』では何故これらの記事を收錄したのか。これについては、『續綱目』の關連記事を參照すると、容易に理解できる。

『續綱目』卷六、熙寧三年五月條

〈庚戌、〈熙寧〉三年、五月〉遼立賢良科。

令進是科者、先以所業十萬言進。

發明、遼立賢良科、曷爲書、嘉其求賢於國、故進之也。遼居外夷、志切求賢、宋乃中華、反棄正士、是何中外之不一乎。語曰、夷狄之有君、不如諸夏之亡也。美在夷狄、則罪在中國矣。

傍線部によると、遼が國から賢者を求めることは「嘉《よみ》」すべきことだとしている。それは、さらに「美が夷狄にあれば罪は中國にある」ことを前提として收錄している。『宋史筌』でも禮教關連記事を收錄したことには、二つの意圖が含まれていると考えられる。まず、「鑑戒」としての機能である。『續綱目』「發明」から分かるように、夷狄さ

え禮教を修めていれば、「中華の繼承者」はさらに禮教の振興に勵むべきであるという意圖を現す。のみならず、中國の周邊國でも禮教を修めることは全く不思議ではないことを示している。『宋史筌』「蒙古傳」の場合も、耶律楚材の治績についての記述を多く割き、孔孟の道をモンゴル統治者に傳えようとする記述が記されている。(81)

しかし〔史料一〕の「東北の雜種」、「高麗の屬國」という認識と合わせて考えると、單に遼を褒めるためにこれらの記事を殘したとは考えられない。さらに重要なのは、この記述を「遼傳」內部の特徵に留まらせず外國傳の配列と關連して考えなければならないことである。『宋史筌』は特別に外國傳の首位に「高麗傳」を配置している。言い換えれば、この順序から高麗が遼・金・西夏・元とは異なって、禮教がさらに進んでいることを暗示することになる。これは、高麗を繼ぐ朝鮮が眞の中華の繼承者であることを見せようとしたのではないか。第一章（二）で觸れたように、文化の要素を基準にして華夷を區分している朝鮮後期の思想界と相通じる。つまり、これこそ朝鮮が『宋史筌』外國傳から表そうとする究極的な意圖だと考えられる。(82)

むすびに――『宋史筌』編纂の意義――

以上、『宋史筌』「遼傳」について様々な角度から分析した。その結果、『宋史筌』「遼傳」は四つの特徴を持っていることが明らかとなった。

①『宋史筌』の記述は『宋史新編』に比してより正統論が徹底している。

②『宋史筌』「遼傳」に見られる『契丹國志』の記事は、直接引用ではなく『續綱目』からの再引用である。

③その記述は、宋を尊崇する形で要約しつつ、高麗關連の記事も漏れなく採錄している。

④『宋史筌』には、禮教に關する記事を收録している。この記事は、夷狄ですら禮教を修めているのなら、朝鮮はさらに禮教の振興に勵むべきであるという鑑戒の意圖を現している。

それでは、「はじめに」で示したように、『宋史筌』の①『宋史』の改修書としての意義と②朝鮮後期の思想界における意義は何だろうか。まず、①について清朝における宋・遼・金・元の歴史書編纂の状況を少し踏まえながら、その意義を明らかにする。

清朝は、宋・遼・金・元に對する認識が明や朝鮮とは異なっている。清朝の前身である後金の時期には、崇德元年（一六三六）五月から同四年六月まで遼金元三史の滿洲語への翻譯作業が行われた。この滿洲語譯の三史は、さらにモンゴル語にも翻譯された。その序文によると、「大遼國、金國は、たとえ天下を統一することができなかったと雖も、大遼國は天下を半分得た。金國は、天下を大半得た。大元國は、天下を統一した。かれらの政法、常制を見ることができる」[83]といい、自分たちが遼・金・元を繼承している認識を持っていた。

また、清朝は乾隆三十六年（一七七一）から四十七年（一七八二）にかけて『欽定遼金元三史國語解』を編纂し、北方民族關連用語の表記を改變した[84]。この語彙改變は、後に學者たちによって厳しく批判されるが、遼金元史の「清朝前史化」の工程という點では意味を持っている。これは、遼→金→元→清という「北からの正統王朝」の系譜化を意味しており、『宋史筌』の編纂意圖と比べてみると完全に逆の方向に進んでいるといえる。

また、清朝は『四庫全書』の編纂と同時に多量の書籍を收集し、檢閲を行った。勿論、『宋史』改修書もその對象に含まれていた。王洙の『宋史質』の場合、現在北京圖書館所藏の明嘉靖刻本が知られており、大化書局と『四庫全書存目叢書』に各々收録されている[85]。しかし、兩者を一面一面照合してみると『存目叢書』には、夷狄、金狄、胡元の語が用いられている部分が削除されていることを確認した[86]。これは、清朝の書籍檢閲の結果だと考えられる。この

ような状況は、李德懋の文集からも確認できる。彼は、正祖二年（一七七八）に燕行使と共に北京に赴いた經驗があり[87]、その文集には清朝の書籍検閲の様子が記されている[88]。よって、彼の燕行經驗が『宋史筌』の編纂にも影響を與えたと考えられる。

一方、清代には考證學が發展することによって、『宋史』の校勘、考證作業が進むと同時に、考證學者による『宋史』の改修が行われた。例えば、顧炎武、朱彝尊、陳黄中、黄宗羲とその弟子邵晉涵は、各々『宋史』の改修作業を行ったものの、全て完成までは至らなかった[89]。つまり、考證學の發達は『宋史』改修書の完成に結びつかなかった。その意味で『宋史筌』の完成は史學史的な意義を持つ。

次に、②朝鮮後期の思想界における意義としては何があるのか。これについては『華東綱目』が注目される。その編纂者である李恆老[90]とその弟子たちは、華西學派を形成し、「尊中華、攘夷狄」を掲げて衛正斥邪派として活動した。この書物が編纂、刊行された時期の朝鮮は、一八七六年に開港するなど激動の時代が始まる時期であった。その後、日本帝國の侵略が本格化すると、華西學派の人物たちは積極的に義兵運動を展開した[91]。

この『華東綱目』の「書法」によると、宋を正統にし、滅亡後の元は正統として認めず「干統」と處理した。そして、高麗の場合は特別に「列國例」として敍述した。一方、遼・金・元は、「蠻夷君長例」で記述し、金・元が燕京地域を占領した後には「紀元例」と、燕京に都を置いた後には「僭國例」として記述している[92]。また、李恆老は「夷狄として中國の水準に到達したら、やはり彼らを中國として待遇すべきだ」といい、「書法」の祭祀門、學校條では、「學校は高麗が中國の水準に到達したので、詳しく書かなければいけない」としている[93]。このように『華東綱目』の正統認識や學校關連記事の重視は、『宋史筌』「遼傳」の記述と軌を一にする。まとめると、『宋史筌』と『華東綱目』は、共通の認識を持っており、その點で『宋史筌』は『華東綱目』編纂の前例として位置付けられる。

以上『宋史筌』を中心に、朝鮮・明・清における宋・遼に關する認識を検討した。最後に、朝鮮でこのような中國史の編纂が行われたとすれば、日本の江戸時代にも、『大日本史』卷二四三、宋列傳のように何らかの形で中國史に關する記述があると想定される[94]。それも含めたうえで議論を展開すれば、より廣い枠組みの中で宋代認識を確認することができる。しかし、現状では筆者の能力が及ばない範圍であり、これについては日本の研究者の方々からご教示を頂きたい。

註

(1) 『宋史筌』卷首、黃景源序、「今聖上在東宮時、讀『宋史』歎曰、宋有天下、風俗之美、文獻之盛、與本朝不遠而近。烏可無紀事全書也。」

(2) 『宋史筌』卷首、義例補、「李楷曰、宋之存亡、爲中國之存亡、旨哉言乎。然蒙古匪惟亡宋亡中國而已、實亡宋史與中國之史也。『史筌』之作、紀二帝、傳三虜、表五賢、蒐遺民、此其大綱。而王者之起、必有取法者矣。是奚但存『宋史』、抑亦存中國之史也。」

(3) 金毓黻『中國史學史』(商務印書館、一九五七、初版は一九四一年)、一四四頁。

(4) 閔斗基・呉金成・李成珪『朝鮮學人의 中國史研究의 整理와 評價』(ソウル大學校東洋史學科、一九八〇)。

(5) その代表的な研究として以下の論考が擧げられる。宋晞「讀『宋史筌』高麗傳」(『宋史研究論叢』二輯、中國文化大學出版部、一九八〇)、「讀宋史筌遼・金傳」(衣川强編『劉子健博士頌壽紀念宋史研究論集』、同朋舍出版、一九八九)、「讀『宋史筌』遺民傳」(『宋史研究論叢』四輯、中國文化大學出版部、一九九二)、「讀宋史筌蒙古傳」(『宋史研究論叢』五輯、中國文化大學出版部、一九九九、初出は、一九九六)、「讀『宋史筌』立端宗・末帝紀」(『岳飛研究』四輯、中華書局、一九九六)。

(6) 李成珪「「宋史筌」의 編纂背景과 그 特色――朝鮮學人의 中國史編纂에 關한 一研究――」(『震檀學報』第四九號、一九八〇)、金文植「『宋史筌』에 나타난 李德懋의 歷史認識」(『韓國學論集』三三、一九九九)。

（7）이근명「『宋史筌』에 나타난 王安石과 王安石의 改革」（『中央史論』三六、二〇一二）、최해별「『御定宋史筌』卷八「本紀・后妃」體例改編의 目的：『季漢書』繼承을 통한 正統性의 强調」（『歷史教育』一二四、二〇一二）、홍승태「『宋史筌』「五行志」의 〝災異〟記錄과 그 意味」（『韓國史學史學報』二八、二〇一三）、同「『宋史筌』「儒林傳」의 宋儒系統論」（『韓國史學史學報』三〇、二〇一四）。

（8）愛宕松男「遼金宋三史の編纂と北族王朝の立場」（『愛宕松男東洋史學論集』第四巻—元朝史、一九八八、初出は一九五一）、古松崇志「脩端「辯遼宋金正統」をめぐって——元代における『遼史』『金史』『宋史』三史編纂の過程——」（『東方學報（京都）』七五、二〇〇三）。

（9）宋晞前揭論文、一九八九。

（10）古松崇志前揭論文、一五〇～一五一頁及び一七五～一八四頁。

（11）김양섭「元末・明初 金華學派의 正統觀念」（『中央史論』二〇集、二〇〇四）、一二八～一三五頁、侯虎虎、賀小娜「試論明人的《宋史》研究」（『延安大學學報』（社會科學版）第二七卷第三期、二〇〇五）、六二頁。

（12）王秀麗「《續資治通鑑綱目》纂修二題」（『史學史研究』、二〇〇四年第二期）、吳漫『明代宋史學研究』（人民出版社、二〇一二）、四八～五三頁。

（13）『宋史新編』の史料價値については、朱仲玉「明代福建史學家柯維騏和《宋史新編》」（『福建論壇』一九八四年第一期）、陳學霖「柯維騏『宋史新編』述評」（『宋史研究集』二〇輯、國立編譯館、一九九〇）、吳漫「論明代宋史著述的史料學價值」（『第十三屆明史國際學術研討會論文集』、中國明史學會、二〇〇九）を參照。

（14）金鎬德「朝鮮後期の儒教における華夷論の展開」（『立命館文學』第五四九號、一九九七）、一六六～一六七頁。

（15）허태용「十七世紀 中・後半 中華回復意識의 展開와 歷史認識의 變化」（『韓國史研究』一三四、二〇〇六）、七九～八五頁。

（16）金鎬德前揭論、一七一頁。

（17）허태용「東아시아 中華秩序의 變動과 朝鮮王朝의 政治・思想的 對應」（『歷史學報』第二二一輯、二〇一四）、五〇～五

四頁。なお、朝鮮における明遺民の待遇問題については、우경섭『朝鮮中華主義의 成立과 東아시아』(유니스토리、二〇一三)の第二章第二節「朝鮮으로 건너온 漢人들」及び木村拓「朝鮮王朝英祖による「華人子孫」創出の背景」(『東洋文化研究』第一七號、二〇一五)が詳しい。

(18)『碩齋稿』巻一二、「崇禎琴記」、「我明之遺民也。巾服不變明制。輒於三月十九日、撫劒悲歌、繼之以哭。將自今且叩琴以洩吾幽憤焉。」

(19)李德懋(一七四一～九三)は、朴趾源を初めとする燕巖學派の一員であり、洪大容の友人である。しかし、洪大容より嚴格に華夷を區別する姿勢を持っていた。李德懋の思想的背景については、山内弘一「朝鮮國人李德懋と慕華意識」(『朝鮮文化研究』七、二〇〇〇)、최숙인「旅行者 文學의 觀點에서 본 李德懋의「入燕記」研究」(『比較文學』三五、二〇〇五)を參照。

(20)『愓齋集』巻九、「李懋官墓誌銘」、「嘗寄余書曰、「我明民也。結交隆曆啓禎間名臣處士、視世之眼前媕婀、背後睢盱、豈不賢哉。」遂採甲申後遺民、著『磊磊落落書』七卷、以托其意。」

(21)허태용「英・正祖代 中華繼承意識의 强化와 宋・明 歷史書의 編纂」(『朝鮮時代史學報』四二、二〇〇七)、二四八～二五五頁。

(22)吳恆寧「朝鮮 世宗代《資治通鑑思政殿訓義》와《資治通鑑思政殿訓義》의 編纂」(『泰東古典研究』第一五輯、一九九八)、二二九～三四頁。

(23)閔斗基外前掲書、二八～二九頁。

(24)『奎章閣韓國本圖書解題』(史部1)、ソウル大學校圖書館、一九八一、五二～五三頁。以下、本書は『奎韓解題』と略す。

(25)『明史綱目』がこのような形を取っている原因は、これは朝鮮でこの書物を編纂している事情が清に知られることを懸念したためであるとする(허태용前掲論文、二〇〇七、二五六頁)。

(26)허태용前掲論文、二〇〇七、二五六～二五八頁。

(27)閔斗基外前掲書、一〇頁。

(28) 『青莊館全書』巻四七、「磊磊落落書補編」下、文可尙、「文可尙、宋信國公天祥六世孫。父榮光、居楊子江。崇禎乙亥、漂至朝鮮之殷栗縣、尋遭丙子之亂、移居恩津。嘗手錄華語三卷、進于朝。授通政階」。なお、文可尙は記録によっては、文天祥の十三代或いは十六代の子孫とも云われている。

(29) 閔斗基外前掲書、一八頁。

(30) 正祖、『弘齋全書』巻一七九、「羣書標記」一、御定一、新訂資治通鑑綱目續編二十七巻、「綱目續編、卽皇明成化間開局纂修者。其刊訂訛謬、整理體裁、則予在春邸時、積費勘校之工者也。予嘗謂有宋之風氣人物、與我朝相近、其爲鑑戒、比他史尤切。故刪正正史而有史筌焉、節略編年而有撮要焉。若夫以述而不作之義、竊附於紫陽擬經之作、則覽者可於此編得之。」

(31) 『奎韓解題』、六〇～六一頁、김남일「朱子의『資治通鑑綱目』의「凡例」와 華西學派의『宋元華東史合編綱目』의「書法」比較」（『韓國史學史學報』二二、二〇一〇）、一一～一四頁。

(32) 分量の面から見ると、『宋史筌』に次ぐものは堯・舜から南明政權までの歴史を扱っている林象鼎の『林氏歴代史統』（全七五巻、三五冊）である（閔斗基外前掲書、二一頁）。

(33) 註（1）を參照。

(34) 『宋史筌』巻首、義例、「洪武中、命翰林學士宋濂等改修、中撤未果。其後周公敍建請改纂、亦未就。又如王惟儉之『宋史記』・柯維騏之『宋史新編』、雖皆佚傳、原其率多斷斷於改之爲貴者、良亦惡其無可徵也。矧伊我朝之尙之也、而任其無徵、豈可乎哉。」

(35) 正祖、『弘齋全書』巻一七九、「羣書標記」一、御定一、宋史撮要三巻（寫本）、「予旣纂『宋史筌』、以盡其規模之大節目之詳、復寓反約之義、取編年諸史、刪繁汰氄、撮其肯綮、作爲此編。（中略）（右壬辰編）」

(36) 李德懋の文集『青莊館全書』の中には、『宋史筌』と關連する記事が收錄されている。『青莊館全書』巻二一、「宋史筌編撰議」、「宋史筌光宗贊」、「宋史筌儒林傳論」、「宋史筌義例改正」、「宋史筌遺民列傳」、同書巻二二、「宋史筌高麗列傳」、「宋史筌遼列傳」、「宋史筌金列傳」、同書巻二三、「宋史筌蒙古列傳」。

(37) 李成珪前掲論文、八七～九一頁。

(38)『青莊館全書』巻七一、「先考積城縣監府君年譜」下、辛亥年（一七九一）五月條、「頒宋史筌于諸儒、繕寫以進、凡四十冊、日未詳。」

(39)『宋史筌』は現在、奎章閣韓國學研究院のホームページ（http://kyujanggak.snu.ac.kr/）でＰＤＦによる原文閲覧ができる。また、韓國では近年（二〇一六年以後）標點本が出版される豫定である。

(40)『奎韓解題』、六一頁。

(41)李成珪前掲論文、一一一頁。

(42)『宋史筌』巻首、義例補、「帝紀、志傳之綱領也。記大事者、欲其統會。立書法者、欲其謹嚴。而『宋史』本紀、尤失體裁。故芟其冗衍、務歸精約、汰其疊複、庸期齊整。間以『續綱目』・『續通鑑』補其闕漏。」

(43)『宋史筌』巻首、義例。

(44)『宋史筌』巻首、義例補。

(45)秋明燁「高麗時期〈海東〉認識과 海東天下」（『韓國史研究』一二九、二〇〇五）、四七～四八頁。

(46)盧明鎬「高麗時代의 多元的 天下觀과 海東天子」（『韓國史研究』一〇五、一九九九）、三一～三二頁。

(47)崔瀣『東人之文四六』、「東人之文序」、「後至元戊寅夏、予集定東文四六訖成。（中略）然陪臣私謂王、曰聖上、曰皇上、上引堯舜、下譬漢唐、而王或自稱朕・予一人、命令曰詔・制、赦宥境內曰大赦天下、署置官屬、皆倣天朝。若此等類、大涉譖、實駭觀聽。（中略）今所集定、多取未臣服以前文字、恐始寓目者、不得不有驚疑。故題其端以引之。」なお、『東人之文四六』は『高麗名賢集』五（成均館大學校出版部、一九八七）に收錄されている。

(48)奥村周司「高麗における八關會的秩序と國際環境」（『朝鮮史研究會論文集』一六、一九七九）、八〇～八四頁。

(49)奥村周司「使節迎接禮より見た高麗の外交姿勢」（『史觀』第一一〇冊、一九八四）、一八～三四頁。

(50)김순자「高麗前期의 契丹［遼］、女眞［金］에 대한 認識」（『韓國中世史研究』第二六號、二〇〇九）、一二三～一二四頁。

(51)秋明燁「高麗前期〈蕃〉認識과〈東・西蕃〉의 形成」（『歷史와 現實』四三、二〇〇二）、二〇～三一頁。

(52)『東文選』巻一〇四、「八關致語」、「北邦畏服、願修朝請之儀。中夏通和、特講寵嘉之禮。」

(53) 이규철「世祖代 建州衛 征伐과 明의 出兵 要請」(『歴史와 現實』八九、二〇一三)、二八一～二八九頁。
(54)『宋史筌』卷首、義例、「脱脱於遼金不書虜賊、代以敵字。元人之侵宋、必稱大元。今悉改正。」
(55)『宋史筌』卷首、義例補、「本紀中、外蕃朝聘、使价往來、無遺書之。而遣使賀外國僞太后生日、則曰遣某使某國、賀其母生日。舊史、稱太后、稱生辰。甚至禮志、有曰、大中祥符二年、北朝皇太后告訃使來。改以契丹主母殂、告訃使來。」
(56) 이근명掲論文、二二六～二三二頁。
(57)『舊五代史新輯會證』卷一三七、契丹、『新五代史』卷七二、「四夷附錄」一、契丹。
(58)『宋史筌』卷一四〇、「高麗列傳」、「高麗王昭、字日華、建第三子也。母神明太后劉氏。建字若天、新羅松岳郡人。父隆、金城太守。母威肅王后韓氏。唐建符四年、建生。龍顏日角、氣度雄深。」
(59)『宋史筌』の耶律賢の記事は、「①賢、②字賢寧、③小字明扆。④母蕭氏。⑤甫四歲、遇察割之難、璟養爲子。及璟被弑、帥甲騎、赴懷州卽位。納尚書令蕭守興女燕燕爲后。賢嬰風疾、燕燕決國事。⑦(中略)⑧(太平興國)七年、賢寇滿城敗還、殂于焦山。⑨賢任人不疑。信賞必罰。然竭力助漢。破軍殺將。⑩年三十五。⑪僭位十四年、⑫改元曰保寧曰乾亨。⑬諡康靖皇帝、⑭廟號景宗、⑮墓號乾陵。⑯長子隆緒立。」とある。(丸番號は筆者。以下同じ。)
(60)『宋史』卷四八五、「夏國列傳」上、「元昊以慶曆八年正月殂、⑩年四十六。⑪在位十七年、⑫改元開運一年、廣運二年、大慶二年、天授禮法延祚十一年。⑬諡曰武烈皇帝、⑭廟號景宗、⑮墓號泰陵。(中略)⑯子諒祚立。」
(61) 최해별前揭論文、二四五～二五六頁。
(62) 李成珪前揭論文、一一二頁。
(63) 최해별前揭論文、二六六頁。
(64)『宋史』卷四八五、「夏國列傳」上、「(天聖)九年十月、德明卒、時年五十一、追諡曰光聖皇帝、廟號太宗、墓號嘉陵。(中略)元昊以慶曆八年正月殂、年四十六。」
(65)『綱目』卷首上、凡例、崩葬、「僭國之君稱帝者、曰某王姓某卒。稱王公者、曰某王公姓某卒。后夫人不書、因事而見者、曰某號某氏卒。凡無統之君稱帝者、曰某王某殂。稱王公者、曰某王公某薨。其后夫人如僭國例。」

(66) 宋晞前揭論文、一九八九、五七頁。
(67) 『宋史筌』「遼傳」、「至道三年、勸品部富民出錢贍貧民」。この記事は、『遼史』巻一三、「聖宗本紀」四、統和十五年、二月、戊戌條に見られる。
(68) 『宋史筌』「遼傳」、「大中祥符二年、隆緒母蕭氏殂。蕭氏有機謀、善馭大臣、每入寇、被甲督戰。及通好亦出其謀。然性殘忍、多殺戮。」
(69) ここでは、『奎章閣』四、ソウル大學校圖書館、一九八一、九九~三二九頁所收の影印本を利用した。
(70) ソウル大學校圖書館編、『奎章閣圖書中國本綜合目錄』、ソウル大學校圖書館、一九八二。
(71) 강혜영「「內閣訪書錄」의 書誌學的 硏究」(『書誌學硏究』第一〇輯、一九九四)、一七二~一七三頁。
(72) ここでは、『奎章閣』一三、ソウル大學校圖書館、一九九〇、六一~二〇七頁(逆順一~一四七頁)所收の影印本を利用した。
(73) 前揭影印、一九九〇、逆順四五~四六頁。
(74) 『奎中目錄』、一二一頁。
(75) 『奎中目錄』、一〇六~一〇七頁。
(76) 『奎韓解題』、三三一~三三三頁。
(77) 一方、『宋史新編』では傍線部①の記事のみを載せている。『宋史新編』巻一九二、「遼國(上)」、「(統和)九年、十月、李繼捧叛宋、附契丹。封爲西平王。」
(78) 『宋史筌』「遼傳」、「(端拱元年)初置貢擧。……(淳化五年)貢明經・茂材異等。……(熙寧)三年、設賢良科。令應是科者、先以所業十萬言進。」
(79) 『宋史筌』「遼傳」、「(至和二年)設學養士、頒五經傳疏、置博士助教。……元祐元年、召權翰林學士趙孝嚴・知制誥王師儒等講五經大義。四年、諭學者當明道窮經。」
(80) 『宋史筌』「遼傳」、「(慶曆)四年、初修國史。命耶律谷欲・耶律庶成等充史官。……六年、諭林牙蕭韓家奴撰禮書。」

（81）宋晞、前揭論文、一九九九、七〇～七二頁。

（82）これは、中華の文明をどの程度取り入れているかによって、ある地域の文明度をはかることができると考えている李德懋の思想とも相通じる。彼は、中華の文明を學んで大いに夷狄の風を改めた例として、安南交趾と琉球を琉球をあげる。そのうえで朝鮮は、文明度という點で安南交趾や琉球を含めた四夷の中で最も秀れているとする（山内弘一前揭論文、二七～二八頁）。

（83）滿文『大遼國史（dailiyoo gurun i suduri）』（東洋文庫所藏本、請求記號：Ｍａ二―六―二）卷一、一葉裏～二葉裏。「dailiyoo gurun, aisin gurun, udu abkai fejergi be uhe obume mutuhe akū bicibe, dailiyoo gurun abkai feiergi babe dulin bahabi. aisin gurun abkai fejergi babe amba dulin bahabi. dai yuwan gurun abkai fejergi be uhe obuhabi. tesei dasan fafun, an kemun be tuwaci ombi.」

（84）劉浦江「從『遼史・國語解』到『欽定遼史國語解』」（『松漠之間』、中華書局、二〇〇八）、一八五～一九二頁。

（85）［明］王洙撰『宋史質』（大化書局、一九七七）、『史質』（四庫全書存目叢書編纂委員會、『四庫全書存目叢書』史部第二〇、莊嚴文化事業有限公司、一九九六）。

（86）『存目叢書』には、大化書局本の五五頁下左、八五頁下～一〇一頁下、四三六頁上～四三七頁上、四六五頁下、四七〇頁上右～四七一頁下の部分が缺落している。

（87）『青莊館全書』卷六六・六七、「入燕記」上・下を參照。

（88）『青莊館全書』卷五六、「盎葉記」三、四庫全書、「乾隆甲午、始蒐輯天下之書、名曰四庫全書。蓋亦成祖召天下文人、編輯永樂大典、以鎖靖難後不平之氣。康熙設博學鴻詞科、勒集明末遺老、蒙之以科名、陰杜横議之口、同其意也。近年以來、勝國之頑民、雖曰老死、其書尚多。則或慮其寓譏于文字之間。外示購書之盛意、優詔博訪、畢集無遺。於是燒者抹者、懸爲令甲、蓋其爲計、亦云巧矣。（戊戌遊燕時、見坊曲揭黄紙詔書、嚴禁錢謙益・屈大均・金堡三人遺集、毀板焚燒、勿遺片言、藏者抵罪。）」

（89）清代の『宋史』改修については、高遠『清代《宋史》學研究』（武漢大學博士學位論文、二〇〇五）、五六～九一頁を參照。

(90) 李恆老は、老論系在野學者の家柄から生まれ、二十代には朱熹の『朱子大全』と宋時烈の『宋子大全』を學んだ。その結果、彼は朱子主義的な義理之學風を固守したという（朴性淳「李恆老의 學統과 學問目標」（『朝鮮時代史學報』一九、二〇〇一）、一七二～一八〇頁）。よって、彼は宋時烈以來の朝鮮の中華主義を繼承し、『宋史筌』編纂の根本思想とも共通點があったと考えられる。

(91) 박인호「『宋元華東史合編綱目』에 나타난 華西學派의 歷史認識」（『朝鮮時代史學報』二七、二〇〇三）、二〇〇～二〇三頁。

(92) 김남일前揭論文、一八～二〇頁。

(93) 吳瑛燮「十九世紀 中葉 衞正斥邪派의 歷史敍述」（『韓國學報』六〇、一九九〇）、一四五～一四六頁。

(94) 筆者は、德川（水戶）光圀纂修の『大日本史』卷二四三、「列傳」一七〇、諸蕃一二、宋、元（遼、金）に宋元に關する記載を見つけた。後期水戶學では「尊王攘夷」を掲げる點が朝鮮の衞正斥邪派と類似しているものの、中國の王朝を諸蕃に位置付けることについては、『華東綱目』と大きく異なっているので興味深い。それについての検討は今後の課題にする。なお、『大日本史』に關する韓國の先行研究としては、박훈「『大日本史』編纂에서 ‘藤田派’의 役割 再考」（『大邱史學』第八六輯、二〇〇七）が擧げられる。

桑原隲藏『蒲壽庚の事蹟』出版經緯について
――上海東亞攻究會と京都帝國大學の東洋學者たち――

森田健太郎

はじめに

唐宋代廣州を據點とした南海貿易に關する代表的な研究といえば、まず桑原隲藏の『宋末の提擧市舶西域人蒲壽庚の歷史』（東亞攻究會發行、一九二三年十一月、以下『蒲壽庚の事蹟』と省略する）が擧げられる。本書は、南宋末の泉州で活躍した蒲壽庚というムスリム商人の活動とその系譜の檢討を軸にして、唐から宋におけるアラブ商人の活動について考證したもので、日本の東洋史學黎明期における代表的研究書でもある。

『蒲壽庚の事蹟』についての國内外の學界における評價や反應、出版動向については、一九八九年に出版された平凡社東洋文庫版の「あとがき」で宮崎市定が記している[1]。しかし一方で、『蒲壽庚の事蹟』が上海の東亞攻究會から發行された經緯については詳しく述べられておらず、學界でもこれまでほとんど關心を拂われたことがないように思われる。桑原は日本にいながらなぜ上海東亞攻究會から刊行したのかという疑問は、『蒲壽庚の事蹟』の歷史的位置付けを考える上でも重要な問いではないかと考える。

また、『蒲壽庚の事蹟』初版が出版された當時、學界以外においてどのような人々に注目され、どのような反應が

あったのかについても、ほとんど知られていない。初版が刊行された當時の學界以外での反應としては、明治以來のジャーナリストとして政界にも顔が廣く、『近世日本國民史』を執筆した徳富猪一郎（蘇峰）が書評を書いていることが確認できる。(2) さらに蘇峰以外にどのような人々が『蒲壽庚の事蹟』を讀んだのか調べてみると、その一人の人物として、千代田區立日比谷圖書文化館の特別研究室にある「內田嘉吉文庫」の舊藏者の內田嘉吉が認められる。「內田嘉吉文庫」とは、千代田區の藏書コレクションの一つであり、明治・大正期に遞信官僚、臺灣總督等を歷任した內田嘉吉（一八六六～一九三三）の舊藏書で、ハクルート叢書をはじめとする東洋交通史關係の古刊本が豐富なことが大きな特色である。その藏書の一册に一九二三年（大正十二）刊行の『蒲壽庚の事蹟』初版本がある。(3)

內田嘉吉は、遞信省で日本の海事行政の基礎を確立した人物であり、さらに臺灣總督府民政長官や臺灣總督を歷任し、日本の植民地政策にも大きく關わっている。特に臺灣總督府民政長官時代（一九一〇～一五）には、臺灣總督府の「南支南洋」方面への經濟的事業の發展に盡力し、臺灣を經由した日本船舶のアジア航路、南洋方面への航路等の開設に盡力したほか、半官半民の「南支南洋」の調査研究機關である南洋協會の設立（一九一五年）にも中心的な役割を果たしている。このような經歷を見ると、內田嘉吉が中國の海外貿易及び「南支南洋」方面の歷史について強い關心を抱いていたことが推察され、『蒲壽庚の事蹟』を所藏していたことにも十分納得がいく。

內田嘉吉文庫には、このほか東洋協會調查部發行の『東洋學報』を第一卷第一號（一九一一年刊）はじめ九號分が所藏され、東亞同文書院支那研究部發行の『支那研究』も第二號等數册が所藏されていることから、內田が平素から日本の東洋史研究の成果に關心を抱いていたことが窺える。それだけでなく、『蒲壽庚の事蹟』初版の發行元である上海東亞攻究會の會報第一號を所藏していることから、內田は東亞攻究會と何らかの繫がりがあった可能性が窺える。いわば內田嘉吉は政官財界との幅廣い繫がりをもつエリート官僚として海事行政や臺灣植民地統治に攜わる關係も

あり、桑原隲藏や藤田豐八らが論戰を繰り廣げた「南海交通史」を、現實の施策をつくる上で興味を抱き、『蒲壽庚の事蹟』を購求したと思われる。その事自體が、『蒲壽庚の事蹟』の歴史的位置付けを考える上でも極めて貴重な手掛かりであるといえる。そして蒐書家でもあった内田嘉吉が『蒲壽庚の事蹟』をどのように讀んだのかについても興味を引くに値するだろう。これらの考察は、唐宋時代の南海貿易に關する桑原ならびに日本の南海史研究の歴史的意義を考えるうえで重要な例證になるはずである。

そこで本稿では、『蒲壽庚の事蹟』がなぜ上海東亞攻究會から出版されたのかについて主に考察したい。そして、内田嘉吉が『蒲壽庚の事蹟』をどのように讀んでいたのかについて、内田嘉吉文庫を手掛かりにして、想像してみたい。

一　『蒲壽庚の事蹟』出版當時の社會動向

まず初めに、桑原が『蒲壽庚の事蹟』を出版するまでの日本と世界の社會動向を確認したい。

桑原が一九一四年（大正三）七月に京都の支那學界で蒲壽庚についての研究報告を行い、翌年から一九一八年（大正七）まで『史學雜誌』に五回に亙って「宋末の提擧市舶使西域人・蒲壽庚に就いて」と題して論文を發表した時期は、まさに第一次世界大戰の最中にあたる。日本は連合國として參戰し、獨領山東半島に進攻、南太平洋の獨領植民地を占領し、シベリアに侵攻した。この大戰によって日本はアメリカとともに空前の特需による好景氣に湧いた。特に歐州列强の植民地とされていた「南洋」（おおまかに現在の東南アジア島嶼部、南太平洋島嶼部を指す）を新たな市場とみなし、經濟進出地とする經濟的「南進論」が熱を帯びた(4)。その經濟的「南進論」が活況に至る前の一九一五年（大

正四）、當時臺灣總督府民政長官だった內田嘉吉はマレー半島でゴム栽培を經營する南亞公司の井上雅二らと協力して、南洋方面の調査研究機關として半官半民の性質をもつ南洋協會を設立している。

そして、『蒲壽庚の事蹟』が出版された一九二三年（大正十二）十一月は、第一次世界大戰が終わり、國際連盟の設立などベルサイユ體制、ワシントン體制に代表される國際關係の再構築が進められた時期であった。日本は大戰期における中華民國に對する二十一箇條要求や山東方面進駐への國際的な非難を受け、さらに中國で五・四運動、朝鮮總督府では三・一獨立運動、臺灣總督府と日本內地で臺灣漢人達が主導する臺灣議會設置請願運動が起こるなど、日本に對する抵抗運動や自治獨立への動きが起こった時期であった。經濟的には第一次世界大戰後の反動不況に見舞われ、活況を呈していた經濟的な南進活動も停滯していた。

以上が『蒲壽庚の事蹟』の構想から出版當時までの主な社會動向である。一方、この時期は日本の東洋史學が歐米の東洋學の壓倒的な蓄積に對して自己の立場を築く過程にあり、內陸・海域兩面における東西交涉史はそのための一つの楔子として位置づけられていた。桑原の『蒲壽庚の事蹟』はこうした時代背景のもとで東西交涉史、とくに日本の南海史研究において國內外から高評價を受けたのである。しかし、宮崎は「あとがき」で、桑原は『蒲壽庚の事蹟』の出來に滿足しておらず、當初から改訂を考えていたと記している。その大きな原因の一つに東亞攻究會で出版したことが擧げられる。それでは、なぜあえて東亞攻究會に出版を託したのだろうか。次章では東亞攻究會について組織概要とその設立の目的について考察する。

二　東亞攻究會について

東亜攻究會について、宮崎市定は「あとがき」にて次のように記している。「上海東亜攻究會は上海在留邦人の在野團體で、大正八年から、會名を冠した「會報」がおよそ一年一回の見當で不定期に發行されたが、相當分厚な册子で、これにはほとんど毎號、那波利貞三高教授が長編の論文を寄せている。大正十一年、その第五號が發行されたが、翌年の第六號に代る分が、桑原博士の『蒲壽庚の事蹟』として單行されたのである」(5)。

右の宮崎の紹介は、『蒲壽庚の事蹟』が東亜攻究會の會報の代わりとして刊行されたことを記しているが、かなり簡略にまとめているため、會の内容及び詳細な經緯についてはほとんどわからない。そこで、以下、東亜攻究會について、内田嘉吉文庫所藏及び國立國會圖書館に所藏されている『東亜攻究會會報』（以下『會報』と記す）により詳細を確認したい。内田嘉吉文庫には第一號原本が、國立國會圖書館には第一號～第四號の原本とマイクロフィルムが保管されている(6)。

（一）　東亜攻究會について

東亜攻究會は一九一九年（大正八）四月十一日に財團法人として設立されている。東亜攻究會の設立の目的と主な活動内容については『會報』第一號に掲載する「財團法人東亜攻究會寄附行爲」第二章目的に、次の四つの目的が記されている。

一、東亜ニ關スル圖書並ニ研究資料ヲ蒐集シ之ヲ公衆ニ縱覽セシメ以テ東亜問題ノ研究ニ資スルコト
二、支那及鄰邦ノ諸問題ヲ研究スルコト
三、雜誌或ハ其他ノ刊要物ヲ發行スルコト
四、學術講演會ヲ開催スルコト

右記の通り、東亞攻究會は廣く「東亞」に關する圖書資料・研究資料を集め閲覽提供する圖書館運營を基軸に、調査研究、雜誌・刊行物の發行、そして學術講演會の開催を行うことが主たる活動とされていた。『在上海帝國總領事館管轄區域內事情』(外務省　一九二三年)による一九二三年(大正十二)當時の上海總領事館の報告書には、圖書館の項目に「東亞攻究會圖書館」が「上海ニ於ケル邦人唯一ノ圖書館」として紹介されている。

當時、上海にはすでに財團法人東亞同文會が設立した上海東亞同文書院があった。東亞同文書院は、一九〇〇年(明治三十三)設立され、「日本全國の秀才を募り之を送りて支那の民俗國語に親しむると共に高等專門の學術を兼習せしめ將來兩國の親善に參畫すべき人材を造就せん」(中村久四郎調査『現代日本に於ける支那學研究の實狀』外務省文化事業部　一九二八年　二一二頁)ことを目的とする、日本人子弟の教育機關であった。それに對し、東亞攻究會は、上海に進出した日本企業に屬する人士が、「東亞」についての歷史や文化を學ぶ有志の勉强會としての性格が強い。創立期の主要メンバーは、同會理事長である日本郵船上海支店長の伊吹山德司(一八六七～一九一九)の他、東亞同文書院教授の村上貞吉、高田商會上海支店長の原田瓊生、日清汽船株式會社監督役の須賀虎松と評議員、辯護士で後衆議院議員となる柏田忠一である。『會報』第一號によれば、創設年の會員數は二六八名、そのほとんどは上海駐在の日本企業の社員で占められている(表一參照)(7)。同會の運營は五名の理事による理事會が行い、さらに理事會が推薦する評議員がアドバイザー的に參與する。評議員は必ずしも同會會員に限らず、中には白岩龍平や小川平吉、井上雅二など東亞同文會や南洋協會など複數のアジア關連の團體で理事や評議員を務める政界・財界に顔の廣い人士も含まれている。東亞攻究會の圖書館の蒐書に關しては南滿州鐵道株式會社や關東都督府、臺灣總督府などより刊行物や貴重な研究資料の提供を受けており、他團體・機關との橫の連攜が行われていたことも窺える。このように、東亞攻究會は上海在住の企業人の勉强會を母體として、政官財界から多くの支持贊同及び協力を得て發足した研究會であった。

表１；東亞攷究會役員氏名及び各所屬（『會報』第一號雑報より）

會役職	氏名	所屬・經歷
理事長	伊吹山德司 1868〜1919	日本郵船上海支店長
理事	須賀虎松	日清汽船株式會社監督
理事	村上貞吉（法學士） 1874〜1940	上海東亞同文書院教授
理事	原田瓊生	高田商會支店長
理事	柏田忠一（法學士） 1886〜1958	辯護士、後に衆議院議員
評議員	藤村義朗（男爵） 1871〜1933	三井物產取締役、貴族院議員
評議員	白岩龍平 1870〜1942	日清汽船、東亞同文會創立メンバー
評議員	小川平吉 1870〜1942	政友會、東亞同文會創立メンバー
評議員	今井嘉幸（法學博士） 1878〜1951	辯護士、衆議院議員
評議員	吉野作造（法學博士） 1878〜1933	東京帝國大學講師
評議員	寺尾亨（法學博士） 1859〜1925	東京帝國大學教授
評議員	西澤公雄 1868〜？	淸國企業勤務、八幡製鐵所製鐵部製材科長、のち大治鑛業所所長
評議員	井上雅二 1877〜1947	南亞公司常務取締役、南洋協會理事、東亞同文會理事
評議員	小幡恭三	茂木合名商工部長（横濱の生絲會社）
評議員	大島道太郎（工學博士） 1860〜1921	東京帝國大學教授　元八幡製鐵所技監
評議員	木戶忠太郎 1871〜1959	南滿洲鐵道株式會社地質課長（木戶孝允の養子）
評議員	小川尙義 1869〜1947	臺灣總督府總督官房調査課翻譯官、殖產局博物館學藝員、學務部編修課編修官、內務局編修課編修官など
評議員	吳大五郎	株式會社上海取引所常務取締役（1919開設）
評議員	橋本萬之助	朝鮮銀行
評議員	松村松次郎	住友洋行
評議員	武田近次郎	大阪商船株式會社
評議員	安部政次郎	安部洋行（安部幸兵衞商店上海支店長　1911年開設）
評議員	岡田源太郎	內外綿會社
評議員	松島準吉	住友銀行
評議員	新村出（文學博士） 1876〜1967	京都帝國大學文科大學教授、附屬圖書館長

しかし、會の設立の主導者である理事長の伊吹山德司が東亞攻究會を設立した年末に急逝したほか、宮崎があとがきで述べた如く「上海在留邦人の在野團體」としての性質から、第一次世界大戰後の日本を襲った反動不況、さらに各企業人事の影響を受けやすく、會の活動は決して順風滿帆ではなかったと思われる。一九二八年（昭和三）に外務省が中村久四郎に調査を委託してまとめた『現代日本に於ける支那學研究の實狀』（外務省文化事業部　一九二八年）には、東亞攻究會も、圖書館の存在についても共に一切觸れられていない。[8] 水口民次郎編『圖書目錄』（上海居留民團發行　一九三七年）によれば、一九三六（昭和十一）年、舊東亞攻究會が圖書館藏書を全て上海居留民團に寄贈したとあり、これ以前には會の活動がすでに停滯していたのかも知れない。そしてこの藏書の移管を以て同會の活動が終ったことが知られる。その後藏書は「東亞攻究會文庫」と稱され、民團立高等女學校内の一室にて保管され、その後上海東亞同文書院圖書館に移管されたようである。[9]

（二）　東亞攻究會設立の理念

『會報』第一號にある伊吹山德司「東亞攻究會設立の趣旨」には、東亞攻究會設立の經緯と、伊吹山の會に對するあるべき理想が示されている。それによると、前述した東亞攻究會は、一九一六（大正五）年日本郵船上海支店長に赴任した伊吹山が主催していた同攻會という勉强會を母體として設立された。同攻會は會員の研究成果を發表する講演會を月一回ペースで計三十七回開いていたが、伊吹山は、同會の研究活動をさらに深めて日本と中國の人々の相互理解を一層推進させたいと望み、そのためには研究資料の幅廣い蒐集と公開、研究活動を行う施設が必要であると考えていた。そこに某篤志家が金十萬圓の提供を申し出たことにより、東亞同文書院教授の村上貞吉ら創設時のメンバーと協議し、東亞に關するあらゆる事物を研究する財團法人東亞攻究會を設立するに至った、というのが設立の經緯と

されている。

しかし、伊吹山德司の息子の伊吹山四郎の著書『伊吹山德司の生涯』によれば、「この第一條にいう寄付した匿名者某であるが、父の在來の仕事のやり方から見ると、この匿名者は、父か、父個人でなければ、その中の幾部分かを分擔したに違いないと思われる。何故ならば、父が仕事をする時は、ひどく打込むところがあるからである。そして、目的を達するためには、思い切ったことをずばりとやるからである」と述べ、「某篤志家」とは第三者ではなく伊吹山德司本人が出資したものではないかと推測している。(10)

伊吹山德司は上海において日本人のみならず國際的に聲望の高い實業家だったようである。伊吹山は一八六七年（慶應三）岩手縣盛岡市に生まれ、同二十五年第一高等中學校卒業、同二十八年七月東京帝國大學法科大學英法科を卒業後、日本郵船株式會社に入社している。内田嘉吉も帝大英法科の卒業であり、伊吹山は内田の四年後輩にあたる。入社後一年間のロンドン留學の後、上海支店次長となり、以後本社勤務を挾んで一九〇六年（明治三十九）仁川支店長、一九〇八年（明治四十一）ボンベイ支店長を經て、一九一六年（大正五）上海支店長に就任した。その後伊吹山は上海支店長としての劇務に加え、一九一七年（大正六）に上海居留民團行政委員に選任され、翌年には同行政委員會議長に就任、さらに上海各國居留地市參事會員、中國と通商する五大海運國中の日本代表者として推薦されたほか、黄浦江改修局評議委員、同時に日本基督教青年會理事、上海商業學校教育部委員長なども務めた。伊吹山はまさに上海の日本人コミュニティのリーダー的人物であり、彼だからこそ東亞攻究會を創立できたのに違いない。しかし、伊吹山は會の設立年の十二月十日に持病の喘息が悪化して早逝する。(11)

ここで再び「趣旨」に戻る。伊吹山の東亞研究の主目的は、「本會の事業が日支親善の楔子たらんこと」であった。伊吹山は、會の活動を通じて日本人と中國人相互に研究資料や意見交換の機會を提供することで兩者の相互理解を促

進し、ひいては全人類の相互理解を目指すことを目指したという[12]。そのために、伊吹山は蒐書活動を會の活動の基軸とし、伊吹山亡き後も積極的に蒐書活動が行われ、『會報』には新刊圖書紹介やパリ・ロンドンからの蒐集圖書リストが掲載されている。伊吹山は蒐書の特色について次のように述べている。

今研究資料蒐集の範圍を地理的に説明するならば、西は蘇西運河に至り、印度南洋を含み、東は太平洋の波濤が寄する總ての海岸線に及び、亞細亞大陸後方地帶の研究に就ては、彼の Younghusband, Ney Elias, Stein, Prejeyalsky, Kozloff, Potanin, Severtzoff 等の諸學者及び愛國的探檢家等の先蹤を追ふべく、又滿蒙及び露領亞細亞一帶の研究を重視することは言ふまでもない。而して其研究科目は宗教、哲學、歴史、地理、社會、政治、言語、文學、美術、工藝、其他一般の自然科學に及ぶのである。…中略…

本會圖書館が現在所有する圖書は和書四百四十七部四百九十四册、洋書七百六十八部八百四十一册、漢籍二百三十五部一萬百九十二册、合計一千四百五十部一萬一千五百二十七册である。是等の藏書は急速に增加しつつあるが故に、次回の報告に於ては、更に大なる數字を擧げることが出來ると信ずる。以上の圖書の中には幾多の稀覯書があるが、Richthofen の China や、Insect of China を初めとして Chavanne, Cordier, Stein, Hedin, Max Muller, Legge, Williams, Yule, Hobson 等の東洋學者の著書を網羅し近時續出する歐米人の極東に關する政治及び經濟上の著書は細大洩らさず蒐集しつつある。殊に本會圖書館に第十九世紀初頭に出版された東洋に關する外人の圖書は各省各縣の通志を網羅し、圖書集成其他の參考資料より、現代支那の反映と云ふべき現代支那人の著書をも蒐集しつつある。

（伊吹山德司「東亞攻究會設立の趣旨」『會報』第一號）

以上の通り、同會の蒐書はあらゆる分野を對象に、和書、洋書、漢籍を集め、漢籍は地方志の蒐集に努め、洋書は十九世紀の東洋學者の研究圖書を中心に網羅することを目指していた。そして伊吹山は、この歐米東洋學者の膨大な

成果蓄積に觸れることで、日本が文化事業を起こすことの必要性について熱く述べている。

吾人が今回の事業に着手して痛切に感じたことは、歐米人の支那研究が近世科學の力を應用した點に於て、其の着手の日が日本よりも逈に早く、從つて其方面も廣く且つ優秀なる成績を擧げてゐることである。之は常に同文同種を標語とし、歴史的關係に於ても、地理的關係に於ても、歐米人よりは支那の研究上多大の便宜を有する日本國民が、大いに反省せねばならぬ點である。之は彼等の研究の結果である著書を見て感じたことであるが、更に一八五七年卽ち六十二年前に於て英國の The Royal Asiatic Society が上海に The North-China Branch を設立して支那研究に多大の貢獻を爲し、又佛國のジエズイット宣教師が、夙に傳導と共に支那研究に着手して天文臺、圖書館、博物館等を設立したこと、及び現代に於ては英佛米の各國が、支那の爲めに盛なる文化運動を試みつつあること等に想到すれば、吾人も亦既に今日までに、支那に於て此種の事業の若干を成就して居なければならぬのであつた。世界大戰後の東洋は益多事であるが、吾人は小にしては支那の爲め、日本の爲め、大にしては全人類の文明の爲めに、支那に於て有力なる文化事業を成就し度く思ふのである。東亞攻究會の前途も亦多端であり、希望に滿つと言はねばならぬ。（伊吹山德司「東亞攻究會設立の趣旨」『會報』第一號）

すなわち、伊吹山の東亞攻究會設立の目的は、日中親善だけでなく、東洋學の成果を含め歐米が中國國内で日本より數十年先んじて展開している幅廣い文化運動に對し、日本の文化的な活動を興す楔子を打ち込むことであった。日本郵船上海支店長の伊吹山にとって、各國の中國への經濟進出の據點である上海において、歐米に遲れればせながらも對抗しうる學術研究及び文化活動を興し、日本の地歩を固めなければという強い想いを抱いていたことが窺える。

この伊吹山の想いは、東亞攻究會設立前に出版した自著『世界貿易上より觀たる上海と長江』（私家版　一九一九年）にも表れている。伊吹山は、上海または廣く中國での經濟活動において、歐米諸國が熱心に教育や文化活動を行って

いることに對し、「吾人は支那に於て我が勢力の失墜し行くを見、又同胞の經營事業に關する數字の漸次減少しつつあるを見て遺憾に堪へざる處なるが、就中吾人が最も悲しむべきは、支那に於て佛蘭西は第二流の國家の如く考へられつつある事なり。吾人は啻に我が經濟上の利益のみならず、我が國旗に對する名譽の爲めに可及的努力を盡すの必要あり。吾人は知る、必ずや我が大製造業者貿易業者其の他の實業家達が、吾人が前に統一を缺如し居たる爲めに失ひたる所を挽回すべく、一致協力して奮闘すべき事を、如何となれば今や是等實業家は教育に依るに非ざれば、支那に於て最大の成功は收め得難き事を了解したれば也」[13]と、經濟發展を圖る上で、日本も教育文化活動の活性化が必要であると述べている。

このように、東亞攻究會の創立者・伊吹山德司は、東亞攻究會の活動を、日中雙方の相互理解を圖るとともに上海における日本の經濟活動及びコミュニティの發展を目指して起こした文化活動として位置づけて考えていた。そして伊吹山自身の考えでは、東亞攻究會を單なる勉强會の延長ではなく、歴とした學術研究機關として成長させていきたいとの考えを持っていた。それが、當時「東洋史學」を打ち立てて歐米の東洋學者たちに挑んでいた京都帝國大學の東洋學者たちに對し、會への贊同を得ようとする動きにつながることになるのである。

三　東亞攻究會と『蒲壽庚の事蹟』出版の經緯について

（一）　東亞攻究會と京都帝國大學との關係

前述の宮崎は、那波利貞が東亞攻究會の『會報』に論文を毎回寄稿した事しか言及していないが、實際には東亞攻究會の運營に京都帝國大學の東洋學者たちが積極的に關わっていた。

後に第三高等學校教授に就任する那波利貞（一八九〇～一九七〇）は、當時京都帝國大學文科大學大學院に在籍していた。那波は『會報』第一號から第三號まで論考を寄稿している[14]。同會初代理事長の伊吹山德司は『會報』第一號において那波を「京都帝國大學に於ける新進氣鋭の東洋史研究家」と稱して寄稿への感謝の言葉を述べている[15]。『會報』第一號には、那波とともに、言語學者であり京都帝國大學附屬圖書館長の新村出（一八七六～一九六七）も登場し、東亞攻究會圖書館開館を記念した第一回講演會（一九一九年十月十日）では「東亞攻究會の事業に就て」と題して講演している。『會報』第一號雜報によると、新村は夏期休暇を利用した淸國視察の途上で、朝鮮滿洲を經て北京に出て、南下して上海に立ち寄った際、東亞攻究會の囑望を容れて講演をしたとされているが、具體的に上海においてどのような經緯で東亞攻究會から打診されたかはわからない。那波の『燕吳載筆』の新村の序文によると、この視察旅行は、新村と那波の二人による視察旅行であった[16]。同書には、新村と那波が南京から上海に移動し、上海北驛で梶平治の出迎えを受け、梶の邸宅に逗留したことが記されている。梶は京都帝國大學工學部電氣工學科出身であった[17]。この梶平治が中國電氣有限公司の社員として『會報』第一號揭載の會員名簿に揭載されていることから、梶が仲介となり、新村と那波が東亞攻究會と關わることになったと推測される。

さて講演において新村は、東亞攻究會に關して次のように述べたという。

新村博士は先づ上海に於て本會の如き學術研究の機關を發見したるは空谷の跫音なりと述べ、學術に分野を設くることは素より不可能なるが勞力の經濟上在上海の研究家は主として南支那、更に南亞細亞の研究に從事されたしとして、種々なる史實を擧げ、尙大に研究の餘地ある旨を說き、尠からず聽衆の注意と興味を喚起したり。博士はまた東亞研究會が超實利的たる學術研究に專らならんことを希望したり。最後に博士は圖書館事業は有益なる事業なれども、甚だ地味にして、苦心の結果蒐集整理せる幾多貴重の資料も他人に顧みられざるが如きこと

あり。故に周圍よりは充分なる好意同情を寄する必要あると共に、從事者は堅忍不拔の精神を以て事に膺られ度しと述べ降壇せり。（『會報』第一號雜報　第一回講演會）

これによると、新村は上海に來た時に初めて東亞攻究會の事を知り得たらしい。また、新村は東亞攻究會が主に上海で活動する實業家によって創られた學術研究機關として認識し、同會に對し「主として南支那、更に南亞細亞の研究に從事されたし」と述べ、また「超實利的たる學術研究に專らならんことを」として、東亞攻究會への期待を述べている。また、圖書館運營における協力者の必要と事業者の忍耐が必要であると、京都帝國大學圖書館長を勤める自身の經驗を踏まえた助言を與えている。

この時、新村は東亞攻究會から評議員への參加を打診され、快諾したと思われる。東亞攻究會としては、本土の著名な學者との連攜は圖書館運營のみならず、實際の會の運營についての助言・協力を得たいという思惑があったと思われる。その最大の理由として、同會には專屬の研究者がおらず、本業を抱える會社員が運營する同好の會的性質が強いことから、會の活動自體を繼續し安定させていくために專門研究者の參畫を必要としたのであろう。一方の新村も、二箇月間の視察旅行を通じて中國に日本の學術的な中國研究機關を設置することが必要であるとの認識を抱き、東亞攻究會の意義を認めて快諾したと思われる。新村は『燕呉載筆』の序文において、そうした所感を綴る中で、東亞攻究會についても觸れている。

予輩の遊支感想はその他種々あるが今度は方面を變へて學究の立場より論じて見ると、支那に日本人の學術研究機關を大々的に設けたい事が其一である。日本の國內にも支那研究に關する公私諸機關の存することは茲に擧げぬが、予輩の希望にては支那中に數ケ所、少くとも當分二ケ所位ゐに日本人の學術研究所を設置するの必要があると思ふ。卽ち北京と上海に一ケ所づつ建てるやうにしたいのである。それは純乎たる學究の機關であつて軍

事政治經濟等の關係から超越させるやうにしたい。無論絕對的沒交涉にはなるまいが、研究は專ら純粹の學術に限り、理科學的方面の事は姑く置き、文科的方面にては歴史考古言語文學等の各部を包括し、例へば希臘の雅典に於ける英國學院のやうな形にしたいものだと思ふ。予輩は學徒としてさういふ設備の支那にないのを不便にも感じ、又本邦の支那研究が歐米のそれに對して優秀を保つ上から大に必要であると感ずるのである。上海に於ては近時土地の篤志家篤學家に由つて東亞攻究會なるものが設けられ漸次發展せむとしてゐるが、かういふ機關は民間富豪の寄附なり政府の補助なりを厚くして更に規模を擴張してゆかなくてはならぬ。

（那波利貞『燕呉載筆』新村序文）

東亞攻究會の伊吹山と新村兩者の思惑が一致した事により、京都帝國大學の東洋學者達の同會との關わりが形成されたと言えよう。

次に、『會報』第二號には、當時東洋史助教授の羽田亨（一八八二～一九五五）の「輓近に於ける東洋學の進歩」が掲載されている。その羽田と東亞攻究會との關係の經緯が同誌雜報の中で次のように記されている。

二月五日京都帝國大學文學部助教授文學博士羽田亨氏及第一高等學校教授東京帝國大學文學部講師太宰施門氏、京都帝國大學理學部助教授理學博士園正造氏の一行渡歐の途次來滬し、本會圖書館を參觀したるが仝日午後六時より日本人倶樂部に於て本會主催の歡迎會を催し、翌六日午後七時半よりは日本人倶樂部に於て前掲の如く講演會を開催したり。羽田亨文學博士は有數なる東洋言語學者にして、就中回紇民族の言語に關する蘊蓄は有名なる露國のラドロフ氏沒後の今日世界に比肩する者なしと言はる。仝博士は官命に依り約二年間滯歐の豫定なるが、特に本會の爲め滯歐中各種圖書の蒐集に盡力することを快諾せられければ、本會は圖書購入費として仝博士に金五百磅の銀行信用狀を提供したり。然るに仝博士の乘船賀茂丸には大阪商船株式會社倫敦支店長堀氏仝船し居ら

れたるが、堀氏は須賀理事の提言に依り羽田博士が本會の爲め購入せらるる圖書に對し、公共の利益を計るの趣旨より無賃輸送の便宜を與ふることを約せられたり。羽田博士は旣に倫敦に在り、本會評議員原田瓊生氏とも邂逅せられたる筈なれば仝博士及原田氏の手に依り蒐集せられたる各種研究資料の一部が到着する日も遠からざるべしと信ず。

（『會報』第二號雜報）

『京大東洋學の百年』によれば、羽田は一九二〇年（大正九）三月から翌年七月まで、言語學およびウラル・アルタイ語學研究の名目で文部省留學生としてヨーロッパに赴き、イギリス・フランス兩國で敦煌文獻やウイグル語文獻などを調査・收集している。[18] 一九二〇年二月五日、羽田はその留學途次に上海に立ち寄り、東亞攻究會の圖書館を參觀し、翌日講演會（第四回）を開催して羽田が同題の講演を行ったという。[19] おそらく羽田は、前年に歸國した新村や那波から東亞攻究會の事を聞き、關心を抱いていたのではないかと推察される。新村に續き彼も評議員を快諾している。さらに、東亞攻究會は歐洲留學する羽田に對し、留學中に東亞攻究會の研究資料蒐集に協力を求め、羽田は快諾している。後に『會報』第三號雜報五において、羽田は同會より預かった五百ポンドで圖書蒐集し、Annuales de Muset Guimet ほかを同會へ送付したことが記され、そのリストも掲載されている。リスト中には羽田個人の購入圖書も掲載されているが、その個人購入分の中に、桑原が『蒲壽庚の事蹟』で用いた資料の一つ、一八四五年發行のレイノー(M. Reinaud) 佛譯『シナ・インド物語』が含まれている。筆者の推測に過ぎないが、これが桑原から購入を依賴されたものだとしたならば興味深い。なお、後に羽田は東亞攻究會との關係により、一九二六年（大正十五）にポール・ペリオ、羽田亨共著『敦煌遺書第一集』を東亞攻究會名義で出版している。

そして『會報』第三號雜報二では、桑原隲藏、內藤湖南をはじめ京都帝國大學東洋學者の錚々たる面々が評議員となったことが記されている。

本會は豫てより密接なる關係を有する京都帝國大學文學部内に更に有力なる援助者を發見せり、卽ち同部長文學博士狩野直喜氏、文學博士内藤湖南氏、仝矢野仁吉氏、仝桑原隲藏氏、仝松本文三郎氏等が本會評議員たるを快諾せられし一事なり。本會は斯くて京都大學文學部内の東洋學研究家より直接間接の援助を仰ぎ得るに至れり。

（『會報』第三號雜報）

東亞攷究會は創立以來、京都帝國大學の東洋學者達との交流を通じて同會の運營への參與を依賴し、新村、那波、羽田らと關係を有するに至り、一九二〇年（大正九）には狩野、内藤、桑原、矢野、松本ら同大學所屬の東洋學者たち一同が評議員として參與するに至った。東亞攷究會は主に上海在住日本企業幹部達による支那理解のための圖書館と研究會の運營を行っていた。歐米發信の東洋學に關する最新の書籍、中國の地方誌類の蒐集にも努め、單なる趣味の域を越えて專門的な學術研究に耐えうる藏書を誇るに至った。この藏書の蒐集・活用、及び論文投稿、研究會の講演會等をはじめ、幅廣く京都帝國大學の東洋學者たちとの關係を深めていたことがわかる。新村、那波、羽田ら東亞攷究會との關係を築いた學者たちもまた、東亞攷究會を有望なる學術機關として認め、論考の寄稿、圖書の購入を含め運營に參與した。桑原の『蒲壽庚の事蹟』とペリオ・羽田の共著『燉煌遺書　第一集』は、東亞攷究會への京都帝國大學東洋學者たちの協力の中で生まれたものであろう。

（二）『蒲壽庚の事蹟』の出版に關して

桑原が『蒲壽庚の事蹟』を東亞攷究會で出すに至ったきっかけについては、宮崎が『會報』第六號に替わるものとして出版されたと解說している。東亞攷究會の『會報』が五號まで出版され、その後桑原と羽田の著書以外に出版圖書が確認されないことから、いつまで存續したのかも現狀では不明である。學術機關ではあったが、運營の中心人物

は皆公務を有する實業家が中心であり、『會報』にも所屬企業の人事異動で上海を離れること等による理事・評議員の交替が每號報告されている。そして會員數は『會報』第二號では會員數二九四名に增えているが、第三號では二六三名に減少したことが報告されている。その要因については「財界恐慌來の爲め歸東せる會員尠からざりし故なり」と記されており、一九二〇年代における日本の經濟不況が、實業界の支持に立脚している東亞攻究會の運營に影響していたことが窺える。このような同會の不安定な運營狀況において、『會報』も當初は數ヶ月おきに發行されていたのが、第四號は前號から一年が經過しており、徐々に發行ペースが落ちていた。そして第六號が結局『蒲壽庚の事蹟』の出版によって發行されなかったことを踏まえると、會としての活動が實質困難になっていたことが推測される。この時桑原の『蒲壽庚の事蹟』は『史學雜誌』での連載發表から滿を持して著書を出版する段階であり、東亞攻究會の評議員を務めていた京都帝國大學の東洋學者たちが、同會の運營繼續を圖る一環として『蒲壽庚の事蹟』の出版を東亞攻究會で行うことを決めたのではないかと考えられる。また、かつて第一回講演において新村が、東亞攻究會は「主として南支那、更に南亞細亞の研究に從事されたし」と述べているように、『蒲壽庚の事蹟』の主題である東西交涉史が、廣く東亞の樣々な分野の學術研究を行う東亞攻究會の趣旨に合致していたことも決定の要因だと思われる。

桑原は『蒲壽庚の事蹟』の辯言において、東亞攻究會の好意によって發刊出來たことを述べて感謝の意を表しているが、「印刷の校正にはかなり注意を拂ったが、上海の印刷を京都で校正することとて不便が多く、なお若干の誤植を存するかも知れぬ。この點は讀者の諒恕を得たい」と控えめな斷りを入れている。これについて宮崎はより率直に滿足の出來でなかったことを述べ、その理由の一つに京都と上海の往復による校正の不便を擧げて、「最後には責任付校了の已むなきに至り、誤植が訂正されずに見逃される結果を生じた」とし、さらに「卷末の地圖は著者が自ら製作し、そのまま寫眞版化するを豫想したるに、それがインキを用いて筆寫されたるために撮影不可能とされ、何等の

知識なき人の手によって書寫されたので錯誤すこぶる多く、著者にとって甚だ意に滿たざる出來榮えとなった」と、東亞攻究會側の不手際を擧げている。

印刷元である上海の蘆澤印刷所は、下田歌子が創設した印刷所・作新社に勤めていた蘆澤多美次が一九一二年に獨立創業した印刷所で、東亞攻究會の『會報』以外にも東亞同文書院支那研究所發行の雜誌『支那研究』の印刷を請負うなど、上海日本コミュニティの中でも名の知れた印刷所であった。それゆえ「何等の知識なき人」というわけでもない。しかし、『會報』を讀むと、氣になる記事が散見される。まず、第一號雜報の「會報編輯について」という記事では、會報發行に際して「本會最初の試みなるのみならず、偶々年末に際し印刷工場多忙にして急速を要したる爲め、須賀氏の論文中の挿繪全部をジンク版と爲し得ざりし等編輯上幾多の缺陷あるべしと信ず。會員中編輯方法に關し意見を有せらるる向は隔意なく申出あり度し」とある。また、それに續く記事「圖書目錄の作成に就て」では、東亞攻究會の圖書目錄の別册を配布する豫定について「只印刷所の都合にて本誌と仝時に發送し得るや否や疑問なり」とあることから、蘆澤印刷所の技術に問題があるというよりは、むしろその多忙が影響して、『蒲壽庚の事蹟』出版において上海における印刷方法の獨斷的變更が行われた可能性が考えられる。また『會報』第三號雜報にも、第三號が發行豫定の期日より遲延したことを詫び、その理由として「原稿の整理に多數の時日を要したるのみならず、偶編輯者が疾病の爲め執筆に堪ゑざりし等の理由に據るものなり。此間須賀理事は自ら他人の原稿の校訂及び校正等に盡力せられたり」と、東亞攻究會の編輯擔當者の人手不足などの事情もあったことが窺える。同會は理事もまた別に本業を有するがゆえに、人手不足等による編輯遲延のトラブルも常態化していたのではないか。桑原が滿足しない出來になった原因は、印刷所側の無知に因るのではなく、印刷所の多忙や東亞攻究會の組織運營上常に抱える問題に起因していたのではないかと考えられる。

なお、一九二六年に出版されたペリオ・羽田共著の『敦煌遺書　第一集』については、發行者こそ東亞攻究會としているが、印刷所を京都にある「文星堂寫眞製版所　桑名節」としている。あるいは羽田が『蒲壽庚の事蹟』校正時の桑原の苦勞を見て、地元京都で印刷を行うことにしたのかも知れないが、眞相は不明である。

おわりに――内田嘉吉文庫と東亞攻究會及び『蒲壽庚の事蹟』――

以上、東亞攻究會と京都帝國大學の東洋學者たちの關わりを中心に、『蒲壽庚の事蹟』出版の經緯について考察を試みた。東亞攻究會は上海の日本人居留民團の中心人物であった伊吹山德司を中心に、上海在住の日本人實業家を集めて結成した學術研究機關であった。第一次世界大戰中における日本の對華二十一箇條や山東省進駐に對する反發から五・四運動に始まる抗日運動の發生など、大陸における反日感情が高まる中、上海在住の實業家たちが運營する東亞攻究會は伊吹山德司の主張に基づき、圖書館運營を基軸として日本人と中國人との相互理解を促すことを會の目的とした。また、歐米諸國と同樣、日本もまた上海での經濟活動の進展のためには教育文化活動の活性化が必要と考えていた伊吹山にとって、東亞攻究會は上海日本人コミュニティの將來の發展を目指して設立した會だといえよう。新村出や羽田亨ら京都帝國大學の東洋學者は、中國國內において活動を始めた東亞攻究會の學術的な性質とその設立の趣旨に贊同して、同會の運營に積極的に關與していった。それにより、同會からの『蒲壽庚の事蹟』の出版が實現をみたと推察される。

さて冒頭で述べたように、東亞攻究會の『會報』第一號は內田嘉吉文庫にも所藏されている。[20]『會報』第四號までの會員名簿には內田嘉吉の名は無いが、ここまで言及したように、東亞攻究會の圖書館には滿鐵や臺灣總督府からの

資料提供があったほか、東亞攻究會の評議員には南洋協會の會員が複數名いた。伊吹山の葬儀には、内田とともに南洋協會の副會頭を務めていた大日本製糖社長藤山雷太が弔辭を送っている。このように東亞攻究會と内田嘉吉に連なる機關や人物との接點が數多く認められる。むしろ、なぜ第一號しか所藏されていないのかと思わざるを得ない。この第一號には、早逝した伊吹山德司の設立の趣旨とともに、伊吹山本人の訃報が掲載されている。內田と伊吹山はともに東京帝國大學法科大學英法科の出身であり、また、內田は遞信省で海事行政に攜わり、伊吹山は日本郵船の社員であることから、或は兩名が相知る間柄であり、伊吹山の訃報として內田が第一號だけ入手した可能性も考えられる。

その內田が直接上海にある同會を訪れた可能性がある。『會報』第三號雜報四講演會には、一九二〇年五月二日に行われた第八回講演會で、法學博士松岡均平が「勞資協調問題に就て」と題した講演の記錄が掲載されている。松岡均平（一八七六〜一九六〇）は東京帝國大學經濟學部教授で、東洋協會の理事を務め、また南洋協會の會員でもある。ここでいう「國際海事勞働會議」とは、イタリアのジェノヴァで開催された國際勞働機關（ＩＬＯ）の第二回總會の事であり、海員に關する勞働問題が討議された。この會議に出席した日本の政府代表委員こそ松岡均平と內田嘉吉であったことが公文書でも判明している(21)。そのため、內田嘉吉はこの時松岡とともに上海入りしているはずであり、松岡の講演、翌日の東亞攻究會圖書館訪問時のいずれか若しくは兩日に同會と直接交流を果たした可能性が極めて高い。

さて、最後に內田嘉吉は『蒲壽庚の事蹟』をどのように讀んだのであろうか。『蒲壽庚の事蹟』初版が刊行された一九二三年十一月、內田嘉吉は第九代臺灣總督として臺灣に赴任している。內田嘉吉文庫の同書をみると、獻辭はなく、奥付に「定價金參圓」と記されていることから、恐らく販賣元の丸善等の書店で購い求めたものと思われる。本文中に內田の筆跡とおぼしき書き込み等も管見の限り見當たらず、同書からは內田が內容のどの部分に興味を惹かれたのかを示す明確な痕跡は認められない。だが、實は內田嘉吉文庫には、桑原が『蒲壽庚の事蹟』で取り上げた、十

世紀に成立したアラビア語文獻『シナ・インド物語（Akhbār al-ṣīn wa al-Hind）』の三種のフランス東洋學者による佛譯本（うち最古の譯本については、桑原は『蒲壽庚の事蹟』執筆時には一七一八年の佛譯本を見ておらず、一七三三年の英譯版を使用している）が全て所藏されているほか、桑原が參考文獻として引くH・ユール（Henry Yule）著、H・コルディエ（Henri Cordier）編『Ser Marco Polo』（London, 1920）や、『Cathay and the way thither』（内田嘉吉文庫の本はハクルート協會叢書版）等、複數の引用圖書の所藏が確認できる。

『遞信協會雜誌』一九三三年二月號の宮崎清則「内田嘉吉先生を偲ぶ」によれば、「先生の精力は讀書慾についても、徹底的にして、書物に引用せるものは、必ずその根元迄探索せられ、決して孫引き等に滿足せられなかった」とあり、内田は讀書についても徹底的に引用資料まで丹念にあたったことが回想されている。[22]『シナ・インド物語』の三種の佛譯初版をいつ頃購入したかは定かでないが、内田が『蒲壽庚の事蹟』を讀む際に、これら桑原の引用圖書まで當ったであろうことが十分想像できるのである。

冒頭で述べたように、内田嘉吉文庫は東洋交通史關係の古刊本が豐富なことで知られている。その理由として、内田が臺灣總督府民政長官となり植民地行政に攜わった事、そしてその在任期に臺灣總督府の經濟的南進政策を主導して南洋協會の創設に關わり、臺灣を去った後も同協會の副會頭として活動に關與し續けた事が擧げられる。南洋協會とは當時「南洋」と呼ばれた東南アジア島嶼部や南太平洋島嶼部に關する調查研究及び日本への情報發信機關であり、一九一五年（大正四）に設立されている。東亞攷究會の評議員である井上雅二、小川平吉は内田とともに同協會の設立發起人である。この南洋協會設立準備は内田が臺灣總督府民政長官在任期（一九一〇～一五）に行われた。そして内田嘉吉文庫の東西交通史關係のコレクションもまたこの時期に原型を見る。一九一七年（大正六）十月十八日～二十二日の臺灣日日新報の連載記事「南洋發展の運動が議論の時代を過ぎて實行の時代となって來た」に次のように記さ

れている。

民政長官邸の應接間に南洋圖書館の小なるものが設置された。ワレースの「馬來群島」やカベートンの「蘭領東印度諸島」等を初めとして、南洋に關する色々な圖書が蒐集された。而して南洋調査を爲すものは皆此の圖書を借り出して見た。コンな事が行われつつある間に機が熟して南洋協會なるものが東京に設置された。南洋協會が其本部を東京に置いたと云うものの、協會の中心は内田前民政長官を繞つた臺北にあつたのであつた。卽ち臺北支部が協會本部の觀があつたのである。

（『臺灣日日新報』一九一七年十月十八日〜二十二日「南洋發展の運動が議論の時代を過ぎて實行の時代となって來た」）[23]

内田嘉吉は官僚、貴族院議員、實業家としてのキャリアを歩んだが、そのキャリアを支えた豊富な教養を得る過程で培われたのが藏書家・讀書家としての顔であった。幸田成友の詞を借りるならば、内田は「讀書によって得た示唆を實用に供し、體驗によって得た智識を讀書の際に應用」した實務家であった[24]。この内田の特質は東亞攷究會を創設した伊吹山德司に重なる。

以上、内田嘉吉文庫をきっかけとして、主に『蒲壽庚の事蹟』の東亞攷究會における出版經緯についての考察を試みた。今後機會があれば、今回論じることができなかった、當時において「唐宋期の南海交通史研究」が行われた經緯について整理してみたい。

註

（1）本書は一九二六年（大正十五）に帝國學士院賞を贈られ、一九二八年（昭和三）に東洋文庫より英譯版が英文紀要第二號として刊行された。中國でも一九二九年（昭和四）に中華書局より陳裕菁譯『蒲壽庚考』として、翌年商務印書館より馮攸

譯『唐宋元時代中西通商史』という名で譯書が出版された。日本ではその後改訂版が一九三五（昭和十）年に岩波書店から出版され、初版出版以降に桑原が調査研究を續けた內容が補注として加えられた。さらに戰後、『桑原隲藏全集』（岩波書店一九六八年）に加えられ、現在は平凡社東洋文庫シリーズにも加えられている（一九八九年初版刊行）。

（2）蘇峰の書評は、德富蘇峰『蘇峰隨筆　第二』（民友社　一九二五年）一七〇～一七三頁「支那宋末に於ける回教徒の一人『蒲壽庚の事蹟』を讀む」（一九二四年五月）に掲載されている。蘇峰は「從來蒲壽庚の事蹟に就ては、桑原博士以外に、若干の研究者もあり、注意者もあった。されど此書の如く此を中心として、各方面に涉りて、其の研究の範圍を擴充したるものはない。其の學界に貢獻する所、尤も嘉みす可きであらう」と好評している。

（3）內田嘉吉文庫は、內田の歿後、政財界の有志で結成された故內田嘉吉氏記念事業實行委員會が文庫を設立し世に公開する事を提案し、遺族の同意のもと一九三四年（昭和九）に東京市立駿河臺圖書館（現在の千代田區立千代田圖書館の前身）に寄託された。二〇一一年十一月都立日比谷圖書館が千代田區立日比谷圖書文化館としてリニューアルされるに伴い、千代田圖書館から同館特別研究室に移管され、開架にて一般公開されている。

（4）「南支（中國大陸南方の福建、廣東方面を指す）・南洋」への南進論は明治期から唱えられており、臺灣總督府では早くも一八九七（明治三十）年に第四代臺灣總督兒玉源太郎、後藤新平民政長官による厦門事件後の對岸經營と臺灣銀行の「南支・南洋」方面への據點擴大政策など經濟的な南進がすでに實踐されていた。

（5）平凡社東洋文庫『蒲壽庚の事蹟』（一九八九年刊）のあとがきを參照。

（6）國立國會圖書館所藏マイクロフィルム『東亞攻究會會報』第一號～第四號（財團法人東亞攻究會　第一號：一九一九年八月二十五日、第二號：一九二〇年四月二十五日、第三號：一九二〇年十月二十五日、第四號：一九二一年九月二十日）。なお宮崎が述べる第五號（一九二二年）は、國會圖書館で所藏が確認できなかったが、人文科學研究所附屬東アジア人文情報學研究センター圖書室で所藏されていることが藏書檢索により確認できる（請求記號：051-T-1196）

（7）『會報』第一號記載の理事・評議員等主要メンバーをはじめとして主な所屬先を擧げると、日本郵船を筆頭に高田商會、三井・三菱・古河などの財閥、その他商事會社、臺灣銀行など日系銀行、ほか上海東亞同文書院、日本の新聞社の特派員とい

う内譯である。
（8）中村久四郎調査『現代日本に於ける支那學研究の實狀』（外務省文化事業部　一九二八年）は、千代田區立日比谷圖書文化館特別研究室所藏。同書第十一章「支那關係の諸協會」には、東亞同文會、東洋協會などが紹介されているが、東亞攷究會の記載は管見の限り認められない。
（9）水口民次郎編『圖書目錄』（上海居留民團發行　一九三七年）は、現在東洋文庫に所藏（東洋文庫請求記號：二二九九）。
（10）伊吹山四郎『伊吹山德司の生涯』（主婦の友出版サービスセンター　一九七九年）。
（11）伊吹山德司の經歷については、『會報』第一號に加え、前掲の伊吹山四郎『伊吹山德司の生涯』、『魔都の港』（文藝社　二〇〇六年）を參考にした。
（12）伊吹山四郎の前掲兩著作によれば、東亞攷究會の寄附行爲について記された定款は、日本文、英文、中文の三ヶ國語で書かれていたらしく、日本人のみならず中國人や歐米人からも會員募集をしていたことが窺える。
（13）國立國會圖書館所藏（請求番號678.222/1122s2）。
（14）那波は第一號・第二號に「五穀說攷」上・下、第三號に「支那龍傳說攷」を寄稿している。
（15）『會報』第一號「東亞攷究會設立の趣旨」（五頁）にて「「五穀說攷」の執筆者文學士那波利貞氏は京都帝國大學に於ける新進氣鋭の東洋史研究家であるが、今回本會の爲め迥に其尊敬すべき研究報告を寄せられたことは吾人の大に感謝する處である」。
（16）那波の『燕吳載筆』（同文館　一九二五年）は、この大正八年の視察當時の旅行記である。同書には桑原隲藏と新村出の序文が寄せられている。
（17）梶平治が京都帝國大學電氣工學科出身であることについては『洛友會會報』第五十二號（洛友會　一九六六年）三頁目の記事參考。URL: http://www.kuee.kyoto-u.ac.jp/~ymizuki/rakuyukai/41-60/raku052.pdf
（18）砺波護・藤井讓治編『京大東洋學の百年』（京都大學學術出版會　二〇〇二年）一四四頁。
（19）羽田の講演錄は『會報』第二號の研究資料として史學研究會『史林』第三卷第一號・第二號（ともに一九一八年）に掲載

されたものの大意を掲載したとのことである。

(20)『東亞攷究會會報　第一號』(東亞攷究會編　一九一九年)日比谷圖書文化館所藏内田嘉吉文庫分類番號五八一―九九。

(21)「勞働總會ヘ參列ノ政府代表委員内田嘉吉外一名賢所參拜被仰付ノ件」(國立公文書館請求番號：本館-2A-035-08・採00008100大正九年四月二十一日)。

(22)本引用テキストは神戸大學附屬圖書館の新聞記事文庫データベースの該當記事を參照。

(23)『遞信協會雜誌』一九三三年二月號(遞信協會　一九三三年)二六〜二八頁宮崎清則「内田嘉吉先生を偲ぶ」國立國會圖書館所藏を參照。

(24)『内田嘉吉文庫稀覯書集覽』(故内田嘉吉記念事業實行委員會　一九三七年)の幸田成友の序文に記されている。「要するに内田氏の事業と内田氏の藏書とは不可分の關係に存し、同氏は讀書によつて得た示唆を實用に供し、體驗によつて得た智識を讀書の際に應用し、事業と讀書と一致合同の幸福境裡に半生を經過されたのであらう」。

拙著『宋代中國科擧社會の研究』訂補三項

近藤一成

筆者は、二〇〇九年二月に標記の研究書を汲古書院から上梓した。その後、散見する誤記の修正や訂補を要する箇所の再檢討をいずれ行いたいと考えていたが、幸い本書で、その機會を與えられることになった。ただし單純な校正ミスや表記の誤りの訂正は煩瑣となるので、ここでは多少とも內容や行論に關係する部分に絞り、そのうちの三項目について誤りの訂正や補足を行い、その他については次の機會を待つことにする。なお、以下で言う「本論」とは、拙著の關連する各章での論述を指す。

Ⅰ部　第六章「紹興十八年同年小錄」三題　三　朱熹の本貫　補遺

「本論」は『紹興十八年同年小錄』に名前の載る三人の及第者に關する話題を取りあげ、その三人目として『同年小錄』に記載された朱熹の本貫「建州建陽縣群玉鄉三桂里」が、通常「新安の朱熹」と自書する祖籍との齟齬について考えを述べたものである。「本論」をコラム風に書いたので、ここでもコラム風に登第後の朱熹に關連する新知見

を補足する。

二〇〇五年六月、浙江省金華市武義縣郊外の一基の南宋墓が盜掘され、事件を調査した公安は、盜掘品がほとんど賣り捌れたなかで、一連の官文書のみが殘っていることを確認した。二〇一一年三月に寫眞を入手した武義縣博物館は、早速その眞僞の認定や盜掘人の供述に基づく現地の發掘調査を始め、もと浙江大學、現人民大學教授包偉民氏を中心とする研究會を立ち上げた。早くも二〇一二年十一月には全文の寫眞と移錄文を掲載した報告書の刊行報告會が現地で開催された。日本からは早稻田大學の飯山知保氏（當時　早稻田大學高等研究所）が參加した。その大部な報告書『武義南宋徐謂禮文書』によると、官文書とは、南宋後半の官僚であった徐謂禮の「錄白告身」「錄白敕黃」「錄白印紙」の三種類であった。二〇一三年三月にはこの文書を課題とする最初の學會が北京の人民大學で開催され、海外からは唯一、宋代官文書を研究對象の一つとする神戸女學院大學の小林隆道氏（當時　東洋文庫ＰＤ）が出席、報告した。そのときの報告論文十七本と報告書に掲載された包教授の概括論文を併せると、文書の解題的な基礎論考は出揃ったと思われる。そこで、この文書の「南宋官僚制度とその運用についての從來の研究に及ぼす影響」が次の段階の基礎的研究として浮かび上がってくる。では、そのために今後どのような課題を設定し、それをどのような角度から分析すれば本文書の歴史的意義が明らかになるのかについて、感ずる所を述べてみたい。

出土した三種の文書は、當時の官僚が常時攜帶した公文書で、本人の官僚としての正式な身分を證明する皇帝・政府發行の辭令（告身）、實際に從事する職務〈差遣〉への任命狀（敕黃）と、官僚としての經歴を記した履歴書（印紙）である。錄白とは、それらの寫しを意味するが、役所に保存される原本とは別に公印も捺され本人に渡される副本であり、原本と同じ正式な公文書扱いである。これらのことは文獻史料から知られていたことであるが、實物や形式の記載内容が殘る告身と敕黃に對し、史料に用語として頻出する印紙は、それがどのような内容をもったものかは分か

らなかった。今回の出土文書は、徐謂禮が生前保持していた錄白をさらに寫書して墓に入れたもので、寫しとはいえ何が書かれているかを示す具體的な史料が初めて出てきたのである。

印紙全八十項目を一讀すると、以下のことが分かる。印紙は官僚が最初の差遣を受けたときに吏部が發給する。その印紙原本は役所が保存し、各自はその寫しである錄白印紙（白紙に移錄の意か）を副本として攜帶する。中央を含めた赴任先で着任や離任、職務遂行、勤務評價のための書類提出など官僚としての仕事はすべてもれなく書き込み、それを所屬官廳に定期的に提出し、原本印紙に書き込む、と同時に錄白にも記載內容が事實であることの證明を受ける。これを批書といい、外任のときは所屬の州が批書した。印紙は印紙曆子といい、年月ごとに記事が記され、記載事項が增加すれば新しい紙を粘添して、官僚生活が終わるまで書き續けた。

徐謂禮文書中の印紙から、例えば朱熹について、次のような事情が明らかとなる。朱熹は、殿試の合格順位が五甲九十人と低かったために三年間の自宅待機の後、紹興二十一年に左迪功郎の官位を受け、福建路泉州同安縣主簿に任命された。しかし泉州同安縣に主簿として實際に赴任したのは二十三年の秋であった。やがてそこでの任期が終わった紹興二十六年の秋、『朱子年譜』（ここでは王懋竑纂訂　何忠禮點校本を使用）は『語類』を引き、所屬の泉州に赴き「候批書（批書をまつ）」と記す。この意味がよく分からなかったが、徐謂禮文書を參照すれば、主簿としての履歷を書いた錄白印紙を泉州官廳に提出し、その記載が誤りではないことを州から證明してもらい（批書）、同時に記錄を原本に轉載する作業を待っていたことだと理解できる。『語類』は、その待機期間に「客邸」で館人から『孟子』一冊を借りて讀み、熟讀することで『孟子』理解の手掛かりを初めて得たと記す。これは朱熹自身の言葉であるから、やがて『孟子集註』に結實する朱子學の『孟子』解釋の第一步が、紹興二十七年秋七月二十七歲の時の泉州にあったことが明らかとなる。これ以外にも、『朱子年譜』の官僚としての朱熹に關係する記載事項を徐謂禮文書と對照する

ことで、かれの取った行動や當時の具體的狀況が明らかになる點が多々あると豫想される。一つだけ記すと、『朱子文集』巻二二「申建寧府狀一」「同二」「謝改官宮觀奏狀」は、四十五歳になった淳熙元年、朱熹自ら望んだからであったが、二十七年に及ぶ長い官僚見習い的な地位である選人身分から、辭退しきれずに京官の宣教郎に改官されたときの建寧府と中央政府に宛てた申狀と謝表である。その中に「望闕遙謝祇受訖」という文言があり、この具體的情況が今一つ分かりにくかった。ところが徐謂禮の錄白印紙三「寶慶元年（一二二五）二月　日、進寶赦恩轉承事郎」は、武義縣に居住する徐が、このとき赦恩によって承事郎の官位（錄白告身二に收錄）を得、その通知を受けて婺州（當時の金華）に赴き提出して批書を受けた印紙の錄白であるが、その五行目から六行目に「望闕遙謝祇受訖」と書かれており、地方で告身を授與される官僚が、受領するときに遙か都の御所を拜して謝する動作を示すことと理解できる。外任の地方官が、どこで新しい告身を受領し、その際の一連の手續きがどのように行われたのかが、「徐謂禮文書」によって明らかになる。些細なことであるが、宋代官僚政治制度の具體的なイメージを喚起する上で貴重な史料となるのである。

この他、傳記資料として重要な墓誌と同じく、墓から出土する壙記は、墓誌とどこが違うのか、呼稱の使い分けは未だ明確でない。むしろ、さまざまな呼稱がある墓に埋められた故人の傳記資料に、嚴格な呼稱上の區別はないというのが一般的な理解であろう（鄭嘉勵「浙江地區南宋時期的墓碑」www.npm.gov.tw/hotnews/9910seminar/download/all/B18.pdf。鄭氏は浙江省文物考古研究所研究員で『報告書』の共同編者）。しかし徐謂禮の壙記は內容が官歷に特化しており、以前檢討した黃震や王應麟の壙記も同樣であった。何故、壙記に在任期間が月單位まで細かく書かれるのか。それが任と考に基づく考課制度に關連することは分かっていたが、何に基づく記述なのか、徐謂禮の壙記が印紙に基づき制作されたと考えればその細かな記載も納得できる。在職期間が月單位で細切れになるのは、當時の官僚にとって普通の

ことであった。それらを累計して一考とか一任を滿たしたと數えるので、印紙の履歴は本人にとり非常に重要な事項であった。やがて本人の沒後、遺族が墓誌銘の執筆を依賴するときに差し出す資料に、印紙が含まれる事例も多かったに違いない。例えば朱熹の高弟であり娘婿であった黃榦の年譜で、任官した黃榦の最初の赴任地石門酒庫での在職期間を「在任兩考零兩月」と記錄する。兩考で任期が滿ちたが、「零兩月」すなわち交代要員を待つ間の二ヶ月は次の在職期間に算入される、ということである。一方、嘉定六年九月から七年二月までの安豐軍通判の在職は「五月二十一日」とあり、一年に滿たない五ヶ月と二十一日間が次の在職期間に繰り入れられたのである。こうした記事も典據は印紙と考えられる。なお「徐謂禮文書」印紙の日文の專論としては、魏峰「宋代印紙批書試論――新發見の〝徐謂禮文書〟を例として」（『史滴』三五　二〇一三）があり參考にした。今後の墓誌・壙記研究の材料としても「徐謂禮文書」は有用である。

Ⅱ部　第二章「鄞縣知事王安石と明州士人社會」訂誤

筆者が、近年課題としてきた明州士人社會の形成と發展を檢討する第三論文で、拙著では二章に置いた。北宋仁宗の慶曆年間を、明州士人社會形成の出發點に位置づける意圖をもって考察した論考で、初出は二〇〇八年、『科擧社會』は〇九年二月の刊行であるから、收錄中の最も新しい論文であった。同じ〇九年に終了した文科省特定領域研究「東アジアの海域交流と日本傳統文化の形成――寧波を焦點とする學際的創生――」（代表小島毅　通稱「にんぷろ」）のなかの「中國科擧制度からみた寧波士人社會の形成と展開」研究班の筆者による最終報告書での記述を引用すれば、「宋・元・明における士人社會の形成と展開を、北宋＝「近世」科擧制度の確立と士人社會の形成、南宋＝科擧制度

の定着と士人社會の熟成、元＝科擧制度の不在ないし實質的不在と士人社會の對應、明＝科擧制度の改變・復活と士人社會の完成・爛熟という歷史的段階に分け、中央の施策と地方の反應という枠のなかで、寧波を對象に通時的な考察を行う」という見通しのもとでの、明州士人社會のいわば搖籃期と想定して、それを實證するために書いた、ということになる。

明州士人社會形成の出發點として慶曆年間を選んだ理由は、史料が乏しいこの時期にあって、王安石が鄞縣知事を務めたことから、かれの行跡を傳える傳記資料が關連情報を相對的に多く殘し、士人社會考察の恰好の緒口になること、安石もその何人かと交流した「慶曆五先生」と呼ばれる教師が出現し、かれらの存在によって、後世の人々がこの時期の明州を「極盛」と評したこととの再檢討が必要と考えたからである。具體的には、王安石、「慶曆五先生」、舒亶を對象に、後世の彼らの評價を三節にわたって考察した。「本論」でのその結論は、北宋を「近世」士人社會の形成期とする大きな枠組みのなかで、明州は慶曆年間にその搖籃期を迎えていたとするもので、この論考によって當初の見通しを確かめたということになる。

その結論を導くために、「慶曆五先生」ないし「五先生」という呼稱が文獻史料上いつから見られるかという問を設定し、「管見の限り、文獻上（樓鑰　嘉定六年沒　による表記）これ以上遡らない」ことを擧げ、「宋仁宗朝の慶曆年間、明州地域社會に五人の學識・德行ありと評價された士人が存在したことは事實である。しかしかれらの存在をどのように認識するか、あるいはどのようなイメージで捉えたかは必ずしもいつの時期も同じとはいえない。ここでは、かれらが明州士人層社會の先賢として評價され、そのイメージが明確になって行く時期は、南宋半ばを過ぎてからである、とひとまず考えておく」（二〇四頁）とその結論を述べた。

ところが、二〇〇九年六月に刊行された黃寬重主編『中國史新論　基層社會分册』所載　同氏「宋代基層社會的權

力結構與運作――以縣爲主的考察」（中央研究院）は、「寶慶二年、明州州學の先賢祠のなかに「義理の學、士風を淑す」として楊適・杜醇・王致・樓郁と王説の五人を列した。これは慶曆年間に四明の教育・學術の發展の道を開いた先導者である。早くも北宋末年、舒亶が撰述した彼の師である王説墓誌に、この五人を「五先生」と爲し、かれらは皆な「行誼・術業を以って其の州鄉に表たる者」と認められた者である」と記している（三一二頁）。同様に、近年の Lee, Sukhee. *Negotiated Power The State,Elites, and Local Governance in Twelfth-to Fourteenth-Century China.* Cambridge, MA: Harvard University Press,2014. にも舒亶の墓誌銘に「五先生」の記述のあることが指摘されている（一七頁註一四）。すなわち、文獻上「五先生」の呼稱を樓鑰以前には遡らないとした「本論」の主張は誤りであった。そもそも舒亶を檢討對象としながら、かれの手になる「五先生」の記述を見逃すとは粗忽と言うほかないが、問題は、そのことが慶曆年間を「搖籃期」とした結論に影響するのかしないのか、にある。ここでその事を考えてみたい。檢討を始める前に、辯解じみるが王説墓誌を見逃した理由について述べ、墓誌の由來にも觸れる。

「王説墓誌」は、民國張壽鏞編纂の『四明叢書』第八集に收録された『舒嬾堂詩文存（以下、詩文存）』巻三に見える。民國三十四年一月の張壽鏞『詩文存』序に依れば、失われた舒亶の文集百巻の佚文を收集し三巻にまとめて叢書編纂の協力者馮貞羣に示すと、舒苹橋先生浩（舒亶末裔か）編集の文集を見せてくれたので、その中から詩三首と「郭公墓誌銘」を補い、全祖望「嬾堂記」など四點を附錄として加えて刻した、と編纂の經緯を記している。實は筆者が見た『四明叢書』は、たまたま手元に在った張其昀監修、國防研究院中華大典編印會、民國五十五年十月初版本で、その出版年にもかかわらず民國二十九年刊の第六集までしか收録されていなかったのである。「本論」執筆後であったが、伊原弘「寧波の鄉土史料『四明叢書』」（早坂俊廣編『東アジアに漕ぎ出す 2 文化都市 寧波』東京大學出版會二〇一三）が「『四明叢書』は全體で八集から成り立っている。それらの日本の圖書館の收藏狀況は充實しているが、

七集と八集の收藏圖書館はおおくない」と警告している通りである。同じく手元の『叢書集成續編』は、七、八集を含む『四明叢書』から採錄しており、『舒嬾堂詩文存』は詩文別集の宋の部に收める。そちらで確認していれば見逃すことはなかった。

『四明叢書』の『舒嬾堂詩文存』の「宋故明長史王公墓誌銘」には、王説が元豐八年八月六日に七十六歳で沒し、翌年の三月三日に鄞縣桃源鄉淸泉里に葬られたと述べた後に、「明に五先生有り。前なれば則ち慈谿の楊君適、杜君醇、鄞の王君致。其の後なれば則ち奉化の樓君郁と先生其の人なり。之れが五人は、皆な行誼術業を以って其の州鄉に表たる者なり」と確かに「五先生」の語が見える。なお『宋元學案補遺』卷六は王鄞江（致）家學として王説を擧げ、附錄にこの墓誌銘を引くが、そこでは後半部分のみで「五先生」の箇所はない。また『四明叢書』の王説墓誌銘には、最後に「貞羣案ずるに」として「王長史墓は淸道光十九年、江三の發する所と爲る。志石に書すは京兆の杜佺、題籤は浚儀の向宗謌なり」と、先述の馮貞羣によるコメントを載せている。これは『學案補遺』の王梓材の案語にある「……元豐八年乙丑、次年は元祐元年丙寅、今の道光十九年己亥に至るに凡そ七百有餘年、而して其の墓、竟に販商江氏の發する所と爲り、幷びに其の誌と其の夫人の誌を毀つ。殊に痛恨す可きなり」という事件を指す。『民國鄞縣通志』（刊行完結は一九五一年）文獻志の歷代碑碣には、馮貞羣伏跗室藏の王説墓誌拓本に據る全文の移錄と、道光十九年に墓を發掘した人物が江家浚という商人であったこと、墓誌の拓本を採取して人に配ったところ王説の子孫によって官憲に訴えられたため誌石を破壞したが拓本は殘った、などのやや詳しい敍述がある。要するに『四明叢書』所載『舒嬾堂詩文存』の王説墓誌は、出土墓誌拓本が典據であり、原拓を所藏する馮貞羣により案語が付けられたということになる。

このように「行誼術業によって地域を敎導した五先生」という表現は、出土墓誌の記述から元豐末年・元祐初年に

は出現していたと訂正せねばならない。そうしてみると、本論で「五先生」の最初の記事とした樓鑰『攻媿集』五一息齋春秋集註序の「慶曆皇祐間、杜、楊、二王及我高祖正議（郁）、號五先生、倶以文學行誼表率于鄉、……」の言い回しは、王説墓誌銘の字句を繼承したものと言い直すこともできよう。しかしながら、「慶曆五先生」が明州の士人社會形成史の流れの中で、その歷史的地位を明確化するのは、以下に記す理由から、「本論」で述べたように南宋半ばを過ぎてからであることを、ここで再確認したい。

既に黄寛重氏は、前掲論文で、「理宗朝以前、明州或いは廬陵の鄉賢祠を含め、祀る對象は皆な鄉里に功績のあった先賢や名宦であり、地域の教育や人材の育成を推進する鄉先生を專門に祀る祠堂は未だ設置されていなかった」と述べる。また「寶慶年間の（明州）先賢祠には、五先生を特に區別して扱う稱號は無く、（元）『延祐四明志』に至って「先賢祠堂、舊と五先生祠有り：楊、杜、王、樓、王」との記述が出て（卷一三 本路儒學）、四明「五先生」の稱は早く出現し州學の明倫堂に列祠されたが、ただ當時はその他の先賢とともに祀られ、未だ專祀されていなかったことを物語る」としていることは、先賢祭祀の場において明州獨自の士人社會形成が五先生から始まったという自己認識が確立するのは南宋理宗以降と見なしてよいであろう。近年盛んな先賢祠研究の專著である鄭丞良『南宋明州先賢祠研究』（上海古籍出版社　二〇一三）は、先賢祠と地域社會の相互關係史を官學、書院、祠廟における立祠に分けながら考察し、その中で「五先生祠」についても觸れる。乏しい史料狀況にあって時期の確定が難しいとしながら、「五先生祠」が基礎となり、個々に祀られていた先賢が、二度の合祀を經て、寶慶二年、知事の胡榘が重修した州學に、十七名の先賢が祀られる狀態が出現したと理解する。『寶慶四明志』二 學校 に記される十七人は、「楊適・杜醇・王致・樓郁・王説は義理の學を以って士風を淑くする者なり。陳瓘は忠節を以って天下に著聞たる者なり。豐稷・高閌・林保・汪大猷は、此の邦の顯なる者なり。李夷庚・仇悆・趙伯圭・岳甫・程覃・趙師嵒・周粹中は儒宮に功有る者なり」

とあり、郷先生、名官、邦の先賢、學校先賢と多様であった。『四明志』は、この後、道學や四明の先賢立祠の記事が續く。黄寛重氏が先に述べられたように、確かに寶慶二年の段階で「慶曆五先生」の專祠はないが、そのことから逆に、「五先生」が明州士人社會形成の物語の最初に位置づけられ、やがて宋末元初の「慶曆五先生」像へと收斂して行く様子を見て取ることは可能であろう。

少し付け加えると、まず樓鑰（紹興七年一一三七〜嘉定六年一二一三）より三十歳ほど年上の史浩（崇寧五年一一〇六〜紹熙五年一一九四）の文集『鄮峰眞隱漫錄』卷三三〜三五に收錄された、紹興府・明州の先賢を稱える一連の贊文に注意したい。鄰州紹興府については、會稽先賢祠傳贊として歷代の四十人の贊が列擧され、これは鄭丞良の先著でも觸れられる（八頁）。明州は四明十二先生贊として蓬萊黄公先生以下、奉化孫公先生まで五先生を含む十二人の贊文が記される。紹興が題辭の通り先賢祠に祀られた人物の贊であるのに對し、明州の十二人も先賢祠に祀られていると考えてよいのか判然としないが、もしそうであれば、乾道五年前後の先賢祠の事例として貴重である。そこでは五人が十二人のなかで特別視されていないことは、上記の見方を裏付ける。

「本論」で、舒亶の人物評價が『乾道四明圖經』、『寶慶四明志』、『宋史』列傳と時代が下るに従い大きく變化して行き、『圖經』と『宋史』では文武に卓越した英雄から粗暴で凶惡な姦人へとその人物像が正反對になっていることを指摘した。そこで詳しく論じたように、その變化は中央政界での新法・舊法兩派の黨爭とその評價が絡んでいるのであるが、王安石に引きたてられた新法派舒亶の文集散佚は、こうした南宋孝宗乾道年間以降の評價の變化に關係していよう。だが一方で、同郷で舊法派に屬し、中央政界では對立する立場にあったものの、明州に歸れば詩文の應酬など親しく交流した、豐稷とその子孫の動向も考えねばならない。筆者は以前、豐稷の傳記『豐清敏公遺事』について以下のように書いたことがある。「この書は、豐稷の孫の漸が祖を顯彰し、後世に傳えるために事跡をまとめたも

ので、漸の委囑を受けて編纂に當たった李朴は、自ら執筆した後序において、漸は潁昌の外兄郭維が稷の門下であったことから遺事を聞き、また縉紳故家に殘されていた遺文を集め、同じく門人であった私に依頼したと述べる」「そもそも豐稷は、明州における士人社會の勃興期に「慶曆五先生」の一人、後の南宋明州慶元府望族樓氏の祖にあたる州學教授樓郁の受業生で、同學舒亶とともに中央高官として活躍した。二人の交友關係は生涯續いたが、政治の立場は稷が舊法黨、亶が新法黨と正反對であり、當初は舒亶の名聲が壓倒した。南宋前半の寧波の地方志『乾道圖經』に引かれる詩文の多くが舒亶と王安石のもので豐稷の影は薄い。後述の「尋訪子孫劄子（子孫を尋訪《さが》す劄子）」は、北宋滅亡の混亂時に豐稷の直系子孫が行方不明となり、建前として舊法黨の立場をとる南宋政府が子孫を探すために出した呼びかけで、南宋前半期までの豐氏の知名度が推測される」（「城西豐氏について——重層する記憶——」前揭『文化都市寧波』）。拙文は、尋常ならざる經學の素養によって質量ともに壓倒的な古典の注釋書を著作し、しかも、それらが豐稷以降の祖先に假託した僞書であったことから物議を釀した明代の稷十五世の孫豐坊について述べたものである。『寶慶四明志』二　學校によれば、豐稷はこの時點までに州學に列祠された一人となっている。しかし、北宋末、南宋初の動亂は、中央政府が稷の子孫の所在を把握できなかったほど明州士人社會を不安定にしていた。

　以上のことから、「本論」の「南宋の寧宗朝以降、明州慶元府の進士合格者が激增した背景には、この地域の士人社會の發展を想定することは常識といってよいであろう。そして時期を同じくして慶曆五先生という言説が出現し、宋末元初の王應麟によって言説は定型化され、ここでは觸れられなかったが袁桷撰『延祐（四明志）』がそれを定着させたということができる。明州慶元府士人社會の發展は、自らの來歴の物語を必要としたのである」との敍述は、傍線部を「そして時期を同じくして慶曆五先生という北宋元豐末に生まれた言説を發掘・繼承し」と修訂することで、今しばらく殘しておきたいと思う。

初出は二〇〇三年。中華文明圈には、現在、故宮博物院という巨大な文物の寶庫が二つある。二つあるということは、中華圈において文化財が政治と不即不離の關係にあることを端的に示すのであるが、文物自體も多くは何らかの政治的要素を內包する。故宮所藏文物の研究といえば、通常は美術史の領域に屬すが、それらの文物が特定の時代に固有の意圖をもって作成され、長い年月、人から人の手へと傳わり、その結果、今ここに在ることを思えば、文物はすぐれて歷史的存在であり、それ故、文物は、文字史料同樣、それを讀み解くことで當該時代の歷史史料として扱うことも十分可能である。「本論」は、歷史的存在という觀點から歷史史料としての文物を扱う試論でもあった。

現在、臺北の國立故宮博物院が所藏する至寶、東坡「黃州寒食詩卷」は、蘇軾の殘した少なからざる書のなかの最高傑作のみならず、廣く中國書の歷史を見渡してもまたと無い劇蹟・神品と稱される。とくに東坡の書に續き、異例の、それと同じ大きさの文字で黃山谷庭堅の跋が並んでいることは、詩卷の價値をさらに高めている。「本論」では蘇軾の詩に黃庭堅の跋文が書き加えられた經緯を、南宋張縯の跋文を手掛かりに考察し、また內藤湖南の跋が、元・明以降の來歷を詳しく說明していることを中心に述べた。その經緯とは、哲宗の元符三年（一一〇〇）に新法派政權の彈壓により配所である蜀の戎州から許されて、眉州靑神縣に赴いた黃山谷のもとに、跋文を求めて詩卷の所有者である蜀州江原の張浩が來訪し、山谷が應じたことから今の詩卷の形になったという背景があり、加えて江原張氏の善頌堂は、仁宗の飛白御書など多くの名蹟を藏し、當時の官僚士大夫が訪れる名所になっていたことを述べた。

ここで補訂したい第一のことは、蘇軾の寒食詩が書かれた時期である。詩が作られたのは、詩文中に「我、黃州に

來たりて自り已に三たびの寒食を過ごす」とあるように元豐五年であるが、現存詩卷が書かれた時期については作詩後間もなくであろうとの考えが大勢であるが異論もある。例えば二〇〇六年の國立故宮博物院大観展圖録『北宋書畫特展』の「寒食詩卷」解説は、英佛軍の圓明園焼き討ち事件による內府からの流出後、轉々とした所藏者のうちの一人裴景福は、黄州を離れた元豐七年（一〇八四）四月以降とし、或いはBor-hua Wangがコロンビア大學に提出した博士論文（“Su Shi's Art of Writing and His Han-shih T'ieh”, Ph.D. Dissertation, Columbia University, 1997）で元祐二、三年を主張していると紹介している（三五八頁）。これらは、蘇軾の筆跡の變化から時期を特定するのだが、解説は、いずれも確定はできないとも述べる。「本論」では、最も早く元豐五年作の説を採り、それを前提に論述したのだが、とくに根據をあげての議論ではなかった。張縯の跋文中に、曾祖父張公裕が祕閣校理であったときの同僚に李常が居て、李常の妻は黄庭堅の母の妹、すなわち山谷の叔母にあたり、その縁で黄庭堅は公裕を知り、以來、江原の張氏との關係ができて公裕の弟公卲の墓誌銘を執筆し、息子の浩が「寒食詩」など三詩をもって山谷を訪ねて跋を依頼した、とあることや、蘇軾が張公裕の書「清淨經」に跋を書いており、また公裕が軾と深い親交がある文同と交流していたことから、公裕と軾の關係を類推したのである。しかし、張縯の跋文で述べる曾祖父公裕については、黄庭堅との關係を説明しているに過ぎず、確かに「先禮院所藏の昭陵飛白記及び曾叔祖盧山府君志名」と記しているが、蘇軾との交流が述べられているわけではない。また、跋の冒頭で「寒食詩」を「先世の舊と藏する所」と言うが「先禮院所藏」とは言っていない。「本論」で、公裕は元豐六年に沒しており、「寒食詩」眞跡がどういう事情で公裕の手に渡ったかを示す史料はないと述べたが、實際、元豐五年に「寒食詩」が書かれていたとしても、すでに蜀に戻っていた公裕と黄州から長江を下っていた軾が實際に接觸する機會はまず考えられない。況や、張公裕が「寒食詩」を入手したことを前提に、詩が書かれたのは元豐五年であろうとするのは本末轉倒である。結局、「寒食詩」眞跡が何時、蜀州江原

の張氏に傳わったかはやはり不明と言わざるを得ないが、張浩が青神縣の黃庭堅の下に赴き跋文を依賴したことは、「本論」であげた狀況證據のすべてが肯定している。本章の行論上は、それで十分と考える。

次に、張縯の履歷を述べた部分で、「淳熙元年（一一七四）から四年まで父の服喪で歸鄉」と書いたが、甲斐雄一「陸游と四川士人の交流――范成大の成都赴任と關連して――」（『日本中國學會報』六二　二〇一〇年、同氏『南宋の文人と出版文化　王十朋と陸游をめぐって』「第四章　二　陸游と張縯の交流」として收錄　二〇一六）は、このときの「丁憂」は、『范石湖集』一七の「張正字母夫人朱氏輓詞」によって父ではなく母朱氏の喪であるとする。詩詞が時系列で配置されているならば、甲斐氏の指摘通りで父は餘計であり訂正する。なお、張縯と陸游についての專論、黃錦君「陸游張縯交游考」（『宋代文化研究』五　巴蜀書社　一九九五）は、どちらの丁憂かについては觸れない。

最後に第三が、詩卷末尾の羅振玉の跋文についてである。これは文物を歷史史料として扱うときのみならず、作品の眞贋判定という文物に關する根本的問題にもつながる。「本論」では「この詩卷に記された題跋の類を記載の順に擧げれば、……（最後の）羅振玉甲子（一九二四）行書題跋と續く……」、「……また羅振玉跋は、光緒二十八年（一九〇二）湖廣總督として武昌に在った張之洞のもとに、その蘇軾癖を知る當時の詩卷所藏者が高價での買い取りを期待して來訪した折の逸話を記したもので、張之洞顯彰の文意にもかかわらず客と書の賣買をめぐり虛々實々の驅け引きを展開する之洞の姿が興味深い」と述べたのだが、問題は「甲子仲夏、上虞羅振玉、津沽の寓居聱硯齋に書す」とある年月である。甲子は大正十三年で內藤湖南の跋文が甲子四月であるから、兩者ともに陰曆で表記したとすれば同じ年の一ヶ月違いとなる。羅振玉は津沽すなわち天津に居り、「今重ねて此の卷を觀て往時を追憶し、爰に之れを卷後に書し、以って公の清風亮節を記す」として現物を鑑賞の上、題跋を書いたと言う。こうした事態は果たして可能であったのであろうか。羅振玉は、亡命先の京都から歸國した民國八年以降、十七年（一九二八）旅順に轉居するまで

天津に居住した。湖南は、大正十三年七月に歐州視察のために日本を離れ上海經由でフランスに向かった。一方、この年の中國では十月に溥儀らが馮玉祥によって北京紫禁城を追われ、羅振玉は對應に忙殺されることになる。「湖南文存」や「雪堂自傳」を括っても、四月と五月、この間一ヶ月をおいて羅振玉が「寒食詩巻」を鑑賞して跋を書き入れたことを窺わせる記述は見られない。羅繼祖主編『羅振玉學術論著集』第十二集（上海古籍出版社 二〇一〇）「雪堂剩藎」にこの跋文を收錄するが、「繼祖按ずるに、此れ日本博文堂影印本の題記手迹に據り錄す」とあるように、題跋は「詩巻」の寫眞版からの再移錄である。羅振玉の跋文が眞跡であるとするなら、この時期に書かれ得る唯一の可能性は、湖南の跋を得た菊池惺堂あるいは代理が「寒食詩巻」を攜えて天津に赴き、羅振玉に跋を請うたということである。しかし前年の關東大震災で家財・家屋のみならず手廣く經營していた事業が壞滅的打擊を受けたなかで、そのような餘裕が菊池に有ったか疑問である（震災と菊池氏については、下田章平「菊池惺堂とその家系」『中國近現代文化研究』一五 二〇一四 を參照）。今のところ、この間の經緯をつまびらかにする直接の手がかりは見つかっていない。

ただ羅繼祖按語中の「日本博文堂影印本」をヒントにもう一つの可能性を推測してみたい。大正十三年、大阪の原田博文堂は白黑コロタイプ印刷の「菊池氏味燈書屋祕藏　蘇東坡黄州寒食詩巻」を制作・販賣している。「博文堂のコロタイプ複製は、原本に付隨する序跋をも含み、さらに羅振玉、內藤湖南、長尾雨山など、中國書畫に精しい學者に、題簽、跋文を依賴して新たに加え、折本、巻物といった原本の體裁を極力忠實に復元したものであったから、購買者の評判もよく、後には國內のみならず中國にまで賣り出された」（西上實「油谷達と博文堂―そのコロタイプ美術出版について」『美術フォーラム21』26 二〇一二）とあるように、羅繼祖の見た影印本はこれに違いなく、そこには羅振玉跋も付け加えられていた（中國でも賣られたと言われる通り、今でも中國のネットオークションで時折出品されるのを見かけるが、筆者は現物未見）。西上論文の考證した時期は、初代原田庄左衞門の次男で油谷家を繼ぎ、後に關西在住の洋畫家

として著名となった達が博文堂のコロタイプ出版事業にかかわった明治末から大正初めにかけてのことであるが、「詩卷」の頃は五男の原田吾朗（一八九三～八〇）が活動の中心で、彼は中國の書畫や碑帖などの輸入・販賣を積極的に手掛けていた。『書論』三二 特集 羅振玉 の杉村邦彦「羅振玉における〝文字之福〟と〝文字之厄〟――京都客寓時代の學問・生活・交友・書法を中心として」（二〇〇一）には、原田悟朗から聞いた話として、辛亥革命後、生活に窮した清朝高官から、所藏品を賣卻するので適當な人を紹介してくれという依賴をよく受けた犬養木堂や內藤湖南が、博文堂に話をもってきて、そのため博文堂がそれらの賣買の仲介をするようになった、と述べるくだりがある。長尾雨山や湖南など當時の京都支那學とも密接な關係があった博文堂は、京都亡命時期の羅振玉の所藏品賣買も仲介し、その複製制作や販賣も行って、亡命時期の家計を助けた。

鶴田武良氏は、一九七三年三月五日から三日間に亙り、原田悟朗へのインタビューを行い、その最後に次のような話を記錄している（「原田吾朗氏聞書大正――昭和初期における中國畫コレクションの成立」『中國明清名畫展：中國天津市藝術博物館』日中友好會館 一九九二、なお『中國水墨畫』2 日貿出版 一九八五 は、この聞書を連載する計畫であったというが、三分の一餘りを掲載した本號で中止となった。展覽會圖錄の記事閱覽は、東京大學梅村尚樹氏の手を煩わせた。記して謝す）。

もうひとつは蘇東坡の寒食帖ですね。これは瀟湘臥遊圖卷と一緒に郭葆昌さんを通じてその親戚の方から讓って頂いたんです。その時もずいぶん苦勞があったんですが。それで日本に持ってくるとき、肌身はなさずという言葉がぴったりするほど、抱えるようにしてきたわけです。船に乘るときも、その時分ビニールなんてありませんからね、油紙に何枚包んで、沈沒しても首に括ってでも泳ごうと思って寝台の枕元に置いて持って來たんです。

……

近年の中國「百度」上の「詩卷」解說には、しばしばこの回顧談が引用される。例えば「卻說《寒食帖》是與《瀟

湘南游圖卷》（此卷今歸東京國立博物館藏、爲日本政府指定國寶級文物、不出國門）一起通過郭葆昌、由其親戚處轉手得來。幷說他自中國攜帶此卷搭船到日本途中、吃盡苦頭。基于原主特別叮嚀、原田愛護此卷如同己身、以油紙嚴密包裹多層、行程中時刻不離身、連睡覺都放在枕邊、打算萬一遇到海難、也要帶着《寒食帖》一起游泳求救。起初、可能由于價貴、不易脫手、后終由菊池氏買下。」（百度 http://www.360doc.com/content/16/0201/09/4958641_532020620.shtml）という類の話である。最後の部分は日本に持って來たがなかなか評價してもらえず、漸く菊池氏に買い取ってもらったという部分の抄譯である。中國のネット上のこうした記述は恐らく、鶴田前揭記事の中文翻譯「原田悟朗先生訪談――大正・昭和初期中國書畫品的建立」（『美術史與觀念史』14　南京師範大學出版社二〇一三　蔡濤譯）に據るものであろう。しかし「詩卷」の日本將來と菊池惺堂の入手までは、「本論」で詳しく論じた湖南の跋によれば顏世清が東京にやってきて、ということになっており、原田悟朗が直接北京に赴いて日本に持ち歸ったという話ではない。中國の解說のなかには湖南跋に言及しながらも敢えて原田將來說を採るものもある（萬君超「博文堂往事紀略」https://read01.com/K056DL.html 元載『收藏・拍賣』9）。「詩卷」を中國から持って來た者は、原田か顏か、どちらが事實なのであろうか。

東京朝日新聞大正十一年十二月八日朝刊は「珍品を攜へて　遊びに來た馴染の顏氏＝支那公使館內で展覽會を開く　出來るだけ大勢に見せたいと」との見出しをつけ、顏世清の寫眞入りで以下の記事を載せる。

　支那の國學者で畫家でまた藏書畫家たる廣東連平の顏世清氏は先頃の日華聯合繪畫展覽會に自作二點を出品した人である、氏は今度　突然　日本旅行を思ひ立ち其序に自ら營む藏庫『寒木堂』から古名書畫百三十點を持ち來り目下支那公使館に滯在中であるが茲一週間ばかりのうちに同公使館內で二回に分けて持參書畫の陳列會を催し諸名士、專門家を招待して展覽に供すといふ　目錄によれば全くの名品揃ひで　唐顏眞卿眞書竹山堂連句册……他金、元、明、淸各朝に亙る名家の名作、顏氏が天下の逸品として傳へるものばかりである　昨日　本社を訪れ

た顔氏は『私の寒木堂へは貴國の名士や専門家等がよく御訪ね下すつていろいろお褒めの言葉を下さつた　今度の旅行は全くの遊びで、持參した書畫も廣くお見せし度いばかりで、他意はありません、許されるならば公使陳列室の後もつと廣い場所を求めて全部を展覽し度いと思つて居ます』と語つた　……

その後、十二月十八日夕刊には、展示状況と解説がやはり寫眞入りで、同二十五日朝刊には、前日、犬養毅らが築地精養軒で顏世清歡迎會を盛大に催したことを報じている。また澁澤榮一も翌大正十二年一月五日に、顏世清と中國代理公使等のために飛鳥山邸での午餐會を催している（『澁澤榮一傳記資料』三九巻二三七頁）。大變な厚遇であった。湖南跋が言う大正十一年の顏世清來日とは、このことを言っているのであろう。因みに新聞報道による持參した名品のなかに「詩巻」の名は見えない。

朝日新聞の「馴染みの顏氏」「先頃の日華聯合繪畫展」は、當時のもう一つの日中關係を踏まえての文章である。それは日華聯合繪畫展覽會という朝野を舉げての交流事業である。アジア歴史資料センターの外務省外交史料館B05016015100日華聯合繪畫展覽會關係史料の「聯合展覽會開催の動機」には以下のような記述がある。「抑モ日華聯合繪畫展覽會ノ因ハ、大正七年十二月渡邊晨畝氏北京ニ遊ヒ、當時ノ印刷局長ニシテ、南畫家タリ、果夕藏幅家トシテ聞エタル顏世清氏　衆議院議員ニシテ南畫ノ大家金紹城氏トノ會見ニ始マル、顏氏ハ晨畝氏ノ來遊ヲ機トシテ、宴ヲ設ケテ氏ヲ招ス　當日會スルモノ、周自齋……其他大官藝術家二十餘名、……談偶々兩國藝術ノ問題トナリ、東洋藝術ノ發達ヲ期スヘク、日支兩國藝術家、互ニ相提攜シ、北京及東京ニ於テ、交互ニ其ノ作品ヲ齎シ、展覽會ヲ開催シ、其ノ研究ニ努力セハ、蓋シ益スルトコロ尠カラサルヘク、倍々其ノ精華ヲ撥揮スルヲ得ヘシトノ議出テテ滿場悉ク贊同シ、共ニ之ニ努力スルヘシト盟フ」とあり、事業の展開に顏世清は重要な役割を果たしていた。反日運動が盛んになるなか、民間の交流から始まり、やがては外務省の財政支援を受けるようになる聯合繪畫展覽會の第一回展覽

會が、大正十一年五月二日から十五日まで東京府廳內商工業獎勵館で開催された。それまで五・四運動の餘波で延期を重ねてきた中國での開催であったが、情勢がやや改善したとして試驗的展示を大正十年（一九二一）十月から十一月まで青島、北京、天津にて行い（寫眞は①中國側の開催趣旨と發起人、②日本側の趣旨文と發起人）、その結果が好評であったので東京での正式開催に至ったのである。第一回の東京展の出品は朝日によると顏世淸は二點（目錄圖版は一點）を出しているが、開催に當たって招待された代表金紹城ら三人のなかにその名は見えない。十二月の來日は、「全くの遊びで」、所藏品を展示するだけで「他意」はないと語っているのはこうした流れを受けてのことであろうが、逆に來日の主目的が別にあるのではと「邪推」を起こさせるような物言いである。なお日本の顏世淸評價について、少し前の外務省の記錄が殘る。明治四十五年（一九一二）六月二十七日作成の「支那ニ於ケル有力者履歷ニ關スル報告（前揭　外交史料館史料）」の外交廳顏世淸の「其性質」の項には「老猾ニシテ議論ヲ好ミ排外思想ニ富ム」とある。なお、日本中國聯合繪畫展覽會については、近年、近代日中關係史上の文化事業の展開という視點からの研究が盛んになっており、例えば久世夏奈子「外務省記錄にみる「唐宋元明名畫展覽會（一九二八年）」」（『日本研究』五〇　二〇一四　國際日本文化研究センター）などは、この聯合繪畫展覽會の發展として外務省の財政支援を受けた「對支文化事業」の歷史的意義付けを行っている。また個人によるWeb上ブログである http://10tyuutai.blog58.fc2.com/blog-entry-176.html にも關連史料がまとめられており有益である。

ところで、稻岡勝「原田博文堂の事業失墜と再興の歩み――北原九十郎、油谷達・原田悟朗兄弟のこと」（一橋大學機關リポジトリ　HERMES-IR　『書物・出版と社會變容、20』：七九―一一四、二〇一六）は「……中で特に問題なのは原田悟朗「木堂先生と博文堂」（一）～（三）（『書論』一〇～一二號、一九七七年五月～一九八七年五月）である。一般に子孫が榮光ある自家の歷史を後世に遺そうとするのは人情であろう。ただその思いが過ぎると得てして荒唐無稽な物語に

なりがちで、博文堂をめぐる原田悟朗の支離滅裂な言説はその典型と言ってよいだろう」との指摘がある。さらに稲岡氏は、支離滅裂の實例を擧げながら、鶴田武良氏ら美術史家たちがインタビューに應じた思い出話を無批判に記事とするために「その記述をまた無批判に孫引きする手合いが一向に後を絶たず、今日では博文堂の虚像は擴散する一

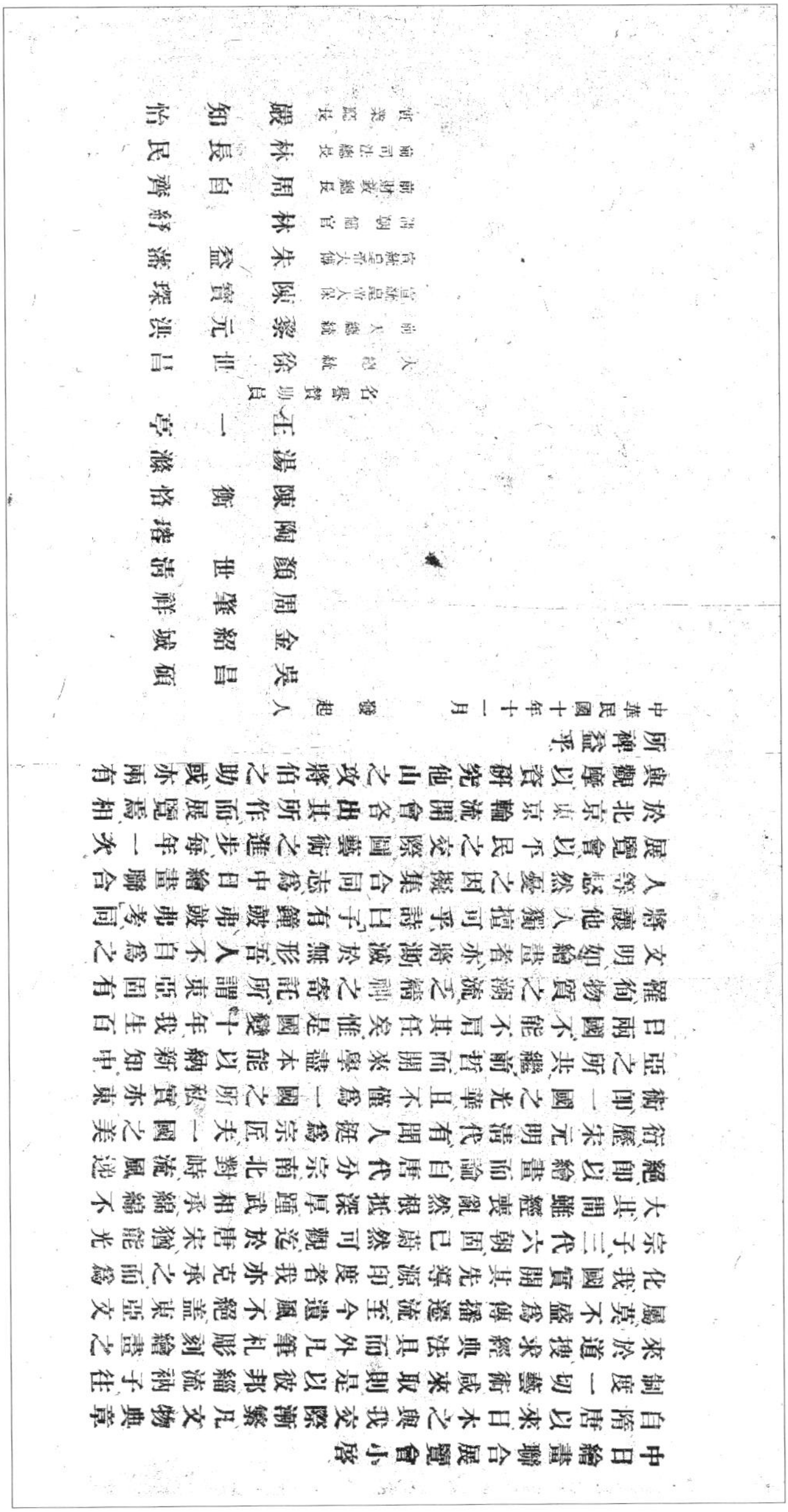

中日繪畫聯合展覽會小啓

自隋唐以來日本之與我交際漸繁凡文物典章制度一切藝術咸來取則是以彼邦緇流衲子往來於道搜求經典法具而外凡筆札彫刻繪畫之屬莫不盛爲傳播遷流至今遺風不絶蓋東亞文化我國實開其先導源印度者我亦克承之而爲宗子三代六朝固已蔚然可觀迄於唐宋猶能光大其間雖經喪亂然根抵深厚踵武相承綿綿不絶即以繪畫而論自唐代分宗南北對峙流風逓衍歴宋元明清代有聞人挺爲宗匠夫一國之美術即一國之光華且不僅爲一國之所私實亦東亞之所共繼前哲而開來學盡本能以納新知中日兩國不能不肩其任矣惟是國變十年我生百罹術物質之潮流精神之寄託所謂東亞固有文明如繪畫者亦將漸滅於無形吾人不自爲之將讓他人獨擅可乎詩曰子有鐘鼓弗鼓弗考同人等愁然憂之因擬集合同志爲中日繪畫聯合展覽會以平民之交際圖藝術之進歩毎年一次於北京東京輪流開會各出其所作而展覽焉相與觀摩以資研究他山之攻將伯之助或亦兩有所裨益乎

中華民國十年十一月　發起人

吳昌碩　金紹城　周肇祥　顏世清　陶瑢　陳衡恪　湯滌　王一亭

名譽贊助員

大總統　徐世昌
前大總統　黎元洪
宣統皇帝太保　陳寶琛
宣統皇帝太傅　朱益藩
清朝舘官　林紓
前財政總長　周自齊
前司法總長　林長民
實業總長　嚴知怡

①民國十年十一月の中國側趣意書

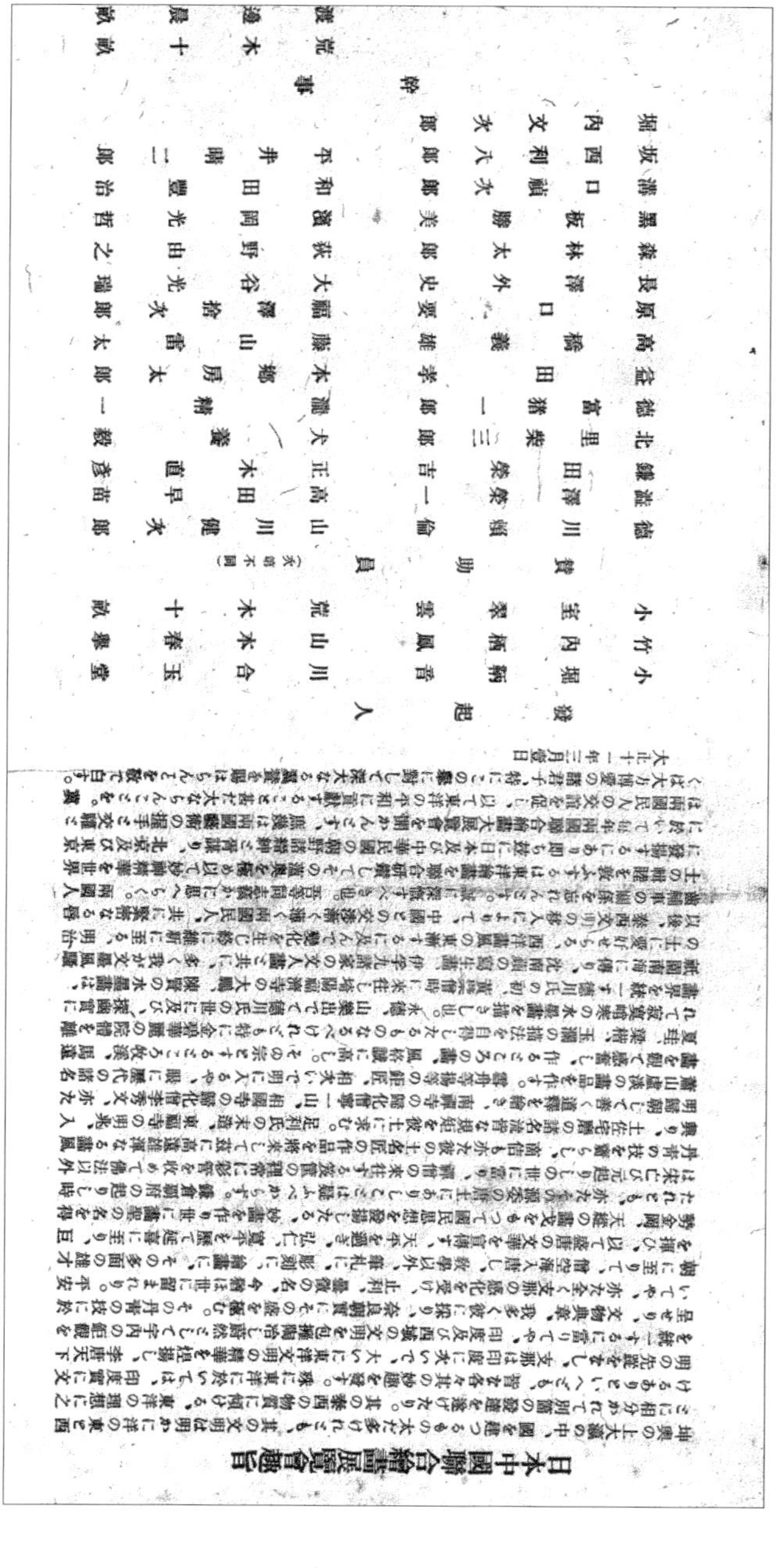

日本中國聯合繪畫展覽會趣旨

大正十一年三月壹日

②大正十一年三月の日本側趣意書

方である」と指弾する。差し詰め上記の「詩巻」渡日談はその恰好の例となろう。しかし、荒唐無稽な話が出てくるには、それなりの事情がある筈で、筆者は、原田悟朗の「詩巻」將來の回顧は「詩巻」複製制作時の記憶の混濁と理解すべきではないかと思う。菊池藏「詩巻」の複製を計畫した博文堂は、悟朗自らが天津に赴いて羅振玉に跋文を依

頼したのであろう。湖南は、自らの跋のなかで張之洞が寒食詩を海内第一としたと記している。これは梁鼎芬の題籤からの引用であるが武昌での逸話を或いは知っていたのかも知れない。いずれにしても羅振玉の跋を得られれば複製の價値はさらに高まる譯であるから、博文堂の從來の方針に從って天津行きを決行したと考えることに無理は無い。しかも道中の事故は絶對に許されない。そこで「詩巻」を二重三重に油紙で包み、肌身離さず、萬が一海難に遭っても救えるようにと考えての處置であったとの推測も可能であろう。ちなみに先の原田の談話では、北京で買い付けた文物は、常に幾重にも油紙に包んで持ち歸ったと話す。これが原田の頭のなかでは「詩巻」渡日時の話に入れ換わってしまったのではないだろうか。

稲岡論文の批判對象の一つである佐々木剛三「清朝秘宝の日本流転」（『藝術新潮』一六―九　一九六五）は、原田悟朗の話から、買い付けは「大正十五年を最初として、その後の十年間あまりの間に十数回も中国に渡られた」と記すが、「詩巻」購入と中國での「最初」の買い付けは年が合わない。やはり記憶の信頼性には疑問符がつく。いずれにしても天津行の結果、首尾よく羅振玉の跋を入手し、それは單に「詩巻」の價格を高めたのみならず、「詩巻」をめぐる張之洞の興味深い逸話を後世に傳えることになったのである。

「本論」の執筆は、二玄社で刊行された複製「黄州寒食詩巻」を使用して考察を進めた。その際、二玄社のご厚意で複製作成時に撮影した眞跡の寫眞を見せていただいたのであるが、そこには最後の民國七年顔世清乙の跋と羅振玉の跋がそれぞれ別紙で寫っており、二紙は詩巻に繋がっていなかったことにいささか驚かされた。やはり實物を見ることが研究の第一歩であることを再確認させられたのである。その後、先に述べた故宮「大観展」での展示は全巻がガラスケース一杯に披げられ、その末尾に顔乙と羅振玉の二紙が別紙で置かれており、更に新しく書かれた郭彝民跋一紙が加わった現況を實見することができた（二〇一四年の東博での國立故宮博物院「神品至寶展」においても、「詩巻」は

すべてが展示された）。

「本論」では羅振玉題跋は引用しなかったので、參考までに寫眞版と複製に附された題跋の書き下し文を適宜修補しながら移錄しておく。括弧内は筆者注。

羅振玉行書題記・先師張文襄公（之洞）、東坡の書を嗜む。光緒壬寅（二十八年　一九〇二）、公、節を武昌に建つ（十月、兩江總督に就任するまで、湖廣總督として武昌に滯在。『張文襄公年譜』四。この年、日本旅行から歸國した羅振玉は、之洞から教育關係の諸職務を委囑され五回面會している、羅繼祖輯述「永豐鄉人行年錄」前掲『羅振玉學術論著集』十二集）。客に此の卷を持して謁を請うもの有り。公、賞玩して置かず。謂う、平生（見る　脱字　文末下の欄外の字で補う）所の蘇書の墨迹、此の卷及び内府藏の榿木詩を以って第一と爲さん、と。客喜ぶこと甚だしく、言う、將さに奉獻せんとす。直ちに微かに請求の意を露わす。公曰く、時已に仲春、貂裘、適に質庫に付すべし。客、價を以って相讓らば、當に之れを留むべし。否らざれば則ち敢えて受けざるなり、と。客大いに失望す。因りて公の題識を求む。時、方に夕べに向かう。公乃ち宴を張り、端忠敏（方）、梁文忠（鼎芬）、馬季立孝廉と予とを邀え、同に之れを賞す。且つ衆に語りて曰く、此くの如き劇迹、一見せざるべからず。明日、物の主人、此れを將って北歸せん、と。時に物主、方に坐に在り、公の意を喩る。乃ち亟やかに請うて曰く、若し題を加うるを許さるれば、當に行程一、二日を遲らすべし、と。公曰く、山谷老人謂う、此の書、魯公・少師・李西臺の長を兼ぬ、と。某の意は則ち法を北海と魯公とに得たり、と。然れど前人の言う所、烏んぞ異を立つ可けん。矧んや文節（黄庭堅）は東坡の老友爲るをや。某、安んぞ敢えて竊かに其の後に議せんや、と。卒に允さず。主人因りて坐中の諸人請うも、亦た敢えて筆を下す者なし。客乃ち恫々、此の卷を挾んで北歸す。故に今卷中、公の一字無し。文襄、事功昭々、人の耳目に在り。而して躬を持すること嚴正、干すに私を以ってすべからざるは、卽ち此の一事、已に

一班を見ゆ。此の事、予、武昌の官寺に在りて親しく見る所なり。今、重ねて此の巻を覩て、往時を追憶し、爰に之れを巻後に書し、以って公の清風亮節を記す。玉、當日、諸公と几を並べて展觀す。情況宛として目前に在り。公と忠敏・文忠とは、旣に先後天上に騎箕す。季立も亦た委化す。惟だ頭白の門生、尙お人世に在るのみ。瓌寶重ねて逢。曷ぞ忻慨に勝えんや。甲子仲夏、上虞の羅振玉、津沽の寓居聲硯齋に書す。　白文方印「振玉印信」　白文方印「永豐鄕人」

新たに臺北で加えられた郭柑　字彝民の跋は、以下のように讀める。

蘇文忠寒食帖。由顏韻伯以金六萬元售於菊池惺堂、已見内藤跋於龍眠瀟湘圖。係團匪亂流入日本。書估菊池親屬某以六千元收得、以六萬元轉售於菊池。價差甚鉅、書估菊池俱大非之、幾至興訟。事在菊池購蘇帖之前。前跋誤載此段。今再志、以之存其眞。郭彝民又記。

要は、顏韻伯が六萬元で菊池惺堂に賣ったという話の實相について、日本に流入した後、菊池の親族が六千元で購入し、それを惺堂に六萬元で轉賣した。餘りの價格差に書賈と菊池は訴訟を興す直前まで行った、ということらしい。事の眞相は分からない。書賈は博文堂のことか。いずれにしても、文化財は金の問題と表裏一體であるということ、これもまた確かなのである。

近藤學案——跋語に代えて——

王　瑞　來
（村田　岳　譯）

一　はじめに

近藤一成教授は私の昔からの友人である。一九八五年に杭州で行われた國際宋代史シンポジウムで知りあってから、今年で三十一年になる。その席では髮型や容貌が似ていたせいで、我々はよく見間違えられた。それは日本に來てからも同じであって、記憶に新しいのは來日してからそれほどまだ日が經っていない九十年代の頃、その時はまだ東京大學東洋文化研究所の助手であった小島毅君の誘いに應じて、『朱子語類』譯注檢討會に參加した時のことだ。ある日、檢討會に赴くとその會の主催者でまだそれほど會った回數の少なかった故溝口雄三先生に東大のキャンパス內でお會いした。近藤先生は既にイギリスにサバティカルで行かれていたことを知っていた溝口先生は、開口一番に「近藤さんはいつイギリスからお戻りになったのですか」と尋ねられたので、私は微笑んだものだった。縁というものにより、私と近藤先生は互いに兄弟として呼びあう仲である。

日本にあっては二十年以上に亙って、我々は東洋文庫の宋史研究會に參加し、『宋史選擧志譯註』、『朝野類要譯註』、

『雞肋編譯註』、『宋會要輯稿・刑法譯註』等の制作にともに攜わり、さらに私は早稻田大學での授業も擔當したため、同僚でもあった。數年前、近藤先生の著作である『宋代中國科擧社會の研究』が「汲古叢書」として汲古書院から出版された。これは近藤先生の三十年來の發表論文をまとめたものであり、今に至るまでの研究の結晶でもある。この書に收められている各論文の多くは、初出の際に近藤先生の署名入り拔き刷りを頂いており、拜讀させてもらっていた。そのため、近藤先生の學術思考と研究成果については、既にある程度の理解を持っていたのだが、それらをまとめたこの著作は、さらに近藤先生の學術の特色とその成果を露わにして、全面的な展開を見せたものである。そのため、鄙見を顧みず、『宋元學案』の「學案」という一語を採用して、近藤一成教授の學術を述べてみたい。

二　研究と成果――『宋代中國科擧社會の研究』の內容概述――

既に述べたように、『宋代中國科擧社會の研究』は近藤一成先生が三十年に亙って發表した論文のまとめである。だが、この著作を編集する際に近藤一成先生は通常の論文集のように發表順に並べるようなことはせず、考えを巡らせた上での精緻な論理構成を立てたのである。以下、全書の篇章の概略を述べていく。

Ⅰ部　國制篇　宋代の科擧學校制度と文人官僚

第一章　宋初の國子監・太學について

第二章　「慶曆の治」小考

第三章　王安石の科擧改革をめぐって

以上がこの著作の序論と結語を除いた主要な部分である。近藤一成先生の序論に依據して、上述各章の內容に對して概述を行ったのが以下のものである。

第Ⅰ部の國制篇は宋代特有の科擧制度の確立をめぐって、いくつかの問題について考察を行ったのが主である。唐末五代の武人支配體制の中から成長した宋朝は、もし唐代と比べるならばその版圖は大幅に縮小しているが、それでも五代を繼ぐ第六代目とはならずに、再び統一王朝を作りあげ、そして支配を繼續させることができた。その原因として眞先に擧げるべきなのは、大きな障害もないままに文治體制に移行することができたということである。文治體制中で不可缺となる文官は、原則としては門第ではなく、個人能力を基準とする科擧によって全國から選拔され任用された。近藤先生はこれが王朝の求心力を維持することができた主要な原因であるとしている。また、中國近世の科擧と學校制度も密接に關係していたため、特に中央と地方の公立學校では科擧の補充と存續のためのものとなってしまい、ほとんどその本來の教育機能を發揮する機會がなかった。この種の狀態の形成は、宋代科擧制度確立の過程で、官僚選拔の科擧と官僚養成の學校とが合わさったためであり、當時の言い方を用いるならば取士と養士とを統一することを目標としていたが、その結果としては卻ってその目標に反するものとなってしまった。國制篇が注目している問題とは、科擧社會形成の主要な原因となった科擧と學校制度である。

第一章「宋初の國子監・太學について」は、漢代以來設置されていた太學が實質を改變させられた後になって宋朝仁宗時に出現した國子監の過程を追跡したものであり、このような背景の下で、從來の國子ではなく、庶民中より選拔した學生を主とし、さらに加えていわゆる解額、つまり一次試驗合格者の數を、唐代の學校進士制度を繼承する宋代太學にも分配したと指摘した。首都で試驗に參加することは科擧の最終合格に有利であったために、中央學校での試驗參加者の劇的な增加等の狀況を見たが、進士の地域格差を無視することはできず、當時にあってこのような聲は

日増しに高まっていった。このような問題はこの章の中でも論及されている。第二代皇帝太宗が文治政治を推進するという方向性を決定した後、科擧合格者の數量もまた急激に增加し、地方にあって科擧の動向に敏感であった受驗者も續々と中央に集まった。しかし中央に送られてくる大量の鄉貢進士の水準はあまりに低く、そのため中央政府の頭を惱ませることとなった。そのため、官僚登用制度の中での養士と取士の一致が課題となると同時に、糊名・謄錄などを實施して不正を防ぎ、科擧公平化の制度改革も實行することになった。そして不正防止のための技術的改革が一段落した後、どのような試驗科目で以て適切な人材を選拔して官僚體系の中に組みこむか、ということがつづけて重要な問題となった。ここから科擧制度の本質に關係する議論が展開されたのである。

第二章「「慶曆の治」小考」は慶曆年間に焦點を當てて、士大夫政治と彼らの政治改革について檢討を行ったものである。科擧・學校制度の改革と密接に關係していることだが、宋代政治と文化の主要な擔い手である士大夫が歷史舞臺に登場する。官僚身分に相應しい、とはこのような士大夫が持つイメージの問題なのである。この他、この政治改革が挫折した原因についても檢討しているのだが、さらに行った檢討課題として擧げられるのが、確かに王安石の新法の中には慶曆新政を繼承する要素が存在していたが、改革推進者中で、歐陽脩を始めとして、王安石新法の時代に至ってもなお健在であった多くの士大夫は、反新法の立場に立った、ということである。その原因を檢討することを通して、士大夫政治の特色を示そうと努めている。

第三章「王安石の科擧改革をめぐって」は彼の著名な改革の再考察を通じて、宋代科擧の特質を中國史上の中で位置づけようと試みたものである。帖經・墨義のような暗記試驗と詩賦のような才藝試驗では、官僚に要求される適切な人材を選拔することができないとして、經義を中心とする試驗に變化したのである。このような改革は、試驗科目の變更に留まらず、宋學の展開や士大夫政治が最後には規範とする經學の解釋を統一させること等の問題と關連して

いる。一見するだけならば、王安石と司馬光の改革に對する議論というものは共通している部分が非常に多いが、實際のところは彼らが描いていたのはそれぞれ異なる王朝國家の理想であった。そしてその目標に向けて、彼らは科擧を自らの據ってたつところとしたのである。この章では新法失敗の後、たとえ舊法黨執政の時期であっても、科擧は決して王安石改革の前には戻らず、だがその一方で王安石が望んでいた學校が官僚養成の場所となるという最終目標にも向かわず、そのまま北宋最後の時代である徽宗朝を迎えたと指摘している。

第四章「蔡京の科擧・學校政策」はこの著書に於ける重要な部分である。北宋を滅亡に導いた元凶である蔡京は徽宗を奉らなかっただけではなく、宰相として己の保身ばかりが念頭にあったのは非常に明白である。だが、人々に興味を覺えさせるのは、歴史上の評價が極めて低い蔡京こそが王安石の科擧・學校構想を形式上では實現させた人物であるということである。その結果として、彼の政策は中國近世科擧社會の形成に決定的な影響を及ぼした。蔡京は王安石の科擧改革の初期である熙寧三年に殿試に合格し、當時の權力者に迎合して、順調に昇進している。そして蔡京の官僚生活の初期は、學校政策と關連している。官界の中で學校制度を最も理解している人間として、彼は様々な活動を行っており、一たび宰相となるや、學校より官界に入るルートを直ちに擴大し、その後には科擧を廢止、官僚は原則上として太學卒業生より補充するという「天下三舍法」を實行した。だが、確かに科擧は鄉試―省試―殿試という三つの試驗を通過して始めて釋褐の機會が與えられるとはいえ、縣學―州學―辟雍―太學という順序で進んで官に到るというのは、さらに大量の時間と努力とを必要とした。そのため官僚になることを望む人々にとっては、あくまで過渡期の措置として存續していた科擧に參加しつづけ、學校は決して歡迎されなかった。そのため最後には、蔡京は官戶の標準に照らして地方學校の學生に免役などの特權を付與して、利益誘導を通して學生を集めようと圖った。このような政策は効果を現わし、全國の學生數は激增、最終的には三十萬人以上にも達したのだが、これは同時に、

「天下三舍法」の繼續實施にも困難をもたらした。原則として、あらゆる州縣は學校を設置して、學生を收容し、教授を置かなければならないのだが、これは財政上不可能であった。そして地方學生が免役の特權を授けられるというのは、勞役を前提として存在している地方行政に問題をもたらすものでもあった。そのため、このような學校を經過するという養士と取士とが一體化した官僚登用制度は、わずか十數年にて挫折したのである。庶人と區別され、南宋の『淸明集』の判語でしばしば刑罰等々の方面にて優遇を受けている「士」という人々が言及されている。彼らは地域有力者層であり、蔡京の「天下三舍法」政策の下で出現した地方學生の系譜に連なるもので、彼らの多數は官となるよりも地方での勢力と地位とを確保することを第一とした。このような人々を地方エリート層の母體と稱することができるだろう。これによってこの章は、科擧と關連する士庶の別が地方社會に浸透した契機は、まさに蔡京の科擧と學校政策がもたらしたものであったと結論づけている。

第五章「南宋初期の王安石評價について」は高宗朝道學派官僚たちの動向及び秦檜の彈壓と黨爭にまで考察を及ぼしたものである。南宋初期は新法黨政治が北宋滅亡の原因を導いたと追究されたことで、一般的には舊法黨價値觀の時代であるとされる。しかし、この章ではこのような見方に檢討を加え、少なくとも高宗朝にあっては、徽宗朝以來の王安石の學問を專攻していた實務派官僚の存在を無視することはできず、舊法黨の道學が官側から認可されたのは、一二四〇年以後のことであったことを明らかにしている。

第Ⅰ部最後の第六章「「紹興十八年同年小錄」三題」では、朱熹が登第した登科錄の同年小錄より、その時の科擧と關連する事件、省試第一でありながら殿試の序列最下位であった徐履の本末や紹興陸氏の科擧戰略、朱熹の本貫等の問題を議論することで、當時の科擧の實際の狀態を窺いみている。

第Ⅱ部地域篇は科擧社會の主役である士人層と地域社會の考察を行っている。

第一章「南宋地域社會の科學と儒學――明州慶元府の場合――」は史料が比較的豐富な明州慶元府を例として課題を設定するものである。宋代科擧は地域によって進士合格者の數が大きく異なったため、大量の先行研究がこの點に對して指摘を行った上で、さらに原因についても検討しているが、この章は地域ごとの合格者總數の比較を行うのではなく、地域合格者數が異なった時期に於いて增減した問題について注目している。解額制によって、各州の試驗合格者數は固定されているが、省試の合格枠は地域分配を行わないため、地域ごとの最終合格者數は毎回の科擧で異なっている。この章ではこのような前提の下で、南宋の東南沿海の十の州軍を考察して、大きく三つの類型に分類している。つまり、高宗朝より始まり度宗朝までつづく漸增型、漸減型、そして一定數を維持して變わらなかった型の三つである。明州慶元府は理宗朝になってピークに達した漸增型の典型である。もし士人社會の形成と展開という視角からこの種の傾向が生まれる原因を捉えようとするならば、どのように解釋すればよいであろうか。近藤先生の具體的な操作としては、南宋末期に活躍した學者官僚である王應麟と黄震に對して、二人の登第時の家庭狀況・年齡・合格順位、及び登第後の任官等を比較考察するものである。また一種の俯瞰をなすために、東アジア海域世界の發展と關連させて、この章では唐末五代・北宋滅亡と華北の戰亂によって大量の移民が流入して新興開發地域としての明州を作ったこと、及びその士人社會の形成過程を考察している。

第二章「鄞縣知事王安石と明州士人社會」は明州士人社會形成の出發點である北宋慶曆年間を検討の對象としている。まず、これまでの研究が後世の史料に對して批判を加えないままに明州士人社會が盛況であったことを證明しようとしていたと指摘している。そしてこの章では同時代の王安石の記述を基礎として史料批判を行い、いわゆる明州「慶曆五先生像」というものは、明州士人社會が確立して全盛期を迎えた南宋後半期になって、自身の來歷を主張する需要のため、作りだされた歷史イメージであったと結論づける。この歷史イメージは王應麟によって作りだされ、

後の元代に入ってからその弟子である袁桷の著作によって確立し、繼承されていった。だがこのような地域士人社會が創造した地域歴史イメージとは、決して單なる虛構のみというわけではない。これはたとえ現在の形態と同じでないとしても、歴史認識と歴史事實の關係という問題を表しているのである。この他に王安石や舒亶等の地方と關係のある人物のイメージについて、中央政府編纂の歴史書と地方志の敍述の中からその差異を見いだしており、ここに中央と地方の單純な二元對立という枠組み關係を超越するものを味わうことができる。

第三章「宋末元初湖州吳興の士人社會」は進士の數量推移で明州とは逆に漸減型であった湖州を例として、その漸減の原因について考察したものである。具體的には趙孟頫が周密のために作った「鵲華秋色圖」を手掛かりとして、趙孟頫と周密の關係を考察する。宋朝の祿を食みながらも、後になって元朝に仕えた趙孟頫と出仕を拒絕して立場を異にした周密、この二人はともに湖州の出身であり交流を維持しつづけていた。新興開發地區であった明州とは違い、湖州は古より山水景勝の地として有名であり、大量の名族や士大夫が居住、あるいは寓居して琴棋書畫等々の傳統文化への嗜好から人生の快樂を見いだそうとしていた。彼らにとって官位は必要なものではあったが、それは長期の試驗準備を必要として心身を疲勞させてようやくに獲得できるものであり、さらには不確定要素もあったために、それよりは確實で氣樂な恩蔭方式による出仕に期待していた。この章では士人社會のこのような普遍的な雰圍氣を推測して、その背景には科擧合格者の漸減があったとする。しかしこのような見解を補强するために、近藤先生は事例のさらなる比較研究と異なった視角から出發する多角的檢證が必要であると述べている。

以上は明州慶元府の考察であり、これより後は個別問題についてである。

第四章「王安石撰墓誌を讀む——地域、人脈、黨爭——」は王安石『臨川集』收錄の一一二件の墓誌・墓表から考察を行ったものである。これら墓誌・墓表では男性が計八十二人であり、その中で有官者で進士及第なのは三十九人、

諸科・恩蔭・武官等々は二十五人、合計すると六十四人となり、無官者は十二人、この他に宗室が六人である。女性三十人の中には、有官者の夫人は二十二人、有官者の母親は三人、宗室の夫人は三人であり、その中の大部分はみな官僚の妻子である。近年、中國史研究は出土墓誌銘の使用に對して非常に積極的であるが、それは多くが唐代以前を中心とするものであり、宋元時代の大量の墓誌銘は個人文集の中に收錄されているため、石刻史料として見なされることは大變稀である。明清時代に到っては、宗族と個人傳記資料の族譜等々を除いても、その他に豊富な文獻が存在しているため、墓誌の利用というものは限定的である。この章では宋代石刻史料學の確立を視野に入れて、王安石が撰した墓誌中で明らかにするところの北宋士人の地域歸屬意識や人間關係と黨派意識について考察を行っている。科擧の登第は地域や人間關係の形成に重要な契機であって、科擧社會は王安石撰の墓誌銘の大きな枠組みであったことが確認できる。本來ならば墓中に埋まって永遠に後世に對して先人の功績を傳達する墓誌銘は、當時にあっては士大夫作品として同時代人に廣く讀まれるものであって、このような状況からも宋代士人社會の一つの側面を觀察することができる。

第五章は「南宋四川の類省試からみた地域の問題」である。類省試は南宋初期に實施された臨時性の措置であったが、後になっても四川でのみ繼續され、その弊害は中央にてしばしば指摘されていた。この章では科擧の特殊環境内での存在を檢討し、科擧社會の地域性を考察している。この他、その中の進士數量の問題にも言及し、四川地方志中で殘存している合格者の姓名と四川出身の魏了翁『鶴山先生大全文集』中に收錄されている墓誌銘が載せている四川進士合格者の姓名とに著しい差異があったことを指摘している。類省試進士の收錄ということに限っても、地方志「選擧門」から復元した合格者數の正確さというものは、少なくとも四川に於いては大きな問題があるということになる。近藤先生はさらに進んで、地域性というものは士人社會の問題というだけではなく、南宋の國家形態にも關係

していると指摘している。

第六章「宋代の士大夫と社會――黄榦における禮の世界と判語の世界――」は士人の個別研究として、朱熹の高弟にして女婿である黄榦を事例として取りあげて、彼の生涯を追いかけると同時に、朱子學の社會地位の確立及び士大夫の理念と現實等の問題にも論及している。中國史の中で傳統的意義上の士は、唐宋變革期を經過して新興士大夫官僚となって、新しい政治體制中の政治位置を確立し、科擧は士大夫官僚の再生產裝置となってあるべき機能を發揮した。この他に士は北宋中期に出現した新思潮の擔い手となり、新世界觀形成の過程で、それに參加して打ちたてていくという地位を確立した。しかし、政治と思想の層面を比べると、社會の中にあって特に地域社會內部では、士大夫・士人層の再編成された後の安定的な位置というものはまだ未確立であった。士人は地域の有力者として、形勢戶として規定され、あるいはこれに豪横という呼稱を冠していたということが、この事實を表している。これは士人の現實社會における存在形態は、政治上・思想上の地位とは決して符合しないということを示している。各自の狀況が同じではない士人は、個人として、あるいは親族集團・學派・官僚集團として、それぞれの方向性を有しており、これらの方向性の總合が時代の方向となるのである。黄榦が明示した士人のありうべき姿とは、時代全體の方向とどのような關係にあるのだろうか。そして後世の歷史にどのような影響を生んだのであろうか。もしさらに進んで、これら士人の南宋中期地域社會での斷面構成にピントを當てて北宋社會のそれと比較したならば、その構造は北宋以來の延長線上に存在して同質なのであろうか。それとも北宋の連續線上にあるとはいえ、北宋社會が成熟した形態の變化と見なされるのであろうか。それともあるいはある種の新しい要素を持ってこの時期にようやくに出現した社會なのであろうか。ここでは、近藤先生はいくつかの重要な問題を提出しており、どれもこの時代の歷史性と特質とに關係のある今後の課題である。これはつまり、宋代科擧社會の研究は依然としてその道は遠いということを意味している。

第Ⅲ部個人篇は蘇軾に關してのいくつかの問題について検討している。唐宋八大家として、そして宋代の代表的詩人である蘇東坡は典型的文人として今でも中國人に愛されている。彼は翰林學士・禮部尙書にまで到った士大夫官僚であるが、官僚としての經歴は彼自身もともと豫想もしなかったことに、新舊兩黨派の爭いの渦中に卷きこまれ、さらには一方の頭目と見なされ、政治の波濤の中で激動し、二度に亙って流放の憂き目を見た。また科擧社會最上層に位置する蘇軾は多方面に亙って彼の才能を發揮しており、彼の研究は士大夫社會・士大夫文化と緊密に關係している。この篇の論文は彼の科擧登第から始まり、文人官僚となった蘇軾を中心として行った研究である。

第一章は「東坡應擧考」である。本貫が成都眉州である蘇東坡の取解はどこであったのであろうか。この章は『蘇文忠公詩編注集成總案』の記事を手掛かりに、彼が本貫取解の原則に違反して、開封府で寄應取解したことを明らかにした。さらにこの章ではこのような行爲の背景にも検討を及ぼしている。當時の科擧規定に基づけば、これは明らかに違法行爲である。しかし、他薦が原則であって、自主應考の科擧は必ずしも最高の官僚登用制度ではない、というような傳統的認識は當時にあっても依然として强固であった。注意しなければならないのは、科擧は能力主義を原則とすることで評價が高いが、それはあくまで我々現代人の感覺であって、考えなくてはいけない部分がまだあるということである。もし、人間關係といわゆる「人情」が蘇軾の身の上に發揮された作用というものを考慮したならば、中央政府高官として成都府に到り知府となった張方平の存在がたちまちに浮かびあがってくる。そして年若き蘇軾・蘇轍兄弟を主導して應試に向かわせたのは、他でもなく彼ら兄弟が到る所奔走して官職を求めた父親蘇洵であった。登第の後になって制科に應じ、四川地方での有力一族は天下名族の地位へと押しあげられたのである。

第二章は「張方平「文安先生墓表」と辨姦論」である。第一章で得られた知見を成立させるためにも、この一章の論證が必須となる。張方平が執筆した蘇洵の墓表は長らく僞作とされ、宮崎市定先生もそのように考えており、ほと

んど定説であるといえる。ただ實際のところ、墓表そのものについては未だに論及されていない。墓表では蘇洵が王安石の奸邪なるを豫言した「辨奸論」が初めて紹介されてこれは僞作とされるが、これは後世の議論對象となった。文章のロジックから考えて、「辨奸論」が僞作であるならば、それが初めて登場した墓表も蘇軾が張方平に宛てた謝書も僞作であることになる。ただもし仔細に墓表を見るならば、僞作説は成立しないということが分かるため、墓表が記述している蘇洵・蘇軾・蘇轍親子の傳記資料は利用可能である。「事實」と敍述・流傳が相互にまとわりついている「歴史」をどのように引きはがすか、この章はこの例を使いその手段を示している。

第三章「東坡の犯罪――『烏臺詩案』の基礎的考察――」は有名な北宋の文字獄を記録した稀有な一次史料である「烏臺詩案」を検討している。御史臺の調査資料に基づいて刊行されたと考えられる當該書は、御史臺が立案して神宗が裁決するまでに到る一連の經過を具體的に記述しており、他に類を見ない內容となっている。この章は「烏臺詩案」に對する複數の考察を行った幅廣い視野を示しており、それは文獻學的考察、御史彈劾狀が列擧した罪名、律・敕が適用する條項と最終決定された刑名との落差、および舊法黨士人に廣く波及した連座範圍と政治關連等々である。

第四章は「東坡「黃州寒食詩卷」と宋代士大夫」である。蘇軾は烏臺詩案によって黃州に流され、その地で「黃州寒食詩卷」を書いた。この章では中國書法を代表し史上最高とされる作品に對して、中國文化史の視角から考察を行ったものである。歴史研究の材料として、中國書畫を利用する際に、書畫そのものと同樣にそこに記された題跋もまた非常に重要である。寒食詩はそこに黃山谷庭堅の跋詩が加わったことで價値が倍增しており、黃山谷が題跋を書いた經緯、その後の詩卷の流傳、これらはみな何が士大夫文化であるかを訴えている。大正十三年に京都恭仁山莊で加えられた內藤湖南の題跋は、この詩卷の來歷について說明しており、これはまさに內藤湖南の博識を示しているのだが、近藤先生はかつての日本の中國史研究者が持つ士大夫文化への理解の深さに感嘆し、ここに凝縮された日本の宋代中

國史研究の基本問題を認めている。

第五章「知杭州蘇軾の治績――宋代文人官僚政策考――」は上下篇に分けられている。上篇は蘇軾の救荒政策を、下篇は彼の高麗への政策を考察しており、いずれも蘇軾の上奏文を利用して分析の基礎材料としている。そして史料批判を行うと同時に、近藤先生は當時の歴史狀況を復元することから、これと呼應する杭州知府蘇軾の言動を考察する。上奏文は官僚の提案、あるいは請求のためのものであって、當然それは視野と目的を持った事實解釋等々の制約を受けてしまうが、ただこれらの制約を前提として解讀することで、その中から充分な歴史研究の材料を獲得することができる。救荒政策の決定は現狀への認識と地方官同僚との確執を取りまいており、また中央での黨爭と政策判斷・具體的施策、これらに對する士大夫官僚の關連する度合いの問題と、討論の對象は多岐に渡っている。この他、蘇軾の容赦ない對高麗政策の背後には、福建海商集團の活動があったことを示しており、これは歴代の文獻史料が完全には明らかにしていなかった課題である。そのため、蘇軾の主張を分析することで、宋人海商と高麗人との協働が兩國の外交政策に與えた影響というものを明らかにすることができ、當時の東アジア海域世界について、近藤先生は今後ともさらなる研究深化が期待される領域であると認めている。

第六章の「西園雅集考――宋代文人傳說の誕生――」は第五章と同じく、上下篇に分けられており、中國美術史上有名な西園雅集の圖と記に對して考察を行っている。上篇は主に雅集が歴史事實であったかどうか、というこれまでの論爭をめぐってのものであり、その爭點の一つである記の作者米芾の元祐初期の停留地について考察を行っている。結論は通說と異なり、米芾は當時開封から離れていた可能性が高いとするが、これは決して直接的に雅集の存在事實を證明するものではなく、ただ弟子を含む蘇軾と關係のある人物が一堂に集って雅集を作ったということを表しているに過ぎず、これは同時にこのような言說の形成と傳承過程の重要性を示している。下篇は畫の構成に對して分析を

行い、西園雅集圖と雅集の傳承は北宋末には既に形成されていた可能性を指摘している。徽宗朝の蘇東坡への彈壓は文獻に記載されているようにひたすらに禁止されていた、というような理解はあまりにも單純である。近藤先生は中國史上で歷史評價の問題は中國の歷史形成過程中の問題であると指摘しており、このような認識は非常に重要であろう。

三　古今の間——研究の射程——

近藤先生が數十年に亙って精力を傾けていた研究は宋代科擧をめぐって展開されているのである。

近藤先生の『宋代中國科擧社會の研究』が出版されて後、學者の間ではこの書の書名について、興味深い議論があった。ある人は書名中の「中國」の二文字は餘計であると言い、ある人はそれに反論してこれは近藤先生が意圖的に加えたものだと考えた。この問題について、私は近藤先生に確認をしたことはないが、私の意見としては後者に屬しており、まさにこれは近藤先生が意圖的に加えたものだと考えている。「宋代中國」(Song China) は宋という一時代の中國大陸を指しているが、また中國史という大河の中に存在している一つの座標でもある。近藤先生は高みから見下ろすかのように、通史の大きな視野の下でこの座標の上に立脚して、時代の前後を受けて中國の科擧社會に對しての斷面式の考察を行っている。

中國史を貫く士庶の別という觀念を手掛かりとして、近藤先生は唐末より五代・宋になって大きな變化が起こった中國社會を考察しており、その最終目標は近千年の傳統王朝の體制再生產構造を明らかにすることである。

このような手懷けがたく複雜な課題に對して近藤先生は輕々と巧みな操作を行い、科擧を王朝體制再生產の鍵と捉

え、先生が熟知している宋代科擧社會・科擧文化の形成と展開という具體的問題を考察することに着目し、空虚な議論となることを避け、王朝體制再生産の過程と状況とを宋代を通すことで明瞭とした。この考察によって、宋代以後の中國科擧社會を考察する際の前提を提供し、基礎を打ちかためたと言える。

唐代に到るまで狀態が安定し尚且つ區分傾向が強かった士庶の別は、科擧が導入されることで、區分の基準が流動狀態を見せることになった。士庶（卽ち農・工・商）の別はもはや固定身分制のものではなくなり、一種の職業制上の分類となった。そして科擧に合格するだけでなく、應試の資格・能力等科擧に關係するものを有していると認められることでも士人階層に入る條件となり、士大夫と庶民の間には大量の士人と呼ばれる中間層が出現した。經濟上・社會上の安定を獲得する唯一の道とは科擧に合格することである。だが科擧合格を保證するためには、經濟上・社會上の安定が必須であった。このような相反する條件が同時に存在し、上昇・下降の殘酷な競爭は社會構造變革のエネルギーを社會流動へと向かわせたのである。

敦煌壁畫で描かれている「反彈琵琶」のように、逆向きの思惟は往々にして豫想もしなかった景色を見させるものであり、そのような研究も斬新な結論を得ることができる。これまで科擧に對して、研究者の關心というものは多くが「春風得意馬蹄疾、一日看盡長安花」という合格者に向けられており、大量の落第者にはほとんど關心が向かなかった。だが近藤先生は科擧は毎回大量の落第者を産みだす制度だと指摘している。大部分の應試者はその一生を終えるまで最終目標を實現できず、落第者中の多くはいくら不滿を抱えようとも、最後には自らの選擇を受けいれざるをえなかった。このように言えば、科擧社會は落第者を納得させる仕組みを成立させていたということになり、そして清朝にまで到っても、科擧は王朝交代を超越して、傳統社會體制の再生産機能を發揮した。そのため、このようなものが含まれている科擧の傳統社會體制の再生産システムの社會を近藤先生は科擧社會と呼んだ。科擧が廢止された二十

世紀初頭になるまで、傳統社會體制というものはこのように再生産されたのである。

歷史というものは一本の河であり、古今が連續している。中國の歷史を理解するには現代中國の理解が不可缺の前提となっている。これは簡明な結論であって、誰もが知っていることかもしれないが、逆に近藤先生は自らの解釋を出されている。先生は「何故なら中國人自身が自らの歷史を絕えず祖述し反芻し、それらを自らの內に取り込みながら自己形成を遂げてきたからである。一方、このことは過去の中國史を理解するためにも、その祖述と反芻の蓄積過程を分析の俎上に上げなければならないことを示す[1]」と述べている。

近藤先生の研究視野は、宋代中國に留まらず、近現代中國をもその注意と思索の對象としている。先生は『宋代中國科擧社會の研究』の最後にて、大幅に目線を轉換させて宋代から近現代に移し、筆を誰もが知っている魯迅へと向けている。「二十世紀前半の中國文明批評家の最高峰に位置する魯迅は、淸末紹興の讀書人周家の出身である。周一族は代々進士を輩出すると同時に、過酷な科擧受驗競爭の中で多くの人物が人格を歪め精神に異常をきたし、遂には進士である祖父と應試者である父による不正行爲で處罰を受け家は沒落した。魯迅が描く孔乙己と阿Qこそ中國史上の士と庶の成れの果ての姿であった[2]」と近藤先生は指摘する。

黃河が曲がりくねっても終には海に向かうように、近藤先生が魯迅を擧げて例としたものも決して元の問題から離れてはいない。先生は再び筆を宋代に戾し、魯迅という例を通して、宋代科擧社會と近現代との連係を導いている。「その直接のルーツを求めれば、結局、十一世紀に出現した新たな士―庶關係にたどり着く。魯迅の問題意識の根底には科擧社會があったのである。また毛澤東率いる中國革命において、なぜあれだけ執拗に反官僚主義が叫ばれ續けたのか、なぜ建國後も知識分子は冷遇され彈壓され續けたのか。これも庶の士（讀書人）に對する長年の怨念をぬきにしては理解できないであろう。禮は庶に下らず、刑は士に上らずは、本來の意味を變えながらも士―庶社會を端的

に表現する用語として清末まで生きながらえた。この極限にまで洗練された禮と法を生み出した社會、重層性と畫一・多様、秩序と混沌が同居(3)していると近藤先生は指摘している。

「功夫在詩外」という言い方のように、近藤先生の具體的内容の敍述を通して、賢明なる讀者は方法論的啓發を少なからず得ることになるだろう。

四　學縁と啓發――私と近藤一成教授――

三十年を共に過ごし、學術上で受けた影響も知らず知らずのうちに存在している。三十年來、人か事の具體的考證を除けば、私の研究は二つの主題に集中される。一つは皇權研究であり、もう一つは宋元變革論研究である。二つの研究のいずれもが近藤先生と關係しないものはない。皇權研究について、私は中國帝政時代の皇權は行政制度の完備に伴って、二つの「至高無上」を經たと考えている。つまり行政權力による至高無上は徐々に皇帝權威の至高無上へと變わっていったのである。そして私の研究の基點は宋代にある。科擧の規模が擴大し士大夫政治を作りあげ、士大夫政治を主宰する宰輔が專政する、まさにこれが皇權の象徴化を促す主要因素の一つなのである。近藤先生が科擧を官僚再生産装置と呼んでいることに私は非常に贊同するし、論著の中でも頻繁に使用させてもらっている。そして近藤先生の明確に强調している「士大夫政治」は私の皇權研究のキーワードでもある。私の皇權研究を集めた著作である『宰相故事』とその修訂版である『君臣』の副題はともに「士大夫政治下の權力場」である。

近十年來、私はずっと宋元變革論を提唱してきた。これは歐米の學者の影響を受けたテーマではあるが、その根底には日本の學者が提唱した「近世説」への理解がある。唐宋變革論の視角から見るならば、北宋とは唐代の要素を極

限にまで發展させたものだと私は考える。同時に北宋はさらなる變革をはらんでいた。靖康の變は宋朝の政治を江南へと向けさせ、もともと政治と經濟の重心が二元化していた中國を、特殊な背景の下で江南にて統合したのである。科擧はごく少數の合格者を産んで高官顯宦にすると同時に、大量の不合格の失敗者を出すものでもあり、大多數の士人にとって入仕の途は閉ざされていた。たとえ入仕できたとしても、「員多闕少」という狀況下では、選調に停滯して、高官になれるものではなかった。士人の動向はこれによって多元化を形成し、經濟繁榮が形成する引力は大量の士人を地域活動の中へと吸收した。北宋が形成した士大夫政治は地域社會へと浸透し、士大夫・士人から變身した鄉紳は江南の特定地域にて大きく成長し、先賢から鄉賢までの選別された奉祀から、宗族の重建、公益の救災、道學の普及に到るまで鄉紳の主導下で行われ、元明清を經て、中國社會の近代化への變化を導いたのである。

私のこのようなマクロ認識は近藤先生のミクロ認識によって啓發されたものが非常に多い。近藤先生による蔡京の科擧と學校政策についての研究が指摘するように、蔡京は科擧を廢止して三舍法を行い、官戶の標準に照らして地方學校の學生に免役等の特權を與え、利益誘導で全國の學生數を激增させ、最終的にそれは三十萬人以上にまで達した。南宋の『淸明集』の判語中にてしばしば言及され、刑罰等々の方面にて優遇される「士」とは地域有力者層として、蔡京の「天下三舍法」政策の下で出現した地方學生の系譜に連なるものである。彼らの中の多數は官となるよりも、地方勢力と地位を確保することを第一とした。これらの人々を地域エリート層の母體と呼ぶことができる。科擧と連動して士人が地方社會へと浸透する契機となったものは、まさに蔡京の科擧と學校政策の實施がもたらしたものだったのである。

これらは北宋後期に蓄積された要素であって、南宋から始まった宋元社會變化の基礎となった。近藤先生の「科擧とは落第者を產む制度である」という言葉は、私を啓發して宋元變革を鮮明にするための切り口を與えてくれたので

ある。この他には近藤先生は明州慶元府を例とした南宋地域社會の科學と儒學研究があり、また宋末元初の湖州吳興の士人社會研究があり、みな個別事例を使って士人の地域社會に於ける具體像を示している。黃幹の禮の世界と判語の世界から出發したものは、宋代士大夫の社會地位の變化を比較的マクロに示している。これらの論著はみな私の研究に啓發を與え、同時に今後の研究の道すじをも指ししめしてくれた。

五　近藤一成教授と日本の中國史研究

日本の宋代史研究、引いては中國史研究は、學術スタイルと研究傾向からいって、二十世紀には大體マクロからミクロへの變化を經たと言える。たとえば內藤湖南が提出した「唐宋變革論」のような中國全體への觀察は、宮崎市定に到ってその學說を內容充實させて發展させた。これはマクロ觀察と言える。しかし、宮崎市定を含め、さらには周藤吉之・中嶋敏・佐伯富及び梅原郁等の學者は、既にミクロ觀察へと向かっており、制度の考證と復原へと注目していた。そして「唐宋變革論」が全世界の中國史學界に與えた影響がまさに絕大であるのと同樣に、二十世紀の日本の學者が行った制度史方面の研究は、大變に價値があるもので、非常に深い敬意を拂うのに値する。まさにこのような研究によって、この後の中國史研究は堅實な基礎を手に入れ、發展の前提が創造されたのである。

近藤先生はまさにこの雰圍氣の下で、このような訓練を受けて成長された。これによって近藤先生の史料讀解の基礎は堅實となり、同年代の學者の中でも賞贊されるものとなっている。そして制度史の訓練は近藤先生の研究の基本を構成しているのだが、尊ぶべきは近藤先生は制度史研究の流れを承けながらも、決して一つを墨守することはせずに、むしろそれを優れた手段として、マクロで大きな視野の下で、充分に發揮していることである。日本の中國史研

究の學風變化について、近藤先生はその中の代表の一人だと言える。つまり、マクロ―ミクロ―マクロ、この要約モデルは決して簡單な循環重複ではありえない。私が見るところ、内藤湖南の時代に提出された「唐宋變革論」は、基本的には部分實證がされた基礎の上での推論に成立している。それだからこそ、それ以後數多くの論證が發生したのである。精微でミクロな制度史研究を經た後のマクロ的觀察は基礎が堅實な構築となる。正確に言えば、このようなスタイルはマクロにしてミクロであると言えるだろう。

エンゲルスはダンテのことを「中世最後の詩人であり、同時に新時代の最初の詩人である」と稱した。私はこの表現を借りて近藤先生を形容したいと思う。學風變化中の日本の中國史研究領域にあって、近藤先生はこのような形容を許されるだろう。

現在、學界で活躍しているのは、既にその多くが近藤先生の學生世代の學者である。彼らの中で制度史研究を行っている人は少ない。この原因として、彼らは客觀的には嚴格な制度史研究の訓練を受けておらず、それができないからである。何故ならば、彼らを指導する先生世代は、既に制度史研究から脱卻する傾向が明瞭であるからだ。この種の傾向は、次の世代の學者に影響を殘すことが疑いえない。主觀として見るかぎり、前世代の學者の制度史研究の成果を享受できる新世代の學者は、既に章句考證學的に羅列するだけの學問に滿足せず、さらに高度な創造を渴望している。

一般的に言えば、若い人は新しい物事を、新しい方法を受けいれることを好み、新しい學風に接近していく。ただ戰後の一九四六年に生まれた近藤先生は、かえって日本の中國史研究の學風轉換を率いた人物の一人となり、實に尊ぶべきことである。私が思うに、これは近藤先生の知識構成と極めて大きな關係がある。近藤先生の英語能力は、先生の世代の日本人學者の中で、飛びぬけたものである。これは先生を直接的に歐米の中國史研究の最新動向に注意を

拂わせることとなり、その研究成果の分析と利用を實現させ、學術方法の上でも啓發を受けることができた。

素直に言って、日本の中國史研究者は歐米の中國史研究を充分には重視しておらず、甚だしくは史料讀解方面での蔑視がある。そのため、*Cambridge History of China* は中國語翻譯版が複數出版されている今日になっても、情報を重視するはずの日本は依然として日本語版を出版していない。だが近藤先生は歐米の中國史研究を重視する數少ない日本人學者の一人である。九十年代、先生はイギリスのケンブリッヂ大學にサバティカルで一年間行かれ、眞摯に學問吸收に取り組まれた上で「英國中國學の現況簡介」を書かれた。この文章は後になって私が中國語に翻譯し、中國語世界に紹介されている。(4)

廣大な視野と細密な制度史訓練が近藤先生の研究特色を形成している。これはまさにマクロで着目し、ミクロで着手し、小で大を見るものである。ごく一般的な小人物・小事情・小事件が近藤先生の中では深い思考を加えられ、その分析は深いだけではなく、そこから小人物・小事情・小事件を大きな背景に置いた上で視線を投げかけ、大きな關心を與えている。そのため近藤先生の文章を讀むと、たとえ小さな題目・小さな考證であっても、毎回大きな啓發を受けるのである。

歐米の學者であっても、日本の學者であっても、中國史を研究しており、それは中國人學者では成しとげられない部分を有している。それはつまり、彼らの頭の中ではまずヨーロッパ史・アメリカ史・日本史があって、彼らが中國史を研究する際にそれらは疑いなく得難い參照體系となっている。これは許倬雲先生が曾て述べたように、中國人學者にとっては中國史が全てである。だが外國人學者にとっては中國史とは世界史の一部分でしかない。世界史の視野で以て中國史を見れば、考察の廣さと視角は中國史だけに據った考察とは自然と大いに異なるものである。立場と角度は同じく方法と關係しており、思考方式もまた理論と訓練を受けて形成される知識構成と關係がある。

日本人學者として、近藤先生は中國人學者の史料讀解能力にまったく劣らず、また獨自の視角を持っており、さらには歐米人學者の持つ理論と思辨の優れた部分を吸收しており、これが先生の學術上での深化と前を承けて後を啓發させるということを可能とさせたのである。これが我々に與える啓發とは、中國人學者にとって世界史レベルの視野を持つことがどれほど重要かということである。これはまさに、中國史研究者の視野から操作までのすべてで空間の境界を突破すべきものである。

現代科學の分化が細かくなるのと同じように、中國史研究に於いても、斷代研究は過去の專守一經と同じように、各々で境界を設けて、互いに尊重して、境界を越えようとはしなかった。これは疑いなく自ら限界を設けて、閉じこもるものである。だが日本人學者にあっては、確かに研究範圍上の區分は大まかにはあったが、決してそれは嚴密ではなかった。九十年代より、一年に一度開かれ私が常に參加している宋代史研究會には、唐代史研究者あるいは明清史研究者の存在を常に見かけた。研究者個人が領域を跨いで吸收し啓發されたいという願いを有しているのみならず、學會組織者も領域を重ねようという努力を見せている。たとえば、宋代史研究會は曾ては別々であった唐代史研究會・明清史研究會と合同で合宿を行っており、斷代史を打破して、時間の境界を超越することを強く求めている。また研究時空を擴大することについては、日本人學者の多くは自分から文學と史學の境を設けるようなことはしていない。宋代文學を研究している多くの學者は宋代史研究會に參加している。まさに文學と史學は分かれていない、と言えるだろう。このような時空視野は、多くの日本人學者の知識欲を反映しているものであり、同時に研究組織者が導いたものでもある。

宋代史研究者として知られる近藤先生は視野が廣く、專門に狹く囚われることもないため、多くの研究者が受けいれるところである。だからこそ、先生は二期に亙って日本宋代史研究會の世話人（會長の責任を負う者に相當する）と

なったばかりではなく、さらには中國史學會會長に相當する日本歷史學協會の委員長にまでなられたのである。

近藤一成先生は時空の視野が廣いばかりでなく、研究の未來に對しても鋭い關心を有している。前世紀末より、電子技術の進步によって研究環境に革命的な變化がもたらされた。先生はある時の制度史研究の座談會にて「二十一世紀に入って、研究環境には巨大な變化が訪れた。特に中國古典籍の電子化に伴って、調查可能な史料は劇的に擴大し、工具書という概念を大きく變えてしまった。二十年前、辭典に取ってかわって『四庫全書』が學生のカバンの中で攜帶されるということは誰も豫想できなかった。讀書會で分からない箇所があれば、電子文獻を使って語彙の用例を檢索するというのは、もはや常識となっている。このような時代はもう既に來ているのだ」という旨の發言をした。

確かに、新しい研究環境に對して、これまで提唱されてきていた年老いるまで漢籍に沒頭し、誰もが羨む博覽強記、というものは既にその意義を大きく失っている。だが研究上の突破とは、方法と思辨の上で道を開くことが求められる。この一點に關して、近藤先生は制度史研究についての一篇の書評の中で「制度を靜態的平面的に復元するだけに終わるか、歷史の流れの中でそれが生み出される過程や必然性に踏み込み、さらに現實の社會のなかでその制度がどう機能したかまで見通す動態的研究[5]」と述べている。靜態の復元から動態の研究へ、これは研究方法の變化というだけではなく、認識論上の革命であると言える。

上述の制度史研究の座談會で、近藤先生は年若い世代の學者たちの研究動向についても「現在、若い世代の研究者による研究は既存の文獻史料に賴るだけではなく、社會史研究の手段を使って、社會調查あるいは現地での史料收集のようなフィールドワークを通して、獨自の史料群を構築して歷史研究を展開していくという段階に入った」と述べられた。

近藤先生の學生たちをもよく知っている私には、近藤先生が述べている若い世代の研究者とはまさに先生の學生た

ちのことであって、彼らが近年呈している研究傾向のことを指しているのだとすぐに分かった。近藤先生の學生たちも私の授業に參加しており、彼らが近藤先生の訓練によって史料讀解能力が同年代の中で賞賛されるほどのものであると私ははっきりと知っており、先生の學生たちが打ちだしている新たな研究動向というものも實に私を嬉しく思わせるものである。この嬉しく思う原因とは私が若い世代の研究者に對して感じる普遍的な失望に由來している。

知識構成の上で、中國人學者も日本人學者も、若い世代ではともに基礎的訓練が缺けており、研究があまりにも狹いものとなっている。彼らの多くは修士論文か博士論文の一點を守るだけであり、その外に於いては關心が缺けており、ひどい場合には常識的知識が不足して、知識構成の缺陷を作っている。だからその時の早稻田大學での制度史研究の座談會の後のあるシンポジウムで、私は近藤先生の上述の話を繼いで「二十一世紀に入って、科學技術の進步に伴い、研究環境は革命的な變化を受けた。特に電子版の誕生は、工具書の概念を變え、博覽强記はパソコンにやらせて、我々は漢籍に埋沒する勞力を必要とせず、資料性の考證ももはや學問ではなくなった。この新局面は新たな課題を提出してもいる。一つ目には基本的能力の訓練を呼びかけるものである。古典漢語の讀解能力への要求、傳統的な目錄學・版本學・校勘學の復活である。二つ目には新しい方法と新しい思惟を呼びかけるものである。パソコンは人間の頭腦に取ってかわることはできない。コリングウッドが述べたように一切の歷史とは思想史である。思想とは永遠に歷史學の靈魂である。思想がない歷史學は王安石が冷笑した「斷爛朝報」である」と述べたものである。

近藤先生指導の下での先生の學生たちの研究姿勢は私の失望を打ちけすものであった。薪の炎が次々に燃えひろがっていくように遠くない將來、これら新進の研究者があるいは日本の中國史研究の新たな時代を荷う人物となるであろう。私は期待しているし、また近藤先生の教育的貢獻に感謝している。

六　餘　話

人生とは短きに苦しみ、數十年の生命の中で行えることは有限である。どの學者も學術というチェーンの中の環の一つに過ぎず、文化という大河での一滴でしかない。ではあっても、この環がなければチェーンは途切れてしまい、この滴がなければ大河は枯渇してしまう。學者の人生意義は連續させることにある。チェーンを連續させ、大河を構成していく。炎を傳わらせ、文化のリレーをして、「衣帶漸寬終不悔、爲伊消得人憔悴」という詩句の如くする、これが學者の使命感である。

近藤先生のお年が古希に屆き、間もなく先生が學業と仕事とに何十年と勵まれた早稻田大學を退職される。しかし私が思うには、學問と思索には終わりがないのだから、學者は永遠に現役であって退職などなく、書齋はこれからも陣地なのである。着實な能力、廣い視野、爛熟した技巧、獨自の方法、これらは必ずや近藤先生に今後ともさらに多くの學術活力を出させるもので、先生の學術生涯はさらに光りかがやくだろう。私はそう期待している。

ある日の早稻田大學での授業で、たまたま近藤先生の弟子の高井君に會うと、近藤先生の退職記念論文集に跋語を書いてほしいと賴まれ、長年の交友もあるので喜んでお受けさせてもらうことにした。先生との深い交流から、學びそして感じるものがあった。そこで「近藤史學」のありようを『近藤學案』として記し、跋語を兼ねさせてもらう。

王　瑞　來

丙申暮春　千葉自宅にて

註

（1）『宋代中國科擧社會の研究』終論、五一八頁。

（2）同上、五一八～五一九頁。

（3）同上、五一九頁。

（4）原文は『中國―社會と文化』六號（一九九一年）掲載、中國語譯文は臺灣『漢學研究通訊』第十二卷三號・四號（一九九三年）に連載。

（5）「〈書評〉梅原郁著『宋代司法制度研究』」（『東洋史研究』六七―一、二〇〇八年）。

森田　健太郎（もりた　けんたろう）
1974年生。「劉富と辛押陀羅——北宋期廣州統治の諸相」（『史滴』23號、2001年）、「宋朝四海信仰の實像——祠廟政策を通して——」（『早稲田大學大學院文學研究科紀要』49輯第四分册、2004年）ほか。

近藤　一成（こんどう　かずなり）
1946年生。『宋代中國科擧社會の研究』（汲古書院、2009年）、編著『宋元史學的基本問題』（中華書局、2010年）ほか。

王　瑞來（おう　ずいらい）
1956年生。『宋代の皇帝權力と士大夫政治』（汲古書院、2001年）、『王瑞來學術文叢』（五册、山西教育出版社、2015年）ほか。

（翻譯擔當）

河野　峰生（こうの　みねお）
1989年生。

村田　岳（むらた　がく）
1989年生。

『徽州商人と明清中國』（山川出版社、2013年）ほか。

樋口　能成（ひぐち　よししげ）
1974年生。「南宋湖北會子の市場構造」（『史滴』28號、2006年）、「南宋茶法の再檢討」（『史觀』163號、2010年）ほか。

小林隆道（こばやし　たかみち）
1978年生。『宋代中國の統治と文書』（汲古書院、2013年）、「宋代的賜額敕牒與刻石」（鄭振滿主編『碑銘研究』、社會科學文獻出版社、2014年）ほか。

小二田　章　（こにた あきら）
1979年生。「『咸淳臨安志』の位置――南宋末期杭州の地方志編纂」（『中國――社會と文化』28號、2013年）、「『萬曆杭州府志』初探――明代後期の地方志編纂者の見た「宋代」」（『史學』85卷１―３號第二分册、2015年）ほか。

飯山　知保（いいやま　ともやす）
1976年生。『金元時代の華北社會と科擧制度――もう一つの「士人層」――』（早稻田大學出版部、2011年）、"A Tangut Family's Community Compact and Rituals: Aspects of the Society of North China, ca.1350 to the Present," *Asia Major*, 27-1, pp.99―138, 2014ほか。

吉野　正史　（よしの　まさふみ）
1976年生。「元朝にとってのナヤン・カダアンの亂――２つの亂における元朝軍の編成を手がかりとして――」（『史觀』161號、2009年）、「「耶律・蕭」と「移剌・石抹」の間――『金史』本紀における契丹・奚人の姓の記述に關する考察」（『東方學』127輯、2014年）ほか。

洪　性珉（ほん　そんみん）
1983年生。「稅役から見た宋遼兩屬民」（『内陸アジア史研究』28號、2013年）、「陸佃『使遼錄』の佚文とその史料價値について――陸游の筆記史料を中心に――」（『東洋學報』98卷１號、2016年）ほか。

執筆者紹介（執筆順）

久保田　和男（くぼた　かずお）
1962年生。『宋代開封の研究』（汲古書院、2007年）、「北宋開封における多重城郭制と都城社會の變容」、（宋代史研究會編『中國傳統社會への視角』、汲古書院、2015年）ほか。

川村　康（かわむら　やすし）
1961年生。「宋代死刑奏裁考」（『東洋文化研究所紀要』124册、1994年）、「宋令變容考」（『法と政治』62巻1號下册、2011年）ほか。

游　彪（ゆう　ひょう）
1965年生。『宋代蔭補制度研究』（中國社會科學出版社、2001年）、『廟堂之上與江湖之間：宋代研究若干論題的考察』（北京師範大學出版社、2011年）ほか。

尤　東進　（ゆう　とうしん）
1982年生。「北宋禁軍における『異族兵』について」（『史滴』34號、2012年）、「『宋史』兵志の評價とその「史源」」（『早稲田大學大學院文學研究科紀要』59輯第四分册、2013年）ほか。

金　成奎　（きん　そんきゅ）
1965年生。『宋代の西北問題と異民族政策』（汲古書院、2000年）、「宣和奉使高麗使節團의 日程과 活動에 대하여」（『韓國中世史研究』40號、2014年）ほか。

高井　康典行（たかい　やすゆき）
1967年生。「遼朝科擧與辟召」（『史學集刊』2009年第一期、2009年）、「遼代の遊幸と外交――もう一つの傳統「中國」――」（宋代史研究會編『中國傳統社會への視角』、汲古書院、2015年）ほか。

中島　樂章（なかじま　がくしょう）
1964年生。『明代郷村の紛争と秩序――徽州文書を史料として――』（汲古書院、2002年）、

*　　　　*　　　　*

Supplementary Text and Correction at Three Places to *A Study of the Examination and Society in Song China* 宋代中國科擧社會の研究

by KONDO,Kazunari

A Brief Statement on Kazunari Kondo's Field of Study: A Postscript

by WANG,Rui-lai

如歐美列强亦是通過在上海振興文化活動，取得了今日的地位一樣。東亞攻究會成立之初，便受到來自台灣總督府等日本殖民政策相關機構的藏書捐贈，且該會評議員中部分人是南洋協會的幹部，因此，日本國內機關和南進論者也對上海東亞攻究會寄予了很大關注。不過，上海東亞攻究會的實際經營，是由以伊吹山德司爲中心的駐上海實業家們擔任的。

1919年10月，京都帝國大學的新村出和那波利貞在朝鮮滿洲視察旅行中，訪問了上海東亞攻究會。當時，該會舉辦了新村的演講會，并誠邀新村擔任評議員。而新村也讚同上海東亞攻究會的設立宗旨，肯定其民間學術機構的性質，允諾就任爲評議員。此後，京都帝國大學的東洋學者們積極參與該會的活動，桑原騭藏也就任了評議員。不過到1920年代，日本企業遭受了第一次世界大戰後的經濟創傷，這直接影響到了以實業家們爲主的東亞攻究會的活動的安定，上海東亞攻究會的機關雜誌「上海東亞攻究會會報」也到第五號便戛然而止。於是，上海東亞攻究會出版了桑原騭藏的『蒲壽庚事蹟』，以此代替會報的第六號。

東亞攻究會部分評議員同時參與的南洋協會之副會頭、第九代台灣總督內田嘉吉，是一位南進論者，也是『蒲壽庚事蹟』的讀者之一。東西交流史相關的古刊本豐富，是他的舊藏書「內田嘉吉文庫」的特色，因此其中不僅收入了『蒲壽庚事蹟』，也藏有桑原騭藏於書中所引的『支那印度物語』歐文原書三種。作爲這些藏書的所有者，內田嘉吉對『蒲壽庚事蹟』的解讀，非常值得關注。

岐溝關戰役的記述及其簡略；而對高麗相關的記事卻無一遺漏地進行了采錄，從此也可以反映出編纂者的朝鮮立場。

最后，有關科擧、儒學、書籍編纂的記事則是無一遺漏地收錄于〈遼傳〉中。其目的是爲了發揮“鑒戒”的作用。也就是說，如果連身爲夷狄的遼都勤修禮敎的話，作爲“中華的繼承者”的朝鮮更應該大力振興禮敎。再近一步說到《宋史筌》外國傳的排列順序，把〈高麗傳〉列爲首位是爲了暗示高麗與遼・金・西夏・元的不同，在禮敎上處于領先地位。這也正是朝鮮通過《宋史筌》外國傳想要傳達的終極意圖。

雖然清代的考證學者也對《宋史》進行過改修，但最終并未完成。與此相比，《宋史筌》的完成可以說在史學上具有着歷史性的意義。

Publication Background of Kuwabara Jituzō's "Hojukō no Jiseki": Connection between Shanghai Tōakōkyūkai and Kyoto Imperial University's Orientalists

by MORITA, Kentaro

1923年11月，東西交流史泰斗桑原騭藏的著作『蒲壽庚事蹟』由上海東亞攷究會出版。本文的主旨，卽是明確該書在上海該會出版的經過。此外，現在日本千代田區立日比谷圖書文化館內田嘉吉文庫中，還藏有1923年上海版『蒲壽庚事蹟』，筆者在此也於文中試論文庫舊藏者內田嘉吉與『蒲壽庚事蹟』的關係。

1919年 4 月，上海東亞攷究會由日本郵船上海分公司經理伊吹山德司發起成立，是一家民間學術研究機構。其主要的會員是挺進上海發展的日本實業家、日本企業分公司的駐外職員，以及東亞同文書院的學者們；其活動主要是從事有關東亞的圖書資料的收集和圖書館經營、進行東亞問題的相關研究、出版雜誌等刊物，以及擧辦學術演講。理事長伊吹山德司的理想，是以東亞攷究會的活動來促進日中兩國人的相互理解，同時也藉此强化和穩固日本企業在上海的地位——就

Historical Meaning of Rewritings of the *Songshi* (宋史) Based on an Analysis of "Liao Biography (遼傳)" of *the Eojeongsongsajeon* (御定宋史筌): Joseon-type Sinocentrism in the Compilation of Chinese Historical Records

by HONG, Sung-min

《御定宋史筌》是由朝鮮正祖及奎章閣臣等編纂的宋史的改修書。《宋史筌》的特征是，①撰寫了南宋末期皇帝端宗和末帝的本紀；②將遼、金、蒙古編入列傳；③將從周敦頤到朱熹的五位理學家獨立出來，列〈五賢傳〉；④制作《遺民傳》以表彰爲宋朝盡忠的人。但是，有關《宋史筌》編纂的背景，卽有關正統論的研究還不够充分。本文將《宋史筌》〈遼傳〉與《宋史新編》〈遼傳〉進行比較分析，來考察《宋史筌》的編纂意義。

隨着朝鮮王朝性理學的受容，中華秩序的意識便普及開來。但是受到一六四四年明朝滅亡的冲擊后，朝鮮的世界觀發生了很大的變化。之后，在朝鮮形成了獨自的中華主義。那是一種重視文化要素將華夷區分的思想。這種思想大大影響着朝鮮王朝時期中國史書的編撰。

《宋史筌》的編纂過程如下所述，在英祖四十八年（一七七二）完成了共八十卷的初稿，正祖四年（一七八〇）完成了共一百卷的庚子本《宋史筌》，最終在一七九一年一七九一年完成了共一百五十卷、六十一册的辛亥本《宋史筌》。据《宋史筌》〈義例〉可知，朝鮮將遼、金認定爲“東北之雜種”、“高麗之屬國”，蒙古在宋滅之后便不再是“正統”。而且，將高麗列在外國傳之首，接着以遼、西夏、金、蒙古的建國順序排列。

《宋史筌》〈遼傳〉的特征如下所示。首先在體裁方面，《宋史筌》相對于《宋史新編》〈遼傳〉而言具有更嚴密的〈列傳〉形式。其次，從《宋史筌》使用宋的年號等方面來看，《宋史筌》比《宋史新編》更徹底地基于正統論來進行記述。然后從內容上來看，〈遼傳〉中有關《契丹國志》的相關記事，基本上是從《續資治通鑑綱目》中引用來的。而且，爲了顯示對宋尊崇的意圖，對高粱河及

明成祖之拋棄大寧，對其後明朝北邊防衛政策之影響甚大，因此受到幾位學者的矚目，可是仍有不少不明之處。圍繞明代大寧的種種問題，關係到明朝的北方政策以及對北方的認識；明朝與瓦剌、韃靼之關係；明代之蒙古帝國東道諸王後裔的活動等。本文，從「言說」與「事實」兩側面來重新驗證明成祖之拋棄大寧，站在較宏觀視野來試著提示對此問題的歷史解釋。

本文將明人楊守謙所記之〈大寧考〉當作考察問題的線索。楊守謙〈大寧考〉，收錄於項德楨之《名臣寧攘要編》，然而長期未受到矚目。近年，北京圖書館珍本叢刊收錄此書，使得學者容易利用此書。楊〈大寧考〉之內容，主要記述從明朝初期至中葉的大寧一帶的情況，可說是相當獨特的史料。在明代中後期，不少有關北邊情勢之著作問世，與這些著作相比，楊〈大寧考〉的特色在於，作者楊守謙的主觀認識較濃；包含楊守謙活動時期之同時代史料；以及站在相對支持明成祖之立場等。此外，楊守謙將大寧一帶視爲「中國」的一部分，也值得注意。

明成祖之拋棄大寧，是單純的拋棄，抑或是割讓給兀良哈三衛，至今仍兩種學說並存。本文，根據明實拋、明人文集等同時代史料中的記載，以及對明中期以後之言說的分析結果，確定是拋棄，而不是割讓。並且依據從金元時期至明代之圍繞大寧的歷史狀況的發展，提示明成祖處於不得不拋棄大寧之假說。

拋棄大寧，導致開平失陷（元上都），之後，失去北邊防衛重要據點之明朝，對北方敵對勢力不得不處於守勢。明成祖之北伐蒙古，一般從其積極側面來評價，然而亦矚目其消極理由。

的一種碑刻類型，其建立於祖墳（先塋），是家族聚合的紐帶。不像墓誌銘、墓表、神道碑，主要用於記錄家族歷史與系譜，其碑陰處往往有系譜圖。在金代，其建立者一般都出身于平民家庭，女眞貴族、士人家族等都沒有接受此新興碑刻類型。不過，到了蒙元時期，隨著金代精英家族的衰落，平民家族也抓住了機會獲得官位，構成新的精英階層。蒙元新興精英家族保持以往的碑刻習慣（epigraphic habit），「先塋碑」普及到社會各層，到了十四世紀，最後連蒙元皇室也開始把它賜給功臣。由此可見，「先塋碑」是一種以蒙元的華北征服爲主要契機興起的碑刻類型，並且也代表了蒙元帶來的精英階層的變動。

經過了元明交替，「先塋碑」的數量和分佈發生了巨大變化。在蒙元時期，「先塋碑」主要分佈在華北，在南方爲數極少，這顯示了碑刻類型的南北差異。到了明代，其數量銳減。與明代科擧恢復一起興起的士人精英階層對「先塋碑」的存在，態度也是顯得極爲冷淡。同時，明代「先塋碑」的普及範圍卻在南方，其格式也大有變化。記錄家族歷史和系譜的特征幾乎消失，而立石經緯佔據了碑文的主要部分。大部分的建立者和他的家族都在自己家族的祠堂進行祖先祭拜，由此可見，先塋的地位很明顯地下降，「先塋碑」也只成爲了祖墳的標識。

如上，「先塋碑」的變化代表了元明交替所帶來的巨大社會變動，也就是說，這也同時代表了蒙元時期精英階層的興亡和明代精英家族的興起。

Discourse and Truth Concerning the Emperor of Yongle's Abandonment of Daning: An Examination of the Research on Ming Dynasty's Northern Frontier Policy from a Long-term Perspective

by YOSHINO, Masafumi

到了洪武末年，明朝完成了聯結開原、遼陽、大寧、開平、雲川、東夏、寧夏等地的北邊防衛線。然而，靖難之役後，明成祖立卽拋棄大寧，以及將半數以上的山西行都司的衞所遷移至北京附近。於是，明朝北邊前線後退到北京附近。

首先，本文對《大元一統志》的史料來源進行了梳理。如果《大元一統志》全書1300卷的巨帙貨眞價實，那麼可以推測：如此的鴻篇巨制，不可能是對各地所交資料的再編輯、再加工，而是直接將其以原貌的形式編入。

其次，本文對《大元一統志》之“沿革”的内容進行了分析，發現秦代以前的部分占到了全部内容的一半。在此基礎上，進一步將方志分爲“總志”、“名物志”、“地方志”等三種類型來論述“沿革”的特性，認爲《大元一統志》是根据“總志”的框架來編纂的，同時在内容上吸收了《輿地紀勝》等以作補充。

再次，本文結合其他史料記載，考察了《大元一統志》的編纂過程。雖然“沿革”條目編撰成書的時間不甚明确，但筆者認爲其在《大元一統志》刊布之前，卽至元十四年（1277年）到至元二十一年（1284年）之間的可能性較大。

進而，與明代的“沿革”相比較，可以發現《大元一統志》的特性與同是“一統志”的《大明一統志》不同，《大明一統志》繼承的是作爲“地方志”的《洪武蘇州府志》。同時文中指出，“總志”中的“沿革”過于簡略，正是爲了與“地方志”中的詳備的“沿革”有所區別。

最后指出：本文僅是以“平江路”爲對象的箇案研究。作爲今后的課題，有必要將其與其他地域進行比較。在大的歷史背景下進一步探討“沿革”條目，其意義將更能彰顯。

Part 3: The Post Song Period
第三部：“宋代”的遠景

The Rise and Fall of an Epigraphic Practice during the Transition from Yuan to Ming

by IIYAMA, Tomoyasu

通過收集和分析明代的「先塋碑」，本文將探討明代華北碑刻類型的興亡，以及考察元明交替所帶來的社會變遷之一端。「先塋碑」爲金元時期於華北興起

「入元不仕，閉戶三十六年。」，以他爲“遺民”或“隱士”。可以說，一方面趙孟頫作爲“顯官”活在元朝的內部，一方面牟巘作爲“隱士”活在元朝的外部；〈三門記〉就是“顯官”和“隱士”合作之結果。但是，因爲〈三門記〉被視爲書法作品，所以以前研究主要從趙孟頫的一方或者書法的角度來考察，忽略了牟巘撰文的歷史意義。〈三門記〉是趙孟頫經他五兄趙孟頖請牟巘撰文的。爲何“顯官”趙孟頫從許多士人中特意選擇“隱士”牟巘幷請他撰文？　本文以〈三門記〉的問題爲出發點，將著重關注〈三門記〉撰者牟巘的陵陽牟氏，通過考察他們的學術文化活動來探討宋末元初士人社會。

A Preliminary Analysis of the Editing Process of *Dayuan Yitongzhi* 大元一統志 in the Administrative Units 沿革 : Focusing on the Descriptions of Pingjiang lu 平江路

by KONITA, Akira

在思考地方志編纂的時代變遷這一問題時，筆者意識到了進一步了解宋至明初的地方志編纂的必要性。作爲其有效手段，《大元一統志》中“平江路”的記載値得注意。雖然現在《大元一統志》僅是殘篇斷簡，但其中“平江路”的“沿革”部分卻完整地保留下來。而且，作爲其基礎的宋代的地方志尙存；同時明初的蘇州地方志也得以毫發未損地保存至今。因此，縝密地分析其資料的來源以及征引關係等便成爲可能。本文試圖通過分析“平江路”的記載來考察地方志的編纂與其地域之間的關聯。

或許在普遍認識中，“沿革”只不過是舊有資料的匯編，因此管見所及，目前以其爲分析對象的研究尙不存在。然而不難發現，方志的類型以及時代傾向不同，會導致“沿革”的內容存在着很大差異。通過分析這些差異，探尋其繼承關係、形式結構等，有助于進一步理解其時代特征。本文卽以上述手法來研究“沿革”，是方法論意義上的一種嘗試。

然而，作爲到達長江北岸漕運路的漢水，其實水量少、灘涂多，鹽商不易進出。塡補這一缺陷的是長江北岸的米商們，荊門軍的米商亦是其中一員。不過，荊門軍在靖康之變後的混亂中遭受重創，如『盤洲文集』所見，卽便到紹興末年仍然生產力低下，應當很難迅速對應因海陵王南侵帶來的形勢變化。儘管如此，以荊門軍的和糴來塡補襄陽府儲備的減少，這一現象到了淳熙中期左右成爲常態，或許正說明這時已經出現了生產力提高，以及米商活動的踴躍。

不過，若論及以海陵王南侵爲契機形成了鄂州爲中心的鹽、米穀和會子的市場，且因此鄂州或襄陽府的和糴成爲常態，那麼該時期會子的需求應當是增加的。筆者通過觀察行在會子和湖北會子的發行數量的推移，發現二者都在乾道四年左右固定、而至淳熙中期出現了發行增加，於此，與市場變化明確相關的因素得以確認。

簡而言之，直到紹興末年，荊門軍尚爲自給自足的經營模式，至紹熙三年左右，當地米商已經活躍起來。這種變化的背景在於以鄂州爲中心的市場構造的變化，亦在於鹽米市場的成長，而這些都與會子的發行普及緊密相關。

Mou 牟 Family from Lingyang 陵陽 during the Transition from Song to Yuan

by KOBAYASHI, Takamichi

趙孟頫書丹、牟巘撰文的碑刻〈玄妙觀重修三門記〉(以下略稱〈三門記〉)，於元大德年間 (1297-1306) 在平江路 (蘇州) 立石。雖然其原碑已經不存，但是其原稿作爲〈楷書玄妙觀重修三門記卷〉傳世，現在藏於東京國立博物館。它是元代首屈一指的書畫家趙孟頫之傑作，受到歷代評論者很高的讚賞，也是代表元代書法的碑版之書，在中國書法史上占據很重要的位置。衆所周知，趙孟頫 (1254-1322) 是宋太祖趙匡胤之十一代孫，生於宋朝宗室，卻仕元朝成爲“顯官”。擔任撰文的牟巘 (1227-1311)，字獻之，號陵陽，祖籍四川井研人，後徙吳興。他在南宋官至朝奉大夫大理少卿，宋朝滅亡時，已退而不仕元；《四庫提要》說：

A Case of Jingmenjun Prefecture: An Economic Evolution of Jinghubeilu Circuits of the Southern Song

by HIGUCHI, Yoshishige

宮澤知之在『宋代中國の國家と經濟』一書中指出了宋代民間市場的不發達。筆者亦對宮澤書中的觀點多有讚同。然依筆者之見，在南宋、尤其是會子普及的乾道年間以後，情況多少有些不同。拙稿通過對會子發行前後的南宋荊湖北路荊門軍的經濟發展狀況的分析，考察其變化的形態、以及醞釀出這種變化的體系之形成。

建炎年間至紹興年間，大致是荊門軍於戰亂中復興的時期。據洪適『盤洲文集』，直至紹興末年，該地區仍然普遍存在耕地荒廢、居民稀少、且地主經營佔據主流的現象，商業活動也極其有限，生活形態基本爲自給自足式。

然而到紹熙三年左右，情況卻發生了變化。據陸九淵『象山先生全集』，該地雖然農耕技術不及江西路江東路之先進，卻也開始了沼澤地開發，生產力也持續有所提高。就連在旱災之中，荊門軍的富人也成了米商，向鄂州及襄陽府販賣米穀，而常時的米穀販賣也頗爲活躍。

關於荊門軍的這些變化的背景，則需以更爲廣域的民間市場的情況爲著眼點來加以考慮。長江中游地區本不產鹽，屬於淮南鹽區，素來便有往來於長江的鹽商活動。然而長江中游地區卻沒有能夠與鹽相匹敵的物產，鹽商難以交換到足夠的等價品。正因如此，以海陵王南侵之機，會子開始發行，鹽商便得以將會子或是以會子購得的茶引作爲等價品。同樣因爲海陵王南侵，軍糧運輸需求增大，販賣完鹽之後的鹽商也運載起米穀，參與其中。也就是說，原本來往長江中游販鹽的鹽商們總是因等價品不足而不得不以空船踏上歸途，這一情況卻因形勢而發生了變化，鹽商搖身一變成了米商，既滿足了以鄂州爲中心市場的軍需和民需，還換得等價的會子或米穀作爲商品，回到長江下游再度取鹽，形成循環。斯波義信在『宋代江南經濟史の研究』中指出了南宋中期以後湖廣總領所和糴的常態化，然而支持這種常態化的，正是這樣的鹽商交易循環。

吏職，更成爲這些進士出身官僚的主要仕途之一。北宋雖然與遼一樣試圖任用士人擔任中央吏職，但這最終未能形成進士出身之人仕途的主要形式，官吏之界限再度涇渭分明。可以說，遼制是金代中央吏職制度的主要淵源。

Part 2: Southern Song Society and the Transition from Song to Yuan
第二部：南宋社會與宋元之交

An Analysis on Zhongfen 衆分 Property in the Southern Song Period

by NAKAJIMA, Gakusho

本文將分析在南宋時期判語中所出現的“衆分”一詞的語義，重新探討同族共有資產在法律上的位置。以下將擧例幾條南宋時期引用的爲了保全“衆分”資產而制定的法令（以下簡稱“衆分田宅法令”）的判語。“衆分田宅法令”的概要如下：(1)祖父母、父母死后，一部分子孫如獨自出售子孫共有的“衆分田宅”，屬于其他子孫的部分則由出售者向購賣者還錢，贖回；(2)出售后超過十年，田宅則免于歸還，出售的子孫向其他子孫賠償出售金額；(3)出售后超過十年，且出售者死亡，或出售后超過二十年，則不受理訴訟；(4)不過關于墓地，允許無限期的控訴。

“衆分”一詞本意有(1)在同居共財之家，旁系子孫擁有份額的共有家產，和(2)家產分割之后，旁系子孫繼續共有的未曾分割的資產，兩種意思。以滋賀秀三爲代表的過去的研究認爲，南宋的“衆分田宅法令”是爲了保護前一種含義的“衆分”家產而被制定的。但是本文重新分析引用了“衆分田宅法令”的判語，以及言及“衆分”的其他判語，得出結論，“衆分田宅法令”的對象是后一種含義的“衆分”資產。“衆分田宅法令”是爲了保護家產分割后旁系子孫繼續共有一部分資產的狀況爲前提而被制定的。

new pattern in the history of China's foreign policy. In addition to this, materials announcing departure and arrival of envoys for celebrating neighbor emperor's birthday had increased in East Asian's historic document during 10-13 centuries. Nevertheless, academic society has not paid much attention to these customs so far. Many of them need to be explained: from when was each emperor's birthday in each dynasty and what was name and meaning of the birthday, to the principles or rules of sending and accepting envoys for celebrating the emperor's birthday between nations. This paper organized many of the matters mentioned above and especially confirmed some factors concerning the so-called gaiqishouhe (改期受賀), started when Liao was defeated and succeeded by Koryo as well as Jin. It was a unique practice of changing the date of the emperor birthday's celebration on purpose to avoid too much cost. In addition, I emphasized that Koryo's history can be understood in a clearer way when seen in the context of the global history of East Asia.

Officers and Clerks: Central Government Clerks in the Five Dynasties, and the Liao and Jin Periods

by TAKAI, Yasuyuki

金朝時期，以進士出身的在職官員作爲吏員的主要來源之一，是中央政府吏員選任的特點，且金人視此途爲仕進的捷徑。金制承宋、遼制，而宋、遼則沿襲唐、五代，因此本文以士人出任中央吏職問題爲中心，探討從唐、五代經由遼、宋到金時期中央吏職的變遷與制度的相承關係。

由於唐後期普遍存在的“勒留官”模糊了官吏界限，士人們被任以中央吏職，就此踏上仕途。五代、遼沿襲此趨勢，而遼中期以後任用進士爲中書、樞密院的

進而鞏固了其家族的社會地位。更有甚者，出現了與皇室保持世婚的“將門”。此外，外戚武將之間的聯姻也較爲普遍。簡而言之，皇室與外戚武將之間也某種程度上存在着婚姻圈，起到了互相支持的社會作用。

除“將門”之外，一般的武將家族都走向了衰落。由此可見：婚姻對武將及其家族而言至關重要；與皇室的聯姻，尤其是其維持社會地位的重要且有效手段；僅僅依靠恩蔭來維持其社會地位已不可能。同時，北宋高度警戒將相之間的聯姻以及武將與武將之間的世婚。此外，在“科擧社會”的大背景下，感到自身家族社會地位的不穩定性，成功轉型爲文官的“將門”也存在。

最后，對北宋社會的文武關係問題亦作了一些考察。在北宋，有數量衆多的武將家族與皇室聯姻，并形成了特殊的政治軍事集團卽外戚武將集團。可見武將的社會地位并不如原來想象的那麼低，因爲北宋政權毫無理由輕視和抑制自己的聯姻對象。對待武將及其家族，恐怕是籠絡與警戒兩政策并用，以期綜合發揮“武”之功效。因此，有必要對北宋的“輕武”或“抑武”說進行反思。

Birthdays of Emperor of Song, Liao, Jin and Koryo Dynasties

by KIM, Sung-kyu

In traditional China, the custom of celebrating the Emperor's Birthday started with Tang Dynasty and at the period of Song. It had become not only widely prevalent across the country but one of the most important national holidays along with New Year's day. This kind of custom was prevailing in Koryo Dynasty of Korea as well as so-called conquest dynasty such as Liao and Jin which are neighbors of Song. As a result of this condition, exchanging of envoys for celebrating the neighbor emperor's birthday had naturally occurred for the first time between Song and Liao or Jin, and Koryo also attended these events which had become totally

可靠的，殊不知其中存在諸多疑點和難以自圓其說之處，這些都是需要加以厘清的。韓氏尋找祖先之路是漫長而曲折的，而韓琦較爲詳盡地記述了他找到祖先墓地的種種經歷，進而構建了系統而完整的相州韓氏家族的譜系。相州韓氏家族歷史的構建過程實際上就是宋代士大夫踐行宋代新型宗族理論的典型代表——爲了維系韓氏宗族，以高官韓琦爲代表的家族成員通過各種途徑找到了他們共同的祖先，并將祖先陵墓建立起來，這些外在的形式成爲了他們重要的精神家園。宋朝在中國古代家族發展史上是承前啓后的時代，經過諸多士大夫的不懈努力，不僅從理論上豐富并發展了傳統社會的家族理念，形成了有着宋代特色的關于宗族的系統論述，而且很多士大夫身體力行，在現實社會中加以實踐并逐漸完善了這套宗族理論。從此以后，中國古代社會出現了新型的宗族模式，并對中國社會產生了巨大而深遠的影響。

Marriage of the Generals in the Northern Song Dynasty

by YOU, Dong-jin

本文借用了“科舉社會”的概念，對北宋武將的婚姻進行了探討。首先，論述了北宋社會婚姻的一般特征；接着，根据武將聯姻對象的不同，將其分成皇室、武將、士大夫（含士人）、普通人等類別進行了考察。特別强調：與其締結婚姻關係，是北宋針對已被剝奪了兵權的武將的政策；在政治上給予他們外戚的名分，使其安于現狀，從而遏制他們的反抗。同時指出這種籠絡武將的政策自太宗朝以下一直被延續下來，由此形成了“祖宗家法”。此外，還推測了大部分武將的婚姻對象仍爲普通人。

本文還進一步論述了婚姻對于武將及其家族的歷史意義。北宋士大夫官僚世家之間構築了獨特的婚姻圈。與此相對，北宋也存在不少武將世家卽“將門”。他們的第一、二代大多通過軍功起家；其后，與皇室聯姻，或娶公主成爲駙馬，或將女兒入后宮，以至成爲皇后。於是，他們便成爲外戚，并積極利用其特權，

疏議》的比附事例中能夠看出，比附尙還具有別的意義：處罰觸犯甲行爲的犯人時，雖然存在處罰甲行爲的條文規定，并且其所定的刑罰也妥當，但若按照該條文懲治、其法律效應卻并不適當的話，則把處罰乙行爲的條文規定推及甲行爲，保證其實施之後亦具有適當的法律效應。總而言之，比附就是處理刑事案件時解釋法律條文的手法之一。

然而，只要將這種理解類推，就能充分解釋宋代史料中的比附嗎？　此問題還存在探討的餘地。據《宋刑統》《慶元條法事類》中處罰犯罪的通則規定、以及《名公書判淸明集》《宋會要輯稿》中處罰犯罪行爲的案例，確實可以認定比附就是一種處理刑事案件時解釋法律條文的手法：在處罰旣有條文規定中沒有先例的甲行爲的犯人時，把處罰與甲行爲本質類似的乙行爲的規定推及甲行爲，從而擬定刑罰。然而進一步深究史料卻會發現，比附具有的意義不僅限於解釋法律條文。觀察《宋會要輯稿》《慶元條法事類》中與懲治犯罪相關的個案規定，會看到於某處罰條款中有諸如“比附××條論”之類的記載。據此事實可以明確，在宋代，比附也是一種用於立法的手法：立定沒有先例的甲行爲的處罰規定時，將與甲行爲本質類似的乙行爲的相關處罰規定推及甲行爲，以此來立定甲行爲的刑罰。此外，在關於如何處遇病囚、指定義勇軍的兵員宿營地、以及請求獎酬的手續等問題的規定中，都能看到比附手法的存在。因此，用於立定法律條文的比附手法，其實并不僅限於立定刑罰。今後的課題，是進一步探究史料，以實現對比附這一手法更新的認識。

Construction of Family History: The Emotional Home of the Literati in Song Dynasty: A Case of Han Qi Family from Xiang Zhou

by YOU, Biao

迄今爲止，有關相州韓氏家族的研究成果大多集中在政治及其家族史。幾乎無一例外，現有研究成果都認爲韓琦在其文集中敍述的相州韓氏家族譜系是眞實

層，使科擧官僚集團們成爲政治的主角。這樣的政治文化變革反映了唐長安與北宋東京開封之間的空間構造差異。長安太極宮的端門前也有皇城的空間，老百姓不讓隨便行動的。開封的大內端門（宣德門）與萬民的空間直接相連。宣德門前的廣場就是擧行南郊禮儀的最後的大赦等的地方，也就是說這裏是皇帝和都人直接互相接觸的政治空間。

在這個空間里，也擧行了以與民同樂爲口號的皇帝和都人一起參加的祝祭性活動。這種活動的擧行展現了都城的繁榮，其目的也是爲了對北族使臣誇示北宋的文化力。這個祝祭空間的範圍，從遼國使臣投宿的都亭驛延至宣德門的御街。唐長安的皇城的朱雀門內是老百姓的禁地，而開封的朱雀門裏卻不是這樣。開封的朱雀門以內是裏城的空間，人們居住在內幷沒有特別的法制上的限制，朱雀門裏是官民共同享用的空間。御街的州橋以北的區域的禁地。御街兩側的御廊（廊千步）是具有開放性的成排柱子的廊房，並有公共空間的性質，和古代希臘雅典的成排柱子（Stoa）的空間相似。這是中國都城史上最早的端門前的千步廊的出現，並且値得我們注意的是後來的元明淸的都城千步廊都不具有北宋的廊千步那樣的公共空間性質。根據這種區別而衍生的問題，將成爲由政治文化變遷爲基盤來硏討的比較都城史的主要課題。

A Brief Note on the Cases of Bifu in Song Dynasty

by KAWAMURA, Yasushi

一般認爲，比附是中國古代法制特有的、近乎西歐近代法制中“類推”的解釋法律條文的手法：處罰觸犯甲行爲的犯人時，如果沒有處罰甲行爲的旣有條文規定，便把處罰與甲行爲本質類似的乙行爲的規定推及甲行爲，以此來擬定刑罰。由《唐律疏議》中的記載，確實可以認定比附具有這樣的意義。不過，從淸代刑案的比附案例中可以看出，比附還具有別的意義：處罰觸犯甲行爲的犯人時，雖然已經存在處罰甲行爲的條文規定，但假如其條文所定的刑罰於此案中並不妥當，則把處罰乙行爲的條文規定推及甲行爲，改擬更爲妥當的刑罰。然而，從《唐律

New Areas Explored in the Song History
《立足於宋代史的思考》

Edited by IIYAMA, Tomoyasu; KUBOTA, Kazuo; KONITA, Akira; KOBAYASHI, Takamichi; and TAKAI, Yasuyuki
編輯委員會（飯山知保、久保田和男、小二田章、小林隆道、高井康典行）

SUMMARY

Part 1: Northern Song and Its Neighbors in East Asia
第一部：北宋時期和東亞地域

A Study of the Formation of Urban Public Spaces in "Kaifeng," the Capital of Song Dynasty: The "宣德門 Xuandemen," "御街 Yujie," and "御廊 Yulang"

by KUBOTA, Kazuo

從北宋東京開封府的大內端門之前到御街，我們可以將之作爲公共空間。本文是由政治方面和文化方面來研討這個問題。北宋成立以後，北朝隋唐時的胡漢混住中原社會被整理，據說已經沒有了胡漢矛盾的問題。與之替換的，以農牧爲邊境的華夷對立顯得激烈了。思想史專家認爲，在這樣的對外關係背景下，北宋統治集團以一君萬民作爲了統治的理念。所謂萬民，不是指胡漢混在一起的各式各樣的集體，而是指一體化的社會集體。這消滅了皇帝和人民之間存在的貴族階

宋代史から考える

二〇一六年七月二十七日発行

編　者　『宋代史から考える』編集委員会©
編集委員　飯山知保・久保田和男・小二田章・
小林隆道・高井康典行

発行者　三　井　久　人

発行所　株式会社　汲　古　書　院
〒102-0072東京都千代田区飯田橋二-五-四
電　話〇三-三二六五-九七六四
FAX〇三-三二二二-一八四五

富士リプロ㈱

ISBN978-4-7629-6557-9　C3022
KYUKO-SHOIN,CO.,LTD. TOKYO. 2016

第二部　南宋社會と宋元交替

第三部　「宋代」のかなたに

宋代史から考える　目次

『宋代史から考える』編集委員會 編

宋代史から考える

汲古書院